"西藏问题"

国际纷争的背景、流变及视域

阿尔伯特·艾廷格 [卢森堡]　　著

周　健　曾文卉　何妙生　　译

五洲传播出版社

出版说明

　　《"西藏问题"国际纷争的背景、流变及视域》为卢森堡学者阿尔伯特·艾廷格（Albert Ettinger）的最新研究成果，2015 年由法兰克福 Zambon 出版社以德文出版。该书系统梳理了所谓"西藏问题"的由来，对其何以漫及国际的背景和历程做了独到叙述和分析，公允得出西藏自古以来是中国一部分的客观结论，展望所谓"西藏问题"渐次式微的前景。本中文版在翻译过程中完全忠实于原著，在内容上没有任何删节，书中包含的立场、观点仅代表作者本人。

五洲传播出版社

2018 年 5 月

目 录

前 言

在多年深入研究西藏及西藏问题之后，将我所知和结论告诉更多的读者便成了一件让我非常想做的事情。很高兴 Zambon 出版社为我友情提供了这种可能，于是我撰写了两本关于西藏的书，本书便是其中之一。长期以来，西藏纠纷产生的背景和起因被忽视，这种态度形成了滋生偏见、陈词滥调和充满谎言的宣传的腐殖土壤，而且这些偏见、陈词滥调和充满谎言的宣传根深蒂固。我谨希望本书能为还原真相作出一份贡献。

我撰写此书的主要目的是，想告知大家无可争辩、但几乎不为人知的事实，并使人仔细、深入地看待问题。但我不想否认，本书有时是"带着愤怒和激情"而写成的，而且我完全是站在个人的立场上来观察、判断和评价对象，读者能在多大程度上赞同这一立场，则要由读者自己来决定了。《基督教的罪恶史》一书的作者卡尔海因茨·德施纳（Karlheinz Deschner）在回应批评者指责他的"片面性"时说："每一个人都是片面和主观的！每一位历史学家都有其自身的生活经历和心理上的定因，有其既有的观点。每一个人都有其社会性，都受其所属的阶级和群体局限。每一个人都受个人好恶的影响，有自己偏好的假设，有自己的价值体系。"德施纳还表示，上述所言特别适合那些"最否认这些的人"，重要的是"不要假装出虚伪的'客观性'"，更具决定性的是"有多少和有多好的理由来论证我们的'片面性'"，"来源基础"如何以及在何种"论证水准"上来进行的。[1]对此我表示赞同。我认为，本书在这方面符合这些要求。

在介绍事实和传达信息的所有努力中，本书也带有进行争论的性质。起因是几年前我作为教师发现，一本教科书处理"西藏"和"流亡藏人"问题的方式是完全片面和别有用心的。[2]随后 2008 年发生的一系列事情也让我感到愤

【1】参见 Karlheinz Deschner：《基督教的罪恶史：早期》（卷一），Rowohlt 出版社（汉堡附近的赖因贝克市）1986 年出版，第 39 页。

【2】由 Klett 教材出版社出版，供 12-13 岁学生阅读的《德语 Punkt 3》公然为藏传佛教做宣传。其中诸如"西藏和神灵起义""神圣的十四世达赖喇嘛陛下"（见第 189 页）等标题便能说明问题。就像要让学生们信奉喇嘛教一样，作者写道："佛之道适合于所有人，而非仅仅是僧尼。"据称，学生们应该按照一定顺序连续阅读相关专题文章，并从中获取专门信息，然而提供的阅读材料却节选自一本神化喇嘛教的青少年长篇小说。唯一一篇事实性的文章，在所注出处为 Uli Franz 撰写的一本旅游指南中却无法找到。很显然，有人为向学生进行思想灌输而特意拼凑出了这篇文章。

怒，那时呼吁抵制北京夏季奥运会的呼声很高，中国奥运火炬手在法国、美国等国遭到主张"自由西藏"的活跃分子暴力攻击。除了对中国惯用的"标准指责"，即中国没有民主和侵犯人权，现在"（近60年前的）占领西藏"一说，又为西方媒体掀起一场前所未有的反华运动提供了理由。西藏和达赖喇嘛比往常更多地成为媒体关注的焦点。藏传佛教格鲁派领袖达赖喇嘛及其代言人享有一切机会，在媒体上阐述其"流亡政府"以及国际上支持者的立场和看法。尤其是同时发生，但绝非偶然的拉萨暴力骚乱事件更是成为媒体的头版头条。而对于奥林匹克运动所要传达的核心价值、公平和民族谅解，媒体却绝口不提。

所谓的公平就只有这么多了：对奥运会进行部分抵制。就我所知，奥运会或其他大型国际体育赛事曾经遭受同样待遇的仅有一次，即1980年在莫斯科举办的奥运会。当时美国等西方国家拒绝参赛，以示抗议，理由或借口是苏联军事干预阿富汗内政。然而无论是西方再次在阿富汗投入军事力量并由此造成平民遇难，还是美国之前在东南亚、拉丁美洲和伊拉克发动的战争和进行的干预，[3]我们的媒体却一次也没有要求抵制在美国举行的任何一次国际体育赛事。同样地，以色列对国际法和人权的践踏也从未成为采取任何抵制措施的理由。这里美国和以色列一再粗暴践踏国际法和人权却没有问题。[4]但就像本书将要展示的那样，媒体对于中国的西藏政策却要指手画脚。

由于本书并非根据亲身经历写成，所以我依靠的自然是可信的来源，它们是相关的历史研究以及亲历者的书面报告。问题是，哪些来源和作者可以被看作确实可信的？对于谁而言是确实可信的？譬如我本人更愿意认为达赖喇嘛的

【3】加拿大渥太华大学经济学教授、全球化研究中心主任 Michel Chossudovsky 称，"在大肆渲染所谓的中国侵犯西藏人权的同时，"西方媒体对全球反恐战争的总结"几乎没有得到赞赏"，他写道："超过120万伊拉克平民丧生，300万人受伤。根据联合国难民事务高级专员署的数据，被迫离开祖国的伊拉克难民人数高达220万，遭到驱逐、但仍滞留国内的有240万人。""当美国2003年3月入侵时，伊拉克全国人口数大约为2700万，如今却只有2300万左右。可以得知的是，目前超过一半的伊拉克人要么成了难民，要么需要救治，要么受伤或死亡了。"参见链接 http://www.hintergrund.de/20080627214/politik/welt/operation-tibet.html，查阅时间为2013年2月12日。引自美国记者 Dahr Jamail 于2007年12月发表在《全球研究》的文章。

【4】奥巴马政府的无人机攻击造成的平民伤害以及甚至有美国人参与的定点清除。也可参见：Vincent Bugliosi:《对谋杀乔治·布什的控告》，慕尼黑德国平装本出版社2008年出版；William Blum:《希望破灭：二战以来美国及中情局的武装干预》，法兰克福 Zambon 出版社2008年出版；Oliver Stone & Peter Kuznick:《美国不为人知的历史》，Gallery Books 出版社2012年在纽约、伦敦、多伦多、悉尼和新德里出版；Noam Chomsky:《山姆大叔真正想要的是什么》，美国亚利桑那州图森市的 Odonian Press 出版社2005年出版。

批评者是可信的，但是也许许多读者相信的正是达赖喇嘛这位曾经的政教合一的统治者及其同路人。现在，这是一个完全可破解的两难困境，因为对我而言，他们有时也是可信的。然而这种情况仅仅发生在他们讲述事件或者经过内心的斗争下决心坦白时，后者倒是和他们通常所持态度相矛盾。即便如此，他们坦白的程度很特别。

因此，我为什么完全破例地引证达赖喇嘛及其"流亡政府"的死对头[5]的言论就变得可以理解了。"流亡藏人"集团面对任何一种有理有据的批评，都会抛出其廉价的杀手锏论据，即称对方学会了中共的宣传，[6]而我主要援引的是那些摆脱了如此嫌疑的作者和来源，例如，美国的军事史学家、中情局内部人士关于西藏的"佛的战士"的书面文件，西方知名学者梅·戈尔斯坦（Melvyn C. Goldstein）、谭·戈伦夫（Tom Grunfeld）、沙伯力（Barry Sautman）、安德烈亚斯·格鲁希科（Andreas Gruschke）或托马斯·霍普（Thomas Hoppe），公开自称是达赖喇嘛同情者的洛朗·德赛（Laurent Deshayes），以及坦诚的佛教徒和领导过"自由西藏"运动的活动分子。此外还有一些见证人，包括被十四世达赖喇嘛尊为西藏的朋友、进行亚洲研究的法国人亚历桑德拉·大卫·妮尔（Alexandra David-Néel）女士，[7]作为达赖喇嘛的"老师"和终身的私人朋友的海因里希·哈勒（Heinrich Harrer），偶尔我也援引了十四世达赖喇嘛本人的话。如此一来，对于本书给出的信息和提出的论据，对方要么试图保持缄默，要么歇斯底里地喊叫，除此之外很难再作出任何其他反应。

在此还有一点也需要说明，本书每一章节开始时未加评论的引语并不一定代表我本人的观点，这一点读者很容易看出来。它们更多的是从不同的、经常也是相反的视角来阐明或补充我的论述。有时它们也许与本来的主题没有直接关系，而是将读者的目光引向更广泛的问题和其内在关联。我认为，善于思考的读者肯定会知道这些引语的作用。

【5】参见 Colin Goldner：《达赖喇嘛：一位神王的垮台》，阿沙芬堡的 Alibri 出版社 2008 年出版。

【6】就像我们在西方特别容易受中国宣传的影响似的，这怎么可能呢？倒是更可能，我们受到了西方政府、利益集团及其媒体宣传的影响。

【7】达赖喇嘛于 1982 年 10 月和 1986 年 5 月两次到访她家，她家住在法国上普罗旺斯阿尔卑斯省省会迪涅。参见 Maxime Vivas：《达赖喇嘛并非如此"禅"》，巴黎 Max Milo Éditions 出版社 2011 年出版，第 34 页。达赖喇嘛之所以对 Alexandra David-Néel 赞赏有加，是因为她所撰写的一系列著作对在西方的"西藏神话"贡献颇多。

法座上的十四世达赖喇嘛（1956 年或 1957 年，摄于拉萨，拍摄者不详）

第一章

问题很多，但请不要轻率作答！

关于西藏，之前对于我来说只有以下绝对可信的事实：中共入侵了这个独立的国家，他们破坏了 6000 座寺庙，杀死了 120 万人，这一数字占到西藏总人口的五分之一。

帕特里克·弗伦奇（Patrick French），曾是"自由西藏"运动负责人之一[8]

一方面，中国违反国际法，武力吞并西藏，这世人皆知且无可争议。另一方面，十四世达赖喇嘛在国际上享有很高的声誉，尤其是在他 1989 年获得诺贝尔和平奖之后。由于达赖喇嘛主张非暴力和民主改革，所以中国对西藏的占领毫无依据。西藏既不对中国构成威胁，也不需要其保护以免遭"封建统治者的压迫"。

选自一本德语教科书的教师手册[9]

在撰写关于西藏、西藏纠纷和中国的西藏政策的书时，也可以很省事。例如，弗兰茨·阿尔特（Franz Alt），他在 1998 年快速拼凑了一本设计得很华丽的书，[10] 首先采用了达赖喇嘛的话，然后用 40 页的篇幅（其中有 9 幅配图，这样文字部分就更少了）讲了西藏和中国内地的过去、现在和将来；其中一个章节，克莱门斯·路德维希（Klemens Ludwig）在讲述"西藏两千年的历史"时所用篇幅更少，只有 25 页，并且也用了插图来充数。

【8】 参见 Patrick French:《西藏，西藏》，纽约 Vintage Books 出版社 2003 年出版，第 22 页。

【9】 参见高级中学语言、阅读和自学教科书《德语 Punkt 3》教师手册。斯图加特和莱比锡 Ernst Klett 教材出版社 2006 年出版，第 90 页。

【10】 参见 Franz Alt, Klemens Ludwig & Helfried Weyer:《西藏：美丽、破坏、未来》，法兰克福 Umschau 出版社 1998 年出版。

　　本书采用更为严肃认真的态度,为此本书谈及了大量关于政治和历史的问题,而且首要的是深入探讨这些问题。本书首先要对西藏和中国内地之间数百年的文化、宗教和政治关系寻根究源。一方面,中国认为西藏为其领土的一部分,另一方面,"流亡藏人"要求西藏重新获得"独立",本书尝试搞清楚二者各自的依据是什么。其中我们还要搞清,"西藏"这一概念显而易见是出于政治方面的原因一再被含糊使用,极易引起误解。本书详细讲述了十三世达赖喇嘛及其之后的摄政者们的性格和政治活动。中国称 1951 年将西藏从外来"帝国主义"施加的影响中最终解放出来,本书考查了这一断言是否有根据,还是像西方经常声称的那样纯属捏造。本书尝试着弄明白,西藏是否在其现代史的某一时候可被看作是一个"独立国家"。本书研究了西藏回归中国中央政府有效管辖的情况——中央政府称之为"和平解放",还研究了年轻的中华人民共和国那至关重要的头十年的历史。顺便提一下,本书首次向非学术界的德语读者介绍了梅·戈尔斯坦的史学研究结果,他关于 1913 至 1955 年的西藏历史的巨著是国际公认的这一主题的权威著作。[11] 然后本书详尽讲述了 20 世纪 50 年代后期至 60 年代西藏的武装暴动及其参与者和幕后操纵者的情况。本书调查了如今的西藏是否在中国享有真正的自治,或者只是名义上的自治。书中探究的问题还有:对迁入的汉人"过多地影响"西藏的指责是否属实?是否真的存在"文化扼杀"甚或肉体上的"民族灭绝"?在这一点上,"西藏流亡政府"以及所谓的非政府组织对中国大加指责,还经常发誓称自己的说法属实。"中国人"真的如再三读到的说法那样,想尽一切办法来毁灭藏语言文化吗?

　　关于"西藏流亡政府"及其支持者的行事方法、目的和可能的前景,本书也作了探究。作为"流亡政府"首脑的十四世达赖喇嘛代表的真的是和平、理智、调解、温和和非暴力的政策吗?

　　可以看到,问题清单确实很长,而且涉及面很广。尽管如此,它仍然不算完整,也无法在本书范围内穷尽西藏问题的方方面面。例如,关于旧西藏财产、权力和生活情况的问题,就未加考虑。具体而言,旧西藏是否真的是一个数百年来僵化的封建社会,充斥着极端的社会不平等,实行的是农奴制度,到处是可怜的乞丐和横行的土匪?旧西藏是否严格实行教权专政?同样未涉及的还有

――――――――――――

【11】参见 Melvyn C. Goldstein:《西藏近现代史:一个喇嘛国家的灭亡(1913 至 1951 年)》(卷一),加利福尼亚大学出版社 1989 年出版。也可参见《西藏近现代史:暴风雨前的宁静(1951 至 1955 年)》(卷二),加利福尼亚大学出版社 2007 年出版。

藏传佛教的教义和实践，对其进行深入分析重要且必要。由于这些问题需要单独详尽地予以阐述（也完全值得这么去做），本人已另外著书立说，作为本书的补充，在此也非常乐意向感兴趣的读者推荐。

神话传说中的岭国国王格萨尔（唐卡）

第二章

介于事实、神话、宣传谎言之间的历史编纂和新闻报道

> 此外还须考虑的是，精神领域和科学范围区别很大，而且科学证明并不比神话传说更接近真相。
>
> 法布里斯·米达尔（Fabrice Midal，法国佛教徒）[12]

　　纽约州立大学研究西藏的历史学家谭·戈伦夫教授强调，有一则关于西藏的历史记载存在几个问题，尽管它符合科学，也力求客观。其一，藏语区在公元 7 世纪前没有统一和规范的文字，那时中华帝国至少已有 2300 年的历史。西藏最早的编年史在八九世纪才出现，看起来那时的当权者认为自己作为长期连续统治西藏的人的后裔，对这一正统性加以确认是非常重要的。[13]此外，佛教占据统治地位也导致了其对历史的改写和重新诠释。

　　如果没有"西藏流亡政府"试图将一个"独立的藏民族"的存在作为史实在非常久远的历史（追溯到了极为模糊的远古时代）中加以确定和描述，这一地区（当时还没有"西藏"这一名称，正如在古希腊罗马时期也没有德国、法国或英国一样）的早期历史可能引不起我们的兴趣。然而，上述疑虑完全没有妨碍十四世达赖喇嘛在斯特拉斯堡的欧洲议会上宣称，他的"民族的建立"，当然还连同其"独立"是在公元前 127 年。[14]德国记者克莱门斯·路德维希只是一位业余历史学者，他是达赖喇嘛的崇拜者，在这一点上跟随他的偶像也

【12】参见 Fabrice Midal：《西藏的神话和神灵：了解一个精神世界》，德文译者 Rolf Remers，柏林 Theseus 出版社 2002 年出版，第 117 页。

【13】参见 Laurent Deshayes：《西藏史》，Librairie Arthème Fayard 出版社 1997 年出版，第 48 页。

【14】参见 Colin Goldner：《达赖喇嘛：一位神王的垮台》，第 131 页。

是毫不迟疑。他也声称，按照西方（欧洲）的计时，西藏的历史真正起源于公元前 127 年，"当时的藏王聂赤赞普在雅隆河谷为一个重要王朝奠定了基础"，"当时的藏王聂赤赞普在雅隆河谷为一个重要王朝奠定了基础"。[15] 尽管"雅隆王朝最初 8 位国王"毫无"史迹"可寻，但这并不妨碍路德维希这位为意识形态所左右的历史观察者，就连"根据传说，8 位藏王是直接从天而降的，死后又重新回到天上（因此也就可能没有墓穴了）"这样的说法也能接受。[16] 给首个西藏王朝的确立标注的具体年代，甚至比虽有文字记载但史学上完全不可靠的最早西藏编年史提前了大约 800 年，这在路德维希先生看来却完全不成问题，尽管他自己最终也承认："但是最早在 7 世纪早期才开始有关于雅隆国王们的史料记载。在国王朗日伦赞统治时期，王朝的影响远达雅隆河谷之外的地区。"[17] 由此看来，难道在神话中的首位藏王（也是西藏"独立"的始祖）之后整整 800 年西藏统治者才对整个"河谷"产生"影响"吗？！

此外，还算熟悉西藏早期历史的大卫·妮尔认为，"藏人从来没有形成过一个具有共性的民族，"在松赞干布统治时期的公元 7 世纪，"有 100 多个常常相互争斗的不同的藏人部族"。[18]

洛朗·德赛是对达赖喇嘛友好人士，与克莱门斯·路德维希相比，还算一位更加严肃一些的研究西藏的史学家。在他强调"生活得离天空如此之近的藏人对关于其民族和王国起源问题总是用神话和传说来作答"时，也会避免毫不迟疑（和毫无经验）地对待历史事实。他列举了若干源自不同宗教传统、相互矛盾的故事。例如，按照苯教的说法，首位藏王名叫鹘提悉补野，而他在另一个传说中（例如，在路德维希那里）却被称为聂赤赞普。这位"佛教历史学家"将首位藏王"来到尘世的时间确定为公元前 127 年"，更确切地说，是"根据科学的计算"（并非所谓的"西方的计时"）。在上述传说里，这位藏王拥有魔力，他身穿一副自行套在身上的甲胄，手持宝剑和长矛这两样武器就可以战斗。这

【15】参见 Franz Alt, Klemens Ludwig & Helfried Weyer：《西藏：美丽、破坏、未来》一书中 Klemens Ludwig 所写的"西藏两千年的历史"部分，第 56 页。

【16】引文出处同上，第 57 页。

【17】引文出处同上，第 57-58 页。

【18】参见 Alexandra David-Néel：《古老的西藏面对新生的中国》之"广袤中国的蒙昧西部"，叙事和冒险类读物，Librairie Plon 出版社 1994 年出版，第 768 页。

位从天而降的藏王可以随时借助于一条连接他和天、由光形成的绳索，即所谓的银索返回天上。这位藏王死后，在最终升天之际，他化作一道彩虹。【19】正如大家所见，达赖喇嘛在欧洲议会的登场更像是一个童话而非历史时刻。对于一位宗教首领及其朝臣，人们还能期待些别的什么呢？令人担忧的是，对于大多数欧洲议员来说，上述二者之间的区别根本不被他们关注。

由于涉及的是西藏早期历史，所以对本书而言，谭·戈伦夫材料出处的不可靠并不太重要。但下列情况却有所不同：谭·戈伦夫称，在19世纪，特别是20世纪，政治意识形态的两极分化（竞争势力争夺地区影响力的结果）妨碍了不受利益导向看待事物的角度。事实上，英国和美国在关于西藏的纷争中曾是（或许现在仍是）一伙的。他们在不同时期直接（包括采用军事手段）介入当地事务。在冷战的大背景下，美国在东方（中国台湾）和西方的盟友也间接参与了。所以对于政治观察家，甚至历史学家，只要他们内心认同冷战的最前沿甚或继续进行这场针对中国的冷战，是很难期待他们毫无成见的。

另外还有以下几个问题：

（1）所有藏文史料记载都来自一个只有极少数人能够读写的社会（其中能写的人则更少），而且所有精通文字的人均为高级僧侣和贵族，这一事实完全决定了看问题的角度：所有流传至今的事件自然而然是按照上述社会阶层的看法体现出来的，而藏人中的绝大多数，特别是那些服劳役的农牧民们，他们的观点却不得而知。同样地，"流亡藏人"中的大多数事件亲历者也属于从前的社会精英阶层。谭·戈伦夫也曾指明了这一点。

（2）西方大多数藏学家曾是（现在还是）宗教学家、东方学家或文化人类学家。他们对西藏有兴趣，更确切地说，他们对藏传佛教一直有好感，他们自己要么信奉藏传佛教，要么普遍对宗教、宗教活动和宗教机构持肯定态度。在一次国际藏学研究学会举办的大会上，甚至"自由西藏"运动负责人之一的帕特里克·弗伦奇也发觉，研究西藏的人多数来自西方，不仅有大学教师，还

【19】参见 Laurent Deshayes：《西藏史》，第41-48页；参见 Fabrice Midal：《西藏的神话和神灵：了解一个精神世界》，第12页，书中讲述了"西藏统治王朝的神话起源"以及"带有宗教色彩、但在史学上无法证实的事件"；也可参见 R. A. Stein：《西藏的文化》，柏林1993年出版，第44页，其中写道："这些数字纯粹是习惯说法"以及"这些早期的编年史并没有严格遵循历史学来撰写……统治者及其堡垒起源于公元6世纪，然而传统上却将他们追溯到第一位天王的神话时期。"

有他们的学生，是何等专注于"非政治和超越尘世"："我注意到，在提交的近 230 篇论文中，有 100 多篇是关于宗教的，另有 100 篇涉及语言学、教育、艺术、文学、医学、法学、社会科学和植物学，只有 24 篇谈论的是外交史、政治史或政治学，然而竟没有一篇是讲经济学的。"【20】

至于大多数西方人受"流亡藏人"的宣传影响而片面看待西藏问题，谭·戈伦夫认为还有一个原因："不看中国方面的新闻（世界上绝大多数人都是这样），便无从了解中方立场，不论该立场表现得如何不灵巧。"在这方面，他批判西方媒体，在位于伦敦的西藏信息网的引导下，"不加探究地"使用了对方提供的材料。【21】此外，谭·戈伦夫还援引了一篇发表于 1992 年的美国学者的论文。该论文的结论是，几乎所有记者"对西藏的了解少得可怜"，【22】他们中的压倒多数是在做有利于达赖喇嘛的片面报道。【23】所以，这位历史学家得出的结论是："在舆论战中，中国远远处于劣势。"【24】

关于对西藏的了解，欧洲的情况肯定不会更好，以至于媒体还在热心地传播关于西藏的极其荒谬的断言和"消息"。例如，科林·戈尔德纳（Colin Goldner）提到了一则德新社的消息（德国《日报》也在 2002 年 5 月 7 日引用了此消息）。【25】该消息称，"西藏高级宗教领袖仁波切"由于与达赖喇嘛联系而在四川被捕。事实上，仁波切是一个使用广泛的头衔，类似于德语中对神甫和担任领导职务的牧师的尊称"圣上"或"阁下"，它根本不是一个人名。戈尔德纳列举的媒体错误报道还有：达赖喇嘛可能在 17 岁时逃离了西藏（见《日报》1987 年 10 月 7 日的报道），事实上那时达赖喇嘛已经 24 岁了；《日报》1994 年 12 月 20 日的一篇报道称，布达拉宫是一座有着 1300 年历史的文物建筑，事实上布达拉宫建于 17 世纪。尽管这些都是细节问题，但也证明了就连《日

【20】参见 Patrick French：《西藏，西藏》，第 277-278 页。

【21】英文原文为 "unquestioningly"，参见 Tom Grunfeld：《现代西藏的诞生》（修订版），M. E. Sharpe 出版社 1996 年出版，第 239 页。

【22】引文出处同上，英文原文为 "woefully ignorant of Tibet"。

【23】参见 Tom Grunfeld：《现代西藏的诞生》，第 239 页，引自 Jude Carlson：《新闻媒体中的西藏》。

【24】参见 Tom Grunfeld：《现代西藏的诞生》，第 240 页。

【25】参见 Colin Goldner：《达赖喇嘛：一位神王的垮台》，第 415 页。

报》这样被称为"严肃"和"左倾"的媒体在对待事实和数据时也极为草率。[26]
但问题是，一件事情的真相和公正，肯定不取决于谁请得起最机灵的形象顾问、
最昂贵的律师和最多报道失实的记者！

但西方媒体报道的毕竟不只是西藏，而是整个中国，那是一个"严重"或
者"黑暗"的篇章，就像海因里希·哈勒认为的那样。德国海因里希-伯尔基
金会曾委托做过一项关于德语媒体的中国形象的调查，其明确的结论令德语媒
体界感到羞愧。该调查共分析了6家纸媒（《法兰克福汇报》、《南德意志报》、
《日报》、《明镜》周刊、《焦点》杂志和《时代》周报）和一家公共电视台
网站的2008年全年共计8766篇涉华文章。调查结论是，大量媒体文章对主题
没有作进一步的阐明，相反地，它们"不加思考地采用社会上关于中国的固有
看法和陈词滥调"。超过一半的文章在讨论中充斥着"遭贬低的中国标准形象"，
例如，"流氓国家的支持者""气候变化的罪魁祸首""廉价商品制造者""不可
遏制的对原材料的巨大需求"。该调查认为，德语媒体还在继续传播"大多数
情况下极端简短化的陈词滥调"。表面上显得正面的中国形象只作为有吸引力
的增长市场和令人感兴趣的生产地，出现在经济领域报道中。此外，调查报告称，
在选择报道题材时存在"明显的盲点"，例如，"社会、教育和科技这类中心领
域几乎完全被排除在外，""被强烈关注的是像西藏这样的少数民族和领土问题"
（占总篇目的11.2%）或者"人权状况"（占总篇目的3.9%）。对其他涉华题材，
如对"紧迫的社会问题"（占总篇目的1.8%）基本忽略，对西藏和人权问题的
聚焦"超过了一般程度"；涉华经济报道同样存在问题，因为它们过度集中在
"德国企业及其利益"上。总的来说，涉华题材的选择"经常是由是否充满纷争、
是否具有负面性以及是否关注精英等新闻因素来决定的"，与此同时，"对事物
内在重要的发展通常是不会进行扎实可靠的分析的"。[27]

【26】参见 Colin Goldner：《达赖喇嘛：一位神王的垮台》，第409页。

【27】参见链接 http://www.boell.de/downloads/bildungkultur/Zusammenfassung_Thesen_China_Studie.pdf，查阅
时间为2011年9月21日。

第三章

一千多年前：中华文化对一个边陲野蛮武士 "王国"的影响

丝绸最初产自印度。

弗兰茨·阿尔特[28]

她是国王松赞干布的第四位妻子，这一事实像尼泊尔赤尊公主肩负的传播佛教的使命一样被忽视了。

路德维希谈论藏人崇敬的文成公主时发表的看法[29]

在随之而来的国内战争中，布达拉宫被蒙古准噶尔军队洗劫一空。布达拉宫是西藏民族主义的象征，在"自由西藏"运动散发的数以百万计的宣传单上，这一标志性建筑十分醒目。后来在维修布达拉宫时最重要的保护者和资助者，是那位被看作最高等级的文殊菩萨和慈爱地引导所有人去做善事的中国皇帝，对于这一事实是不可能视而不见的。

帕特里克·弗伦奇，曾为"自由西藏"运动负责人[30]

达赖喇嘛将藏民族的形成认定为很久以前，当然是为了使西藏脱离中国具有历史依据。同样地，大力鼓吹西藏"独立"于中国的人也会片面强调藏文化

【28】参见 Franz Alt, Klemens Ludwig & Helfried Weyer：《西藏：美丽、破坏、未来》一书中 Franz Alt 所写的"西藏即将自由"部分，第 51 页。

【29】参见 Franz Alt, Klemens Ludwig & Helfried Weyer：《西藏：美丽、破坏、未来》一书中 Klemens Ludwig 所写的"西藏两千年的历史"部分，第 59 页。

【30】参见 Patrick French：《西藏，西藏》，第 104 页；也可参见 Luciano Petech：《18 世纪的中国和西藏：中国在西藏建立保护国的历史》（修订版）注释 1，莱顿 E. J. Brill 出版社 1972 年出版，第 77 页。

的独立性，贬低甚至全盘否定来自中国的一切影响。于是在匆忙和无比激动之中，印度突然成了丝绸的原产国，谁知道它还会不会也是瓷器、纸张、茶艺和筷子的来源国呢？

诚然，藏文化在有些方面迥异于汉文化。就像那个著名的关于玻璃杯的故事，观察者完全可以按照自身的兴趣和立场来说它是半空或者半满。但汉人建立的文明程度高得多的帝国很早就对西藏产生了很大的影响和促进作用这一事实，是不能断然否定的。在西藏最早的历史记载中，在政治方面，尤其是在文化领域，藏汉之间就已经有了密切的联系。虽然地理位置特殊，但西藏并没有免受外来影响。更确切地说，藏人和汉人最初的联系是令人不愉快的，因为其表现形式为藏人的强盗行径——袭击和劫掠。在雅克·格纳特（Jacques Gernet）所著的《中国的世界》（首部科学的中国全史）中是这样描述"喜马拉雅山脉及其边缘地区的山区民族"的："藏人、羌人或者党项人、羌戎人、纳西人、摩梭人等好战的天性在袭击商队和入侵定居的农耕地区时得以体现，""在历史过程中，他们逐渐向东扩展，进入今天的甘肃、四川和陕西"。【31】从那时起，藏人在中国被认为特别勇敢和好战，他们和其他游牧民族，例如匈奴人和蒙古人的共性显而易见。

中国内地和西藏在公元 7 世纪早期就保持着密切的政治和文化关系。641年，统一的西藏的首位国王松赞干布迎娶了唐朝的文成公主。唐朝佛教兴盛，而且当时的中国是世界上最富有和最先进的国家。文成公主将一尊金碧辉煌的释迦牟尼佛像带到了拉萨，至今供奉在被誉为"最神圣寺庙"的大昭寺里。"这件代表虔诚的礼物证明了西藏最初所受的佛教影响来自中国，而非印度。"【32】顺便提一下，许多历史学家认为，松赞干布还娶了一位尼泊尔的公主，【33】西方知名藏学家图齐（Tucci）对此并不相信。【34】无论如何，中国的文成公主自古以来在西藏就享有盛名。松赞干布也许还有别的妻子，其实这并不太重要。

比文成公主带到西藏的佛像还要重要的是随行的工匠、艺术家、建筑师、教师、厨师、木匠和画师等。根据一些记载，文成公主还带去了茶、大麦和烧

【31】参见 Jacques Gernet：《中国的世界：时至今日的中国历史》，其中包含 40 整页黑白插图、16幅文中图片和 31 张地图和地形图，法兰克福 Suhrkamp 出版社 1988 年第 1 版，第 25 页。

【32】参见 Uli Franz：《西藏手册》，慕尼黑 Piper 出版社 2007 年（修订新版），第 49 页。

【33】Laurent Deshayes 就是其中一位，参见其所著《西藏史》，第 49 页。

【34】参见 Tom Grunfeld：《现代西藏的诞生》，第 271 页注释。

酒并教给藏人其用法，此外还有医学知识和占星术。[35]公元710年，又一位唐朝公主（金城公主）嫁给吐蕃赞普赤德祖赞（704－755），她也带去了乐师、舞伎、成捆的丝绸和锦缎，还有脚踏纺车。

在此之前，藏人有可能只穿戴动物毛皮和毡制品。此后，吐蕃派人前往中原学习造纸术、制陶术以及其他手工艺。[36]松赞干布时期就开始资助部落首领的儿子们前往当时唐朝的长安（今西安）接受教育和学习。[37]在唐朝，长安和拉萨之间的正式访问不下150次，并缔结了8项盟约，其间，"吐蕃吸收着中国文化"。[38]就连德赛也承认："和中原发展关系使得吐蕃王周围的人待人接物的方式变得有教养了，在此之前，举止粗暴的吐蕃人还不知礼仪为何物。现在瓷器代替了陶器，纸和墨用于书写新的文字，丝绸衣服也出现了，与此同时，来自中原的知识丰富了苯教的医学和占星术，还从中原引进了新的灌溉技术。"[39]乌利·弗兰茨（Uli Franz）也写道："随着文成公主的到来，拉萨流行起了中原礼仪。吐蕃贵族们对丝绸和玉器很感兴趣，并学习使用筷子。"[40]1300年后，一位名叫皮尔·胡斯（Père Huc）的法国传教士还在报道藏人是如何崇敬文成公主的，在塔尔寺的"酥油花节"上便可见到。[41]大卫·妮尔则提到了一部关于文成公主的西藏民间史诗，称其知名度和受欢迎程度仅仅稍逊于藏族最伟大的英雄史诗《格萨尔》。其中描写了吐蕃派往大唐求婚的特使禄东赞，称其必须通过一系列考试，唐太宗才会答应将女儿文成公主许配给松赞干布。文成公主的藏文名字叫普姆嘉萨，大意为"年轻的中国公主"。[42]因此，如果西藏活动分子路德维希有意贬低文成公主的作用，其动机是显而易见的，但事实胜于雄辩。

【35】引文出处同上，第35页。

【36】参见韩素音：《拉萨，一座开放的城市：西藏之旅》，英文版1979年出版，第24页及其后几页；德文版1980年出版，第18页及其后几页。

【37】参见 Tom Grunfeld：《现代西藏的诞生》，第35页。

【38】引文出处同上，第37页。

【39】参见 Laurent Deshayes：《西藏史》，第55–56页。

【40】参见 Uli Franz：《西藏手册》，第49页。

【41】参见韩素音：《拉萨，一座开放的城市：西藏之旅》（德文版），第19页。其中引用了 M. Huc 于1856年在伦敦出版的《鞑靼地区、西藏和中国游记》一书中的内容。

【42】参见 Alexandra David-Néel：《古老的西藏面对新生的中国》之"广袤中国的蒙昧西部"，第762及其后几页。

　　中国内地对西藏巨大的文化影响也在欧洲人的报道中体现出来。十三世达赖喇嘛在暂时驱逐中央政府代表并将他们的藏人随从杀害、逮捕或流放之后宣称西藏"独立"。上述报道的作者以及那些到访过"独立"西藏的都是欧洲人。例如，19世纪末在西藏的萨维奇·兰道（Arnold Henry Savage Landor）在描写一位西藏封建主时说，"他长相特别，身穿一件中式绿绸长褂，并像中国官员一样戴着一顶帽子。"[43]兰道笔下的西藏军官也"戴着中式帽子"。[44]大卫·妮尔报道了在1916年藏历新年她受邀前往一位高级喇嘛家做客的情景："我们是按照中国方式进餐的，这在西藏被推崇备至。"[45]恩斯特·舍费尔（Ernst Schäfer）写道："'德国党卫军西藏考察队'队员受噶伦等有名有衔的藏人的邀请赴宴，尽管持续几乎一整天的盛大宴席具有地道的西藏特色，但毫无疑问是来自中国，这不仅体现在菜品的选择上，而且首先因为拉萨最好的厨师来自中央帝国，另外当地人习惯相互借用好厨师。"[46]海因里希·哈勒同样也描述了他首次受邀在身居高位的藏人家做客的场景："为我们准备了妙极了的中式面条。"[47]他和奥弗施奈特（Aufschnaiter）席间对宴会主人"使用筷子之熟练"深表钦佩。[48]他后来也在拉萨讲述，藏人给他们送来了一顿"丰盛美味的中式晚餐"，[49]他在那里经常见到整套整套的"精美绝伦的中国茶具，都有着好几百年的历史"。[50]在举办庆典活动时，他描述了"昂贵的丝质帐篷和节日服装"[51]以及"身穿华丽中式服装"[52]的高贵藏人。那时候，许多

【43】参见 Arnold Henry Savage Landor:《拉萨之行：通往西藏禁地之路（1897年）》，巴黎 Libella 出版社2010年出版，第51页。

【44】引文出处同上，第91页。

【45】参见 Alexandra David-Néel:《风行者：信札旅行日记 1911-1917》，德文版由威斯巴登 Heinrich Albert 出版社出版，出版时间不详，第309页。

【46】参见 Ernst Schäfer:《白色面纱的节日：在西藏遇见民众、僧侣和术士》，杜拉赫 Windpferd 出版社1988年版，第52页。

【47】参见 Heinrich Harrer:《西藏七年：我在达赖喇嘛宫殿的生活》，柏林 Ullstein 出版社2009年版，第75页。

【48】引文出处同上，第76页。

【49】引文出处同上，第166页。

【50】引文出处同上，第169页。

【51】引文出处同上，第220页。

【52】引文出处同上，第221页。

汉人也来到拉萨。哈勒注意到，不同于尼泊尔人，他们"乐意娶藏人为妻并与之在拉萨过模范的婚姻生活"，为此哈勒甚至也为汉人说了好话。【53】

　　大卫·妮尔发现，甚至在拉萨最神圣的中心，也就是在西藏建筑、文化和宗教的核心区也有汉人的影响，因为"对布达拉宫和最神圣的大昭寺的装饰主要归功于汉人画师和其他艺术工匠"。【54】雄伟的布达拉宫是拉萨及整个西藏的标志，它最醒目的是"顶部的平台，上面中式亭阁的精美顶部闪闪发光"，一到拉萨，首先映入眼帘的便是它们。【55】

拉萨大昭寺屋顶（2009 年，Antoine Taveneaux 拍摄）

【53】引文出处同上，第 223 页。"自由西藏"运动方面喜欢笼统声称，所谓汉人在藏人面前很自负甚至具有优越感，至少在这里看不出来。

【54】参见 Alexandra David-Néel：《穿越天空和地狱之路：我一生的冒险》。德文版译者为 Ada Ditzen，由 Thomas Wartmann 作序，法兰克福 Fischer 出版社 2012 年版（第 8 版），第 274 页。

【55】引文出处同上，第 278 页。Luciano Petech 认为，汉藏相互间的文化影响尽管在宗教和文学领域可以说很小，但在日常生活"细枝末节"上却是显著的，而且几乎总是汉文化对藏文化单方面的影响。为此他提到了语言（借词）、绘画、贵族服装和上层人士的饮食文化，参见其《18 世纪早期的中国和西藏》，第 260-263 页。

第四章

共同的历史：元朝、明朝和清朝的皇帝

两位中国王公带着 1000 人的卫队驻扎在拉萨，每三年轮换一次。中国皇帝被承认是西藏地方的最高统治者。西藏地方最高职务的任命是根据中国皇帝的指令来执行的，所有较为重要的事务均须首先向中国朝廷报告。但是王国的内部管理则完全掌握在西藏当地人手中。中国人一般只待在拉萨，西藏（拉萨除外）民众几乎感受不到外来势力的压迫。

乔治·波格尔（George Bogle），写于 1775 年左右【56】

如同对于所有其他国家一样，对于德国联邦政府来说，清楚的事实是：在国际法上，西藏是中国的一部分。

1987 年德国联邦政府对联邦议员佩特拉·克利（Petra Kelly）女士
书面质问的答复

在西藏历史初期，藏汉之间的紧密关系并未能阻止松赞干布建立的强大的吐蕃王朝和唐朝之间不断发生军事纷争。有一次吐蕃人竟然占领了唐朝都城长安（今西安）。

藏汉之间在公元 9 世纪早期就订立了正式盟约，又称"舅甥会盟"。【57】它是双方的佛教僧侣通过暗中谈判达成的，目的是结束彼此之间的军事冲突。823 年，双方将盟约刻石立碑，如今在拉萨大昭寺仍可见该唐蕃会盟碑。【58】

【56】节选自前往西藏的首位英国人 George Bogle 写给大英帝国驻孟加拉的殖民总督 Warren Hastings 的报告：《在活佛的国度：前往封闭西藏的发现之旅（1774-1775 年）》，斯图加特 Thienemann 出版社 1984 年出版，第 274-275 页。

【57】唐蕃之间遵循的舅甥关系原则在很长时期内也影响着藏传佛教格鲁派寺庙的负责人传位：堪布或其他身居要职者在临死之前会传位于一位外甥。参见 Laurent Deshayes：《西藏史》，第 97 页。

【58】参见 Tom Grunfeld：《现代西藏的诞生》，第 36-37 页。

接下来的时期在中国历史上被称为"五代十国",随后便是宋朝(960-1279)。宋朝皇帝饱受南边、西边和西南方的军事威胁而几乎无暇顾及西藏。双边关系也许仅限于少数藏族部落偶尔将贡物送往宋朝都城,或是宋军镇压西藏及周边地区的暴动。[59]

当13世纪初穆斯林征服者入侵印度时,首当其冲的是佛教徒,尤其在孟加拉,佛教徒们被强迫皈依伊斯兰教。那时西藏重新开始信奉佛教,受到惊吓的西藏精英们开始寻找强大的联盟者。大约在同一时期,成吉思汗(1162-1227)的蒙古士兵占领了中国的一部分领土,大约相当于今天的甘肃省和青海省。为了防止蒙古人入侵自己的统治领域,赢得一位抗击穆斯林扩张的盟友,西藏的喇嘛们向成吉思汗派出使者,请求其保护和结盟。

最终,西藏当时最重要的寺庙——萨迦寺的住持萨迦班智达·贡噶坚赞(1182-1251)在他的两个侄子的陪同下前往凉州拜会成吉思汗的孙子阔端,他向蒙古大汗俯首称臣,承认其对西藏的统治,并表示愿意定期纳贡。当拉萨有权势的贵族们拒绝接受这一协议时,阔端便于1251年派军前往西藏,后来又让喇嘛担任最重要的世俗职位。他的继任者,包括那时已坐上龙椅的忽必烈汗(他建立了元朝),与西藏喇嘛们继续保持着连接彼此的"神职人员和保护人"的关系。忽必烈汗赐予萨迦派僧侣八思巴"帝师"的称号。八思巴·罗追坚赞,生于1235年或1239年,卒于1280年,他是萨迦班智达的侄子,"于1253年抵达元大都(今北京)"。忽必烈汗不仅让八思巴掌管西藏的卫藏、康区和安多,[60]甚至还委托他"全面领导帝国所有宗教团体"。一位名叫桑哥的喇嘛一路飞黄腾达,成为"权势熏天的宠臣"。他"把控财政,大肆敛财,还犯有掠夺罪和多起谋杀罪"。[61]在蒙古军队占领中国南方之后的1277年,另一位名叫杨琏真迦的西藏僧人被忽必烈任命为新设立在杭州的江南释教都总统,掌江南佛教事务,他"和桑哥一样因其罪行而臭名昭著"。[62]谭·戈伦夫写道:"蒙古人给予萨迦派僧人巨大财富和权力,其内部争斗导致一位最高级别的喇嘛被

【59】引文出处同上,第37页。

【60】参见 Laurent Deshayes:《西藏史》,第105页。

【61】参见 Jacques Gernet:《中国的世界:时至今日的中国历史》,第327页;Laurent Deshayes:《西藏史》,第105页;Tom Grunfeld:《现代西藏的诞生》,第39页。

【62】参见 Jacques Gernet:《中国的世界:时至今日的中国历史》,第327页。

自己的事务总管谋杀。"【63】

当时，在北京的元朝皇帝通过"统一分散的宗教和世俗领地实行中央集权"，并通过任命行省长官来处理帝国西部的事务。"从 1288 年开始，由忽必烈汗设立的宣政院负责统辖西藏的宗教和世俗事务。"【64】

因此，对于中国的历史学家而言，西藏早在元朝就已明确归属中国。否则的话，北京的皇帝又怎么能在那里组织管理、任命行政官员和征收贡物呢？西藏的喇嘛又怎么能在全国范围获取高位呢？那时最高级别的喇嘛获得的世俗权力确实是由皇帝，也就是中国中央王朝给予的。【65】

然而在西方，有些人已很聪明地准备好了要提出的异议：元朝的 18 位统治者根本不是汉人，而是蒙古人，也就不是"种族意义上的中国人"！所以元帝国也就根本不是中国，今天的中国也不能引用元朝。于是有人便以一个廉价的变戏法似的花招为理由干脆抹掉了中国数百年的历史。【66】究竟可不可以同样"创造性地"来对待欧洲历史呢？以英国历史为例，哈斯丁战役之后，英国（这里指盎格鲁和萨克逊民族）便不存在了，取而代之的是法国诺曼人的王国，即所谓的诺曼底大区。所以，英法百年战争就只是法国国内战争，受勒庞（Le Pen）喜爱的法国北部的圣女贞德（Johanna von Orléans）赶赴战场不是抵御英国侵略者，而只是在跟同胞作战了。或者再以西班牙的历史为例，曾经称霸世界的不是西班牙，而可能是奥地利或瑞士了，因为被称作"美男子"的西班牙菲利普一世及后来的西班牙国王均来自哈布斯堡家族，也就是说不是种族意

【63】参见 Tom Grunfeld:《现代西藏的诞生》，第 39 页。还可参阅拙著《自由西藏？——还原喇嘛教统治下的国家、社会和意识形态》，法兰克福 Zambon 出版社 2014 年出版。

【64】参见 Laurent Deshayes:《西藏史》，第 107 页。

【65】参见 Blondeau & Buffetrille:《西藏属于中国吗》（该书根据西方支持达赖喇嘛的藏学家们针对中国政府发表的西藏白皮书而写，巴黎 Albin Michel 出版社 2002 年版，第 35 页）。该书承认："西藏和元朝的蒙古统治者们的关系就像藏人有时声称的那样，不限于宗教领袖和世俗保护人之间的联系。"尽管如此，在支持达赖喇嘛的西方出版物中一再断言："神职人员和保护人的关系在数百年里始终是西藏与蒙古和满清关系的主要特点，直至 1911 年清朝被推翻。"该引语出自 Claude Arpi:《西藏的命运：当大虫吃小虫时》，新德里 Har-Anand Publications 出版社 1999 年出版，第 65 页。

【66】参见 Françoise Robin:《关于西藏的老生常谈：与世界屋脊有关的成见》（Le Cavalier Bleu 出版社，第 50 页）。尽管作者认可"西藏在军事和政治上"受元朝皇帝的统治，但又否定"蒙古人建立的元朝（1206-1368）将自己看作是中国"（请注意作者的措词）。Robin 女士恐怕还不知道，就在进入 20 世纪后，甚至（外）蒙古还被作为北方邻居的大国苏联看作是"中国的一部分"：1924 年 5 月 31 日，年轻的苏联还在一份"总协议"里承认外蒙古是中国的一部分。

义上的卡斯蒂利亚人。那么德意志帝国的情况呢？难道没有一位卢森堡人曾坐上德意志民族的神圣罗马帝国的皇位吗？最后要说的是，难道俄国沙皇叶卡捷琳娜大帝不是一位德国人吗？希特勒不是一位奥地利人吗？斯大林不是一位格鲁吉亚人吗？

元朝皇帝不是中国人而是蒙古人的论据或出于无知，或者是以欧洲为中心的狂妄自大，并忽略了这样一个并非完全不重要的事实：中国人曾是、现在仍然是世界上非常古老和重要的文化民族之一。在中国，外来征服者的语言、文字、技术和文化从来也没有取得同样的统治地位，同样的情况发生在被罗马人占领的地区（高卢和伊比利亚半岛）或者西班牙在中南美洲的殖民地；相反地，来自草原的游牧民族，不管是蒙古人还是后来的满人，很快就广泛接受了汉人的语言文字、科技和风俗习惯，即这个一开始被异族战胜民族高度发达的文化和文明。此外，自古以来中国就将自己定义为一个多民族的国家，而且从历史上看，汉族本身就是一个混血民族（德国人和法国人同样如此）。

在明朝，皇帝和西藏精英们的关系继续有效维持，其统治权是没有争议的，尽管如西方历史学家强调的那样，中国的统治可能更多是"象征性的"（在欧洲中世纪，大多数情况下国王或皇帝对自己国家的公爵和伯爵领地的统治权同样也只具"象征意义"，而且其统治更多建立在当地权贵接受采邑时宣誓效忠的基础之上，而非君主在行政和军事上对领土进行直接管控）。[67]

噶玛拔希被认定为都松钦巴的转世之后继任楚布寺寺主。元世祖忽必烈曾召他随侍左右，噶玛拔希执意不肯受命，转而投靠蒙哥，被封为国师，赐予他金边黑帽，从而产生了噶玛噶举黑帽系。1408 年，明朝皇帝邀请格鲁派创立者宗喀巴入京。代表他前来的弟子释迦也失成了皇帝的宠臣。[68]"1409 年，明成祖对西藏当权者们授官、封号、赐印，以认可其地位。"[69]"色拉寺作为寺院建立于 1419 年，直至 17 世纪都和朝廷保持着紧密的联系。然而，色拉寺寺主和中国皇帝之间的联系导致了藏传佛教内部的紧张气氛，并引起了色拉寺和哲蚌寺这两座寺院之间的竞争。"[70]

【67】Laurent Deshayes 的说法，参见其《西藏史》，第 121 页。

【68】引文出处同上。在人名上保留了 Laurent Deshayes 所使用的法语拼写法。

【69】引文出处同上。

【70】参见 Uli Franz:《西藏手册》，第 113 页。

不管明朝朝廷对西藏的统治是否是"象征意义"的，在清朝，中国对西藏直接而有效的统治是没有异议的，"满清王朝给西藏带来了其历史上少见的稳定。"[71]在此之前，西藏内部多次出现权力斗争，为争夺权力和财富，不同的教派和贵族集团都和蒙古部落结盟。[72]

1720年，一支中国军队将准噶尔的部队驱逐出西藏。满清皇帝的部队受到藏人的欢迎，他们对待当地民众也"非常温和"，就像一位西方传教士报道的那样。[73]"1721年4月24日，清朝皇帝的一位使臣转达了朝廷对达赖喇嘛的正式承认，并赐予其刻有满、蒙、藏三种文字的金印。"清朝废除了在西藏地方政府中总揽大权的第司职位，改设由四名噶伦组成的噶厦。"首席噶伦及其副职由皇帝亲自委任，从此西藏便处于清王朝的直接统治之下。"[74]西藏东部的康区被划入中国的四川省，以长江上游为新的界线。清廷在拉萨留下了一支3000人的卫戍部队。

当1727年首席噶伦康济鼐遇害（他的副职颇罗鼐幸免于难），西藏又爆发新的动乱时，清朝皇帝再次派出军队前去平乱。[75]由于在这次事件中达赖喇嘛系阴谋策划者之一，所以一开始遭到了清廷的流放，后来他的权力被限制在宗教领域。"为了防止发生新的骚乱，清朝皇帝任命颇罗鼐为首席噶伦并加强了这一职位的权力。但同时又设直接听命于皇帝的正副职钦差驻藏办事大臣二人，督导颇罗鼐总理西藏事务。"[76]

从此以后，在几乎长达两个世纪的时间里，清廷的驻藏大臣"被授权和达赖喇嘛与班禅喇嘛一道主持西藏政务"。西藏所有官员遇事都必须向他们请示。

【71】参见 Karénina Kollmar-Paulenz:《西藏简史》，慕尼黑 C.H.Beck 出版社 2006 年版，第 130 页。

【72】参见拙著《自由西藏？——还原喇嘛教统治下的国家、社会和意识形态》，法兰克福 Zambon 出版社 2014 年出版。

【73】参见 Tom Grunfeld:《现代西藏的诞生》，第 45 页。

【74】参见链接 http://de.wikipedia.org/wiki/Dalai_Lama，查阅时间为 2013 年 2 月 13 日；参见 Tom Grunfeld:《现代西藏的诞生》中的"西藏作为中国的一部分"，第 44 页；Blondeau & Buffetrille:《西藏属于中国吗》承认，"Desideri 说得很对，1721 年是决定西藏后来长时间命运的一年。之前西藏是中国本来领土之外的一个有纳贡义务的国家，之后便明确成为中国领土不可分割的一部分。"第 56 页。

【75】参见 Tom Grunfeld:《现代西藏的诞生》中的"重建和平"，第 45 页。Luciano Petech 将中国 1728 年远征西藏称作"一次简单的军事散步"，因为根本没有发生战斗，参见其《18 世纪早期的中国和西藏》（修订版），莱顿 E.J.Brill 出版社 1972 年出版，第 145 页。

【76】参见链接 http://de.wikipedia.org/wiki/Dalai_Lama，查阅时间为 2013 年 2 月 13 日。

驻藏大臣独自"负责边防、税收和财政事务",也只有他们才有资格向皇帝报告。他们控制西藏地方管理并拥有对驻扎在拉萨的军队的指挥权。[77]清朝皇帝还命令在和印度与尼泊尔的边境线上设置界碑。驻藏大臣每年都要视察边境及驻防部队。

业余历史学家、达赖喇嘛的宣传者且自封占星学家的克莱门斯·路德维希非常明显地忽略了中国中央政府派驻西藏的代表拥有很大权力的事实,并歪曲了他们的真实作用,因为他称驻藏大臣为"使节"(选用该词绝非偶然),只承认"驻藏大臣不久成为西藏的一种权力代表。他们管控外国人的入境并影响对达赖喇嘛转世灵童的找寻。于是他们得以通过金瓶掣签确定了第十世、第十一世和第十二世达赖喇嘛。"[78]其实,可以将这段表述与一位历史学家所写的比较一下。谭·戈伦夫完全认同卡列尼娜·科尔玛-保伦兹(Karénina Kollmar-Paulenz)女士描述的驻藏大臣拥有的大量权力,情况可绝不只是使节那么简单,"现在他们被视为与达赖喇嘛和班禅喇嘛地位相等,"但实际上却比后者拥有更大的权力,"他们单独负责财政、外交和贸易"。达赖喇嘛和班禅喇嘛从此不再与清廷有直接联系,而是"任何通信都要通过驻藏大臣"。[79]

清朝自 1727 年设立驻藏大臣至 1911 年被推翻,共有 100 多位驻藏大臣以中国皇帝的名义不间断地(共同)在西藏执政。

确定高级活佛"转世"的金瓶掣签制度既非喇嘛们也不是驻藏大臣的倡议,而是清朝乾隆皇帝于 1792 年亲自为西藏和蒙古佛教徒规定的。当时"为了阻止蒙古和西藏上层贵族操纵大活佛的转世",在拉萨的大昭寺和北京的雍和宫各放置了一个金瓶。在认定达赖喇嘛和班禅喇嘛这样的大活佛的转世时,必须从金瓶里掣出写有候选人名字的象牙签(每次有三位候选人,均由被授权的高级喇嘛推荐)。在西藏,金瓶掣签的程序由驻藏大臣监督。"另外,那些有权公

【77】参见 Karénina Kollmar-Paulenz:《西藏简史》,第 126 页和第 130 页。

【78】参见 Franz Alt, Klemens Ludwig & Helfried Weyer:《西藏:美丽、破坏、未来》一书中 Klemens Ludwig 所写的"西藏两千年的历史"部分,第 66 页。

【79】参见 Tom Grunfeld:《现代西藏的诞生》,第 46 页。借口要对"北京的论据"进行客观阐述和讨论,Oskar Weggel(参见其《神话西藏:感知、投影、想像》一书中的"政治右派和左派关于西藏问题的混乱观点",科隆 Du Mont 出版社 1997 年版,第 150 页及其后几页)有意选用不准确和不清楚的表述,称"满族的"驻藏大臣"在很多事务上被给予了共同决定权"。这样,他就更容易坚持所提出的论断,即"中国对西藏的主权要求没有历史依据"。这难道客观吗?也许更确切地说,是粗鲁和愚蠢。

布转世地点的人被禁止在去世活佛、蒙古汗王、大诸侯、贵族和手握重兵的人们的近亲中间暗示转世灵童。在随后一段时期，总是有人一再试图绕开皇帝这些不受欢迎的规定，尤其是金瓶掣签制度。然而清廷并没有因此而放弃，并对所有违反规定的行为大加斥责。"从清朝到中华民国，在西藏共有藏传佛教格鲁派、噶举派和宁玛派等 39 个转世系统超过 70 位活佛通过金瓶掣签的方法得到认定。[80]

不但达赖喇嘛，摄政也是从朝廷那里获得权力。1751 年 2 月 7 日，乾隆皇帝正式授命七世达赖喇嘛执政，由此，达赖喇嘛重新成为既有最高宗教地位又有最高政治地位的西藏地方统治者。同时，驻藏大臣的地位也得到加强。大卫·妮尔确认了 200 多年来实行的政策："至于宗教方面，达赖喇嘛要就任，必须要获得中国政府的承认。坐床仪式那天，为表示臣属关系，他必须向皇帝的画像鞠躬。在日喀则的班禅喇嘛同样如此。"[81]

七世达赖喇嘛 1757 年 3 月 22 日圆寂后，西藏地方政府噶厦决定任命一位摄政来代行达赖喇嘛职权，掌办西藏政务，直至八世达赖喇嘛被寻到和成年亲政。这位摄政得到了皇帝的确认。后来，他"于 1781 年 7 月 21 日将皇帝赐予的金册金印连同世俗统治权"移交给了年轻的八世达赖喇嘛。1788 年，尼泊尔（廓尔喀）军队大举入侵西藏，乾隆皇帝最终派大将军福康安大败尼泊尔侵略军。[82]

此外，当时"为设立西藏首家造币局（宝藏局）"，[83]朝廷派"几名专家"到拉萨。西藏铸造的银币两面都印有"乾隆宝藏"字样，而且正面是汉文，背面是藏文。

西藏在 19 世纪变化很小，直至该世纪最后 25 年，无人怀疑或反对西藏属于中国。然而南亚和东亚的国际环境发生了改变：欧洲的殖民主义和帝国主义

【80】参见链接 http://de.wikipedia.org/wiki/Goldene_Urne 和 http://de.wikipedia.org/wiki/Dalai_Lama，查阅时间均为 2013 年 2 月 13 日。

【81】参见 Alexandra David-Néel：《古老的西藏面对新生的中国》中的"古老的西藏面对新生的中国"部分，叙事和冒险类读物，Librairie Plon 出版社 1994 年出版，第 965 页。

【82】参见链接 http://de.wikipedia.org/wiki/Dalai_Lama，查阅时间为 2013 年 2 月 13 日。

【83】参见 Tom Grunfeld：《现代西藏的诞生》，第 47 页；George Bogle 曾写道："西藏没有造币机构。流通的货币是中国和鞑靼的银币，付账时用的是带有金粉的小钱袋或是从前尼泊尔加德满都帕坦王侯铸造的钱币……"详见其《在活佛的国度：前往封闭西藏的发现之旅（1774-1775 年）》，第 207 页。

达到全盛时期，如果可以使用这一诗意的表达来形容相当招人厌恶的殖民主义和帝国主义的话，而且历史学家们的词汇里又增添了"炮舰政策"和"鸦片战争"等表述。

由此，我认为，即使西藏并非如中国史料记载有充分证据支持的从 13 世纪元朝起就一直属于中国，而是从 18 世纪早期开始才在历史上完全无可争辩，而且是事实上和法律上的，对一些西方政治家和作家的观点和其对历史的理解就只能感到惊异了。当了解到这些人所在国家在 19 和 20 世纪，在削弱、瓜分和剥削中国的过程中经常扮演积极和不光彩的角色时，就更加诧异了。此外，假如谁在德国质疑西藏属于中国领土的一部分的历史合法性，也许自己应该想想，就连石勒苏益格 - 荷尔斯泰因也是在 1864 年才归属德国的，在那一年，普鲁士和奥地利联军战胜了丹麦人。在国际法上，该联邦州在 1920 年才被认可归属德国。萨尔州在 1957 年 1 月 1 日才再次归属德意志联邦共和国。在法国，左翼阵线总统候选人梅兰雄（Jean-Luc Mélanchon）有理有据地提醒法国人中的"自由西藏"运动活动分子：西藏无可争议地属于中国，在时间上比尼斯归属法国早得多。【84】

美国参议院的手伸得更长：1991 年 5 月 23 日，美国参议院首次通过一项声明，其中称西藏为"一个被占领的国家"。不妨回忆一下，美国建国之初，清朝皇帝委派的驻藏大臣就已经在西藏拉萨治藏半个多世纪了；再想一想，当今美国的大部分领土都是在漫长的历史进程中通过战争、欺诈、毁约和屠杀土著居民等方式获取的。【85】那么，上述声明显然狂妄、厚颜无耻，甚至可笑。【86】

当中华人民共和国 1950 年重新在事实上控制西藏时（此前的中国政府因为国力虚弱而暂时失去了对西藏的控制权），对于中国军队进驻西藏，联合国连讨论也不曾讨论过。在拉萨发生暴乱和达赖喇嘛出逃之后，联合国于 1959 年 10 月商讨西藏局势，但没有形成任何决议，尽管当时西方列强还在阻止中华人民共和国在联合国获得合法席位并坚持承认台湾岛上的"中华民国"。

【84】该地区和尼斯 1860 年才根据拿破仑三世和撒丁 - 皮埃蒙特国王维克多·伊曼纽尔二世签订的《都灵条约》最终成为法国的领地，同时划归法国的还有萨伏伊。

【85】密西西比河以西的地区包括弗罗里达州、新墨西哥州、德克萨斯州、科罗拉多州、亚利桑那州、犹他州、内华达州、加利福利亚州、阿拉斯加州，更不要说夏威夷了。

【86】美国国会议员们理解的"西藏"是达赖喇嘛所要求的"大西藏"，但该地区有些部分从未属于达赖喇嘛统治过的西藏，参见本书后面的详细解释。

　　从那时起，世界上绝大多数国家都和中华人民共和国建立了外交关系，并承认其主权以及与中国业已存在的边界划分。

　　值得注意的是，即使是在中国尚未（重新）成为一个世界历史上的重要主体，而是在很大程度上作为无力的客体存在时期，不论国际联盟，还是联合国，抑或诸如美国、英国或印度等单独国家，从未正式承认过西藏是一个"独立国家"。

　　相较于纯粹的法律上的考虑，也许下面的论断更加重要：西藏"独立"的那短短几十年并非自由的黄金时代，期间充斥着帝国主义的干涉，西藏社会发展停滞，经济管理混乱，贵族和僧侣享有特权，剥削加剧、赋税增加因而经济衰退，政治上继续实行愚民政策，充满了骇人听闻的不公正、政治阴谋，甚至战争。

"中国——皇帝和国王的蛋糕"（法国国家图书馆藏），此为19世纪90年代末法国政治漫画。蛋糕代表中国，正在被英国维多利亚女王、德国皇帝威廉二世、俄罗斯沙皇尼古拉二世、法国的玛丽安娜和日本明治天皇瓜分。一名被刻画得很古板的清朝官员正试图阻止他们，却徒劳无功。这幅漫画描绘了那个时期帝国主义列强对中国的企图，选自《小报》副刊（1898年1月16日）。

第五章

贪婪的殖民大国菜单上的"中国蛋糕"

中国接连遭受重创，更加衰弱不堪，和英国的第一次鸦片战争（1840-1842）之后紧接着发生了太平天国运动和英法联军的远征，然后又是中日甲午海战（1894-1895）。

特别是来自印度次大陆的大英帝国和北边的沙皇俄国对中亚兴趣很大。

维基百科[87]

中国四面受敌，境况窘迫。

正如费迪南德·冯·李希霍芬（Ferdinand von Richthofen）早在1882年向首相俾斯麦建议的那样，海港城市青岛及周边地区看起来不仅会成为"德国的香港"，而且从全局来看会成为德国通向中国的"入口处"。为此德国人同时还取得了在山东的采矿权和铁路铺设权。两次鸦片战争后的中国四面楚歌，相比较而言，从它那里索要上述开采权和开发权要容易些。英国、法国和俄国也在同一时期通过类似手段纷纷在中国建立"桥头堡"，而美国则强迫中国向各种工业和资本投资"开放门户"。

迪尔克·范·拉克（Dirk van Laak，历史学家）[88]

为了正确、更加深入地理解中国的立场、政策和国情，必须具备最起码的历史记忆力。在这一点上，我们的媒体几乎没有履行提供信息、以正视听的本职。在我们这个快节奏的社会里，人们很少对历史知识，也包括欧洲历史感兴趣。而且在欧洲的中小学里，历史课早就属于最不受欢迎和最不"酷"的学科

【87】参见链接 http://de.wikipedia.org/wiki/Dalai_Lama，查阅时间为 2013 年 2 月 13 日。

【88】参见 Dirk van Laak：《关于世界上的一切：19 世纪和 20 世纪的德意志帝国主义》，慕尼黑 C. H. Beck 出版社 2005 年版，第 52 页和第 79 页。

之列。和今天许多欧洲人或美国人不同的是，中国人是一个历史意识很强的民族。然而中国（肯定不仅仅是执政的共产党中国）在西藏问题上的态度和这个国家的历史有很大关系，所以我们应该开阔视野，暂且将目光移离西藏地区发生的事情，转向更为广阔的整个中国以及世界政治图景。

韩素音在她的历史影集《中国1890-1938》序言中描绘了19世纪和20世纪之交的中国，其用词是如此贴切和令人印象深刻，所以我愿在此加以引用："1900年，欧洲正处于帝国权力的顶峰，它作为绝对的最高统治者统治着有色人种的非洲和亚洲。欧洲的自然科学家们在他们的书中声称，白人的脑容量大于黄种人或黑种人。他们在所有层面上的优势均符合上帝的意愿。从被征服国家掠夺来的巨大的财富填满了法国和英国的银行。维多利亚女王登基50周年纪念活动排场极大，珠光宝气的印度土邦主和东方国家的国王如同可怜的奴隶般行进在节日游行队伍里。但是1900年在中国发生的'义和团暴动'，也部分针对白人在中国的统治。然而没有人懂得这个。单单使用'暴动'一词就表明了征服者的态度：如果低等种族反抗上帝所选的优等种族，那就是大不敬，是一种犯罪。在那一年，中国沉入绝望、衰落和垮台的最黑暗深渊，这个垂死的庞然大物倒地不起，身体已开始腐烂……自1840年始，当时英国为了用鸦片来支付从中国进口的丝绸和茶叶费用而发动了对华战争，中国被洗劫一空，所有欧洲强国都来攻打中国，他们逼迫中国开设租界，榨取各种特权并索要赔款……外国军队驻扎在中国的城市里，中国领土上却有外国的地盘，国不成其为国了，还有中国河流上的外国舰艇……欧洲的贪欲在19世纪末达到了无以复加的地步。"[89]

韩素音的描述是否只是片面地代表了中国人看问题的视角呢？那么再来看看西方历史学家是怎么说的，其中甚至包括观点非常保守的，他们对近代的欧中历史没有不同看法："在整个19世纪，中国遭受了俄国、英国和法国等欧洲列强的经济剥削。现在威廉二世希望他的德意志帝国也得到自己的那一份，便命令军队于1898年占领胶州湾作为舰队基地。英国和俄国则借机同样要求中国向其割让港口。中国各秘密教派联合起来进行反击，1900年，在北京和几个北方省份出现了流血骚乱，清政府借助欧洲和美国的军队才最终将其残酷镇

【89】参见韩素音的历史影集《中国1890-1938》，出版者Eric Baschet，德国克尔市Swan出版社，出版年代不详，第7页。

压。"此处一定要强调一下"残酷"二字，因为那是一场针对义和拳人的"殖民战争"，交战双方力量悬殊，完全不在同一级别，同时，作者也明确提及了"德国军队的残暴行径"。[90]

"中国早在义和团运动爆发之前就已被殖民大国瓜分一空，"贝塔斯曼二十世纪编年史也如此写道，[91]并将中国的领土割让情况一一列举如下："1884年，安南成为受法国保护的领土；1887年，中国承认葡萄牙港口澳门的独立；1895年，中国割让台湾给日本；1895年，朝鲜在日本影响下'独立'；1898年，胶州被租借给了德意志帝国；1898年，旅顺港被租借给了俄国；1898年，新界（香港）被租借给了英国；1898年，广州湾（今湛江）成为法国领地；1899年，美国宣布中国的'门户开放政策'系经济帝国主义的一种形式。"[92]中国将英国1903年入侵西藏以及近10年后由英属印度组织和操纵的西藏"独立"，完全看作是上述列举的延续和外国殖民势力瓜分中国的侵略政策的一部分。诸如亚历桑德拉·大卫·妮尔等亲历者的看法同样如此。不过为了更加确切地了解殖民大国对中国的侵略政策，让我们继续在"义和团运动"问题上停留片刻：

1900年8月15日，北京被由殖民强国日本、俄国、英国、美国、法国、德国、奥地利和意大利的军队组成的国际联军占领。德国皇帝威廉二世称之为"文明的世界联军"。有些人至今都喜欢这样的表达，只是用非常灵活的概念"自由"替换了"文明"一词。事实上，八国联军的行为极为"文明"：他们"占领了皇宫紫禁城，毁坏了那里独一无二的艺术品。在接下来的几周里，这个国家惨遭外国士兵的蹂躏"。[93]由于德国士兵在所有联军士兵中以特别"文明"和"信仰基督教"而出名，同年9月抵达天津的普鲁士陆军元帅瓦德西（Alfred Graf von Waldersee）获得了如下惩罚性远征的最高指挥权。

德军的暴行是受最高层控制的。1900年7月27日，威廉二世在不莱梅港向即将开赴中国的士兵们发表了臭名昭著的"匈奴演说"："你们如果遇到敌人，就把他杀死，不要留情，不要留活口。谁落到了你们手里，就由你们处置。

【90】参见《画说我们的世纪》中Paul Kluke教授的文章，贝塔斯曼出版社1964年出版，第131页。

【91】参见《二十世纪编年史》（第一册），Wissen Media出版社（前身为贝塔斯曼百科词典出版社）2002年版，第23页。

【92】引文出处同上，第22页。

【93】引文出处同上，第一册中的"1902年1月"部分，第13页。

就像千年前埃策尔国王麾下的匈奴人在流传迄今的传说中依然声威赫赫一样，德国的声威也应当广布中国，以至于再不会有哪一个中国人敢对德国人侧目而视。"【94】同样是这个威廉皇帝还创造了愚蠢的种族主义的不当之词"黄祸"……

威廉二世的号召是符合当时的"时代精神"的。例如，《法兰克福汇报》尽管在评论中批评了"匈奴演讲"，但并非因为什么嗜杀成性和犯罪，而是因为就算去做屠杀伤员和俘虏这样的事情，但请千万别公开说出来。该报称，这一点应该以俄国人为榜样，他们"用枪托猛击所有受伤的中国人，也从来没人去留下俘虏，"但这些从来没有被大声宣布过。然而在德国军队中（与俄军不同）却存在着"某种人性的危险"，所以，威廉皇帝好战的讲话最终还是合理的：不要留情！这句话对于"所有有亲人出征的人来讲是很大的安慰"，因为他们就不必担心受伤的中国人还会"拔出藏在身上的匕首"（就像通常那样诡计多端）。【95】

《柏林地方报》报道了威廉二世同年8月15日的另一次讲话，他要求士兵们"不要停手，直至被打倒在地的敌人跪下求饶"以及"对叛乱者杀一儆百"。【96】

德国社会民主党的机关报《前进报》发表了德国士兵从中国写回来的信件并称之为"匈奴人的信"，它们证实了在讨伐义和团运动的过程中，"杀死俘虏和对他们施以酷刑司空见惯"。德国社会民主党创始人之一奥古斯特·倍倍尔（August Bebel）认为："这场战争中的暴行就连匈奴人、旺达尔人（属日耳曼民族，公元4至5世纪进入高卢、西班牙、北非等地，并攻占罗马）、成吉思汗和帖木儿帝国开国君主都没那样干过，甚至是饱受新教教徒诋毁的蒂利（Tilly）将军也没有那么残暴。"【97】

为"表示对中国的侮辱"，战胜国在1901年1月联合写给逃往西安的清政府的外交照会中，要求对方支付赔款（其数额连同利息几乎高达30亿帝国马克），对所有被他们点名的人进行最严厉的惩处，对一个"敌视外国人的团体"

【94】参见 Dirk van Laak：《关于世界上的一切：19世纪和20世纪的德意志帝国主义》，第79页；也可参见《二十世纪编年史》（第一册）中的"1900年7月"部分，第124页。

【95】参见《二十世纪编年史》（第一册）中的"1900年7月"部分，第124页。

【96】引文出处同上，第一册中的"1900年8月"部分，第142页。

【97】引文出处同上，第一册中的"1900年10月"部分，第179页。

1910 年，衍圣公孔令贻夫妇在青岛火车站。照片最右边为德国胶澳总督奥斯卡·冯·特鲁泊（Oskar Truppel），最左边是他的女儿玛丽（Marie）。

（德国联邦档案馆藏，编号 146-1980-111-72/CC-BY-SA）

成员处以死刑，禁止中国进口武器，给予列强自行军事保护其公使馆区的权利并禁止中国人在那里居住，以及向柏林遣使赔罪。1901 年 9 月，清政府被迫签订合约，该合约还规定拆除中国的防御工事以及扩大和加固北京的外国公使馆区。由此，德国在中国占有的地盘扩大了 10 倍，英国则扩大了 3 倍。[98]

1903 年，英国人将前面描写的那种"西方文明"带到了西藏。"11 月 16 日，英国政府确认，受英属印度总督乔治·寇松（George Nathaniel Curzon）的委派，一支远征军已在前往西藏方向的途中。约一万士兵在麦克唐纳（J. Macdonald）的带领下奉命护送一个由荣赫鹏（Francis Younghusband）率领的 200 人代表团翻越喜马拉雅山。"该代表团要在拉萨就一个贸易协定和受英国保护的锡金与西藏之间的边界问题（即割让领土）进行谈判（端着枪）。而到那时为止，达赖喇嘛对英国方面的会谈提议通通予以拒绝。"出于对与中国内地间关系的考虑，同时也考虑到和在满洲要求继续分食中国蛋糕的俄国可能产生的利益冲突，伦敦政府尽可能推迟启动上述行动。""远征军队在边境地区过冬之后拟于 1904 年挺进拉萨。"[99]

【98】引文出处同上，第一册中的"1901 年 1 月"部分，第 18 页和"1901 年 9 月"部分，第 150 页。

【99】引文出处同上，第一册中的"1903 年 11 月"部分，第 193 页。

第六章

大英帝国策划的西藏"独立"

中国中央权力遭到削弱也影响到西藏……中国人不得不眼睁睁看着外国势力，首先是英国，将其影响扩展至西藏。

克莱门斯·路德维希[100]

伦敦很快就会再度大声并明确强调喜马拉雅山属于其影响范围。

洛朗·德赛[101]

西藏的爱国人士有理由对与英国政府重启谈判感到担忧，因为后者可能提出要求，一定要在中国西部省份甘肃和四川（即安多和康区）将西藏的界线改直，同时还要求西藏"独立"——这是外交上婉转的表达法，直白地说，就是让西藏成为印度的附属物，处于英国的控制之下。

亚历桑德拉·大卫·妮尔（《法国水星》杂志，1920年6月1日）[102]

18世纪中期以来，英国借助东印度公司，从孟加拉开始，逐渐成为印度的统治者，随后印度成为英国这个世界帝国的核心。1774年，沃伦·黑斯廷斯（W. Hastings）被任命为首任孟加拉总督。当时，英国人就开始尝试与西藏建立贸易关系并通过西藏开通前往中国内地的商道，却遭到中国皇帝的拒绝。然而，黑斯廷斯并未作罢，而是试图与西藏高官显贵建立直接联系，绕开清朝政府。1783年，塞缪尔·特纳（Samuel Turner）上校和托马斯·桑德斯（Thomas

---

【100】参见 Franz Alt, Klemens Ludwig & Helfried Weyer：《西藏：美丽、破坏、未来》书中 Klemens Ludwig 所写的"西藏两千年的历史"部分，第67页。

【101】参见 Laurent Deshayes：《西藏史》，第230页。

【102】参见 Alexandra David-Néel：《古老的西藏面对新生的中国》中的"附属国"部分，叙事和冒险类读物，Librairie Plon 出版社1994年版，第1116页。

Saunders）两位代表前往日喀则拜见新任班禅喇嘛，然而徒劳无功。特纳报告，中国驻藏高官手握重权，以致藏人行事战战兢兢、小心翼翼。[103]

尼泊尔已于 1815 至 1816 年间成为"非正式受英国保护的国家"。[104]尤其是在 19 世纪 30 年代后期和 40 年代，英国继续进行全面扩张，于 1835 年吞并了大吉岭，1846 年吞并了克什米尔和拉达克。随后，在阿富汗进行战争，吞并缅甸南部。1849 年，兼并锡克国。1858 年，东印度公司解散，印度直接接受英国王室的统治，印度总督被称作副国王。1861 年，锡金成为受英国保护的国家。1865 年，国民多为藏族的不丹也开始接受英国的庇护。

当时大英帝国将其势力范围从印度次大陆一直向北和向东推进，而沙皇俄国则向中亚扩张，它们之间的竞争被称作"大游戏"。处于当时中华帝国最西端的西藏逐渐陷入这场"大游戏"的中心。英国人试图在西藏站稳脚跟，然后从那里开拓通往中国的商道，更好地进入中国市场。衰弱的清政府看到了"来自两面的夹击"。[105]

早在 1886 年，英印政府擅自派遣马科雷（Macaulay）率领军队从锡金出发进入西藏。当统治西藏的中国皇帝为安抚英国，承认毗邻的锡金为受英国保护的国家时（直到那时锡金仍是中国的附属国），正如乌利·弗兰茨所说，"大英帝国的权力欲才真正被激发了"。[106]弗兰茨还提到 1888 年在仁进岗开启的英中关于藏锡边界的谈判。中方参与谈判的是驻藏大臣升泰，他在随后达成的条约上签了字。尽管英方在条约里明确承认中国对西藏的统治权，然而在 1893 年 12 月 5 日在大吉岭签订的附加协定里，英方却如愿获得了在亚东设立军事前哨的权利。[107]

1902 年，鉴于西藏地方政府和俄国秘密联盟的传言，伦敦方面称，"这与英国在中亚的利益是相对立的"。这使得英国政府为印度总督寇松早已请求的军事入侵西藏行动开了绿灯。1903 至 1904 年，1000 名（也有称 3000 名）英国士兵携带机关枪和四门野战榴弹炮挺进西藏，随行的还有一万名搬运工、

【103】参见 Tom Grunfeld:《现代西藏的诞生》，第 49 页。

【104】引文出处同上，第 50 页。

【105】参见 Uli Franz:《西藏手册》，第 94 页。

【106】引文出处同上。

【107】参见 Laurent Deshayes:《西藏史》，第 223 页。

7000 匹骡子和 4000 头牦牛。在再次撤出拉萨之前，他们在交战中打死了大约 2700 名藏人。[108] 但是之前荣赫鹏上校已于 1904 年 9 月 7 日强迫西藏的代表签署了一项协议，该协议确认英国对锡金的统治并明确西藏自行与英国人建立贸易关系，同时规定，西藏只有征得英国同意才能与外国建立关系。此外，西藏还需向英国支付战争赔款：按照这种流氓逻辑，受害者还应负担作案人在实施犯罪时产生的费用。最终中国按照《拉萨协定》支付了西藏应该支付的"赔款"。这样英国军队才撤离了他们看作抵押品而占领的春丕谷，即亚东地区。[109]

被英国人用枪逼着签订的协定，使得西藏从此处于英国的保护之下，而且由中国买单。中国以及俄国对此极为愤怒，伦敦方面"事后竭力改变不利局面"并作出些让步。[110] 比如，它至少还承认中国对于西藏而言并非"外国"。尽管如此，西藏从此以后便属于"英国的势力范围"。[111] 荣赫鹏的远征"为英国在西藏的长期存在奠定了基础：英国官员以所谓的'贸易代理处'为幌子常驻西藏中部城市江孜、南部的亚东以及 1936 年之后的拉萨"，此外还有西部的噶达克。"尽管他们被称作'贸易代办'，但这些帝国官员的角色更接近于宗主国派驻印度各侯国的总督"：他们奉命收集情报（即从事间谍活动），还要"使地方当局采取为英国利益服务的政策"。他们全都"直接听命于英国在锡金的行政长官"。[112] 1908 至 1921 年担任这一职务的是查尔斯·贝尔爵士（Sir Charles Bell）。

英国人"明白自己在争夺西藏的过程中必须考虑到清朝政府"，[113] 于是在 1906 年与中国再次签订了一个协定，其中英国政府和俄国政府承认中国对西藏的"统治权"。当然英国并未放弃一直谋求的目标，只是现在行事更加狡猾和阴险："在随后 7 年里，英国人一再试图唆使西藏贵族阶层反对中国的统

【108】参见 Uli Franz:《西藏手册》，第 94-95 页；Karénina Kollmar-Paulenz:《西藏简史》，第 139 页。

【109】参见 Melvyn C. Goldstein:《西藏近现代史：一个喇嘛国家的灭亡（1913 至 1951 年）》（卷一），第 47 页及注释。

【110】参见 Karénina Kollmar-Paulenz:《西藏简史》，第 140 页。

【111】参见 Oskar Weggel:《神话西藏：感知、投影、想像》中的"'真相'、感知和政治：英国设计的西藏形象"（作者 Alex C. McKay），科隆 Du Mont 出版社 1997 年出版，第 68-69 页。

【112】引文出处同上，第 69 页。

【113】参见 Uli Franz:《西藏手册》，第 96 页。

治。"【114】英国和中华民国于1914年在印度西姆拉展开谈判，正如乌利·弗兰茨谨慎但又不完全确切地表达的那样，【115】英国谈判代表亨利·麦克马洪爵士（Sir Henry McMahon）"为使英国和西藏亲近而背着中国人积极活动"。弗兰茨将英国比作一名遭到拒绝的"好色之徒"，它对（已经结了婚的）冷美人西藏越来越"像着了魔似地纠缠不休"。【116】

英国人如愿与西藏代表签订了两个单独协定，其中"同意给予英国人很大的贸易代理权，并重新划定了不丹以东的印中边界线，（今属印度的）阿鲁纳恰尔邦由此落入这个英属殖民地国家之手。新的印中边界线以英方全权代表麦克马洪的名字来命名，即'麦克马洪线'，英属殖民地印度毫不犹豫地采用了这一划界，而时至今日，中国政府仍不承认麦克马洪线的合法性"。【117】

英帝国不断地在西藏采取行动，中国与此同时却陷入内战、革命和外国入侵的混乱当中。中国的权利惨遭外国列强剥夺，沦为半殖民地国家，而且面临日军的入侵以及国内的军阀割据。在国家极度衰弱的情况下，以十三世达赖喇嘛为首的分裂主义统治集团（或者按照中国的说法，是英国殖民主义者在幕后操纵）用武力将西藏（这里指拉萨地方政府控制下的地区）在事实上脱离中央控制几十年，但西藏从未在法律上脱离中国主权。与达赖喇嘛相反，藏传佛教另一位最高领袖班禅喇嘛一直持"亲中央的态度"。【118】其追随者没有参与达赖喇嘛在英属印度组织的暴动。1923年，九世班禅喇嘛甚至经由蒙古逃往中国内地，【119】并于1937年在流亡中去世。

众所周知，数百年来，中国在西藏问题上的立场始终如一，尽管其间发生过政治动乱和政权更迭。不仅对于中华人民共和国和中国共产党，而且对于之前的中华民国和封建王朝，西藏都是中国这个多民族国家的组成部分。1911年，当时的中国政府宣布藏人成为新生共和国的公民。1912年，中华民国临时大

【114】引文出处同上，第96页。

【115】引文出处同上，第98页。Uli Franz 的表述给人造成一种错误印象，以为英国和西藏是作为势均力敌的两方相互靠拢。

【116】引文出处同上，第94页。

【117】参见 Karénina Kollmar-Paulenz：《西藏简史》，第147-148页。

【118】引文出处同上，第148页。

【119】关于班禅喇嘛与拉萨政府之间的冲突，本书后面部分有所涉及。

英属印度总督乔治·寇松及
其夫人玛丽在德里（摄于
1902 年 12 月 29 日）

总统孙中山在《告国民书》中称："……敢披沥肝胆为国民告：国家之本在于人民，合汉、满、蒙、回、藏诸地为一国，即合汉、满、蒙、回、藏诸族为一人，是曰民族之统一。"【120】

必须承认的是，在国民党统治时期，民主同盟首先只是停留在纸上，孙中山的理想也未得以实现。中华民国宣告公民一律平等，却并未阻止在"半封建和半殖民地"中国，【121】"少数民族"除了普遍遭受的压迫之外经常还要承受"大汉族沙文主义"。西方总是公开谴责中国共产党的一切，尤其是它的西藏政策，但殊不知正是中国共产党再三地阻止了"大汉族沙文主义"倾向。

【120】参见 Karénina Kollmar-Paulenz：《西藏简史》，第 147 页。

【121】这是中国共产党"习惯用语"。

第七章

拉萨的专制统治者十三世达赖喇嘛

由于他造福社会的活动，西藏人民可以在很长时间里享受安定和富足。当我思考我们之间的性格差异时，我经常觉得自己不可能是他的转世……

十四世达赖喇嘛对其前任的看法[122]

1875年，十二世达赖喇嘛成烈嘉措"在莫名其妙的情况下"突然去世，[123]年仅19岁。此时距离他坐床才刚刚过去两年。[124]在接下来的20年里，掌握西藏最高管理权的是另一位摄政。1895年，当年轻的十三世达赖喇嘛土登嘉措决定夺取拉萨的政权时，马上便表现出了强烈的权力欲（德赛对此美其名曰"性格刚强"），他派人相当粗暴地通知各大寺的喇嘛："如果你们今后表现涣散，就将被除名。"[125]

不久，一次大概只有西藏才可能发生的阴谋，使十三世达赖喇嘛终于有机会永远除掉此前一直执政的强大对手，即摄政第穆呼图克图。要想真正理解其中关联，就得知道西藏在历史上只在个别情况下才出现由达赖喇嘛一人统治的局面。除了三世达赖喇嘛（他实际上是首位被授予达赖喇嘛称号的人）、伟大的五世达赖喇嘛和十三世达赖喇嘛，其他达赖喇嘛大多幼年夭折或者表现得有

【122】参见达赖喇嘛：《我的一生，我的人民》，慕尼黑1962年出版，第16页；达赖喇嘛：《自由之书：达赖喇嘛自传》（第17版），Bastei Lübbe 出版社2008年出版，第273页。

【123】参见 Tom Grunfeld：《现代西藏的诞生》，第47页。

【124】在整个19世纪，达赖喇嘛们的"因果报应"极其糟糕：九世达赖喇嘛隆朵嘉措（1805-1815）10岁时死于天花，十世达赖喇嘛楚臣嘉措（1816-1837）21岁时被谋杀，十一世达赖喇嘛凯珠嘉措（1838-1855）被杀害时年仅17岁。十二世达赖喇嘛据说也是被人谋杀的。参见 Elisabeth Martens：《藏传佛教史》，巴黎 L'Harmattan 出版社2007年版，第143页。

【125】参见 Laurent Deshayes：《西藏史》，第224页，作者引用了 Charles Bell 的话。

失身份、对政治毫无兴趣，例如，六世达赖喇嘛。因此，西藏的统治权大多掌握在摄政手中。【126】虽然摄政本身便是高级喇嘛和"佛的化身"（即活佛），但这并不意味着他们甘愿交权。如果达赖喇嘛年幼或者由于性格原因而表现懦弱时，摄政同样也不愿意向他交权。

按照维基百科的相关内容（关键词"达赖喇嘛"），当时的摄政第穆呼图克图因其"对清廷的忠诚而最终成为清政府在西藏统治的最重要支柱"。【127】十三世达赖喇嘛（从肉体上）终结摄政，发动的政变便是拉萨"魔靴事件"：第穆呼图克图之弟罗布次仁送给十三世达赖喇嘛老师索加喇嘛一双靴子，索加喇嘛称每次穿上它们就会流鼻血，【128】感觉身体也有些不适的达赖喇嘛便请来乃迥护法神，从而得知有人要通过符咒将他害死。【129】当把靴子拆开检查时，据说果然发现里面藏有"黑色咒符"或"苯教魔药"，【130】这样巫术谋害说就得到证实。十三世达赖喇嘛立即下令逮捕摄政第穆呼图克图及其家人，同时被捕的还有一些喇嘛。这出闹剧的结局如同预料的那样悲惨而残忍。达赖喇嘛对第穆呼图克图采取了果断措施：将他的头摁进土牢里一个盛满水的大铜盆里，第穆呼图克图溺亡了。他的弟弟罗布次仁和被认定要为"黑色咒符"负责的雅江喇嘛同样死在监狱里。在"揭发谋杀阴谋"，并在铲除前摄政过程中发挥特殊作用的索加喇嘛获得了丰厚的回报，他"继承"了第穆呼图克图大量财宝而成了十三世达赖喇嘛的红人。【131】

西藏另一个特别现象是，活佛去世后其身份如不被承认，他就不能再生。但正如德赛所说，这一禁令几年之后就被取消了，因为当时人们在达赖喇嘛的家里"发现"了摄政的"转世"……【132】

【126】参见 Laurent Deshayes:《西藏史》，第225页："自19世纪初八世达赖喇嘛圆寂以后，后世达赖喇嘛们的亲政时间大约只有三年。摄政的权力是没有争议的。"

【127】参见链接 http://de.wikipedia.org/wiki/Dalai_Lama，查阅时间为2013年2月13日。

【128】参见 Melvyn C. Goldstein:《西藏近现代史：一个喇嘛国家的灭亡（1913至1951年）》（卷一），第43页。

【129】参见 Laurent Deshayes:《西藏史》，第224页。

【130】Laurent Deshayes 称之为"苯教魔药"；Melvyn C. Goldstein 称之为"黑色咒符"，参见其《西藏近现代史：一个喇嘛国家的灭亡（1913至1951年）》（卷一），第42页。

【131】参见 Melvyn C. Goldstein:《西藏近现代史：一个喇嘛国家的灭亡（1913至1951年）》（卷一），第43页。

【132】参见 Laurent Deshayes:《西藏史》，第225页及该页注释。

德赛的结论如下："十三世达赖喇嘛最终清除了摄政第穆呼图克图及其家族，并且迫使支持摄政的集团闭嘴。一旦稍有夺权的动向，他便将其扼杀在萌芽状态中。"[133]这里指的当然是别人的夺权动向。他自己则通过将驻藏大臣任命的负责财政的噶伦阿兰巴（Rampa）排挤出噶厦（西藏地方政府机构），借以继续扩权。

十三世达赖喇嘛不久就开始了专制统治，然而他的权力受到了其他方面的威胁：在那期间，英殖民帝国将其边界一直向前推进到了西藏边境，并企图使用包括军事手段在内的一切措施在"世界屋脊"上扩张领土。在荣赫鹏的远征大军面前，十三世达赖喇嘛最后逃往中国内地，直至5年之后的1909年年底才返回拉萨。

在十三世达赖喇嘛离藏期间，西藏开始进行改革，由驻藏大臣发起，使西藏地方政府进一步世俗化和现代化。此外，还计划训练士兵扩充军队、修建道路和铺设电报线路，开发原材料也在考虑之列。1907年，拉萨建立了一所中文学校，次年又建立了军事学校。[134]清朝皇帝也派兵从四川出发赴藏，并在那里的边境安置岗哨，以阻止英军继续向前推进。

所有这些，都被达赖喇嘛看作是对自己权力的威胁，所以他来了个180度大转身：他原本是在英军入侵的情况下逃往中国的，然而却在返藏途中派人送信给英国人。在信中，他指责清政府驻拉萨的官员，尤其是驻藏大臣联豫对自己搞阴谋，他非常直率地请求"列强"，也就是英国和其他殖民大国加以"干涉"，阻止中国内地派军队来拉萨。[135]研究西藏历史的戈尔斯坦认为这是十三世达赖喇嘛在实施其"战略"，即利用英国和英属印度作为支持者来对抗中央。[136]

十三世达赖喇嘛一回到拉萨就和驻藏大臣联豫彻底闹翻了。中央政府怀疑他里通外国（显然也不是没有道理的），与沙皇俄国和英国进行联系。驻藏大臣和达赖喇嘛之间的矛盾日趋尖锐并导致了甘丹寺、色拉寺和哲蚌寺僧人的暴动，随即清王朝的平叛军队进驻拉萨。1910年2月12日，十三世达赖喇嘛再次出逃，不过这次是逃往英属印度。在日喀则执政的班禅喇嘛在藏传佛教中的

【133】引文出处同上。

【134】参见 Melvyn C. Goldstein：《西藏近现代史：一个喇嘛国家的灭亡（1913 至 1951 年）》（卷一），第 47 页。

【135】引文出处同上，第 51 页。

【136】引文出处同上，第 54 页。

地位即使不比达赖喇嘛高，两者至少也是平等的。尽管十三世达赖喇嘛写信请求班禅喇嘛一同出逃，但班禅喇嘛拒绝了。相反地，他接受了驻藏大臣的邀请前往拉萨。在拉萨，他经常与驻藏大臣和中国驻军统领一起出席宗教仪式和参与接见活动。[137]

　　1910 年 2 月 25 日，清廷颁旨谴责逃跑的达赖喇嘛的"虚伪和反复无常"，宣布革去其达赖喇嘛名号。然而，英国人却张开双臂欢迎达赖喇嘛，于是他成了英国人在西藏争夺势力的一枚重要棋子。在印度大吉岭的 3 年里，十三世达赖喇嘛开始对"英国殖民管理的效果"大加赞赏。[138]首先他和"查尔斯·贝尔爵士建立了亲密的友谊"，[139]后者是英属印度政府驻锡金的政治全权代表，负责与受英国保护的锡金和不丹以及与西藏的"关系"。[140]阿列克斯·麦克凯（Alex C. McKay）认为，"尽管当时伦敦的英国政府以及印度的英国殖民统治者都普遍认为达赖喇嘛是一个没有重要世俗意义的人物，但查尔斯·贝尔却意识到了眼前的机遇。他刻意结交达赖喇嘛，而且显然成功地赢得了后者的信任"。[141]

　　我们知道，英国出于权力欲望和殖民政治原因，长期以来对"中国的西藏能尽可能大程度的独立"感兴趣。[142]为了实现英国的目的，现在出现了一个绝佳的机会：1911 年 10 月在北京的满清王朝垮台，在次年初，革命也蔓延到了拉萨的驻军。驻藏大臣的官邸遭到起义士兵的攻占和劫掠，驻藏大臣本人也被捕获。3 月 7 日，在拉萨也宣告中华民国成立。[143]

　　其间，十三世达赖喇嘛在英属印度"成立了一个秘密'国防部'并加紧准备对中国的武装反叛"，[144]参与反叛的首先是色拉寺和甘丹寺的武装僧人。

【137】引文出处同上，第 62-63 页。

【138】参见 Karénina Kollmar-Paulenz：《西藏简史》，第 143 页。

【139】参见 Melvyn C. Goldstein：《西藏近现代史：一个喇嘛国家的灭亡（1913 至 1951 年）》（卷一），第 53 页。

【140】引文出处同上，第 53 页及该页注释和第 54 页。

【141】参见 Oskar Weggel：《神话西藏：感知、投影、想像》一书中的"'真相'、感知和政治：英国设计的西藏形象"（作者 Alex C. McKay），科隆 Du Mont 出版社 1997 年出版，第 70 页。

【142】参见 Karénina Kollmar-Paulenz：《西藏简史》，第 150 页。

【143】参见 Laurent Deshayes：《西藏史》，第 264 页。

【144】参见 Karénina Kollmar-Paulenz：《西藏简史》，第 144 页；Melvyn C. Goldstein：《西藏近现代史：一个喇嘛国家的灭亡（1913 至 1951 年）》（卷一），第 59 页。

由于在北京的英国驻华大使乔丹向中华民国政府施压，没有援军到达拉萨。乔丹威胁称，如果中国派兵，英国将不予承认中华民国。[145] 达赖喇嘛的军队在 1912 年 4 月取得胜利，大约 3000 名中国内地驻军士兵投降，他们被允许经印度离开西藏。达赖喇嘛于 1913 年 1 月返回拉萨，自 18 世纪早期以来拉萨首次没有了中央政府的代表和驻军。[146] 三周之后，十三世达赖喇嘛颁布了一个公告。如今，"流亡藏人"和十四世达赖喇嘛的支持者仍将这个公告视为"西藏独立宣言"。[147] 然而其意义和有效性从国际法角度来看是很成问题的：由于十三世达赖喇嘛之前已被皇帝解除了所有职务和头衔，因此对于中央政府而言，他只是一介平民，是针对合法政权发动政变的头目。除此之外，他早就不能代表整个西藏了。先不说占旧西藏总人口 90% 的农奴没有选举权，在日喀则的班禅喇嘛的信徒和仆从也并未参与驱逐汉人的暴乱。[148] 拉萨也有一批达官贵人对中央政府保持忠诚，在十三世达赖喇嘛重回拉萨后，他们要么被投入大狱，[149] 要么被杀害了。例如，擦绒·夏贝及其子都被十三世达赖喇嘛谋害了，他的女眷则被迫嫁给达赖喇嘛的宠臣朗冈。同时朗冈还获得了贵族姓氏擦绒以及受害者的财产。[150] 哲蚌寺的许多僧人，尤其是该寺最大扎仓（经院）洛色林的僧人同样也拒绝参加反对汉人的战斗。丹吉林寺的僧人甚至允许在拉萨的中央军人撤退到丹吉林寺。这招致达赖喇嘛的追随者长时间将寺院围困。[151] 事后，丹吉林寺被毁，部分喇嘛被流放。德国党卫军成员恩斯特·舍费尔于

【145】参见 Laurent Deshayes：《西藏史》，第 265 页。

【146】参见 Melvyn C. Goldstein：《西藏近现代史：一个喇嘛国家的灭亡（1913 至 1951 年）》（卷一），第 59 页。

【147】引文出处同上，第 62 页。

【148】"按照藏人的想法"，班禅喇嘛是"阿弥陀佛的化身，所以在佛教众神的等级制度中他的地位其实还要高于达赖喇嘛"。引自 Thomas Hoppe：《今日西藏：全局的各个方面》，汉堡亚洲学院 1997 年出版，第 114 页。

【149】参见 Laurent Deshayes：《西藏史》，第 266 页。其中提到阿兰巴噶伦、朗东和丹增·次珠被投入土牢。

【150】参见 Melvyn C. Goldstein：《西藏近现代史：一个喇嘛国家的灭亡（1913 至 1951 年）》（卷一），第 66 页；Ernst Schäfer：《白色面纱的节日：在西藏遇见民众、僧侣和术士》，第 42 页："擦绒噶伦因为叛逆罪被处决后，当时（1912 年）名为朗冈·达散江都（Namgang Dasan Djamdu）的人继承了他的贵族姓氏擦绒和全部财产，甚至包括他的妻妾和女儿们。"

【151】参见 Melvyn C. Goldstein：《西藏近现代史：一个喇嘛国家的灭亡（1913 至 1951 年）》（卷一），第 63-64 页。

1938-1939 年到访了"曾经那么知名的丹吉林寺的遗址",遗址位于"拉萨城西边,是一片上面满是污物和马匹的腐尸的荒地,周围都是乞丐和癞皮狗",这情景使人想到"该寺寺主与中央方面保持联系,招致达赖喇嘛于 1912 年下令将这一历史性建筑夷为平地"。【152】

达赖喇嘛统治集团和九世班禅额尔德尼·曲吉尼玛的关系在接下来的几年里一直非常紧张,甚至越来越恶化,因为达赖喇嘛不停地征收新的赋税和征用劳力来建设他那支由英国人武装起来的藏军。对于 1888 年和 1904 年与英国人作战以及后来又与汉族人开战产生的费用,达赖喇嘛在 1912 年要求班禅喇嘛先支付其中的四分之一军费。此外,他又于 1917 年要求江孜地区的扎什伦布寺的农奴交纳新的税赋并服劳役,完全无视他们已被书面确认的权利。1923 年,他又将这种不合法的要求扩大至后藏地区的所有寺院的农奴。1922 年,达赖喇嘛新设立的税务调查署向班禅喇嘛追加征收一年的赋税,即 1 万大洋和 3 万藏克(1 藏克约 28 市斤)粮食。与此同时,拉萨噶厦政府甚至还向日喀则的统治者施加压力,使其屈服,满足自己的各项要求。英国驻江孜的贸易代表麦克唐纳(D. MacDonald)在报告中说,拉萨方面威胁,如果班禅喇嘛不满足其要求,就"不会释放被关押在布达拉宫土牢里的扎什伦布寺堪布,甚至还会再将一些人投进监狱"。

在多次抗议无效和一次试图出逃也失败之后,班禅喇嘛最终于 1923 年 12 月 26 日秘密经由蒙古逃往内地,并成功摆脱了由龙夏和崔科率领的追兵。当时拉萨街上流传着两首欢庆班禅喇嘛成功出逃、讽刺拉萨追兵的歌谣,一首唱道:"鸢一样的班禅喇嘛/大踏步地飞快脱身了/猎狗一样的崔科/垂头丧气地回来了。"另一首则是:"我们的(班禅)喇嘛是一位神/他的马快如飞鸟/(就像)在鸟身上套了副金马鞍/班禅喇嘛飞上了天。"【153】

当时的事情经过有一位宝贵的见证人——法国女作家和亚洲学研究者亚历桑德拉·大卫·妮尔。之所以称其宝贵,是因为大卫·妮尔女士本来非政治人士,而且对西藏很友好。她在亚洲生活的时间长达数十年,在 20 世纪 20 年代

【152】参见 Ernst Schäfer:《白色面纱的节日:在西藏遇见民众、僧侣和术士》,第 103 页。

【153】参见 Melvyn C. Goldstein:《西藏近现代史:一个喇嘛国家的灭亡(1913 至 1951 年)》(卷一),第 110-120 页。

作为首位"白人"女性最终到达了禁止外国人（英国人除外）入内的拉萨。[154]

大卫·妮尔在1912年4月15日的一封信里讲到与当时达赖喇嘛会面时的情景。顺便提一下，她称十三世达赖喇嘛为"来自拉萨的教皇"、"黄色的教皇陛下"、[155]"大祭司"和"伟大的自然神"，[156]嘲讽意味多于尊敬。出于礼貌，见面时她称呼十三世达赖喇嘛为"'北部佛教'领袖"，对此后者没有提出任何异议（难道不应该谦虚点儿吗?！），正如大卫·妮尔强调的那样他"当然只是喇嘛教的领袖"（而且只是其中格鲁派的）。[157]更加过分的是，十三世达赖喇嘛甚至还干脆自称为"佛教领袖"，[158]对此大卫·妮尔评价说："我从他的话中推断他几乎不了解南派佛教。"[159]

大卫·妮尔在信中还将十三世达赖喇嘛和他的一位也在接见现场的朝臣作了比较。她认为，尽管达赖喇嘛"当然不是傻瓜，但按照我们的标准来看肯定不是一位有才智的人；那位喋喋不休的年轻的瘦高个宫廷总管或大臣显得要聪明得多"。[160]

在大卫·妮尔的描述中，十三世达赖喇嘛这位"活佛"既不是很有文化，脑子也不够灵活。他首先就不是一位温和谦虚的僧人，更不用说是一位圣人了。在大卫·妮尔女士的笔下，这位宗教人物更像是一位毫无顾忌的残忍的权势人物，没有任何同情心，这从他在拉萨最初的政治行动中就可以看出来。在1912年6月25日的一封信里，大卫·妮尔这样描述十三世达赖喇嘛的性格："画像中他紧绷的面部表情坚定而权威，给人一种完全错误的印象。人们称他凶残，

【154】关于 Alexandra David-Néel 女士是否真的曾装扮成乞丐徒步到达拉萨，在她年迈时负责整理藏书的女助手在与她发生争执而离开她之后，对此表示了怀疑。参见 Jeanne Denys:《亚历桑德拉·大卫·妮尔在西藏（欺骗被揭露）》，巴黎 La Pensée Universelle 出版社 1972 年出版。在这里我们不能去探究甚或澄清这一争论，但是有一点可以肯定，David-Néel 女士曾长时间生活在喜马拉雅地区（或者更确切地说，在中国西部），而且至今她仍被看作是中国西藏文化和佛教方面的专家。无论如何，她始终是一位有价值的历史见证者。

【155】参见 Alexandra David-Néel:《风行者：信札旅行日记 1911-1917》，第 82 和 86 页。

【156】引文出处同上，第 84 页。

【157】引文出处同上，第 85 页。

【158】引文出处同上。十四世达赖喇嘛不谦虚的程度并不比其前任逊色，只是无知的西方舆论还在支持他的傲慢。

【159】引文出处同上，第 84-85 页。

【160】引文出处同上，第 85 页。

似乎的确如此……根据他在这个多山地区对待骑乘牲口的方式来判断，他可能经常将马骑垮。"【161】

大卫·妮尔本人也是佛教徒。她讲到，十三世达赖喇嘛非常乐意地再次接见了她并许诺会以书面形式继续回答她一些关于喇嘛教教义的问题："您尽可以要求您希望的所有解释。贝尔先生会将您的问题转到拉萨给我，而我会回答您的所有问题。"在大卫·妮尔看来，大英帝国的代表贝尔显然垄断了外界与达赖喇嘛的直接联系。对于上述达赖喇嘛的主动提议，大卫·妮尔只是非常冷淡地称为"他很友好"，但马上接着又说："尽管如此，我对这个男人没有好感，他对我来说至多算作最普遍意义上的教友。我不尊敬教皇们，也讨厌面前这位的那些佛教教义。他身上的一切都那么矫揉造作，他既不真诚也不友好。"【162】

大卫·妮尔在1912年7月21日从锡金首都甘托克写来一封信："这里最重要的话题总是在西藏发生的不寻常事情。看来，拉萨的喇嘛政府好像对所有最近两年嫁给汉人的藏族女性都处以了剮刑（据说，汉人肯定会因此进行报复）。"【163】1912年7月27日，大卫·妮尔再次在信中谈及这一话题，而且这次是探究一系列紧张事件的政治背景。她称，"也许可以肯定的是，在中国发生的所有这些纷争均有所谓的'列强'插手。英国正在暗地里、小心谨慎地吞并整个西藏。它建立了通往江孜的电报通讯联络，在整个地区驻扎士兵，安插军事通讯官以及所谓的贸易代表，后者实为英国的全权政治代表。汉人在西藏被十三世达赖喇嘛的军队打败有利于英国的计划。"【164】

几年之后，大卫·妮尔也在信中谈及班禅喇嘛及其政治态度。在她眼中，班禅喇嘛是"一位博学、开明和思想自由的人"，然而"他不喜欢某一个国家，而且为西藏从属于英国政府感到可耻，但是没有人会因为他对自己土地的热爱而指责他，尤其是他不能赞成在他的治下，哪怕最贫穷的村民也得交纳一年比

【161】参见 Alexandra David-Néel:《风行者：信札旅行日记 1911-1917》，第 126 页。她对十三世达赖喇嘛的描述与法国探险家 M. G. d'Ollone（1908 年十三世达赖喇嘛曾在中国五台山接见过他）的描述相符："他不像一位僧侣，是一位霸道的'强势人物，样子很凶，第一眼就能看得出来。'"该引文参见 Jeanne Denys:《亚历桑德拉·大卫·妮尔在西藏（欺骗被揭露）》，第 37 页。

【162】参见 Alexandra David-Néel:《风行者：信札旅行日记 1911-1917》，第 128 页。

【163】引文出处同上，第 135 页。Laurent Deshayes 也证实了这件事情，他谈到了用石头砸死和断肢等内容，参见其《西藏史》，第 267 页。

【164】参见 Alexandra David-Néel:《风行者：信札旅行日记 1911-1917》，第 137 页。

一年多的赋税用以供养一支可笑的军队，因为这支军队归根到底只为剥夺人民土地的那些人的利益服务，一想到这些，就更不会责难班禅喇嘛了"【165】大卫·妮尔本人在日喀则期间很清楚地看到了西藏对英国人的依赖。托马斯·瓦尔特曼（Thomas Wartmann）在给她的一本书作序时写道："1916 年 8 月，大卫·妮尔被'驱逐出锡金'，因为英国政府代表查尔斯·贝尔爵士获知她不顾严格禁令，从修道院出发秘密前往日喀则附近的西藏西部寺院，行程共计 4 天。【166】由于大卫·妮尔的到访，她住处 20 公里范围内的一个村庄的村民必须缴纳 200 卢布的罚款，理由是他们没有向英国当局报告她的居留。"【167】

　　大卫·妮尔特别详细地研究了班禅喇嘛逃往中国内地一事，她称班禅喇嘛为"一种最高宗教权力的最高化身，备受藏人尊敬"。【168】大卫·妮尔在即将抵达拉萨之前获知，班禅喇嘛为避免被达赖喇嘛的士兵逮捕而从其住处扎什伦布寺出逃，这令她"深感不安"。她心想："怎么会这样呢？日喀则强大的宗教统治者为什么非得出逃呢？当然我也知道拉萨方面对他没有好感。他对中央政府极其明显的好感以及不赞成军费开支的做法，都让西藏之王达赖喇嘛很是恼火。"【169】大卫·妮尔将班禅喇嘛被迫出逃称为戏剧性的政治事件，对其背景作了如下描述："这些年来，已完全处于英国人影响之下的达赖喇嘛及其噶厦政府对名望很高的班禅喇嘛的仇恨日益加深。班禅喇嘛被要求对其统治的后藏地区征收越来越高的赋税并将税款交给拉萨的噶厦政府。"最后班禅喇嘛还"被要求前往拉萨"，然而他担心在那里会失去自由甚至生命。于是，他"带着几名亲信狂奔着逃往北边荒僻的地方"。【170】当班禅喇嘛出逃的消息得到证实后，奉拉萨方面的命令，一支由一位藏人上校或将军指挥的"300 人"军队要武力带回那位"所有藏人、蒙古人、满人和西伯利亚地区的喇嘛教众都顶礼膜拜"的尊贵无比的逃亡者。【171】

【165】参见 Alexandra David-Néel：《穿越天空和地狱之路：我一生的冒险》，第 39 页。

【166】引文出处同上，第 32 页，参见该书序言：从"河内之星"到"智慧之灯"（作者：Thomas Wartmann）。

【167】引文出处同上，第 39 页。

【168】引文出处同上，第 258 页。

【169】引文出处同上。

【170】引文出处同上，第 259 页。

【171】引文出处同上，第 261 页。

擦绒·朗冈（1938 年，德国联邦档案馆藏，图片编号 135-KB-05-100/CC-BY-SA）

逮捕那位"扎什伦布寺的大喇嘛"是否早有预谋，对此大卫·妮尔认为是完全可能的："看来，噶厦政府已在好几起事件中，对那些在汉人被驱逐后还站在他们一边的人进行了残酷的报复。我就听说过一位大喇嘛的事，人们顾忌他身为活佛的体面而没敢公开处决他，但将他投进监狱并让他活活饿死在那里。他手下的高级喇嘛以及家人也被施以酷刑，他们的身体被钉上铁钉子，最后悲惨地死去，才得到了解脱。"【172】大卫·妮尔接着讲道："大约在同一时间，一位身为西藏上层贵族成员的噶伦因为支持过汉人，在布达拉宫被杀害了。"他的儿子也未能幸免于难，"他的妻子、女儿和儿媳三人都被赏赐给达赖喇嘛的一位宠臣做妻妾，"这位宠臣还因此得到了遇害噶伦的家产。这里提到的宠臣当然是擦绒·朗冈。【173】

大卫·妮尔继续写道："我知道，尽管已经过去整整 12 年，但现在拉萨仍关押着 3 位被当作政治犯、曾身居要职的大喇嘛。他们自判决后就被关押在土牢里，如果没有一场新的革命来解放他们，他们将至死都得戴着沉重的木枷锁。在这种情况下，如果扎什伦布寺的班禅喇嘛害怕达赖喇嘛表面上的热情好客这其实就不难理解了，也就没什么可责怪他的了。当时拉萨满城都在谈论后藏的好几位贵族已经因为税收事件而被关在了布达拉宫，尽管那里本应是接待尊贵客人的地方，因此更不能怪罪班禅喇嘛不来拉萨了。"【174】

【172】引文出处同上。"流亡藏人"常常声称，十三世达赖喇嘛废除西藏非常普遍的种种酷刑，但正如大家所见，也许充其量不过是一纸空文而已！

【173】参见 Alexandra David-Néel：《穿越天空和地狱之路：我一生的冒险》，第 260 页。"偏偏是这位十四世达赖喇嘛，他作为专制的十三世达赖喇嘛的转世却厚颜无耻地指责中国人有组织地强迫藏人和汉人通婚。"

【174】参见 Alexandra David-Néel：《穿越天空和地狱之路：我一生的冒险》，第 260 页。

大卫·妮尔还提到，班禅喇嘛的朋友罗布桑喇嘛也不得不出逃，他成功逃到了印度并从那里"乘船前往中国"。[175]

甚至为喇嘛教辩护、支持西藏"独立"的历史学家德赛也不得不承认，十三世达赖喇嘛"一开始获得了周围人对他的尊敬"，然而"随着时间的推移，取而代之的是阴谋诡计和别人对他的畏惧"。[176]德赛引用了查尔斯·贝尔爵士的话，即专横的十三世达赖喇嘛变成了一个"绝对的独裁者"。[177]但这里得补充一句，是在英国人庇护下的独裁者，正如后来的南越傀儡政权头目吴庭艳、南越总统阮文绍、高棉共和国总统朗诺、尼加拉瓜总统索摩查、古巴总统巴蒂斯塔、海地总统杜瓦利埃等，他们都是美国庇护下的独裁者……

【175】引文出处同上，第 261 页。

【176】参见 Laurent Deshayes：《西藏史》，第 294 页。

【177】引文出处同上，第 296 页。

第八章

现代化运动和"王政"的失败：十三世达赖喇嘛及其继任者们统治下的西藏

不论是 20 世纪上半叶的欧洲列强，还是西藏自身看来都不打算或者不能够宣告西藏独立。西藏身处现代世界当中，却固守其中世纪的体制，它没做任何努力去适应时代的发展。

罗尔夫·施泰因（Rolf A. Stein）[178]

十三世达赖喇嘛这位拉萨的独裁者将其对手消灭或逼迫流亡，使西藏脱离当时积贫积弱的中央政府的有效管治达几十年，除此之外，他什么也没干成。在政治上，他除了失败别无所有：在他自称统治着的"国家"里，广大地区到处是无政府状态的混乱和犯罪。他的"拉萨政府"从未能够，或者哪怕有一点儿兴趣去保障公共安全和秩序。他的"国家"没有固定的和获得承认的边界，尤其是朝东的边界。除了依赖英国以及还和中国内地保持着的那点儿犹犹豫豫的联系，十三世达赖喇嘛的"国家"再没有任何对外关系了。世界上没有任何一个国家和西藏建立外交关系。它甚至不是国际邮政联合会成员。其货币比赌场里的筹码强不到哪里去，在受拉萨控制的领土上也从未作为支付手段。西藏经济萧条，在第二次世界大战刚结束的时候，西藏出口的只有在印度用来打苍蝇的牦牛尾、动物皮毛、毡料和质量较差的羊毛。通过榨取西藏百姓血汗来供养的那支新建立起来的昂贵的军队，完全不是一支守纪律的现代战斗部队，尽管他们是受英国人训练装备起来的。

由于十三世达赖喇嘛的"国家"几乎总是徘徊在内战边缘，所以这支军队主要用在西藏境内，以对付在内政上反对达赖喇嘛的人。1913 年，这支军队

【178】参见 Rolf A. Stein:《西藏文明》，巴黎 Dunod 出版社 1962 年出版，第 66 页。

几乎将丹吉林寺夷为平地，此后又于1921年夏天前去围困巨大的哲蚌寺的洛色林扎仓，那里当时有四五千僧人。

如果说拉萨的这支军队也投入过战斗的话，那么其表现则如同一伙掠夺成性的凶残的雇佣兵。甚至连德赛都说，"在现代性的阴影下隐藏着过去的野蛮"。一次，在昌都地区战胜中央军队后，藏军将大多数俘虏十人一组地淹死了，最后的幸存者则在拉萨被迫跟在死去战友们残缺不全的尸体后面游街示众。[179] 哈勒在描写达赖喇嘛的军队时从来没有批评过："虽然没有表彰，但藏军士兵却得到了实在得多的酬劳。获胜后，他们可以瓜分战利品，所以劫掠不是罕见的事。只有缴获来的武器必须上交。"哈勒接着还讲到，如果当地的贵族和宗教领主"对付不了强盗"的话，拉萨方面会派遣"小型军队前来剿匪"。"尽管歹徒们的作战方法肆无忌惮，"但这样的任务却是美差，因为"士兵们只看到有丰厚的战利品可得而不去想其中的危险"。[180] 对于藏军士兵对命令的服从，哈勒表示了赞赏，"再也找不出比他们更加无条件服从的人了。这倒不奇怪，因为这支军队中的大多数是由已习惯于盲从的农奴组成的。"[181] 将绝对服从看作由西藏农奴充当的军人的美德？纳粹党人哈勒还真是坚定不移……

关于现代装备和士兵们的社会出身，仲扎玛尕兵营是一个例外。十三世达赖喇嘛对他们有着特别的好感，尤加关注。该兵营是由达赖喇嘛宠臣中的大红人贡培拉创建和指挥的，而且由清一色的贵族子弟组成，并曾一度禁止用农奴来代替服兵役。尽管这支部队就如同达赖喇嘛最喜欢的玩具，而且被他惯坏了，但士兵们并不具备哈勒大加赞赏的美德，即服从和纪律，这一点在十三世达赖喇嘛去世后很快即被证实。

不过政教合一的拉萨政府至少还办成了一件今天看来也值得去追求的事情——"机构精简"。拉萨政府并不需要一个对道路工程进行有效管理的交通部，因为当时既没有道路修建，也没有道路保养和公共交通工具；也不需要教育部，因为没有公立幼儿园、中小学或大学；也不需要卫生部，因为没有医院，没有疫苗接种、没有疾病知识的宣传教育运动，没有流行病的防治，没有药品

【179】参见 Laurent Deshayes：《西藏史》，第278页；也可参见 Waddells：《关于被抓获的藏人认为自己被处决是理所当然的报道》，第160页。

【180】参见 Heinrich Harrer：《西藏七年：我在达赖喇嘛官殿的生活》，柏林 Ullstein 出版社2009年出版，第343页。

【181】引文出处同上，第342页。

生产的许可或监督程序，也没有现代医生的培训；不需要的还有司法部和独立的司法体系，因为封建主和少数寺院的喇嘛在他们的领地上任意执法，贵族只能由噶厦政府处罚，而各级官员都是可以收买的。[182]可列举的还有很多。

让我们再回到历史见证者大卫·妮尔这里，她最了解的首先是安多和康区，即达赖喇嘛及其西方支持者称为"历史大藏区"或是"文化大藏区"的东部地区。她曾在塔尔寺地区生活了3年多，那是"位于蒙古沙漠边缘的一座开阔的寺院之城"。托马斯·瓦尔特曼在给她的关于西藏的《穿越天空和地狱之路》一书作序时描写了20世纪20年代初那里的境况："西班牙流感已蔓延数月，四处劫掠的士兵侵入寺院之城，僧人们都武装起来了。"大卫·妮尔"被混乱和死亡包围了，因为自从满清王朝垮台之后，中国未开发的西部就陷入激烈的内战之中。四处抢劫的强盗团伙在安多实行恐怖统治，霍乱和瘟疫造成人口大量减少。在南边，伤寒每天都夺走200多人的生命，在边境地区，还有无休无止的战争"。[183]

然而战斗已式微，只是余烬未熄罢了。被征召入伍服"兵役"的西藏农民奉命保卫新的"边界"，却几乎没有被武装起来，或者配备的武器十分粗劣——这很好理解，就像大卫·妮尔所说："看来新政府对终于从中国统治中获得'解放'的新的臣民并不很信任。所以装备这些预备役军人（如果情况确实如此），最多只用了西藏或中国造的旧式枪支。如果问其原因，他们便微笑着告诉我，'拉萨方面不希望我们能与他们匹敌，他们很清楚我们中的许多人有了好的装备后要干什么！'"[184]

按照谭·戈伦夫的说法，在1911-1935年间，在四川的西康（藏人称之为康区）确实发生过四五百场较大规模的交战，主要是当地人既反对拉萨也反对北京，而且相互之间也常常打仗。[185]拉萨方面借助于装备有欧式武器的精锐部队，来攻占受中国控制的领土，其中英国人显然出了大力。大卫·妮尔写道："在

【182】参见 Alan Winnington：《西藏：真实的历史》，"西藏政府从未有太多事情可做，没有一米的公路需要维护……"柏林 Das Neue Berlin 出版社 2008 年出版，第 142 页。

【183】参见 Alexandra David-Néel：《穿越天空和地狱之路：我一生的冒险》序言：从"河内之星"到"智慧之灯"（作者 Thomas Wartmann），第 8-9 页。

【184】引文出处同上，第 115 页。

【185】参见 Tom Grunfeld：《现代西藏的诞生》，第 72 页。

打箭炉的英国领事支持藏人，他视察了在昌都的藏军，而这竟发生在第一次世界大战期间，那时中国人是站在同盟国一边并向其提供劳力。英国对中国对手的支持令中国人大感惊讶……英国领事台克满的插手导致了西藏边界线位置的改变，它向中原方向推进了一大段。"【186】那是1918年，后来在20世纪30年代早期，贡噶喇嘛堪布与受当时中央政府委任重建地区秩序的藏人格桑次泽发生争执，在他向拉萨政府请求出兵援助后，管界得以继续东移。【187】

在20世纪20年代中期，大卫·妮尔对所谓的"西藏独立"的评价是明确的，并予以全盘否定："由于脱离了中央政府管治，藏人失去了很多。只有达赖喇嘛集团从他们所谓的"独立"中获利了。而那些过去反抗过软弱而遥远的中央政府的藏人，他们中的绝大多数后悔不已，因为现在的强征暴敛以及当地藏军厚颜无耻的有组织劫掠都远远超过了从前的统治者。"【188】

大卫·妮尔称，她亲眼目睹了由英国人操纵的所谓的"独立"给西藏带来的后果。【189】她前往拉萨的冒险之旅充满艰辛和危险，途中她来到一个名叫塔什泽（意为"幸运之峰"）的稍大一点儿的村子。对于这"最大的幸运"，大卫·妮尔有如下描写，"可怜的乡下人的悲惨状况让我心碎"。【190】他们看起来可真不像是"到达了'幸运之峰'。赋税、劳役和剥削只是填满了端坐在峰顶的贵族老爷和大喇嘛们的腰包"。【191】连逃跑或移居都不可能让老百姓摆脱苦难，因为身为农奴他们是不允许离开主人的领地的，谁要是试图逃跑，等待他的是严厉的惩罚，不仅要缴纳罚款，还要遭受皮肉之苦。许多这样赤贫和完全听天由命的人都"寄希望于中央政府"。大卫·妮尔继续写道："他们说，'中央政府统治的时候，我们的处境还没有这么糟糕。他们最终还会回来的……是啊，但

【186】参见 Alexandra David-Néel：《古老的西藏面对新生的中国》之"广袤中国的蒙昧西部"，叙事和冒险类读物，Librairie Plon 出版社 1994 年出版，第 777 页。

【187】引文出处同上。

【188】参见 Alexandra David-Néel：《穿越天空和地狱之路：我一生的冒险》，第 270 页。

【189】1920 年 6 月 1 日，即 Alexandra David-Néel 开始漫长的拉萨之旅并穿越西藏之前，在一篇文章里她还认为，和中国统治这一地区相比，英国统治这一地区是两害相权中的轻者："不难相信，对藏人而言，英国的统治不会像中国的统治那么严酷。在目前的竞争者中，西藏最好的统治者无疑是英国人。"参见其《古老的西藏面对新生的中国》，第 1117-1121 页。然而后来的亲身经历很快就纠正了她的看法。

【190】参见 Alexandra David-Néel：《穿越天空和地狱之路：我一生的冒险》，第 153 页。

【191】引文出处同上，第 152 页。Pönpo（Heinrich Harrer 写作 "Bönpo"）是指西藏的贵族和宗教领主。

什么时候回来呢？到那时我们可能已经死了！'妇人们晚上蹲在她们破破烂烂
的茅屋里的微弱火堆旁。她们的眼睛已哭得红肿，在茫茫夜色中热切地朝外面
望去。那里有一座接一座的山脉高高地耸立着，各不相连，拉萨的军队把曾经
保护她们的汉人击退到了山里边。"【192】

大卫·妮尔还讲述了她对江达山谷的印象，"那里整片地区看上去那么荒
凉和破败。已无人居住的村庄只剩下一片废墟，上面变成了树林，曾被开垦和
在上面建造房屋的土地又恢复了原样。在河左岸的主要道路上曾经有中央军队
设置的步哨，在有些地方依然可以看到曾经高大、现已坍塌的瞭望塔。在瞭望
塔周围曾经居住着中国人，他们修建房屋，耕种土地。但现在，这整条路段上
强盗肆虐……"【193】

显然十三世达赖喇嘛在拉萨的政府对保护其臣民的安全和打击拦路抢劫的
歹徒，远没有对征收赋税那么感兴趣。大卫·妮尔本人在"离拉萨仅 160 公里"
的主路上曾遇到了一群朝圣者，大部分是妇女，当时他们"已被洗劫一空"，
这在"西藏并不罕见"，【194】而且他们中还有人遇害和受伤。对此大卫·妮尔
评论说："骑马巡视的士兵本可以很容易就追上凶手的，但在这个无视法律的
国家里，没有哪位官员会让这样一件平常事情来打扰自己。"【195】甚至就在拉
萨，尽管白天街上挤满了人，但只要夜幕降临，居民们就宁愿待在家里。大
卫·妮尔说："人们告诉我，自从成立官方警察局和本族军队以来，不安全因
素明显上升，因为这些保护公共安全和利益的官家人在黑夜里常常就变身为强
盗了。"【196】

大卫·妮尔表示，自从中央政府的代表被赶出西藏后，藏人的生活状况进
一步恶化，她的这一印象一再得到证实。她在书中写道："我们离拉萨越近，
看到的村庄就越密集，但令我吃惊的是，我们在路上很少遇见人。有人告诉我，
在中央政府统治时期交通要繁忙得多，这让我想起了自己在工布地区的亲眼所
见。"大卫·妮尔还讲到，"拉萨河谷也有一望无际的大片土地没有开垦，其实

【192】引文出处同上，第 152-153 页。

【193】引文出处同上，第 265 页。

【194】引文出处同上，第 267 页。

【195】引文出处同上，第 268 页。

【196】引文出处同上，第 286 页。

完全可以种上青稞供应拉萨城，那里的生活费用太高了。"【197】

拉萨的商品供应也因为"独立"变得很糟糕。1924 年，大卫·妮尔在被她称为"喇嘛教的罗马"的拉萨漫游了两个月。【198】她在书中写道，"拉萨没有让收藏家那么赏心悦目的各种各样的商店和集市。人们在拉萨市场上找到的主要商品是铝器。除此之外就几乎只能看到从印度、日本、英国和其他一些欧洲国家进口的劣等商品。在拉萨货摊上售卖的棉布和陶器是世界上最难看和最令人讨厌的。从前，西藏与中国内地之间贸易往来频繁，但自从西藏开始从印度大量进口商品以来，与中国内地的贸易往来就几乎完全终止了。从中国内地来的商品只剩下茶叶和丝织品了，尽管如此拉萨方面还在尽最大的努力要把所有中国产品清除出市场。"【199】

大卫·妮尔对自己匿名前往拉萨的解释是，西藏当时禁止非英国人入境。她就为什么不能与达赖喇嘛会面给出了另一个理由："……他如果不受约束，也许会乐意再见到我。但他现在的保护人是英国人，他们不像之前的中国人那样给他那么多的自由。他不再能自己当家作主，除了英国人送到他那里的外国人之外，他很少被允许接见其他外国人，同样也很少能打发掉那些英国人向他推荐或派来的人。"【200】

【197】引文出处同上，第 269-270 页。

【198】引文出处同上，第 271 页。

【199】引文出处同上，第 281 页。

【200】引文出处同上，第 306 页。

第九章

三辆生锈的汽车、风笛和手工印制的赌金

> ……三辆未使用的汽车、一个尚未成形的电网以及一座造币厂便是
> 1933 年体现开放意愿仅有的东西。有着根深蒂固信仰的旧西藏还在坚守
> 着。这里尽管矿藏丰富，却没有工业……对于铸币必需的铜，西藏从英属
> 印度进口……西藏的农业技术还停留在远古时代的水平，农民一直在使用
> 一根木桩犁田，灌溉设施依然落后……人们虽然知道带轮子的运输工具，
> 却不使用，所以货物运输还得靠牲口驮，人背得也不少。

洛朗·德赛[201]

不只是海因里希·哈勒将十三世达赖喇嘛描绘成"伟大的改革家"，但其
理由既不是试图进行大的社会变革（例如，将土地分给农民以及解放农奴），
也绝非实行了言论和宗教自由（例如，通过不受神权影响的学校教育），而
是一些"在当时闻所未闻的事情"："他是西藏第一个把三辆汽车带到拉萨的
人。"[202] 由于西藏除拉萨之外没有可供汽车行驶的道路，这三辆汽车的命运
不久就和十三世达赖喇嘛这位英国崇拜者的其他小改革一样悲惨，曾经的"王
室司机"经常伤心地向哈勒讲起它们"停放在一座棚屋里得到了妥善保管，怀
念着它们去世的主人，由于长期不用，已经生锈了"，[203] 成了一场一开始就
已经失败的现代化的铁制象征。而这场现代化也只能以失败告终，因为它进行
得太过迟疑，局限于只采取上面规定的小措施，还试图尽可能地避免任何社会
变革。

这场按照英国模式犹犹豫豫进行的现代化在开始时就卡了壳。人们用从英

【201】参见 Laurent Deshayes：《西藏史》，第 296 页。

【202】参见 Heinrich Harrer：《西藏七年：我在达赖喇嘛官殿的生活》，第 235 页。

【203】引文出处同上。

国进口的组件修建了一座小型水电站。"四名年轻藏人被派往英国"接受培训，其中一名是军官，[204]他的任务是以后按照英国模式组建一支藏军。十三世达赖喇嘛还另外请来一名日本军事专家。1922 至 1923 年间，西藏建立了一支警察部队，负责的是一位名叫莱登拉的警官，来自受英国保护的锡金。1924 年，一位来自英属印度名叫勒德洛（F. Ludlow）的督学在江孜建立了一所英式学校，几十名学生都是贵族子弟。另一位英国人对西藏的矿藏储量进行了调查和测评。藏军指挥官索康在 20 世纪 20 年代早期组织了一系列马球比赛，还修建了一个网球场。然而就是上述这些小小的改变随即便遭到"激烈的抵抗"，首先是保守的僧人们，因为他们担心寺院对教育的垄断会受到影响，而且还要阻止"非佛教的新的价值观的入侵"。性格本来"刚强"的十三世达赖喇嘛，这次倒是甘愿屈服于压力，下令禁止穿戴欧式服装，还关闭了江孜那所刚刚成立 4 年的英式学校。[205]

十三世达赖喇嘛最重要的"现代化"措施涉及藏军。20 世纪 20 年代大卫·妮尔称其"可笑"，尤其是因为士兵们配备的"老式英国火枪"。一次，由于十三世达赖喇嘛的盛大登场，大卫·妮尔在拉萨得以亲眼见到依靠向百姓征收重税来供养的藏军。她这样描述当时的情景："看到他们迈着滑稽的步子踩着乐点神气活现地走着，伴奏倒是不那么糟糕的英国轻歌剧旋律，我觉得可乐极了。"[206]海因里希·哈勒也有机会得以多次观察那支当时就已经开始保卫年轻的十四世达赖喇嘛的"500 人禁卫军"，[207]因为他们主要在"阅兵式和庆典"上进行分列式行进表演。哈勒在 20 年之后参加了有达赖喇嘛出席的一场庆祝活动。他写道，藏军士兵们"身着欧式剪裁的制服，头发也是按西方式样修剪的"。他对此的解释是，众所周知，十三世达赖喇嘛"在印度期间对英国军队很感兴趣，并以其为样板组建了自己的卫队"。[208]不仅"禁卫军的乐队队长"，

【204】人们有理由怀疑将这四名贵族子弟派往英国是否为一项非常奏效的措施。至少对他们中的一位来说，西方教育看来真没起什么作用：在英国辅导其学习的 Odgers 先生称，这位年轻人"可惜不懂礼貌"，而且证明自己是个"十足的傻瓜，甚至在玩简单的牌戏时也愚不可及"。参见 Patrick French：《西藏，西藏》，第 163 页。

【205】参见 Karénina Kollmar-Paulenz：《西藏简史》，第 145-146 页。

【206】参见 Alexandra David-Néel：《穿越天空和地狱之路：我一生的冒险》，第 289 页。

【207】参见 Heinrich Harrer：《西藏七年：我在达赖喇嘛官殿的生活》，第 359 页。

【208】引文出处同上。

而且一些军官"都在印度的英军中接受了训练"。[209]禁卫军的最高指挥官也和他在印度的英国榜样一样头戴一顶"盔形凉帽"。[210]然而在那期间，藏军乐队除演奏保留曲目——英国的轻歌剧旋律外，还非常明显地增加了当年大卫·妮尔未曾听到的一些东西。因为在禁卫军隆重地向罗布林卡列队行进的过程中，"熟悉的声音"传入了哈勒的耳朵里，"没错，这

藏历新年时在布达拉宫前举行的现代军队阅兵式（恩斯特·舍费尔摄，德国联邦档案馆藏，图片编号 135-S-11-07-36/CC-BY-SA）

是英国国歌。"[211]紧接着，"风笛吹奏者又演奏起了苏格兰歌曲。"但这次不是禁卫军，而是"拉萨市的 500 人警察部队的乐队"。[212]谭·戈伦夫对此进行了不无讽刺的补充："在这方面英国的影响如此之深，以至于直到 1950 年，藏军军官还用英语下达命令，而军乐队则只会演奏诸如《友谊地久天长》《天佑国王》《通向蒂珀雷里的道路漫长》这些传统的'西藏'曲目。"[213]

然而，哈勒那时候看到的西藏军队和警察的英式形象更多只是形式而已，因为保守势力早就在大多数领域终止了向英国看齐的"现代化"运动。另一方面，表面现象也会骗人，因为军队和警察并不总是像在庆祝活动上奏乐一样相处融洽。作为英式现代化的两大矛头，正是它们之间的竞争以及最终的敌对，加速了一系列"改革"在十三世达赖喇嘛统治时期的终结。

事情是这样的：1924 年 5 月初，士兵和警察之间的持刀殴斗导致一名警察死亡。在警察总管莱登拉（前面提到过的那位锡金人）的催逼下，军队总司令擦绒决定惩罚肇事者以儆效尤。他断然下令割去一名涉事士兵的耳朵，主要

【209】引文出处同上，第 240 页。

【210】引文出处同上，第 239 页。

【211】引文出处同上，第 240 页。

【212】引文出处同上，第 241 页。

【213】参见 Tom Grunfeld:《现代西藏的诞生》，第 80 页。"令人惊讶的是，西方竟无人将此视为一种文化上的种族屠杀。"

被告则被砍去了一条腿，由于伤势过重很快就死去了。士兵被割下的头颅和那条短腿摆在紧邻大昭寺的拉萨中心广场入口处示众。因为这一事件，那些反对擦绒的保守的宗教人士便到十三世达赖喇嘛那里说他坏话，擦绒自己也由于对待士兵任性、专横的做法而面临处罚，这时他手下的军官秘密聚集在一起支持他并保护他免受逮捕，几个性情急躁的人主张发动政变，让擦绒掌权并废除达赖喇嘛作为世俗统治者的职权。这类流言传遍了整个拉萨，擦绒的对手们害怕失去地位和性命。事实上，擦绒方面已策划行刺保守僧侣中最具影响力的人，但实施的时候却没有成功。

获知了军队阴谋活动的十三世达赖喇嘛却不敢对军官们采取坚决的行动，他只是轻微处罚了擦绒及其对手双方各几个人。即使双方的冲突最终得以缓和，但它却导致了十三世达赖喇嘛这位专制统治者越来越感觉到军队不再是其权力的基础，而是他个人权力的另一个潜在威胁。此外，他还怀疑英国人参与了军官们的政变阴谋。[214] 于是他倾向于满足保守僧侣们的要求，但他们将任何形式的现代化以及西方习俗和观念的进入都视为对佛教和自身权力的威胁。[215]

然而十三世达赖喇嘛却不能完全放弃由他的宠臣擦绒指挥的军队。正如前面提到的，当哲蚌寺洛色林扎仓的僧人 1921 年 5 月底反抗他随意罢免 3 位堪布并将他们流放时，他便派军队前去镇压。十三世达赖喇嘛 1912 年与中央发生冲突时，这些僧人是支持中央政府的，对此他从未原谅过他们，这便是他迟到的报复。从全西藏抽调的 3000 名士兵将洛色林扎仓围困了相当长一段时间后，于 1921 年 9 月逮捕了其中 60 名带头的僧人，对他们施以残酷的笞刑，让他们戴着枷锁和铁脚镣在拉萨游街示众。哲蚌寺其他大喇嘛也都遭到了罢免。[216]

尽管如此，军队和警察的许多高官也受到了追究，因为十三世达赖喇嘛要削弱这两大权力中心，使其不再是自己的潜在危险。例如，有两名警察在与倔强的僧人发生冲撞后，一位名叫格述（Kisur）的贵族警官反对鞭笞这两名警察，于是便被开除了。他还被拉着在拉萨游街示众，赤着脚，丢尽了脸，之后被终身关押在遥远的工布土牢里。军队的情况也一样，因为一些微不足道的事情，

【214】参见 Melvyn C. Goldstein：《西藏近现代史：一个喇嘛国家的灭亡（1913 至 1951 年）》（卷一），第 133-134 页。

【215】引文出处同上，第 89 及其后几页。

【216】引文出处同上，第 107-109 页。

一名接一名的高级军官被降职甚至被处死，而给出的理由都是有破绽的。例如，索康因为婚外情被免职，指挥官丁甲、桑颇和崔科的欧式发型受到指责。白玛强扎被解除军官职务后逃跑，被抓获后遭到了处决。按照惯例，他的头颅被割下来在拉萨示众，此外还公示了对他的书面指控，称他侵吞公款和讲十三世达赖喇嘛的坏话。军队的最高指挥官擦绒直到那时仍然很有权势，尽管僧侣方面要求砍他的头，但十三世达赖喇嘛还是宽恕了这位宠臣。尽管如此，擦绒最终在政治上失势，并于1930年被正式解除噶伦职务。【217】

这些冲突和权力斗争，尤其是后藏地区班禅喇嘛政府和扎什伦布寺的持续反抗，表明十三世达赖喇嘛的"独立西藏"的基础是何等不稳固。这对他的继任者们来说更是如此，他们激烈的权力斗争再次给拉萨带来政治谋杀和内乱。

我们再看看"独立西藏"的另一重要领域。拉萨"政府"拥有自己的货币，也自行发行邮票，这都是听从了查尔斯·贝尔的建议，因为他深知这类国家合法地位的象征是何等重要。难道这一切不都证明西藏是一个"独立国家"吗？这一提法显得比拥有自己的军队分量还要重，因为不管是当时的中国军阀，还是现在的拉美贩毒黑帮，像样一点儿的头目都有自己的武装力量。避而不谈的是，在西藏这样一个极其落后的封建经济中，货币和商品流通的作用微乎其微，当时构成西藏经济生活基础的其实是免费的劳役以及大多数时候用实物缴纳的苛捐杂税。

由于组建军队和购买武器装备，达赖喇嘛政府在经济上也被压垮了，造成了白银短缺（黄金也短缺，寺院里储藏了大量黄金，但并不用来铸造钱币）。大卫·妮尔讲到，她在前往拉萨的旅途中惊讶地发现，"西藏中部地区完全没有白银了"。由于缺乏白银，人们只得转而尝试使用从英国进口的不那么贵重的铜，"拉萨政府铸造了一种在拉萨及其周边地区普遍使用的难看的铜币，但在离布达拉宫不到160公里的地方就已经不通用了，所以对于恰巧不在拉萨做生意的人来说，这种铜币毫无价值。"大卫·妮尔还补充说，金币并不流通，坦率的藏人通常是这样解释为什么没有白银的："我们的政府用白银向英国人购买老式枪支，这些武器对于他们自己的军队来说不够好了，却高价卖给我们。"【218】顺便提一下，在"被拉萨军队攻占的康区"，对于"明显增加的赋税"，

【217】噶伦（Shape）是西藏噶厦政府里最重要的职位名称，共设四人。

【218】参见 Alexandra David-Néel:《穿越天空和地狱之路：我一生的冒险》，第281页。

造纸场景：在流水中放置一个
木框大汲筛，上面绷着织物。
（约 1910-1920 年间，江孜，拍
摄者不详）

官员们也会解释说这是达赖喇嘛应"英国人的要求"不得不为他们征收的。对此大卫·妮尔评论说："他为什么要听从于他称之为不如他优越的人呢？至于他付出银子以及许多其他东西得到了什么，当然就没有向头脑简单的民众作解释了，他们的智力也不能进行逻辑性思考。"【219】

那么西藏有自己的纸币吗？对此大卫·妮尔加以证实，"拉萨政府也发行了一些钞票，但它们只被看作是稀奇古怪的东西，商人们拒绝使用。"【220】这些纸币或许以后能在西藏之外因其罕见和特别的制作方式而具有一定的收藏价值。十四世达赖喇嘛的御医丹增曲扎向我们介绍了西藏纸币特别的制作方式：它们是完全按照古老的方式，"一张一张地"借助于雕刻有图案的木料"手工"印制而成。【221】显而易见旧西藏没有现代造纸厂，所以纸币一定是在手工纸上印制的（造纸也是用手工制成的纸浆）。

但恩斯特·舍费尔在 20 世纪 30 年代末居然没有注意到"西藏货币"的存在，因为他这样写道："万能的印度卢比早已占领了拉萨的流通领域，而且和'国

【219】引文出处同上，第 282 页。

【220】引文出处同上，第 281 页。

【221】参见丹增曲扎：《彩虹的宫殿》，1999 年分别在法兰克福和莱比锡出版，第 79 页注释。

家电报机'一样也是英国对西藏产生影响的标志之一。"【222】

拉萨发行的邮票其象征意义远大于实际用途，正如海因里希·哈勒所说，西藏连"世界邮政联合会"都没有加入。【223】舍费尔证实了这一点，"西藏没有加入世界邮政联合会，所以寄往外国的邮件还得贴上英属印度或中国的邮票，但藏人还是非要自己印制非常漂亮、但完全无效的邮票，寄信时上面还会在拉萨加盖同样无效的邮戳。但通常来说，要想让邮件快速送达，一笔可观的小费会比拉萨盖着邮戳的邮票（图案是两只战斗着的雄狮）管用得多。"【224】

基于上述内容，读者就不会惊讶，就连亲达赖喇嘛的法国历史学家德赛在其《西藏史》里对十三世达赖喇嘛毕生的事业也不得不作出如此总结：他的现代化尝试是失败的，【225】他没有能够建成他所追求的"大西藏帝国"，【226】而且在让他的统治区域获得国际社会承认方面，他也失败了。他的继任者们也不成功。相反地，他们把这个地区继续带向僵化、混乱和衰落，直至其应得的不光彩的结局。

【222】参见 Ernst Schäfer:《白色面纱的节日：在西藏遇见民众、僧侣和术士》，第 103 页。

【223】参见 Heinrich Harrer:《西藏七年：我在达赖喇嘛官殿的生活》，第 181 页："西藏没有加入世界邮政联合会，它的通邮情况有点儿复杂。"他指的是在西藏境内，邮件是"靠人寄送的"，送信的人"扛着一支挂着铃铛的长矛"。到国外的信件通过这种方式送到印度边界，在那里贴上印度邮票后再继续递送。参见第 183 页："他的邮件是通过英国驻拉萨商务代表处往来的，这样要简单和快捷些。有意思的是，英国人在二战刚结束不久就认为为德国党卫军成员效劳并没有什么不好。"

【224】参见 Ernst Schäfer:《白色面纱的节日：在西藏遇见民众、僧侣和术士》，第 103 页。

【225】参见 Laurent Deshayes:《西藏史》，第 294 页。

【226】引文出处同上。许多世纪以来，被藏人称作安多和康区的绝大部分地区均由中国政府直接管理，即使在分裂主义的拉萨政府期间，该地区绝对不属于其统治区域，但这并不妨碍愚蠢的历史伪造者 Klemens Ludwig 妄下断言称，共产党在 1965 年"将西藏领土一分为二"，因为新成立的西藏自治区"只包括西藏中部和西部"，也就是以前政治意义上的西藏，"包括旧时安多以及一部分康区的藏东地区则被并入了中国的青海省、甘肃省、四川省和云南省，"参见 Franz Alt, Klemens Ludwig & Helfried Weyer:《西藏：美丽、破坏、未来》一书中 Klemens Ludwig 所写的"西藏两千年的历史"部分，第 76 页。同样故意作假的信息还可以在 Pierre-Antoine Donnet:《生死西藏》中找到，该书由巴黎 Gallimard 出版社于 1990 年和 1992 年出版，第 26 页。

第十章

十三世达赖喇嘛圆寂后：阴谋、流放和活生生挤出的眼球

> 和其他地方一样，政治也在拉萨带来了诸多阴谋和欺骗，不同于一般观念，我们的政府不仅由僧侣组成，而且一半的人还是普通信徒。如果有一个在政府任职的一般信徒那肯定是一位贵族。这些贵族子弟持续不断地争夺着少数几个空缺职位，履行职责对他们而言比普通僧侣还要难一些。
>
> 土登诺布（十四世达赖喇嘛的长兄）【227】

　　根据十三世达赖喇嘛的官方传记，他出于对反抗他的保守势力的恼怒而决定提前离开尘世，按照密宗教义，活佛们基于其对身体和精神力量的非凡控制力可以依自己的意愿推迟或加快圆寂。

　　这仅是关于圣者的传说而已，历史事件却很少与之相关联。十三世达赖喇嘛于1933年12月17日傍晚去世，享年58岁。他的去世让他的臣民感到吃惊。他并非久病不愈，而是在感到不大舒服后五天便圆寂了，一开始还以为是老毛病又犯了。不过，在第五天早晨，乃迴护法神给他吃的"药"却大大加速了他的死亡。药取名为"战胜感冒的十七名英雄"，尽管违背十三世达赖喇嘛的意愿，但药物还是被溶解在水里小心地喂进他的嘴里，之后他的状况便戏剧性地恶化了。临近中午的时候，他便失去了知觉，天黑时就去世了。由于这位专制君主并未指定继位者，各竞争对手之间很快便爆发了长达5个月的权力斗争。

　　十三世达赖喇嘛的亲侄子尧西·朗顿在他去世后似乎最有机会出任摄政。尧西·朗顿自1926年以来担任仅次于达赖喇嘛的最高行政职位噶厦伦钦，【228】

【227】参见晋美土登诺布 & Colin M. Turnbull：《西藏：历史、宗教及其人民》，第283页。十四世达赖喇嘛的长兄晋美土登诺布在其中讲述了一个被遗忘的世界。弗莱堡 Herder 出版社。

【228】伦钦位居四噶伦之上。

噶厦伦钦（又称司伦）尧西·朗顿是十三世达赖喇嘛的亲侄子，曾与热振活佛短期共同摄政。（恩斯特·舍费尔摄，德国联邦档案馆藏，图片编号135-S-13-13-14/CC-BY-SA）

在所有竞争者中他是官职最高的，可是这位26岁的年轻人被认为幼稚、愚蠢和软弱，所以有一个对他很不敬的绰号——"阉驴"。

比尧西·朗顿更有权势的是28岁的贡培拉，[229]尽管他并不拥有可与尧西·朗顿相比的高官职。贡培拉来自最普通的家庭，却是十三世达赖喇嘛生前的宠臣和亲信。他手中最重要的王牌是他一手建立、受他指挥的仲扎玛尕兵营，士兵们对他都忠心耿耿。如前所述，仲扎玛尕兵营是藏军中的精英部队，而且是唯一一支由贵族子弟组成的部队。由于十三世达赖喇嘛生前的特别关照，它的装备、训练和供给都是最好的。此外它在西藏最先拥有机关枪，所以只要贡培拉一声令下，它便能迅速控制住拉萨。[230]当然，作为暴发户和十三世达赖喇嘛的红人，贡培拉有许多对手，树敌颇多。

第三位竞争者是52岁的审计官（孜本）龙夏，[231]他出身于上层贵族家庭，多才多艺。他还是一名藏医，并精通黑巫术等。此外，龙夏还是极少数了解西藏之外世界的藏人之一。当十三世达赖喇嘛1912年听从查尔斯·贝尔的建议决定选派四名年轻贵族去英国培养时，陪同他们远涉重洋的便是龙夏。他不仅要监督这四名大学生，而且还奉命建立外交联系。1914年，龙夏仓促启程，

【229】他本名德庆·曲珍，土丹贡培系十三世达赖喇嘛所赐僧名。

【230】此处内容以及对十三世达赖喇嘛去世后权力斗争的全部描写均参见 Melvyn C. Goldstein：《西藏近现代史：一个喇嘛国家的灭亡（1913至1951年）》（卷一），第146-212页和第310-366页。

【231】藏语音译，汉语审计官之意。清代西藏地方政府噶厦设有孜康（审计处），设置孜本四名主持事务。

和陪他一同前往欧洲的妻子返回西藏。返回的原因很特别，但也可以看出这位相对受过教育、甚至还熟悉西方文化的旧西藏代表人物的局限性：龙夏本人和他怀孕的妻子逃离英国是因为那里有人向他透露，在英国出生的孩子会自动成为英国人。这对夫妇完全误解了这一规定，他们害怕孩子出生后变成金发碧眼的外国人。[232]

　　1925至1931年间，龙夏达到了个人权力的巅峰，其间，他接替失宠的擦绒，一跃成为藏军总司令和十三世达赖喇嘛最亲密的顾问。然而，他狂妄的性格和独断专行的行事风格很快就使其名声日下。自1926年11月始，拉萨政府禁止进口和消费烟草。1928年，一位名叫格波·协帕的富商被指控在黑市上出售香烟，因此被投入监狱。这位被捕的尼泊尔人原本应该享有尼泊尔公民在西藏的治外法权，但尼泊尔驻拉萨代表的抗议却不起作用，拉萨政府拒绝放人。1929年9月，格波·协帕越狱逃跑并在尼泊尔驻藏代表处寻求避难。龙夏下令用武力将格波·协帕从尼泊尔驻藏代表处带出，对他施以笞刑并重新关进布达拉宫的地牢里。两天后，格波·协帕伤重而亡。这一事件在1930年差一点儿导致西藏和尼泊尔开战。很快，龙夏就被解除了藏军总司令职务，但仍担任孜本一职。

　　西方历史学家过去和现在都将龙夏看作改革者。在与最危险的竞争对手贡培拉展开的权力斗争中，他寻求保守宗教势力的支持。他的追随者在各大寺院散布谣言，质疑十三世达赖喇嘛为何死得如此突然。身为十三世达赖喇嘛宠臣的贡培拉常年伴其左右，也是在达赖喇嘛生病期间唯一陪伴在他身边的人。这使得贡培拉被怀疑在他主子突然死亡一事上并非完全无辜。他被传唤到由各大寺寺主和高官显贵等一般信徒组成的"国民议会"接受质询。

　　其间，龙夏找到了对贡培拉权力进行釜底抽薪的办法。那些在仲扎玛尕兵营服役的娇生惯养的贵族子弟们尽管待遇优厚，但并不情愿当兵。龙夏暗中授意他们，十三世达赖喇嘛的去世出乎意料地为他们提供了千载难逢的退役回家的机会。他让他们相信自己会在噶厦政府方面支持他们提出的申请，而且噶厦政府也会理解和同情他们的诉求。龙夏如愿以偿了：当本可以帮助贡培拉上台执政的仲扎玛尕兵营要求集体退役时，他们的申请被拒绝了，士兵们哗变，他

【232】参见 Melvyn C. Goldstein:《西藏近现代史：一个喇嘛国家的灭亡（1913至1951年）》（卷一），第162页。

们中的大多数都开了小差。这样一来，就对贡培拉形成最后一击，贡培拉又一次接受了"国民议会"审讯，审讯结束时他遭到逮捕，并被投进布达拉宫的地牢等候判决。同一天被逮捕的还有其他一些受怀疑者，他们都在十三世达赖喇嘛生前最后几天里和他接触过。贡培拉的父亲也遭到逮捕，家产被没收。在接下来的几天里，有传言说要将被抓的人断肢，但由于依然缺乏可认定贡培拉有罪的任何证据，最终贡培拉只受到轻微的处罚：他本人被判终身流放，他的父亲则重新沦为农奴。

贡培拉的垮台以及他的支持者在拉萨所处的危险境地在藏东引起了军事暴动。一支边防部队的指挥官邦达仓·多吉起兵反抗拉萨政府。他的家族很有影响，也与贡培拉有交情。藏东地区康巴人反抗的更深层的政治原因是对达赖喇嘛的官员普遍不满，这些官员"歧视当地民众，将自己在康区任职看作发财的机会"，其中便有利用人们无偿服劳役来中饱私囊的。[233]起义者进攻了拉萨军队的一个团总部，打死一些士兵，俘获了一名高级僧官，缴获了500至700支步枪，以及当时不在场的团长的私人家当，紧接着他们便撤退到内地人管控的地区。

在军事暴动开始后，拉萨政府下令逮捕多吉的兄弟养璧并没收他的房产，此外还请求英属印度当局冻结富有的邦达仓家族在印度的全部存款，这导致了在拉萨的枪战。邦达仓家族给二三十名仆役配备了枪支，他们为抵抗对他们首领的逮捕和查封房产而进行自卫。在邦达仓家族身居高位的朋友的斡旋下，冲突最终以和平的方式平息下来。但多吉本人留在了康区的内地人管控区，直至人民解放军进驻拉萨。

贡培拉的倒台并未真正解决权力问题，野心勃勃的龙夏没有达到目的。相反地，在他夺权道路上又出现了新的障碍：各大寺势力强大的寺主们固执地坚持任命一位大活佛出任摄政。由于幸运地中了"神签"，24岁的热振活佛（土登坚白益西）从寺院推举的候选者中胜出。热振因在孩童时期创造的"奇迹"而享有很高的威望，他于1934年2月23日被任命为摄政，从那以后便与"阉驴"尧西·朗顿分享权力。

因此，龙夏在现有体制内通向权力之路被堵。他便力求朝有利于自己拥护

【233】引文出处同上，第178页。另外，第179页注释称，早在1924年，英国人 F. M. Bailey 在其日记中就曾写道，"在西藏的好些地方，人们宁愿受中国人统治，因为他们现在被强制服很重的劳役，而且拉萨方面也不支付报酬。"

者的方向改造当时的政府体制。和剥夺贡培拉权力相类似，他行事巧妙而阴险。首先，他试图同时获得贵族俗官和保守僧侣这两大谈不上敌对、但互不信任阵营的支持。为使自己向政府的请愿不会被看作只是来自普通贵族阵营的倡议而被搁置一旁，争取喇嘛尤其是知名喇嘛的支持便变得必不可少。但要赢得僧侣的支持，他只能向他们隐瞒自己的真实意图。他在两大阵营中秘密招揽支持者，表面上只需对方在一份拟递交噶厦政府的请愿书上签名。请愿书表面意图是希望了解十三世达赖喇嘛的舍利塔的修建进展情况，同时呼吁加快这一工程，尽快着手寻找转世灵童。请愿书还称，为此噶厦政府应扩大龙夏在其中拥有众多支持者的"国民议会"的权力和监督权限。

这份表面上看似无恶意和无过失的呈文字里行间却包含着对摄政和噶厦政府的严厉批评，是在间接指责他们在极力阻挠十三世达赖喇嘛舍利塔的修建和拖延寻找下一任达赖喇嘛。

当龙夏认为自己在两大阵营获得足够多的支持者时，便秘密召集在请愿书上签过名的人，让大家发誓统一行动。他让最可靠的同谋出头揭露噶厦政府的强权人物赤门，指控他任人唯亲。那时龙夏将赤门认定为权力斗争中最危险的对手。还有一种说法是，龙夏计划利用正式递交请愿书的时机行刺赤门。同情龙夏的戈尔斯坦认为这不大可能。无论如何，事情都没有发展到那一步。

1934 年 5 月 10 日是计划递交请愿书的日子。这一天前夜，一位名叫卡普秀巴（Kapshöba）的年轻贵族获悉了龙夏的行动和计划（包括暗杀赤门），于是，赤门一早便来到摄政和伦钦那里告发龙夏。为避免不必要的流血冲突，他们没有马上逮捕龙夏，而是请他来布达拉宫会谈。布达拉宫不允许任何人携带武器入内，这使得逮捕龙夏变得容易些。龙夏被要求当场取下象征身份的装束，首先是发饰和长袍，然后是靴子。在脱第一只靴子时，在场的人还没有反应过来，龙夏就一把抓过藏在里面的纸条并塞进嘴里咽了下去。另一只靴子里也发现了纸条，那是针对赤门的咒符。[234]龙夏当即被关进布达拉宫的地牢，仅比贡培拉晚了 4 个月。

在随后几天里，一些高级喇嘛要求释放龙夏，伦钦指出龙夏在搞巫术并说服喇嘛们不要再支持策划阴谋的龙夏。龙夏儿子们实施的营救计划也失败了。次日，龙夏所有重要的同谋都遭到逮捕，其房产被查封。龙夏被指控的罪名是

【234】引文出处同上，第 202 页。

策划谋杀和企图颠覆政府，目的是代之以"布尔什维克体制"。【235】

卡普秀巴的泄密导致了龙夏的失败。两人在特别调查法庭接受审讯，其中一种刑讯方法是，如果两名受审人供述相互矛盾，便会被轮流鞭打，直到其中一人改了口供为止。尽管龙夏拒不招供，但还是被认定有罪。不过法庭没敢判他死刑，担心他一旦被处决便会化作威力强大的厉鬼来危害下一任达赖喇嘛。尽管如此，法庭还是判决挖去龙夏的双眼并没收其财产。他的两个儿子也应该分别被砍去一只手，在色拉寺寺主和一位德高望重的活佛的请求下，对他儿子们的判决最终没有执行，法庭改判禁止龙夏后世子孙担任官职。

龙夏被捕 10 天后，即 1934 年 5 月 20 日，执行了对他的判决。行刑时，在他的两个太阳穴各放置了一块扁平的牦牛骨头，并用皮带固定在脑袋上。皮带还被绑在一根棍子上，行刑人用转动这根棍子的方法把皮带越拉越紧，直到受刑人的眼珠从眼窝里迸出来。由于刽子手缺乏训练，【236】未能完全按设想完成：一只眼球死活不肯离开眼窝，最后只得将它剜出来。之后便用烧开的热油浇进空眼窝让伤口愈合。还有一个细节可以说明这个喇嘛集权的领导层对龙夏是何等同情：他们对龙夏刻意隐瞒了他孩子们的下场，龙夏一定会担心他们也遭受同样残忍的处罚。【237】

<hr />

【235】引文出处同上，第 204 页。

【236】Melvyn C. Goldstein 称他们属于最低的贱民阶层，参见其《西藏近现代史：一个喇嘛国家的灭亡（1913 至 1951 年）》（卷一），第 208 页。但是一名曾属于这一社会阶层的贱民却对此予以否认，他告诉 Patrick French，负责行刑的应该是城市警察部队，参见 Patrick French：《西藏，西藏》，第 184 页。

【237】一些"西藏之友"质疑，旧西藏是否真的普遍存在惨无人道的刑罚，然而就连亲达赖喇嘛的文献资料里也能找到相关证明，例如，在 Heinrich Harrer 或 R. Jones Tung 的著作里，其中一幅由美国战略情报局（美国中央情报局前身）军官 Tolstoy 或 Dolan 拍摄的照片说明为："20 世纪的西藏实行的是中世纪的司法。"正文相关内容为："对偷盗、武装抢劫和谋杀的惩罚是砍去一只手（或双手），或者砍去一条腿（或双腿），砍腿时要从膝盖以上砍。为使动脉血管愈合，残肢要马上浸入滚烫的油中……"和常使用的鞭笞一样，受刑人死在行刑过程中的并不少见。另外笞刑常使受刑人"腿部肌腱损伤太过严重，以至于从此后再也不能行走了"，参见 R. Jones Tung：《失落的西藏写真》，第 103 页，图 78。1980 年伦敦出版。

第十一章

喇嘛教首领热振活佛

在表现人物形象时，理智和神圣似乎消失殆尽，无偏见的观察者对此感觉很滑稽。毫不罕见，一个十足的傻瓜却被刻画成一个正襟危坐的杰出思想家，或者一位追求享乐的人却要扮演成以恪守道德准则和节制闻名的神秘主义者。

亚历桑德拉·大卫·妮尔[238]

他由于寡廉无耻、残暴和纵欲树敌颇多。

卡列尼娜·科尔玛-保伦兹谈论摄政热振活佛[239]

他虽然是一位僧人，却过着放荡的生活，而且对女人和赛马比对祈祷等宗教活动更感兴趣。

弗雷德里克·勒努瓦（Frédéric Lenoir）[240]

开始时人们认为刚成为摄政的热振活佛性格乐观，但很快发现情况并不是这样。[241]他首先干掉政敌赤门。由于赤门显得精神越来越混乱，[242]所以热振很轻易就说服他辞职了。在接下来的 5 年里，热振同样轻而易举地束缚住了懦弱的尧西·朗顿，从而大权独揽。

【238】参见 Alexandra David-Néel:《西藏的术士和圣徒》，慕尼黑 Wilhelm Goldmann 出版社 2005 年出版，法文译者 Ada Ditzen，第 147 页。

【239】见 Karénina Kollmar-Paulenz:《西藏简史》，第 152 页。

【240】参见 Frédéric Lenoir:《了解西藏的二十个关键问题》，Librairie Plon 出版社 2008 年出版，第 62 页。

【241】参见 Melvyn C. Goldstein:《西藏近现代史：一个喇嘛国家的灭亡（1913 至 1951 年）》（卷一），第 310 页。

【242】引文出处同上，第 313 页。

但是在选择（通常称作"寻访"）新一任达赖喇嘛的问题上，热振和尧西·朗顿发生了冲突，尧西·朗顿支持自家亲属中的一位候选人。当噶厦政府拒绝国民政府的命令，[243]即把热振上报"发现"的达赖喇嘛转世灵童带到拉萨时，尧西·朗顿站到了噶厦一边。为排挤掉尧西·朗顿，热振一开始以辞职相威胁，目的是在大家纷纷请求他不要辞职时抱怨和尧西·朗顿合作困难以及双头领导缺乏效率。于是乎，尧西·朗顿被撤职，从 1939 年 4 月开始，热振在拉萨独掌大权。

在"德国党卫军西藏考察队"负责人恩斯特·舍费尔眼中，热振"迷人的宫殿如同一座王侯的洛可可风格的避暑小行宫"。他在受热振接见时，对热振的描写表明他是何等谦卑，[244]类似今天十四世达赖喇嘛的崇拜者对其偶像的刻画："热振活佛呼图克图亲王，这位西藏的统治者、雪域高原最高活佛和摄政还很年轻，约 30 岁，瘦高个儿，温柔，面色苍白，和其他喇嘛一样头发剪得很短，眼睛又大又黑，有着神秘的光泽，是那种非常锐利的'喇嘛的目光'。"尽管这位双臂裸露、瘦削的人本没有什么不同凡响之处，但其目光有"独特光泽"和几乎觉察不到的"如同面容里有闪电掠过一般的"颤动，热振活佛在沉思冥想时，眉骨上方紧蹙的额头上的两个日珥引人注目。那是"真正的皮肤上的小角质，是活佛身上神的记号，热振活佛就是用这神秘的触角创造奇迹的"。[245]

热振甚至创造了与"德国党卫军西藏考察队"直接相关的奇迹，然而却是一种令人遗憾的奇迹。据舍费尔讲，他未能在自己的影片《秘密西藏》里展示热振摄政的影像，因为它们统统"模糊不清"或是"溶解在了黏状物里"。舍费尔称之为"真正不寻常的现象"，并给出了一种解释，向他提供帮助的是一位有着博士头衔的"科学家"埃贝哈德·科尔特（Dr. Eberhard Cold，以宗教心理学为研究领域），（1949 年）他是这样解释"热振王影像的特别现象"的：舍费尔所拍摄的以及许多人肉眼看不到的和"未知射线的某种形式"有关，这是"只有热振王通身才有的光轮典型现象"。科尔特还称，印度佛教界早就知晓，"光轮并非像基督教所说的那样只是头部的装饰，而是与圣者的整个外形相关"。"灵魂集聚的力量"在这里射出光芒，这种"天资"只有有着相同灵魂且单纯

【243】参见本书"十四世达赖喇嘛"章节。

【244】参见 Ernst Schäfer:《白色面纱的节日：在西藏遇见民众、僧侣和术士》，第 31 页。

【245】引文出处同上，第 31-32 页。

的人，也就是信徒们才能偶尔看得见。所以照相机可以拍下"具有重要意义的精神发展过程"，这一精神发展过程使得"神职人员对信徒摸顶赐福等变得可以理解"。[246]

然而在政教合一的西藏，神王们的"神圣"和"奇迹"并未对社会或政治事件产生有益的影响。研究西藏的学者戈尔斯坦认为热振统治时期"紧张与不和加剧"。[247]

另一方面，热振摄政很有经商头脑。他的拉让"逐步发展为西藏三大贸易公司之一，[248]更确切地说，因其盘剥性商业实践而在西藏臭名昭著的贸易公司"。[249]班禅喇嘛驻拉萨代表纳克金活佛是这样评价他的同行的：热振"是完全可贿赂的，哪怕是在小事上，已无可救药了。在任何一件事情上，他都要看自己是否可以从中获取好处"。英国驻拉萨代表黎吉生（H. E. Richardson）的看法相类似，称这位摄政"是一位自私自利的人"。[250]

但所有这一切都没有改变大多数藏人心目中"伟大的佛的化身"的热振形象，对于他的法力，他们也坚信不疑。[251]

然而，热振排挤掉已故十三世达赖喇嘛侄子尧西·朗顿的方式引起贵族和僧侣的敌对情绪。热振的好多做法都遭到批评。例如，他想将一个最高官职授予他的情人彭康·哲冲拉的父亲，[252]而不是霍尔地区受人尊敬的行政长官穷让；随后热振又罢免了高级僧官则岗（Tregang），因为他竟敢批评热振。当

【246】引文出处同上，第37-38页。

【247】不过，在我看来，这一特征同样适合于十三世达赖喇嘛统治时期以及他的继任竞争者之间的斗争。难道整个西藏历史不都是充满紧张与不和的吗？难道西藏不是仅仅在中国的有效管控下（例如，在清朝）才有着相对的和平和稳定吗？

【248】Karénina Kollmar-Paulenz 将这一藏名解释为："字面意思是'喇嘛官邸'，有两层含义，一是指大活佛的居所，二是指其所有财产。"参见其《西藏简史》，第 201 页。

【249】参见 Melvyn C. Goldstein：《西藏近现代史：一个喇嘛国家的灭亡（1913 至 1951 年）》（卷一），第 331 页。在西藏寺院里，僧侣并不集体生活在一起，富有的喇嘛拥有自己的住房和收入来源。

【250】引文出处同上。

【251】引文出处同上。可以算作年轻热振创造的奇迹有：他还是婴儿时就在花岗石上留下了很深的脚印，把木桩插进岩石里，徒手将一只沸溢的陶罐封住，像在制作时一样柔软可塑。参见 Ernst Schäfer：《白色面纱的节日：在西藏遇见民众、僧侣和术士》，第 32 页；Melvyn C. Goldstein：《西藏近现代史：一个喇嘛国家的灭亡（1913 至 1951 年）》（卷一），第 357 页。

【252】英文原文为 "Reting's monk-official lover"，参见 Melvyn C. Goldstein：《西藏近现代史：一个喇嘛国家的灭亡（1913 至 1951 年）》（卷一），第 337 页。

西藏的摄政热振活佛（恩斯特·舍费尔摄，德国联邦档案馆藏，图片编号 135-S-12-20-37/CC-BY-SA）

西藏的摄政，也是十四世达赖喇嘛的监护人和德国党卫军军官布鲁诺·贝格尔（Bruno Beger）（恩斯特·舍费尔摄，德国联邦档案馆藏，图片编号 135-S-13-11-15/CC-BY-SA）

一位名叫凯墨的贵族俗官拒绝热振的拉让从国库无息借款时，[253]他便当着许多人的面公开侮辱凯墨，还让自己的亲信措擦取代了凯墨的职位。[254]

热振"认定"的新一任达赖喇嘛从中国内地来到拉萨时，这位摄政便要求"国民议会"对其指导下成功完成的"转世灵通的寻访"进行适当的奖励。支持者们称，热振因其无法估量的功劳至少应得到五六十处政府最好的庄园。戈尔斯坦称，前面提到的那位曲格朗十分高傲，他反对这一提案并引用了一句谚语："吃掉一座山也解不了饿，饮尽一片海也止不了渴。"热振认为这是在说他自己，于是他对这番侮辱的报复很快就开始了，他的手下指使霍尔地区的居民状告曲格朗，指控他出行过于铺张浪费，还有受贿等违法行为。1940 年 5 月 22 日，热振下令逮捕曲格朗并对他刑讯逼供（是常用的笞刑），其罪名是企图推翻摄

【253】在十三世达赖喇嘛统治前后，权贵们将公家"借款"私用且从不偿还是一个普遍现象。

【254】参见 Melvyn C. Goldstein：《西藏近现代史：一个喇嘛国家的灭亡（1913 至 1951 年）》（卷一），第 340 页。

政。在一份曲格朗所写、热振也知晓的辩护书中，曲格朗反驳那几个霍尔人的指控，以及对热振是幕后主使的推测。[255]

在惩罚了贵族俗官中的批评者后，热振要让宗教界也感受到他的威权。他打算派一位自己挑选的堪布去主管色拉寺的麦扎仓，[256]于是干脆强迫德高望重的现任堪布辞职。消息一经传出，麦扎仓的僧人们便按照传统做法向热振提交了一份有5名候选人的名单，其中并不包括热振要强加于他们的人选妥坝寺（Töba）现任堪布。同时，麦扎仓的僧人们还附上一份呈文，其中对将他们的"好堪布"解职表示愤怒和悲伤，并宣布决不接受那位妥坝寺堪布，因为此人只"懂得政治，却在宗教上缺乏造诣"。[257]热振对是否公开对反抗的僧侣采取行动犹豫不决（他可能害怕引发其他寺院的联合声援），便向色拉寺麦扎仓僧人、当时在扎什伦布寺授学的帕邦喀寻求支持。最终，热振只得作出让步，任命了一位对方能接受的候选人，但热振并不甘心，对色拉寺麦扎仓卸任堪布进行迫害。卸任堪布因为所谓的"挑拨离间"而被剥夺了一切权利和资产，还被迫交出了自己在色拉寺的住所。

1941年1月，热振突然退位，尽管那时他正处于权力巅峰。他提议60多岁的喇嘛达札活佛作为自己的继任者。[258]达札是距离拉萨大约30公里处一家简陋狭小的拉让的主人，曾任热振的老师，不仅无政治经验，而且看起来也没有丝毫政治野心。热振之所以提议他，显然是想让他替自己临时占位，以便日后自己一旦要重新掌权，他还会将摄政之位交还自己。热振后来一直声称两人之间是这样明确约定的。

热振摄政这一不寻常的举动有着宗教仪式方面的原因：作为年幼的十四世达赖喇嘛的主要监护人，他应该为入寺的（达赖喇嘛）转世灵童授沙弥戒（以表示愿意接受修持，过寺院生活）。受戒时，有一位年长的活佛站在转世

【255】引文出处同上，第347页。

【256】色拉寺位于拉萨以北几公里处，是藏传佛教格鲁派三大寺之一。该寺主要建筑有麦扎仓和吉扎仓两大经院等。前者被Melvyn C. Goldstein称为"Mey-College"，后者被Karénina Kollmar-Paulenz写作"Sera-Je Kolleg"。尽管二者均为寺院大学，但只有极少部分色拉寺僧人在那里进行较高级的宗教学习。

【257】参见Melvyn C. Goldstein：《西藏近现代史：一个喇嘛国家的灭亡（1913至1951年）》（卷一），第352页。

【258】达赖喇嘛称其为"达拉克仁波切（Tathak Rinpoche）"，参见其《自由之书：达赖喇嘛自传》，第47-48页；Colin Goldner也同样使用了这一名称。

热振的继任者达札活佛

灵童身旁，他说一句，转世灵童跟着说一句。达赖喇嘛要跟着他依次说出三十六条戒律并要严格遵守，其中便有不婚和禁欲的戒律。但如果向达赖喇嘛授戒者本人打破了戒律，那么他所授之戒便无效，并且整个受戒仪式也就作废了。【259】他退位之后，年幼的达赖喇嘛的受戒仪式便由年迈的、品行端正的达札活佛来完成。1941年2月底，达札活佛成为政教合一的西藏的新一任摄政。这一最高层人事变动首先引起了统治风格的改变。西方历史学家纷纷称赞，新任摄政"哪怕面对上层贵族，也敢于告诫他们不要过分。譬如他在一份公告中谴责十四世达赖喇嘛的父亲的粗暴举止，并威胁要惩办他及其奴仆"。【260】十四世达赖喇嘛的父亲因自己的儿子被选为达赖喇嘛的转世灵童，一跃而成为上层贵族，被尊称为尧西公。他对物质财富的贪欲并不亚于他的朋友热振，他对自己家族获赠的庄园和田产并不满足，也不想和大家一样纳税。除此之外，他还要求其他领主的奴隶为自己服劳役，并无理插手他们的审判事务。他狂妄、虚荣和暴躁，甚至要求人人都给予他特别礼遇。例如，每一位骑马的人，不论其等级高低，只要在拉萨与他相遇，就必须下马以示对他的尊重，否则就有被他手下痛打的危险。一次，一位重病患者要去英国驻拉萨商务代表处的医生那里看病，遇到他时没有立即下马，尧西公就断然让人没收了这个倒霉蛋所骑的骏马；洛色林扎仓的堪布因为向他抱怨说一位村长蒙冤入狱，他竟然掏出手枪来威胁对方……

另一方面，正如人们所预料的那样，美国教授戈尔斯坦认为，新任摄政的

【259】西方天主教神职人员，即来自博尔吉亚家族的教皇亚历山大六世的传记显示，虔诚的宗教信仰与放荡不羁的性行为、政治阴谋甚或犯罪能够完全协调一致。

【260】参见 Karénina Kollmar-Paulenz：《西藏简史》，第153页。

更高道德标准（如果确曾有过的话）就像热带阳光下的雪一样也很快就融化殆尽了。这位美国教授写道："1943 年底至 1946 年，达札高尚的道德消失得无影无踪了，所有想升迁的人都会向摄政的主管高额行贿。"【261】另外，这些候补者都不可避免地成为达札前任热振的敌人，因为这两位圣者之间进行着一场激烈的权力斗争，彼此已产生深仇大恨。热振从前的亲信噶雪巴等见风使舵，投靠了达札。【262】

【261】参见 Melvyn C. Goldstein:《西藏近现代史：一个喇嘛国家的灭亡（1913 至 1951 年）》（卷一），第 449 页。

【262】引文出处同上，第 448 页。

第十二章

拉萨内乱：政治谋杀、战斗的僧侣和被洗劫的寺庙

虽然接替热振的摄政达札活佛行为不那么放荡，但同样腐败、权力欲望极强。

弗雷德里克·勒努瓦[263]

75 岁高龄的达札摄政被人蔑称为老头，他在最后四五年里变得很不受欢迎。热振事件和重新兴起的腐败使他之前享有的尊重逐渐消失。

梅·戈尔斯坦[264]

1944 年秋，色拉寺吉扎仓大约 10 位僧人和"色拉附寺那帕扎唐的一名僧人"[265]前往拉萨以北的林周宗，收取寺院借给那里农民钱款的利息。在西藏，借给农民或商人钱款的年息通常是 25%，不能或不愿支付这样高息的负债者面临着全部财产都要被收走的风险。色拉寺僧人向地方官求助，请其进行调解。这位地方官是仲译钦莫（僧官名）措培土登的兄弟，而措培土登则是拉萨一位很有权势的官员，也是达札的死党。地方官起初驳回了色拉寺僧人提出的由政府来解决这一事情的要求。僧人们表示，他们急需这笔钱操办一场宗教节庆活动，但诉苦也没能改变地方官的态度。色拉寺吉扎仓堪布阿旺嘉措是热振的支持者，无论如何也不愿放弃这笔利息收入。他从一名僧人那里得知林周宗的意外情况后，便派这名僧人返回林周宗，并带去他的指令——采取一切必要措施

【263】参见 Frédéric Lenoir：《了解西藏的二十个关键问题》，第 62 页。

【264】参见 Melvyn C. Goldstein：《西藏近现代史：一个喇嘛国家的灭亡（1913 至 1951 年）》（卷一），第 700 页。

【265】参见链接 http://de.wikipedia.org/wiki/Sera，查阅时间为 2013 年 4 月 19 日。

收取利息。于是，色拉寺吉扎仓僧人再次来见地方官，但这次他们带来了风干羊腿等传统礼物，希望地方官对他们的事情有所通融。但出乎意料的是，受馈赠的或者可以说受纠缠的地方官不为所动，于是双方便发生了激烈争执，随即还扭打起来，这时一只风干羊后腿（译者注：德语中"后腿"一词亦指下端较粗的木棒）最终还是发挥了作用，然而却和期待的有些不同：地方官脑袋被猛击后奄奄一息，僧人们仓皇逃离。四五天后，地方官不治身亡。

他那有权势的兄弟要求噶厦政府立即逮捕和惩办肇事者，然而色拉寺却拒绝交出那几名性情暴躁的僧人，宣称他们原本只是在尽自己的本分去完成任务。尽管如此，色拉寺最终表示愿意以支付一笔罚款的形式接受惩罚。

在这种紧张氛围中，前任摄政热振于 1944 年 12 月 3 日大摆排场地返回了拉萨。3 年前他声称要冥想和祈祷，并隐退到了与他同名的寺院。这位前摄政不相信，他一手扶植的达札已开始反对他，不再愿意放弃权力。热振相信，通过私人会谈能说服达札退位并将权力交还自己。

在达札的府邸确实举行了这样一场私人会面，但事情的发展却和热振期待的完全不一样，两人之间甚至连通常的客套话都没有。达札对这位前恩人很是冷淡，也丝毫不掩饰他对热振的蔑视。当为色拉寺僧人说情的热振提及那场纠纷时，达札也不给面子。正如戈尔斯坦所描述的，前摄政热振深感受辱，在藏历新年之前便怒气冲冲地离开拉萨返回了他的主寺。【266】

噶厦政府和色拉寺僧人之间的冲突进一步扩大。藏历新年越来越近，按照传统，拉萨三大寺的僧众都应该出席相关的庆祝活动，同时进行的还有向哲蚌寺僧人移交权力的传统仪式。由于担心牵涉林周宗事件的僧人可能会遭到逮捕，色拉寺僧众便威胁说，如果噶厦政府仍要对涉案人员进行处罚的话，色拉寺的僧人就不会出席庆典，特别是大祈愿法会。噶厦政府最终同意暂时搁置有争议的事件，直至藏历新年庆祝活动之后，并承诺在作出最终决定之前不会逮捕色拉寺僧人。色拉寺僧人认为这是他们的巨大胜利，殊不知这却是噶厦政府的缓兵之计而已。噶厦政府由此得以再向拉萨调集 1900 名士兵，之前城里已有 1500 名驻军。噶厦政府，更确切地说是达札一党认为此举非常必要，因为强硬的色拉寺和热振寺总共拥有大约 3000 支枪和足够的可怕而好斗的"僧兵"。

【266】参见 Melvyn C. Goldstein：《西藏近现代史：一个喇嘛国家的灭亡（1913 至 1951 年）》（卷一），第 433-437 页。

藏历新年庆祝活动后长达数月，噶厦政府与色拉寺一直对峙，它担心会发生一场结局不确定的血战。尽管如此，噶厦政府决定，在6月初色拉寺所有堪布在罗布林卡进行传统晋谒时，要将该寺吉扎仓堪布阿旺嘉措及其同盟者、那帕扎唐寺的堪布一起撤职。阿旺嘉措听到风声后便称病没有前来，于是噶厦政府修书一封通知他，称他已被撤职，并要他将象征地位的黄色法衣交回拉萨。当阿旺嘉措打算组织武装反抗时，他手下的僧人却并非全都支持他和他的死党，于是他愤怒地决定和一些兄弟一起逃往老家——康区的甘孜地区。噶厦政府封锁了他们打算逃亡的路线，并派出追兵。在一次交战中，阿旺嘉措的一位兄弟被追兵认作堪布本人，于是他的头颅和双手被割下，作为战利品带回了拉萨，最终发觉搞错了。化装成乞丐的堪布阿旺嘉措本人成功地从拉萨派来的追兵的鼻子底下溜走了，逃到了内地。几年后，中央政府重新控制了整个西藏，据说他以胜利者的姿态返回了拉萨。[267]

在这期间，一个调查委员会要求色拉寺17名僧人代表前来接受质询，他们一到便将他们扣押起来，其中两人还遭受了鞭笞，之后所有人都被关进地牢。最终14名僧人因为林周宗事件受到了惩处。色拉寺吉扎仓被要求上缴武器，从大箱子里取出来的武器要摆放在吉扎仓的屋顶上。当时达札已为色拉寺吉扎仓挑选了一名新堪布，他也协助达札政府继续肃清热振的追随者，这些人要么被免职，要么遭到逮捕。1946年11月初，达札利用彭康噶伦的家庭纠纷，鞭笞了彭康的儿子格西，将彭康本人赶出了噶厦政府，并没收了他的两个庄园。彭康家遭此劫难的起因是彭康的妻子散布流言，称达札与一位高级妓女有染。出乎意料的是，她却只被处以罚款，[268]一开始还曾传言要挖出她的双眼和对她施以笞刑。

此时，热振身边的心腹幕僚在策划行刺达札。[269]但由于种种原因，谋杀计划一再延期，1947年2月才得以实施，却以失败告终。藏在一个小木盒里的手榴弹本是为达札准备的，却提前爆炸了，因为达札手下一位好奇的下属想看一看那神秘的小包里究竟装着什么。

与此同时，曾长时间住在印度的著名反对派喇嘛根敦群培遭到逮捕、鞭笞，

【267】引文出处同上，第437-438页，第441-442页；参见链接 http://de.wikipedia.org/wiki/Sera，查阅时间为2013年4月19日。

【268】引文出处同上，第447-448页。

【269】农那喇嘛、色拉寺吉扎仓僧人卡多仁波切和热振的侄子热振·札萨。

紧接着被投入大牢。英属印度当局提前告知达札政府，根敦群培已返回拉萨，并警告要提防他进行革命颠覆活动。对于根敦群培受反对派民主党的委派返藏活动一事，达札政府十分重视。一个"亲华革命党"【270】的存在使拉萨的喇嘛和贵族吓了一跳，该组织已在印度印制了数千张党员证和申请表。于是拉萨方面写信给英国驻拉萨代表黎吉生，要求交出邦达仓·饶噶，他是上面提到的那个"西藏革命党"的领导人之一。但由于邦达仓·饶噶的中国国籍，英属印度政府只能将他驱逐回中国。

此时，纯粹出于务实的考虑，或者更准确地说是投机的原因，前任摄政热振也向当时的南京国民政府明确请求提供"军事和政治帮助"。【271】对他们而言，重要的是权力和财富，是不受阻挠地攫取权力来满足私欲。为达到目的，他们对任何帮助和同盟者都来者不拒。

戈尔斯坦认为，早在1945年，热振集团就和国民党建立了最初的联系。次年，热振受邀前往南京参加国民立宪大会。出于可以理解的原因，他不能亲自出席，便让两位康区的密友代表自己参加，他们以热振的名义请求南京政府支持其重新夺回摄政之位，热振授意他们将对手达札描绘成亲英派。【272】

热振的意图不久就泄露了。早在1946年，英国人黎吉生就将热振和国民政府的联系告诉了达札。据戈尔斯坦记述，1947年4月14日，西藏驻南京办事处给拉萨政府发来一份密电，称热振请求中央政府派兵并提供飞机等军事装备。噶厦政府和摄政立即作出反应，并决定将这位前摄政抓起来。几名高级军官接到命令后，带领约200名士兵前往热振寺搜寻并将他带到拉萨。热振没有抵抗，也没有试图逃跑。他的亲信卡多活佛也被逮捕了，另一位亲信喇嘛则饮弹自尽。

当热振被捕的消息传到拉萨后，色拉寺吉扎仓的僧人进行了公开反抗，这便是哈勒所称的"一场小规模的内战"。【273】僧侣们杀死了由达札新委任的堪

【270】参见 Melvyn C. Goldstein：《西藏近现代史：一个喇嘛国家的灭亡（1913 至 1951 年）》（卷一），第 463 页。早在 1939 年该党由以邦达仓·饶噶、贡培拉和天才诗人昌罗辰·贡为首的"流亡藏人"在印度噶伦堡成立，致力于在西藏实行共和制并成为中国的一部分，第 449-463 页。

【271】引文出处同上，第 471 页。

【272】引文出处同上。有些历史学家因为这些事件常常将热振看作是一位"爱国者"，无疑是不公正的。

【273】参见 Heinrich Harrer：《西藏七年：我在达赖喇嘛官殿的生活》，第 295 页。

布丹达（一位蒙古格西）及其内务主管，[274]此人在死前还枪杀了好几名武僧。领导这次反抗的是年轻的喇嘛赞亚活佛，他被看作是色拉寺吉扎仓护法神的化身，所以僧人们都认为他具有强大的超自然力量。在一次深夜集会上，他们决定支持热振并派几十名志愿者前往拉萨干掉达札的一位亲信，[275]烧毁他的房子，然后再到热振的拉让取出存放在那里的武器。

在拉萨，武僧们与政府的武装警察发生了交火，打死一名警察，并将其余的击溃。随后武僧们便来到达札亲信的府邸，但此人已闻风逃到了布达拉宫，把保卫自己府邸的任务交给了所有武装起来的仆役。在交火中，仆役们迫使对方无法靠近，阻止他们烧毁房子。对方一无所获，遂前往热振的拉让，但路上再次遇阻，撞上了向他们射击的士兵。

拉萨甚至"爆发了恐慌"，哈勒写道："商人们把店门堵上，并将货品转移到安全地方……贵族们将府邸的大门锁上，并将仆役武装起来。整座城市进入紧急状态。"[276]大多数政府高官在布达拉宫寻求保护，年届七旬的达札抱怨在布达拉宫呼吸都变得困难了。当他听见枪声，吓得从床上跳下来，不幸摔倒在地受伤了。[277]正如哈勒所描述的那样，人们普遍担心"好几千名色拉寺僧人会闯进来洗劫拉萨城，大家对武器装备还算现代的政府军也信任不到哪里去，这样的事情在拉萨历史上并非第一次发生……"[278]

为阻止其他僧侣与色拉寺吉扎仓的僧人联合起来，达札禁止在拉萨参加"国民议会"的三大寺所有寺主和堪布返回他们的寺院，色拉寺吉扎仓的僧人被要求派代表来"国民议会"，就自己的行为作出解释。但色拉寺吉扎仓的僧人不愿从命，并对那些要求他们让步的人以死相威胁。尽管色拉寺吉扎仓的僧人自林周宗事件后不再拥有新式枪支，但他们下定决心要解救热振。在热振被带往拉萨经过色拉寺时，他们带着从色拉寺武器总库取出的老式枪支守候在寺内和周边山丘上几处重要位置，等着热振及其押解人员途经此地。然而，噶厦

【274】格西是藏传佛教僧人的学位。

【275】这里指的是江崩冈，他和夏格巴一道属于达札的非正式"小政府"。参见 Melvyn C. Goldstein:《西藏近现代史：一个喇嘛国家的灭亡（1913 至 1951 年）》（卷一），第 489 页及该页注释。

【276】参见 Heinrich Harrer:《西藏七年：我在达赖喇嘛官殿的生活》，第 295 页。

【277】参见 Melvyn C. Goldstein:《西藏近现代史：一个喇嘛国家的灭亡（1913 至 1951 年）》（卷一），第 490 页。

【278】参见 Heinrich Harrer:《西藏七年：我在达赖喇嘛官殿的生活》，第 296 页。

政府对可能出现的解救行动已在军事上采取了预防措施。当热振一行出现时，数百名色拉寺僧人冲了过去，但很快便遭到了猛烈反击，无奈之下只得徒劳无功地仓皇撤退回色拉寺。热振于 1947 年 4 月 8 日被带到拉萨，关进了布达拉宫山脚下的地牢里。那里的看守接到命令，如果有人来解救的话，就立即将其处死。[279]

后来发生的事情被戈尔斯坦称为"色拉寺吉扎仓战争"。反叛者首先再次向拉萨发起进攻，夜幕降临的时候，大约 50 名僧人悄悄潜入城内去取存放在那里的武器，紧接着和警察交火，5 名僧人中弹身亡，2 人受伤被俘，警察方面死伤 3 人。进攻的僧人们成功缴获了一批武器，主要是步枪。

次日，噶厦政府下令拉萨驻军采取一切办法镇压色拉寺吉扎仓僧人。政府军用大炮轰击色拉寺吉扎仓周边地带，一开始，由于力量不对等还不敢发起直接进攻，于是驻扎在江孜的一个团奉命急行军赶往拉萨驰援。噶厦政府还向英国人寻求帮助，请求英国驻拉萨代表黎吉生让英国驻拉萨商务代表处的无线电报务员瑞吉纳德·福克斯（Reginald Fox）为藏军军事行动效力，黎吉生应允了。[280] 藏军"用榴弹炮轰击寺院之城色拉"，[281] 4 月 26 日晚接到发起进攻的命令，在一天的交战中，藏军尽管使用了机枪和大炮，但仍"伤亡惨重"。[282] 然而色拉寺僧人们也被对方火力完全压制到了寺院内，政府军得以轻易地从四周高地炮击他们。尽管如此，僧人们仍拒绝投降，于是政府军便在 29 日清晨发起了决定性的最后一击。

戈尔斯坦估计，大约有两三百名色拉寺吉扎仓僧人在交战中丧生，另有 22 人被捕，他们和热振拉让的官员们一起受到惩处，所有人都遭受一两百大鞭，然后被戴上脚镣和枷锁。此外，5 名"为首闹事者"还得在狭小的牢房里度过余生，如同被活埋一般。

"血洗热振寺"也开始了：[283] 前任摄政热振被带走后，16 名政府军士兵

【279】参见 Melvyn C. Goldstein：《西藏近现代史：一个喇嘛国家的灭亡（1913 至 1951 年）》（卷一），第 492-495 页。

【280】引文出处同上，第 498 页。

【281】参见 Heinrich Harrer：《西藏七年：我在达赖喇嘛官殿的生活》，第 296 页。

【282】参见 Melvyn C. Goldstein：《西藏近现代史：一个喇嘛国家的灭亡（1913 至 1951 年）》（卷一），第 502 页。

【283】引文出处同上，第 516 页。

留守在热振寺，他们的傲慢无礼招致僧人以及附近村民的仇恨。几名追随热振的僧人听说色拉寺吉扎仓的同伴们起来反抗了，于是决定夺取封存的武器，杀死政府军士兵，然后把武器带到色拉寺。4月23日晚，他们趁寺里驻兵被村民用酒和食物引开的机会偷出枪支。次日早晨，驻兵们醒来后就遭到了埋伏在那里的僧人的枪击，大多数人当场毙命，其余的在接下来的交火中也被打死。

但热振寺的反叛者改变了带着武器撤退到色拉寺的计划，因为他们担心色拉寺吉扎仓的同伴可能会因失败逃亡，不如提前给他们提供一个安全的避难所。于是他们留在了热振寺，组建了一支由僧侣和村民组成的民兵队伍，修建防御工事，并构筑街垒。打败色拉寺僧人后，噶厦政府即刻派出一支包括骑兵在内共400人的部队赶往热振寺，还装备有4挺机枪和1门山地火炮。5月9日，双方进行了一整天的激战。5月11日，渡河的政府军在激战中伤亡惨重，但他们最终还是攻入热振寺，却发现里面空无一人。热振寺的僧人和支持他们的村民早已撤离了。[284]这使得失望的士兵们更加肆无忌惮地洗劫、破坏这一圣地：他们让马匹待在寺院中央，自己则东倒西歪在一座神庙里，随地大小便，把一切能拿走的东西都拿走了。

哈勒描述了接下来的情形："拉萨经常有人被驱逐和被重重鞭打。"[285] "当拉萨城上空还有子弹呼啸而过时，关于前摄政热振死亡的消息快速地传开了。"[286]

1947年5月8日热振死在牢中，几乎无人怀疑他是被达札和其他噶厦政府官员下令毒死的。在他死前，他曾诉苦说头有点儿痛，请求转移到不那么阴暗狭小的牢房中去，达札的副官格桑阿旺送来了三颗药丸。戈尔斯坦根据证词写道：热振服下药丸后病情就恶化了，他开始干呕，呼吸越来越快，惶恐不安起来，他想请英国驻拉萨商务代表处的医生来看诊，但是未获准予，几小时之后他便死去，证人们最后还听到深夜从监狱的窗口传出热振痛苦的刺耳喊叫声。[287]也许这就是为什么拉萨一直流传着热振因睾丸被压碎而死去的谣言……

【284】引文出处同上，第518-520页。

【285】参见 Heinrich Harrer:《西藏七年：我在达赖喇嘛宫殿的生活》，第296页。

【286】引文出处同上。

【287】参见 Melvyn C. Goldstein:《西藏近现代史：一个喇嘛国家的灭亡（1913至1951年）》（卷一），第510-512页。

热振寺遗迹（2009 年，Antoine Taveneaux 摄）

哈勒写道："反叛者的所有财产都被政府查抄了。热振活佛的房屋和亭台楼阁全部被拆除，那些漂亮的果树被移植到了别的花园里。热振寺被士兵们洗劫一空，很多星期后，金酒杯、锦缎以及其他贵重物品还能在集市上看见。"【288】这个经济已经崩溃的喇嘛政权以自己的方式实施掠夺，也由此得到了满足。哈勒丝毫不反对当时的社会制度，"通过出售热振的财产，噶厦政府有数百万卢比入账。好几百箱英国毛料和 800 件丝绸和锦缎衣服只是热振财产的一小部分——这证明了在西藏可以多么富有"。【289】

【288】 参见 Heinrich Harrer：《西藏七年：我在达赖喇嘛官殿的生活》，第 297 页。

【289】 引文出处同上，第 297-298 页。但 Heinrich Harrer 没有补充说明：要获得如此多的财富还得和这些高级喇嘛一样肆无忌惮、贪得无厌……

第十三章

热振最重要的"遗产"——达赖喇嘛

> 寻找和确认转世灵童的制度经常掺杂着利己主义的、政治的和功利主义的考虑，以至于其结果可能只在极少数情况下符合我们理性的对事实的理解，同样只在极少数情况下符合纯粹的宗教精髓……这一制度隐藏着和世袭制度同样甚或更大的被操纵和滥用的危险。

托马斯·霍普【290】

这位贪婪、腐化、堕落的"活佛"，他的生命和财产就这样提前终止了，但是他留给了西藏信众一份重要遗产——十四世达赖喇嘛。十四世达赖喇嘛在自传中对这位家族朋友和自己的经师不吝赞美之词：热振摄政"总有各种各样的想法"，从不会"过于严肃"。"他喜欢野餐和马匹，也由此和我父亲建立起友谊。"在年幼的十四世达赖喇嘛受戒进入寺庙生活时，热振如同西方"施洗礼的教父"一般，受戒仪式上，年幼的十四世达赖喇嘛放弃了原有俗名，以获得表示新身份的法名。"除了其他几个名字之外，"年幼的十四世达赖喇嘛也采用了热振全名中的"绛白益西"，于是从此后全名就叫"绛白阿旺罗桑益西丹增嘉措"。【291】几十年后十四世达赖喇嘛承认，对那位生活腐化、行为放荡的热振摄政，他"个人一直都心怀极大的尊重"。关于那场失败的政治性谋杀、与色拉寺僧人的交战、对"全西藏最古老最美丽的寺院之一"——热振寺的破坏，以及热振在地牢里死于非命等，他在自传中则委婉地表达为"整个事件"，这一切对他而言仅仅是"一件相当糟糕的事情"。【292】难道只是糟糕而已吗?!

【290】参见 Thomas Hoppe:《今日西藏：全局的各个方面》，第 121 页。

【291】参见达赖喇嘛:《自由之书：达赖喇嘛自传》，第 29 页。

【292】引文出处同上，第 47-48 页。

丹增嘉措当然一辈子都应该感谢这位前摄政，因为他是根据所谓"预示未来的幻境"和热振的指点"被找到的"。关于"寻访转世灵童"的虔诚的宗教故事可能被讲述过上百遍，如海因里希·哈勒。其中最幼稚的版本之一便来自弗兰茨·阿尔特，他弄出了一个喇嘛教的圣诞故事，丝毫没有体现出开明的世界观。这位一见到达赖喇嘛总会想起耶稣的人在书中写道：[293]"与《圣经》新约全书相反，'信仰基督的西方'对梦幻不感兴趣。其如此无知和轻率，东方的宗教人士对此只能摇头了。在西藏，转世灵童是借助幻境来找寻的，之后便成为世俗和宗教领袖。在藏文化里，'大梦幻'至今仍被看作福音——这和 2000 年前伯利恒梦幻般的圣诞故事非常类似。梦幻和想象是所有宗教的根源。"[294]

无论如何这些都不是理性、真相和经得起检验的事实。弗兰茨·阿尔特口中的"伯利恒梦幻般的圣诞故事"，在新约四福音书中的两部（马可福音和约翰福音）里根本没出现过，而且它的两个版本还自相矛盾。在历史批判性的《圣经》研究中，这个故事被看作和历史事实毫不相关的敬神的虚构的典型例子。[295]同样地，正如史学研究结果所示，当时既没有路加福音所声称的人口统计，也根本没有发生为此要求所有人都必须返回其出生地的事情。马太福音讲到的"希律王杀害幼儿"也从来没有发生过。马太福音中来自东方的"智者"——或是"国王"、术士、占星学家受一颗"星星"或彗星的指引来到某一处房屋或马厩，如今这样的故事对一位聪明伶俐的 8 岁孩子都没法讲述了。他可能会问，一颗星星如何只在一处房子的上空而不是同时也在整个城市的上空。所以，基督教的圣诞故事和发现达赖喇嘛转世灵童的官方故事之间的相似性，引起弗兰茨·阿尔特的注意就并不令人惊异了。他还同样天真地接受了一个两岁男孩和"找到"自己的"僧侣代表团"讲"陌生的拉萨方言"的传说，[296]就如同接受西方中世纪新约圣经中的东方三贤人卡斯珀、梅尔基奥和巴尔塔萨的传说一样。

【293】参见 Franz Alt, Klemens Ludwig & Helfried Weyer:《西藏：美丽、破坏、未来》，"这可能也是耶稣的名句"或者"这位'东方教皇'的呼吁让我想起耶稣在山上教训门徒的话"，25-26 页。

【294】引文出处同上，第 12-13 页。

【295】引文出处同上，今天"大多数历史学家和神学家"都认为这些圣经故事均系"文学虚构"。此外还可参见链接 http://de.wikipedia.org/wiki/weihnachtsgeschichte，查阅时间为 2013 年 6 月 23 日。

【296】引文出处同上，第 13 页。

孩童时期的十四世达赖喇嘛
（拍摄者不详）

十四世达赖喇嘛的传记作者扎比内·维南德（Sabine Wienand）女士认为，与基督教中耶稣诞生故事在藏文化中相对应的故事"如神话般令人着迷"。这一表述在一定程度上契合她专为西藏读者创作的扩大版传记："许多对于藏人很有意义的细节补充，如彩虹、一对特别的乌鸦，甚至是歉收，以及濒死的牲畜，看起来都是在拉萨添加的。一般描写学的则是查尔斯·贝尔爵士如画般的描绘方式。"查尔斯·贝尔爵士很难被看作是一位亲历者，"而他对西藏的描写又似乎援引了巴兹尔·戈尔德爵士（Sir Basil Gould）的《关于发现、认识和正式就职的十四世达赖喇嘛的报告》，"后者自称是在讲述"在一定程度上的一个标准故事"，而"对事情经过的一些回忆"，他好像不曾有过。[297]

关于"发现"转世灵童奇妙情形的报道，理所当然要报以最大的怀疑。正如维南德援引一名独立见证人的观点所说，戈尔德和贝尔所有"神秘化"描写

【297】参见 Sabine Wienand:《十四世达赖喇嘛》，汉堡 Rowohlt 出版社 2009 年出版，第 20 页。

极有可能是"事后在拉萨"写下的。[298]相信转世,并不比相信天国、永久的地狱折磨、天使、魔鬼、童贞圣母玛利亚诞下耶稣、复活和升天更符合清醒、理性的世界观。但如果达赖喇嘛和其他活佛"神圣性"的上述前提都不被接受的话,那么他们还能剩下些什么呢?扎比内·维南德如下的描述也引起许多怀疑:"除了寻访转世灵童的团队,没有人听到过传说中的两岁拉木登珠和喇嘛们进行的3小时谈话。拉木登珠的母亲德吉次仁(Dekyi Tsering)回忆说:'他们事后对我说,他们是用拉萨方言与拉木登珠交谈的,尽管他之前从未听过这种地方话,但他回答喇嘛们的问题时毫不困难。'这是寻访过程中的第一个奇迹,因为这一地区通常讲的是另一种藏语方言,即宗喀话(或者是汉话)。德吉次仁不久就获得一个尊称,意即西藏'伟大的王母',学习陌生的拉萨方言对她而言要困难些:'我花了两年的时间去学习拉萨方言'。"[299]

关于僧侣寻访和识别达赖喇嘛转世灵童的"标准化"拙劣故事在西方打动了许多易受影响的人,从此他们便对西藏产生了狂热的迷恋,好似吸毒成瘾,而上述故事就是软性的入门麻醉剂。帕特里克·弗伦奇就是其中的一位,他自己深信不疑,本书已多次提及他是"自由西藏"组织的活跃分子。这位曾经的天主教寄宿学校的学生承认,是这个故事的"浪漫主义色彩"迷住了他:寻访转世灵童的队伍从遥远的拉萨启程,去寻找热振活佛在一个幻象中看到的那所房屋,领队的一个喇嘛装扮成仆人来到那所房子,当住在那里的被选作灵童的小孩准确辨认出已圆寂的十三世达赖喇嘛的旅杖和转筒后,便最终被验证为十三世达赖喇嘛的转世灵童。[300]但弗伦奇和他绝大多数战友不同,他足够聪明和好奇,所以并不满足于长时间停留在这个虔诚的寻访灵童的传说上。他这样写道:"几年之后,当我读到达赖喇嘛家庭成员的回忆录时,我才明白事情的背景要复杂得多。达赖喇嘛的叔公和兄长都是安多的高级活佛,他的叔叔是塔尔寺的会计师,而青海军阀马步芳原来是十四世达赖喇嘛母亲家的一位朋友。马步芳是穆斯林,因性情残暴而臭名昭著,他本人亲自参与了对达赖喇嘛转世灵童的挑选。"[301]在他的势力范围内寻访达赖喇嘛的转世灵童,马步芳享有

【298】引文出处同上,第139-140页,注释35。

【299】引文出处同上,第19-20页,她引用的是2001年在慕尼黑出版的德吉次仁:《我的儿子达赖喇嘛》,第136页。

【300】参见 Patrick French:《西藏,西藏》,第18页。

【301】引文出处同上,第18-19页。

直接的经济利益：在他同意将选出的灵童送往拉萨之前，须"以20吨白银的形式"支付给他45万元。【302】这样一来，相关各方都得到了满足。对于拉萨而言，有其政治上的好处，一位来自安多的达赖喇嘛也许可以将对中国内地领土的要求宣布为合法。热振则由于他预测的候选人成为转世灵童而赢得了声望，并作为这位"年轻神王"的正经师【303】获得了更大的影响。十四世达赖喇嘛的家庭才真正中了头彩。几年之后，哈勒谈及十四世达赖喇嘛"神圣的父母"，或者更准确地说是"圣母"："她是三个活佛的母亲，这在佛教生活中是绝无仅有的现象。"【304】

我们还原事实而非梦幻和想象的故事：1935年7月6日，十四世达赖喇嘛出生于当采村，在塔尔寺附近，肯定是在"政治意义上的西藏之外"。【305】那里被藏人称为安多地区，达赖喇嘛的"流亡政府"至今都在要求安多归属他们的"大西藏"。安多从未受过拉萨政府的管辖。十四世达赖喇嘛自己也证实，这一地区处于"中国的世俗统治之下"。【306】科林·戈尔德纳说得不错，十四世达赖喇嘛这位藏人的精神领袖是一位"原籍中国的中国人"。【307】

按照达赖喇嘛一直以来的说法，当时当采村除了15户"藏族人"之外，还有两家"汉人"。可以肯定的是，当采村所在的整个地区有史以来都是各民族聚居。帕特里克·弗伦奇这样讲述他寻访自己偶像出生地的旅行："一个穆斯林的村庄坐落在山脊上，走进村里，看到几只被剥了皮的羊挂在木棒上，一位留着白胡子的老者头戴小尖帽，背上系着把阳伞，他给我们指了去当采村的路。我们向下行驶，穿过一个汉族人聚居区，一路看到孩子们提着装满甜瓜和辣椒的篮子，妇女们在街上簸扬谷物。看到我们，她们便躲到一边，让我们的车碾过粮食继续行驶。下一个村庄有一些高高的木旗杆，上面挂着五颜六色的经幡。一群很小的粉红色小猪从两座房子之间跑过去。一位身穿传统服装、戴

【302】参见 Colin Goldner:《达赖喇嘛：一位神王的垮台》，第49页；Karénina Kollmar-Paulenz 则声称是40万银元，参见其《西藏简史》，第152页。

【303】参见 Heinrich Harrer:《西藏七年：我在达赖喇嘛官殿的生活》，第177页。

【304】引文出处同上。

【305】参见 Sabine Wienand:《十四世达赖喇嘛》，第19页。

【306】参见达赖喇嘛:《我的一生，我的人民》，这里引用的是 Sabine Wienand:《十四世达赖喇嘛》，第19页。

【307】参见 Colin Goldner:《达赖喇嘛：一位神王的垮台》，第49页。

着头巾的藏族妇女指引我们继续朝只有几里远的当采村方向前行。"【308】十四世达赖喇嘛——这位西藏分裂主义的凡胎，曾坦率地向帕特里克·弗伦奇这位积极致力于"自由西藏"运动的英国人承认："我想我家庭所在的那个村子，是讲一种汉语方言的，虽然我在塔尔寺的哥哥精通安多藏话。我认为我母亲也能很好地理解安多藏话。"【309】那么他本人呢？

被拉萨僧侣确认为达赖喇嘛转世的那位两岁"灵童"的藏名是拉木登珠，但"除了用藏姓'才仁'之外，他还有一个汉姓。当一位外国人于 1939 年在塔尔寺看到这位未来的达赖喇嘛时，对方向生平头一次遇见的这位外国人介绍自己时正是用的这个汉姓。"【310】那位外国人名叫马蒂亚斯·赫尔曼斯（Matthias Hermanns），是一位德国耶稣会传教士。他是"发现"新一任达赖喇嘛一系列事件的见证人，因为他是直接在现场的"可能唯一中立的观察者"。十四世达赖喇嘛的传记作者维南德的评价是："他的报道看起来要比官方的客观得多，也'没那么神奇'。"【311】据马蒂亚斯·赫尔曼斯说，他在塔尔寺用藏语问年幼的拉木登珠："你好吗？"但拉木登珠却睁大眼睛茫然地看着他，一位在场的僧人解释说："他不懂藏话，他父母在家只讲汉话。"当用汉语问他叫什么名字时，他用汉语回答说："我姓祁。"【312】

【308】参见 Patrick French:《西藏，西藏》，第 106 页。

【309】引文出处同上，第 204 页。

【310】参见 Sabine Wienand:《十四世达赖喇嘛》，第 25 页。

【311】引文出处同上，第 22 页。

【312】引文出处同上，第 25 页。

第十四章

西藏"贸易代表团"：英国和美国拒绝让这个喇嘛政权获得国际承认

> ……与其说他们真心支持我们让西藏重获独立的努力，不如说他们的
> 帮助是其反共产主义政策的体现。
>
> 十四世达赖喇嘛谈论美国[313]

当我们对十三世达赖喇嘛的统治及其拜英国所赐的"独立"政策进行总结时，就国际社会对其的承认情况，可以称之为失败。这种情况在热振摄政和达札摄政统治时期也没有根本改观。第二次世界大战爆发前以及战争期间，拉萨政府与日本和希特勒德国有过一段短暂而无结果的"私通"：舍费尔带领的"德国党卫军西藏考察队"在拉萨受到摄政和其他高官显贵极其友好的接待。当日本大肆侵略中国时，拉萨政府却对侵略者保持友好中立，其表现之一便是拒绝同盟军对中国战场的补给和武器运输过境西藏。

二战结束后，其实只有两个国家可给予拉萨政府国际上的外交承认：一个是拉萨政府的盟友和支持者英国，那时西藏和英国之间的关系已降温，而且英殖民帝国也正在土崩瓦解；另一个便是新兴的超级大国美国，它已将触角伸到拉萨。

1942年12月12日，美国间谍伊利亚·托尔斯泰（Ilia Tolstoy）和布鲁克·多兰（Brooke Dolan）携带重达100公斤的装备来到拉萨。关于他们的任务官方说法是，去查明是否有可能从印度出发通过陆路对同盟国中国军队进行物资供给。他们能在西藏逗留是通过英属印度当局介绍，却没有和中国盟友协商一下，甚至伦敦方面对此也一无所知。这次停留非同寻常的长，足足有3个月之久，

【313】参见达赖喇嘛：《自由之书：达赖喇嘛自传》，第282页。

期间两人收集了所有可能的情报，并和英国官员以及西藏精英阶层进行了一系列会谈。后者请求获得 3 座装备完善、辐射范围大的无线电台，美国战略情报局（OSS）局长、绰号"野蛮比尔"的多诺万（Donovan）非常热情地支持这一请求，[314] 因为区区 4500 美元的总造价，就可以"将盟军的影响向东和向西各 1200 英里的距离辐射，覆盖到西藏所有地区，并为今后在那里进行现代化建设提供可能，将来会有战略意义的"。[315] 尽管美国国务院反对这一计划并提出要考虑到给西藏礼物在政治上可能会"很尴尬"，会使与美国关系友好的蒋介石政府恼怒，感情受到伤害，但 3 座电台还是在 1943 年 11 月运抵拉萨。

二战结束后的 1947 年 1 月，美国驻印度代办米勒尔（George R. Merrell）从新德里美国大使馆给华盛顿发了一封很长的电报，他在电文中全力支持美国向拉萨派出外交使团，理由是西藏不论在意识形态上还是地理位置上都极具战略意义，可以作为抵御在这一地区日益增强的苏联影响的理想堡垒。[316] 虽然拉萨在 1945 年初还不愿相信二战结束后轴心国会战败，但这一事实也将它的"对外事务"从沉睡中唤醒。提升和两大战胜国英国和美国（美国当时已接替大英帝国，成为世界头号强国）业已存在的关系，对拉萨政府而言可能意味着在国际层面上的突破，或可使其他国家也在"外交"上承认西藏。

但一开始情况并不妙，美国国务院仍然考虑到不要让在二战中和自己结盟的中国受辱，所以国务卿迪恩·艾奇逊（Dean Acheson）在 1947 年初拒绝向拉萨正式派出一个美国代表团，然而他并不反对"不引人注目和非官方"地前往西藏。美国驻印度大使很乐意遵循这一做法并向华盛顿保证，"今后和拉萨的任何正式往来信件"都发往在拉萨的"外国事务办公室"，[317] 而非"西藏政府"所称的"外交部"，[318] "为的是避免今后在'西藏独立'问题上产生任何争论"。正如研究西藏的历史学家谭·戈伦夫所说，这就意味着"美国正式承认了拉萨的'外国事务办公室'只属于中国外交部，而不代表一个独立的国家"。[319]

【314】 美国战略情报局在二战后改组为美国中央情报局。

【315】 参见 Tom Grunfeld:《现代西藏的诞生》，第 85-86 页。

【316】 引文出处同上，第 87 页。

【317】 英文原文为"Foreign Bureau"。

【318】 英文原文为"Foreign Office"。

【319】 参见 Tom Grunfeld:《现代西藏的诞生》，第 87 页。

　　直到那时，国际社会仍拒绝承认西藏是一个"独立国家"。拉萨方面决定通过派出"贸易代表团"这样的特殊方式来间接获取，或者更确切地说是骗取国际承认。[320]西藏派出的特使途经印度，[321]先来到当时中国的首都南京，紧接着又访问了美国、英国和瑞士。

　　我们为什么要在"贸易代表团"这一称谓上使用引号呢？简而言之，因为这是一个误导人的概念，拉萨的特使们从来没有真正奉命要促进西藏几乎不存在的对外贸易。西藏的外贸仅限于少数几样商品，它最重要的"进口"商品到那时为止只有来自中国内地的茶叶（约1000万吨）。压成块状的低质中国茶叶是西藏国民饮料酥油茶的主要配料。酥油茶是用水、盐和黄油（经常是变质的）熬制而成，饮用量很大。来自中国内地的商品还有很受贵族们喜爱的绸缎。西藏从印度"进口"的仅是少数几样西方产品（肥皂、火柴、纽扣和钉子），而且数量极少。西藏主要"出口"质量较差的羊毛、牦牛尾巴、毛皮、麝香和鹿角。[322]

　　谭·戈伦夫教授也认为，鉴于西藏外贸微不足道，人们有理由怀疑其"贸易代表团"的官方目的，所以当时大家就已在猜测藏人的真实意图。英属印度最后一任锡金行政长官阿瑟·霍普金森（Arthur J. Hopkinson）与西藏贵族联系紧密，他深信西藏"贸易代表团"的真实打算是购买金银。[323]印度官方人士告知美国驻印度大使，他们认为西藏"贸易代表团"的唯一目的是让其成员发横财。[324]收购的黄金可能流回印度，并以大幅提高的黑市暴利价出售，印度官方人士表示担忧。

　　不管怎样，为"西藏问题"游说的人一再将上述西藏"贸易代表团"的出访，引用为西藏作为"独立国家"获得国际承认的证据。该"代表团"团长孜本夏格巴·旺秋德典后来也把证明"西藏独立和主权地位"作为其活动的目的

【320】参见 Melvyn C. Goldstein:《西藏近现代史：一个喇嘛国家的灭亡（1913 至 1951 年）》（卷一），第 572 页。

【321】他们是四位官方人士，其中一位是西藏最富有的商人，另一位是翻译。

【322】参见 Tom Grunfeld:《现代西藏的诞生》，第 88 页；Melvyn C. Goldstein:《西藏近现代史：一个喇嘛国家的灭亡（1913 至 1951 年）》（卷一），第 571 页。在美国汽车工业里西藏羊毛被用作汽车座椅的填充物，在印度牦牛尾巴被用来打苍蝇。

【323】参见 Tom Grunfeld:《现代西藏的诞生》，第 88 页。

【324】引文出处同上，第 89 页。

之一。【325】他还声称，"代表团"成员们在整个行程中使用的都是所有到访国家都承认和接受的西藏护照和旅行文件，这便意味着这些国家（含蓄地）承认"西藏独立"。海因里希·哈勒也大放厥词，称上述西藏"贸易代表团"是正式"代表国家"出访并持有"外交护照"。【326】

　　研究西藏的历史学家谭·戈伦夫的评论清楚明了："美国政府最新解密文件表明这不是事实，而且夏格巴也获悉了此事。"【327】当时西藏"贸易代表团"前往印度不需要入境证件。去南京时，他们使用的是中国护照。英国人经过一番考虑后向他们发放了个人签证，但英国政府知会华盛顿，称英国将西藏"贸易代表团"访英看作"一件商务上的私事"，该代表团成员"不具有任何官方身份"。【328】在南京的英国大使馆给他们的旅行护照盖章，事后被英国外交部解释为一个令人遗憾的错误，英国大使也因此受到斥责。【329】西藏"贸易代表团"也未与英方进行过任何政治会谈。此外，英国政府一直向中国驻英大使馆随时通报最新情况。在瑞士，情况同样如此。也许是应瑞士政府的要求，西藏"贸易代表团"在瑞停留期间，甚至由一位中国大使馆秘书一直陪同。能说明问题的还有：没有一家瑞士报纸报道这次来访。【330】

　　由于西藏"贸易代表团"成员不愿意或者不能够出示中国护照，美国根据相关规定向他们发放了签证，该规定仅针对那些持有不受美国承认的政府颁发的护照的旅行者。在南京的美国大使馆于1948年7月明确告知中国政府，给予西藏"贸易代表团"成员美国签证，绝不意味着美国在事关中国对西藏拥有主权上政策的转变。中国驻美大使顾维钧在华盛顿也得到同样的通知。

　　由于西藏"贸易代表团"假托要递交达赖喇嘛的书信和礼物而请求与美国总统正式会见，美方便不得不去解决一个棘手的外交问题：一方面不让中国政府因为提高西藏到访者待遇而受辱，另一方面又不生硬地拒绝达赖喇嘛的友好

【325】引文出处同上，第88页。

【326】参见 Heinrich Harrer:《西藏七年：我在达赖喇嘛官殿的生活》，第317页。

【327】参见 Tom Grunfeld:《现代西藏的诞生》，第89页。

【328】引文出处同上，引自英国西藏情报研究办公室。

【329】参见 Melvyn C. Goldstein:《西藏近现代史：一个喇嘛国家的灭亡（1913至1951年）》（卷一），第587页。

【330】参见 Tom Grunfeld:《现代西藏的诞生》，第90页。

表示。于是美方找到一个折中的办法：西藏"贸易代表团"可以见杜鲁门总统，但只能在中国驻美大使的陪同下。但藏人拒绝了，所以最终没有见到美国总统。然而似乎是出于安慰，美方安排了"贸易代表团"成员与国务卿马歇尔的会面，并同意向西藏出售 1420 公斤黄金。就此美国国务院明确告知财政部，这一大宗交易并不影响美方承认中国在法律上对西藏拥有主权。[331] 美国驻印度大使馆也接到指示向印度当局说明，这笔（最终并未实现的）大宗黄金交易并不意味着"承认西藏当局是一个主权政府"。[332]

如果有人声称，西藏"贸易代表团"的旅行因为获得签证便最终证明了所到访的国家至少间接承认了西藏是一个"主权国家"，那么这一断言缺乏根据。事实正好相反，西藏"贸易代表团"这一事件表明，当时其所到访的国家承认的是中国在法律上对西藏拥有主权并对此一再加以强调。关于美国的态度，谭·戈伦夫这样写道："直到 1949 年，美国对西藏的政策和态度都很明确。对华盛顿而言，西藏不论是以这样或那样的形式都是中国领土的一部分——即使它从中国中央政府那里享受着不寻常程度的独立。"[333] 当中国的内战朝着不利于受美国大力支持的国民党政府的方向发展时，美国的态度才出现了改变。受反共、"冷战"和削减共产主义力量的策略的影响，这一改变愈发加剧。谭·戈伦夫强调，这从来就和美国对西藏"独立"任何道义上的支持无关。在那一时期的文件里甚至根本找不到"独立"一词。"美国其实仅仅将藏人看作其反共产主义运动中的一个附加伙伴，该运动的目的是至少能压制中国，最好能推翻它的共产党政权。"[334]

夏格巴等西藏代表于 1950 年 9 月 8 日与印度总理尼赫鲁会面，当他们几乎可以说是非常急迫地请求对方支持"西藏独立"要求，以及在西藏和中央政府签订协议时担当担保国角色时，尼赫鲁是这样答复的："印度将延续自己外交上承认西藏是中国领土的一部分、但依然认可西藏在内政上自治的政策。"[335]

【331】引文出处同上，第 91 页。

【332】引文出处同上，Tom Grunfeld 援引的是《1948 年美国的外交关系》第 757-758 页以及《1949 年美国的外交关系》第 1064-1078 页。

【333】引文出处同上。

【334】引文出处同上，第 95 页。

【335】参见 Melvyn C.Goldstein:《西藏近现代史：暴风雨前的宁静（1951 至 1955 年）》（卷二），加利福尼亚大学出版社，2007 年出版，第 44 页。

至于希望印度作为"西藏独立"的担保国，尼赫鲁认为这是一个迟到了 30 年的要求。关于藏人声称已有国际协定（西姆拉协定）承认"西藏的独立"，对此尼赫鲁很生气并强调说："没有这样一个单独协定，中国从未接受过西姆拉协定。"【336】

【336】引文出处同上，第 45 页。

第十五章

新型军队、对共产党的恐惧与和平解放十七条协议

和之前相比，他们强大许多。当他们（中国人民解放军）在西藏各地列队通过时，没有人向他们开枪，相反还经常受到热烈欢迎。可以想象，那些为所谓的惨遭侵略的藏人命运而担忧的外国人对实际情况的了解是多么的糟糕！

亚历桑德拉·大卫·妮尔谈论中国人民解放军进驻西藏[337]

十七条协议的签署经常被西方和"流亡藏人"视为无效，理由是西藏代表是受武力胁迫才签字的，而且使用了伪造的西藏地方政府印章。然而这一断言与事实不符。

梅·戈尔斯坦[338]

1949年，中国内战结束。同年10月1日，毛泽东在北京宣告中华人民共和国成立。美国大力支持和装备的蒋介石军队的残部溃逃。1950年1月1日，中央人民广播电台在新年公告中将解放西藏、海南岛和台湾，列为中国人民解放军在新一年中最重要的任务。

这支自称为"人民解放军"（这一名称沿用至今）的军队是什么样的？又是不知疲倦地在亚洲旅行的大卫·妮尔让我们得以没有偏见地来看待完全非典型部队的官兵。大卫·妮尔1936年再次来到中国，其间与数百万中国难民一

【337】参见 Alexandra David-Néel:《古老的西藏面对新生的中国》，第 1036 页。

【338】参见 Melvyn C. Goldstein:《西藏近现代史：暴风雨前的宁静（1951 至 1955 年）》（卷二），第 106 页。

道为躲避不断推进的日本侵略军而一路向西逃亡。在一处火车站，赶赴前线的中国士兵与在战争中流离失所的逃难人群混杂在一起。大卫·妮尔在书中写道："在他们中间，我又看到穿戴整齐的年轻士兵，他们就餐后会马上付钱，也不讲价，他们和小吃店店主说话的口气也很礼貌，这样的行为举止对我来说很陌生。我前几次在中国时见到的士兵总是尽情吃喝，并辱骂酒馆和店铺老板，带着赃物离开时从未想过还要付账。据说，眼前这些新式士兵属于共产党领导的要开赴最前线的南方部队。"[339]晚些时候，她看到人民解放军战士在卸货，其景象再次引起了她的注意，"这些士兵穿着干净的军装，他们干活很卖力，而且兴致勃勃，指挥的那名军官态度亲切，让人意外，因为在亚洲，通常官大一级便会表现得非常傲慢。卸货工作显然很紧急，所以那位军官也加入进来，将大包扛上肩，还笑着和部下开起了玩笑。他们全都很年轻，身手敏捷，让人产生好感。又有人告诉我，他们是共产党的部队。事实上，赶到山西阻击日军首次进攻的正是共产党的军队，而且他们是唯一一支纪律严明、装备不错的部队。无论如何，可以肯定的是，尽管蒋介石和共产党分道扬镳后对其发动了战争，但面对日军侵犯，共产党人立即就投入到抵抗外敌、保家卫国的战斗当中来。"[340]鉴于这些印象，大卫·妮尔写道："我已在中国生活了那么久，15年前我离开了，现在这个国家的变化实在太大了！"[341]

　　然而，对于西藏大多数贵族和高级喇嘛而言，这些变化并不是令人高兴的事情。当共产党部队即将在内战中获胜时，他们一方面因为害怕共产党而惊慌失措，另一方面荒谬的主观想象和极度的愚昧无知又加剧了他们的恐惧。对此大卫·妮尔评论说："人民解放军可能进军的那些地区的地主们，理所当然地将对方的行为举止想象成和之前发生战争时的那些士兵完全一样，而且设想，如果自己处于同样的情景中毫无疑问也会那样做——烧杀劫掠。"[342]他们可能还会敲诈勒索、强奸妇女和大肆屠杀。总之，大卫·妮尔认为，藏人对胜利

【339】参见 Alexandra David-Néel：《古老的西藏面对新生的中国》中的"西藏风云"部分，第 702 页。

【340】引文出处同上，第 707 页。

【341】引文出处同上。

【342】参见 Alexandra David-Néel：《古老的西藏面对新生的中国》中的"古老的西藏面对新生的中国"部分，第 979 页。

者行为的想象还停留在"最野蛮阶段"。【343】

最富有的藏人将自己可搬动的贵重物品，包括首饰和黄金，都通过非法途径弄到了锡金和印度。许多人自己还偷偷逃往那里，首个目的地便是噶伦堡。就连年轻的达赖喇嘛也在做完所有重要的问卜后，在周围人的劝告下逃到了位于边境的亚东，随行的还有数百头牲口，满载着他的（或西藏的）可运走的财宝前往锡金。此前不久，在通过一系列占卜和护法神抽签请示神意后，16岁的达赖喇嘛仓促亲政，达札摄政被迫退位。【344】

大卫·妮尔评论说："年轻的达赖喇嘛也许还是半个汉人，他也逃跑了。说得更确切些，是他身边的人在中央政府军队到来之前将他带离了拉萨。随行的有数量庞大的不同级别的官员和仆役，还有一支由上千头马骡和许多挑夫组成的长长队伍，他们搬运的是装满了布达拉宫的黄金和其他贵重物品的箱子。这群逃亡者要去往哪里呢？毫无疑问，他们对亚洲当前的政治形势一无所知，还以为英国会出面进行干涉，无知还让他们产生了其他一些荒唐的幻想。他们的社会落后，既没有新文化也缺乏有战斗力的军队。"【345】

关于噶伦堡的那些高贵的难民，大卫·妮尔是这样描述的："几个月过去了，那些非常富有的藏人花去了大把的钱，因为噶伦堡这座小城当时已人满为患，生活也变得十分昂贵。而他们通常的收入来源已枯竭了。此外，他们没有从当地人那里获得所期望的尊敬，而是被看作外来人，因此不得不忍受某些手续之扰，而且这些手续针对的是那些因不小心而踏出自己出生领地的人……"【346】

【343】引文出处同上，第970页。参见 Alexandra David-Néel 对藏民族英雄史诗《格萨尔》的描述，史诗主人公格萨尔是神的化身，"通过恐怖手段建立"了正义之国。该史诗不厌其烦地描述了格萨尔进行的血腥战争、屠杀、劫掠、纵火和其他残暴行径。例如，在某次战役获胜之后，格萨尔要求将敌军将领库拉活剥，因为他让库拉的人皮具有了魔力，所以要把自己装进去（《古老的西藏面对新生的中国》，第970-976页）。还可参见 A. Bonet：《西藏受迫害的基督徒》，2006年巴黎出版，第212-213页。其中讲述了藏人进行的其他真实存在的屠杀，例如，1905年4月在巴塘，该地区的喇嘛们出于对自己权力的担心，在武装土匪的帮助下向中国人以及外国传教士实施了"最残忍的报复"。超过百名中国驻军因为相信藏人让其自行撤离的承诺而放下了武器，最后却被全部杀死。帕特·米索和苏利耶也遭受同样的命运。4月27日，在叶卡罗有11位皈依天主教的藏人户主在遭受酷刑之后被枪决。

【344】参见 Tom Grunfeld：《现代西藏的诞生》，第109页；Melvyn C.Goldstein：《西藏近现代史：一个喇嘛国家的灭亡（1913至1951年）》（卷一），第701-702页。

【345】参见 Alexandra David-Néel：《古老的西藏面对新生的中国》，第979-980页。

【346】引文出处同上，第979页。

他们的"国家"自然不能给他们签发个人证明材料、证件或护照，他们中的大部分人最终只得返回拉萨。

中共中央计划尽可能用和平方式解放西藏，尝试让西藏的精英阶层相信，他们至少暂时可以继续过当时那样的生活，而且西藏回归中央政府不会有损于他们。革命者康巴人平旺在筹备西藏和平解放时发挥了重要作用。据他说，有关方面购买了礼品（日本刀剑、收音机、锦缎等），以便在合适的时机赠送给西藏贵族的代表们。[347]但中央政府同时也打算向拉萨贵族和上层喇嘛中顽固不化分子施压，让他们明白，时代和力量对比已发生根本转变，所以西藏事实上的"独立"已到时限了。对此平旺写道："我们尝试着做两手准备。一方面，我们为军事进攻做着准备。另一方面，我们尽最大努力去说服西藏地方政府接受和平解放。我们派格达活佛等宗教领袖前往昌都与接替宇托的拉鲁总管会谈，我本人则去见邦达多吉，并说服他的兄弟阿颇·热噶（Apo Raga）也前往昌都试着对拉鲁施加影响。"[348]

受中央政府委派的格达活佛原本要继续前往拉萨进行谈判，却在交界城市昌都被扣留了，并于1950年8月在那里被杀害。根据中方说法，英国人罗伯特·福特直接参与了这次谋杀，他作为顾问、无线电报务员和间谍在当地逗留。

在军事行动不可避免的情况下，人民解放军战士被要求绝不能伤害当地农民，不殃及其生活方式和民族文化。由于很难阻止饥饿的士兵从当地百姓那里找食物，人民解放军发现了一种可长久保存、便于运输的食品，供战士们在西藏行军时随身携带。[349]解放军战士必须牢记绝不强抢当地民众财物，始终"尊重当地民族、文化和宗教的象征物"。[350]人民解放军之前在藏人聚居的边境地区积累了经验，受到当地民众的积极支持。举个例子，因为共产党的军队给出了好价钱，他们提供了好几千头牦牛为其运输物资。[351]

根据使者转达的信息，拉萨政府需要就和平解放进行谈判。但拉萨方面连续几个月都没有给予答复。相反地，拉萨政府派出夏格巴等代表前往印度恳求

【347】参见 Melvyn C. Goldstein, Dawei Sherap & William R. Siebenschuh:《一个西藏的革命者》，第 137 页。

【348】引文出处同上，第 138-139 页。

【349】引文出处同上，第 137 页。

【350】引文出处同上，第 136-137 页。

【351】参见 Melvyn C. Goldstein:《西藏近现代史》卷二：暴风雨前的宁静（1951 至 1955 年），第 40 页。

英国、印度和美国提供军事援助。[352]藏东总管拉鲁则安慰其守军说，[353]中共不会这么快就进藏的，拉萨会派来援军，并送来新式武器，这样就能阻止人民解放军渡过当时的界河（长江上游的一段）。事实上，尽管十分克制，印度还是通过派遣军事顾问和供应武器，对拉萨政府给予了隐蔽的援助。

如果拉鲁的信心不是装出来的话，显而易见这种信心远远脱离了现实。根据戈尔斯坦的说法，拉鲁指挥的军队总共约3500人，其中一些人已年逾50岁，还有一些则未满16岁。各级指挥官没有受过任何军事培训，因为随便哪一位官员都可出任军官。与之相比，在德格和巴塘（四川西部），也就是当时的西藏和内地交界，人民解放军集结了2万名身经百战、装备精良、情绪高昂的士兵，指挥他们的也是经验丰富的军官。[354]而当时人民解放军的总规模是500万人。此外，昌都当地的康巴藏人对拉萨政府也没有好感。[355]当地知名的康巴头人和重要的宗教人士更是积极支持中国共产党。[356]尽管如此，拉鲁还是不听身边人的劝告，冒险组建了一支康巴民兵队伍，但他周围的人担心这些康巴人有可能会调转枪头来对付拉萨的军队。这时拉萨政府送来了英国产轻机枪，并派来了禁卫军的一位教官。1949年12月，首先奉命前来的是携带3部无线电装置的罗伯特·福特（Robert Ford），他还带来了4名在英属印度受过训练的无线电报务员。他们的任务是通过改善通讯条件来增强拉萨军队的战斗力。同时，英国人瑞吉纳德·福克斯奉命与罗伯特·福特保持无线电联系并建立拉萨广播电台，目的是以藏语、汉语和英语向世界播送拉萨政府的立场。

经过数月的耐心等待，当情况变得明朗，即拉萨不准备进行任何谈判，而是与之相反，着手进行武力对抗，中央政府决定派遣十八军于1950年10月7

【352】在10月16日，他们与美国大使会面，就美国提供军事援助事宜进行商讨。参见Melvyn C. Goldstein:《西藏近现代史：暴风雨前的宁静（1951至1955年）》（卷二），第51页注释。

【353】拉鲁是龙夏之子。拉萨政府本有禁令，即龙夏的后人不得为官，但拉鲁谎称自己不是那位惨遭挖眼酷刑的龙夏的亲生儿子而避开了这一禁令。

【354】Patrick French提到的数字是4万，但没有进一步加以说明。这位前"自由西藏"运动的活跃分子显然并未完全摆脱"藏独"分子那典型的夸张风格，尽管他自己也公开抱怨过其中的一些夸张表述。

【355】参见Melvyn C. Goldstein:《西藏近现代史：一个喇嘛国家的灭亡（1913至1951年）》（卷一），第639页和第641页；Tom Grunfeld:《现代西藏的诞生》，第108页。

【356】参见Melvyn C. Goldstein:《西藏近现代史：一个喇嘛国家的灭亡（1913至1951年）》（卷一），第640页；以及其与Dawei Sherap & William R. Siebenschuh合著的《一个西藏的革命者》，第137页（关于邦达多吉等人）、第133页、第144页（关于格西喜饶嘉措）和第147页等。

拉萨地方政府军在昌都战役失
败后放下武器。

1951 年，由范明带领的十八军
分队在前往拉萨的路上。

日渡过长江上游。在 12 天的时间里，在昌都的拉萨军队就遭到了毁灭性打击：
180 名藏兵或伤或死，898 名被俘，其中包括刚刚接替拉鲁的昌都新总管阿沛·阿
旺晋美。另有 4317 名藏兵投降。[357]

　　后来发挥重要作用的阿沛出身于西藏上层贵族。按照盖尔达夫妇（Stuart
& Roma Gelder）书中所写，其祖先"在千年前是统治西藏的王爷"。阿沛还是
拉萨政府的噶伦，"拥有 4000 平方公里的土地和 3500 名农奴"。[358]

　　阿沛本人和大约 30 名被俘的拉萨政府高级官员受到了极为友好的对待，
因为和平解放西藏其他地区仍是中央政府的"首选"。他们可以和解放军较高
级别的军官一起就餐，还可以继续穿他们高贵的长袍。阿沛搬进了他原来的那

【357】参见 Tom Grunfeld:《现代西藏的诞生》，第 108 页；Melvyn C. Goldstein:《西藏近现代史：暴风
雨前的宁静（1951 至 1955 年）》（卷二），第 48-49 页。

【358】参见 Stuart Gelder & Roma Gelder:《及时雨：新西藏之行》，Edgar Snow 作序，伦敦 Hutchinson 出
版社 1964 年出版，第 62 页。

些豪华房间里。[359]在两名获释的西藏官员代劳转交噶厦政府的一封信中，被俘的达官显贵讲述了人民解放军对待昌都民众以及重要政治和宗教人士的态度和做法，即非常照顾和尊重。他们在信中急切建议拉萨政府进行谈判，以避免不必要的流血和破坏。这一次拉萨方面又过了很长时间才给出答复：西藏地方政府将派一个 5 人代表团前往北京。[360]其中两名代表团成员，土登列门和桑颇·登增顿珠骑马从拉萨出发前往昌都，和那里的阿沛会合后一道继续前往北京。藏军司令凯墨则与一名高级僧官(土丹旦达)取道印度走海路前往首都北京。

　　周恩来总理亲自到北京火车站欢迎阿沛一行（随行的还有其妻和仆役）。从亚东出发的凯墨和土丹旦达稍晚几天后也抵京了，他们带来了一份包含 10 条内容的谈判文件，但西藏代表们经过深入审阅后认为是不现实的，所以根本就没有提交给中央政府。噶厦政府无论如何也不愿让中央政府士兵进驻西藏。而另一方面，对于中央政府来说，西藏属于中国是不可谈判的，派兵驻守西藏边境属于任何一个国家的主权范围。最终不管愿意不愿意，噶厦政府只得在这一点上让步，否则人民解放军进藏将不可避免。阿沛在代表团内进行说服工作，要求不必就每一个决定都和在亚东的达赖喇嘛方面进行商讨，他尤其担心噶厦政府中保守的僧官们，由于对现代世界的无知、顽固不化和对形势完全错误的判断而阻挠谈判取得任何进展，或者至少无限期地推迟谈判。阿沛担忧这样一来北京中央政府会失去耐心，从而放弃和平解决西藏问题的政策，其后果对于西藏将是灾难性的。一旦发生这样的情况，阿沛认为自己应该承担责任。按照他的想法，如果西藏地方政府最后不打算接受达成的协议，总还可以以其代表团越权为由宣布该协议无效。代表团的其他成员对此表示赞同。[361]

　　1951 年 4 月 29 日，双方在北京饭店开始谈判，西藏方面首席谈判代表是阿沛，至少官方如此。但在谈判中担任口译的平措旺杰却强调说，在西藏代表团私下讨论中其实是凯墨在做决定。凯墨是有权势的索康的叔叔，参与了十四世达赖喇嘛的"寻访"工作。来京前，他和十四世达赖喇嘛一起逗留在与锡金

【359】参见 Melvyn C. Goldstein, Dawei Sherap & William R. Siebenschuh:《一个西藏的革命者》，第 141 页。信仰天主教的历史教师 Laurent Deshayes 在其《西藏史》写道（当然没有注明出处）：阿沛"在中国人的监狱里接受改造"（第 323 页）。这完全没有表现出一名历史学家的学术严谨性。

【360】引文出处同上，第 143 页。

【361】参见 Melvyn C. Goldstein:《西藏近现代史：一个喇嘛国家的灭亡（1913 至 1951 年）》（卷一），第 760 页。

交界的亚东，所以要比阿沛更熟悉当时达赖喇嘛以及噶厦政府的想法。此外，由于有谣言说阿沛已被中国人收买，[362] 这也削弱了其地位。

在和中央人民政府谈判的过程中，首先一个重要的争议点是达赖喇嘛和班禅喇嘛的关系问题，拉萨方面尚未打算承认新任班禅喇嘛。中央政府以最后通牒形式要求解决这一西藏内部争论，达赖喇嘛最终下定决心承认十世班禅喇嘛，恢复其祖传的权利并让其重返日喀则的扎什伦布寺。

接下来，西藏方面最激烈反对的是，正如前面所说，派遣解放军部队入藏并驻扎在那里。虽然他们或许准备承认西藏属于中国，却打算尽一切可能阻止由此产生的具体措施。西藏方面最终同意了解放军入藏，但双方在一项秘密的附加记录中达成一致，尽可能少地派遣中国军队入藏以及噶厦政府的两名成员进入即将成立的军事委员会。按照协议，拉萨的军队将逐步纳入人民解放军。此外，西藏地方政府可以保留自己的警察力量。

中央政府向西藏代表团保证，西藏的社会状况保持不变，世俗和宗教精英们将保留其特权地位，首先是达赖喇嘛的地位不变。如果西藏人民希望进行社会改革，那也只会在双方自愿和达成一致意见的前提下进行。

谈判大约一个月后结束，"阿沛向中央政府方面解释说，他被全权委托签署协议，但没有随身携带自己的官印。工作人员问，那是否可以使用其印章的复制品，西藏代表团同意了这一做法。"[363] 5月23日，双方签署了《中央人民政府和西藏地方政府关于和平解放西藏办法的协议》，这便是著名的"十七条协议"。戈尔斯坦撰写的关于当时的谈判翻译、中共党员平旺的传记里，有一张西藏代表团成员撰写藏文版协议的照片。照片中，他们以传统方式坐在地毯上，那位康巴革命者平旺也在场。[364] 协议签署后，举行了一场有300多人参加的"盛大宴会"，其中包括中国人民解放军总司令朱德。随后阿沛带着协议原件返回拉萨。在其他西藏代表团成员的陪同下，经历过"长征"的老革命张经武将军携带协议的影印件飞往亚东去见达赖喇嘛。在亚东，达赖喇嘛告诉张经武，他已决定返回拉萨。但达赖喇嘛避免就十七条协议作任何正式表态，而是要求先与阿沛见面并亲眼看到协议原件。

【362】平旺反对此类谣言，认为它们完全是凭空捏造的。参见 Melvyn C. Goldstein, Dawei Sherap & William R. Siebenschuh:《一个西藏的革命者》，第 145-146 页。

【363】参见 Tom Grunfeld:《现代西藏的诞生》，第 113 页。

【364】参见 Melvyn C. Goldstein, Dawei Sherap & William R. Siebenschuh:《一个西藏的革命者》，第 152 页。

如今达赖喇嘛的"流亡政府"和"自由西藏"组织声称十七条协议是"受胁迫"签署的，而且"中央领导层"在上面"盖的是伪造的西藏地方政府印章"。他们还宣称，"尽管西藏地方政府一开始全力反对这份伪造的文件，"【365】但它还是生效了。现在达赖喇嘛声称当时的西藏代表团成员遭受了辱骂、虐待和人身威胁，而且被禁止和他本人或噶厦政府进行商议。【366】这些一再重复的断言均经不起任何检验。【367】

事实上，达赖喇嘛在据称被他如此激烈反对的十七条协议签订之后，以及在对开赴拉萨的人民解放军部队的期待中，于1951年7月初返回了西藏拉萨。他既没有听从反对十七条协议人士的意见，也没有听从反对他返回拉萨的人们（索康、夏格巴、朗赛林以及他的侍从长帕拉）的意见。他离开避难地亚东后，没有前往靠近印度边界的方向，也没有接受美国政府的提议——拒绝协议，流亡斯里兰卡、泰国或者美国去过好日子。他也没有听从自己两位哥哥（洛桑桑旦和当采活佛）的建议，二人受美国中情局委托要促使达赖喇嘛逃往噶伦堡，他们的家族在那里早已拥有一处豪华住所。

从1951年9月28日开始，【368】西藏的"国民大会"（与会者就是噶厦政府成员和各大寺堪布）在拉萨举行。会上，阿沛为自己的做法进行了辩护并对与中央政府达成的协议进行了解释。经过较长时间的商讨，"国民大会建议达赖喇嘛接受十七条协议并发表公开声明。由此十七条协议及其秘密的附加记录事实上获得了国民大会的正式通过"。【369】10月24日，十四世达赖喇嘛给毛泽东发去电报，正式确认接受十七条协议。电报称："西藏地方政府、僧侣和全体西藏人民宣布一致支持这一协议。"电文还称，该协议由阿沛噶伦和"其他四名西藏地方政府委派的全权代表"通过谈判而达成，并"在友好的基础上

【365】参见丹增曲扎：《彩虹的宫殿》，第142页。

【366】参见Tom Grunfeld：《现代西藏的诞生》，第111页。

【367】引文出处同上，第111-112页；Melvyn C. Goldstein, Dawei Sherap & William R. Siebenschuh：《一个西藏的革命者》，第140-153页；Melvyn C. Goldstein：《西藏近现代史：一个喇嘛国家的灭亡（1913至1951年）》（卷一），第761及其后几页。

【368】参见Melvyn C. Goldstein：《西藏近现代史：一个喇嘛国家的灭亡（1913至1951年）》（卷一），第812页。

【369】参见Tom Grunfeld：《现代西藏的诞生》，第113页；Melvyn C. Goldstein：《西藏近现代史：一个喇嘛国家的灭亡（1913至1951年）》（卷一），第812页。他们援引了达赖喇嘛本人和僧官土丹旦达的话。

1951 年 10 月 26 日，西藏地方政府官员欢迎十八军军长张国华。

得以签署"。[370]就连知名的"自由西藏"运动的活跃分子帕特里克·弗伦奇也不得不证实："常有人认为阿沛是唯一——个单独行动的坏人，与之相反的是，十七条协议既获得了西藏地方政府、也得到了国民大会的批准。没有人不接受十七条协议，直至达赖喇嘛 1959 年流亡海外。"[371]

【370】参见 Melvyn C. Goldstein:《西藏近现代史：一个喇嘛国家的灭亡（1913 至 1951 年）》（卷一），第 812-813 页；《西藏近现代史：暴风雨前的宁静（1951 至 1955 年）》（卷二），可查阅电报全文以及毛泽东的回复，第 226 页。Melvyn C. Goldstein 注明其出处为新华社、苏联 塔斯社和英国外交部档案。

【371】参见 Patrick French:《西藏，西藏》，第 202 页。

1951 年 5 月 24 日，为庆祝十七条协议成功签署，中央政府举行了一场盛大宴会。图中为毛泽东、阿沛·阿旺晋美（右）和十世班禅喇嘛（左）。

1951 年 11 月，西藏工作委员会领导成员在罗布林卡拜访十四世达赖喇嘛。图中从左至右依次为高级侍从官堪布阿旺·朗杰、李觉、王其梅、张国华、十四世达赖喇嘛、张经武、谭冠三、刘振国和平旺。

1954 年，十四世达赖喇嘛欢迎邓小平。

第十六章

"改变之风"——改革肇始、政治蜜月和被遗忘的情诗

尽管藏人被鼓励放弃他们的习惯和司法中许多比较野蛮和有伤风化的方面，而且在实践中这些已被停止了，但共产党治下的中国法典化的法律主要部分在西藏从未得到过落实。

乔治·金斯伯格（George Ginsburg）、迈克尔·麦索斯（Michael Mathos）[372]

"流亡藏人"及其西方支持者的捏造，与中共的行为及其政治路线、策略完全相互矛盾。戈尔斯坦强调说，毛泽东非常清楚，"为中国的长远利益计，最好不要迅速摧毁旧西藏，而更应该慢慢赢得民心，使藏人成为新中国的忠诚公民。"[373]谭·戈伦夫引用的中共中央的文件阐述了中国的"统一战线"政策，它明确要求"赢得达赖喇嘛及其统治集团中的大多数成员并孤立一小撮坏人"，落实十七条协议不能使用武力。西藏的经济和社会变革只能在几年的时间里逐步进行并要避免流血冲突。中共中央的这份文件强调，"强制手段会成事不足、败事有余"。如果西藏方面不愿意，甚至还可放弃建立小学。该文件还称，"让他们继续我行我素，而我们则集中精力做好事——生产、贸易、修路、医疗和统一战线工作（团结大多数人和耐心教育）。"[374]邓小平在成都的一次讲话中告诫首批派往西藏的民事干部，不要在当地谈论阶级斗争和社会主义，因为这些都不会被理解。入藏干部的工作应只限于帮助藏人。[375]事实上，入藏干

【372】参见 George Ginsburg & Michael Mathos:《共产党的中国对西藏的影响：最初十年》，该书引自 Tom Grunfeld:《现代西藏的诞生》，第 123 页及其注释，以及第 284 页。

【373】参见 Melvyn C. Goldstein:《西藏近现代史：暴风雨前的宁静（1951 至 1955 年）》（卷二），第 184 页。

【374】参见 Tom Grunfeld:《现代西藏的诞生》，第 112 页。

【375】引文出处同上。

部在那几年"表现得非常尊重藏人的风俗习惯和社会制度，也从不试图在民众中传播阶级仇恨"，[376]也没有在西藏采取任何针对宗教和全体僧侣的措施。相反地，"中央政府给予寺庙附加补助"。[377]此外，中国政府还拿出 50 万美元用于维修北京的雍和宫，并在 1957 年资助西藏的穆斯林前往麦加朝圣。[378]

那么藏人是如何接纳汉人士兵和普通干部的呢？这得看情况而定。哈勒的同伴奥弗施奈特"告诉加德满都的英国外交官，普通藏人喜欢汉人，因为他们真诚，还给自己分了土地"。同样的，年轻一代的贵族将汉人的存在看作"进行正面改变的机会"："许多之前在印度的英式学校学习的人乐意转学到北京的中央民族学院就读。"[379]戈尔斯坦列举了一系列来自贵族阶层和宗教界的进步官员，他们愿意与中央政府合作，并在其中看到期待已久的对社会进行改革的良机。[380]

年轻的孟加拉外交官萨玛尔·辛哈（Sumal Sinha）是 20 世纪 50 年代早期来自外国的历史见证人。他在发往新德里的报告中称："我看到的是非同寻常的景象，藏人对所有汉人的事物都表现出喜爱和热情。到处都在尽力仿效汉人，模仿他们的穿着、举止、说话和唱歌。拉萨许多最先被汉人的魔力所俘获的官宦人家在这一点上尤其引人注目。新中国文化渗入西藏社会，无论是在思想意识、音乐、服装还是语言方面，确实显而易见，从前僵化的东西现在突然都变得生动和有活力了。拉萨没有哪一户人家不在家里神龛中供上毛泽东及其战友们的画像。"[381]

就连反共的十四世达赖喇嘛的御医丹增曲扎也回忆了和新中国的代表在拉萨相处的最初日子："这些中共人员和传教士一样表现得非常热情，和聚集在罗布林卡附近的民众谈了很长时间，他们要传达的信息很简单：我们在这儿是要解放西藏和实行现代化。这些中国人开始实施全面的修建计划，还分发了大量的钱……所以拉萨的民众对他们越来越友好。"[382]而且当这些"汉人"实

【376】参见 Melvyn C. Goldstein:《西藏近现代史：暴风雨前的宁静（1951 至 1955 年）》（卷二），第 399 页。

【377】参见 Tom Grunfeld:《现代西藏的诞生》，第 122 页。

【378】引文出处同上，第 122-123 页。

【379】引文出处同上，第 115 页。

【380】参见 Melvyn C. Goldstein:《西藏近现代史：暴风雨前的宁静（1951 至 1955 年）》（卷二），第 191 页。

【381】参见 Patrick French:《西藏，西藏》，第 203 页。

【382】参见丹增曲扎:《彩虹的宫殿》，第 143 页。

实在在地修建学校、桥梁、医院和道路，以及西藏的生活水平得到改善时，这种好感便越发强烈，这一点也得到后来流亡海外的曲扎的承认。但这也不能使"一些人"改变对"汉人的慷慨大方和友好"的偏见。【383】曲扎在印度探望了十四世达赖喇嘛的家庭后返回拉萨，对拉萨1952年的情况描述如下："汉人的宣传将我们的人民牢牢控制住了。期间，戴红色的围巾很流行，那是共产党的标志。大街上，许多藏人炫耀着自己的中式发型，他们毫无顾忌地放弃了自己的传统，如剪去了自己漂亮的长发。"【384】

根据"统一战线政策"，在西藏只能逐步实行改革，西藏社会的根本变革则要推迟到今后某一时期，目的是赢得贵族阶层和上层僧侣中的大多数。中央政府在最初执行这一政策时取得了成功，尤其是在西藏建立的学校更是效果显著。

"1951年，西藏没有任何现代学校，"戈尔斯坦这样写道，"上层人士通常将孩子送到印度的大吉岭和噶伦堡接受现代教育。"【385】因此，中央政府认为应该优先建设现代教育事业。十七条协议中的第九条规定："依据西藏的实际情况，逐步发展西藏民族的语言、文字和学校教育。"【386】

中央政府一开始就认识到让汉族工作人员掌握藏语的必要性。早在1952年1月12日，在仲吉林卡公园的干部学校开设了藏语课程。40多名藏语教师中，一部分是跟随人民解放军进藏的，一部分则来自拉萨的上层社会。其中一位名叫T.D.达仁的女教师在接受戈尔斯坦的采访时回忆说："中国领导人打算让他们所有的战士都学会藏语，所以便在1952年建立了一所军队学校。"该校校舍是俗官们从前的夏季住所，现有800名学生，大多数是年轻的男女战士，就睡在房间的地上。【387】

1952年8月15日，拉萨首所小学（色新小学）一开学便热闹非凡，尽管反动分子的反对特别强烈，但就读学生依然人数众多。该小学由7个年级组成，开设的课程有藏语（语法以及后来的诗学）、算术、自然科学和地理，甚至还

【383】引文出处同上，第144页。

【384】引文出处同上，第151页。

【385】参见 Melvyn C. Goldstein：《西藏近现代史：暴风雨前的宁静（1951至1955年）》（卷二），第309页。

【386】参见 Franz Alt, Klemens Ludwig & Helfried Weyer：《西藏：美丽，破坏，未来》，第152页；Melvyn C. Goldstein：《西藏近现代史：暴风雨前的宁静（1951至1955年）》（卷二），第308页。

【387】参见 Melvyn C. Goldstein：《西藏近现代史：暴风雨前的宁静（1951至1955年）》（卷二），第309-310页。

有音乐。授课语言为藏语。汉语没有列为单独一门课程，但学生通过唱歌来学习汉语。在大约 340 名学生中，有 10 人是父母双亡的孤儿，其吃、住、穿等生活费用均由学校承担。学校负责人之一的多吉才旦回忆说，那时还有孩子从藏语学校转到这所内地人的学校，理由是转学前他们没有学习语法和数学，还有就是经常挨打。[388]

同年年底，另一所学校（"社会学校"）在仲吉林卡公园（现西藏大学所在地）开学。该校针对青少年和成人，并且也教授汉语。[389] "这两所学校的成功，很快推动在拉萨又建立了一所中学，"戈尔斯坦评论说，"所有这些学校都满足了西藏政府没有考虑到的一种需求。"[390]

谭·戈伦夫指出，从 1955 年开始，西藏建立了许多公立学校。"绝大部分的设备、书籍和学费都由国家承担。1957 年 7 月，西藏已有 78 所小学，共有 6000 名在读学生，另有 1000 人在中国其他地方的少数民族学院就读（1950 至 1978 年间，共有来自全国 50 多个少数民族的 9.4 万名大学生在全国 10 所少数民族学院毕业）。这些学校仅局限于城市。"[391]

同样获得成功的还有新成立的群众组织，它们以另一种方式来为西藏社会的现代化和改变藏人精神面貌做贡献。青年民主联盟组织社会中上层的少男少女们举办歌舞晚会。体育运动也在共产党的倡议下发展起来，特别是足球又重新流行起来。由于英国的影响，足球曾是西藏唯一的体育运动项目，但 1944 年，足球运动遭到达札摄政的禁止，理由是"踢足球就像踢我主佛陀的头一样卑鄙无耻"。[392] 在最初由十四世达赖喇嘛的姐姐次仁卓玛领导的爱国妇女联谊会里，前来参加活动的有贵族妇女和高官夫人，而且不少人认为在很多方面她们应该感谢新主人。至少索康夫人在 1992 年接受戈尔斯坦采访时回忆说，一些贵妇认为，"共产党让妇女们获得了平等地位……我们西藏的妇女们从前是没有指望的。在学校教育方面，从前的说法甚至是，妇女们不需要接受教育，所以她们就只能待在家里了"。[393]

【388】引文出处同上，第 401 页。

【389】引文出处同上。

【390】引文出处同上，第 402 页。

【391】参见 Tom Grunfeld：《现代西藏的诞生》，第 123 页。

【392】参见 Melvyn C. Goldstein：《西藏近现代史：暴风雨前的宁静（1951 至 1955 年）》（卷二），第 404 页。

【393】引文出处同上，第 406 页。

司曹（代理摄政）倒台后，[394]西藏地方政府终于发现自己也愿意进行改革了，尽管是迟迟疑疑的。1952 年 9 月，在获得十四世达赖喇嘛同意的情况下，西藏地方政府宣布将于次年召开"改革大会"。一开始有近 70 名代表与会，后来大约有 40 名代表每周会面一至两次。1954 年，成立了一个在一位僧官和一名财政官员主持下的"常务委员会"，"常委们"每天都碰面。戈尔斯坦对上述活动效果的评价一般：事实证明，要达成共识极其困难。只要一涉及土地改革，即对封建体制进行根本改变，就会遇到巨大的阻力。寺院的富裕生活也正是，而且首先是建立在封建体制基础之上的，所以"一旦有人建议进行土地和税收改革"，堪布们便会强烈抗议，理由是这些改革会"危害宗教"。[395]尽管如此，最终有一项还算有些意义的改革决定实施：减少西藏农民经常是数代人深受其苦的巨额负债，一些旧债甚至被免除了。此外还决定改革（尽管不是完全废除）压得农民们喘不过气来的运输劳役。

关于负债问题需要说明的是，最高可达 25% 的利息在旧西藏很普遍，[396]而且寺院是最坏的放高利贷者。"改革大会"成员功德林回忆说："对于西藏农村的许多人来说，时不时总会需要借钱。除了婚丧这样的一次性特别原因之外，收成不好也会导致农户经常没有足够的食物和种子……当时西藏没有银行，所以农户就得从地主那里，特别是从寺院和拉让（他们是西藏最主要的债权人）借款。放贷十分有利可图，因为没有规定利率标准……"[397]20 世纪 50 年代初，阿伦·温宁顿（Alan Winnington）在当地了解到："一些家庭负债 250 吨粮食，这样的天文数字是几代人也还不清的。"[398]

这些原则上决定的改革最终却收效甚微，因为它们在接下来几年的实施过程中只能缓慢推进，遭遇到许多阻力。戈尔斯坦如此总结："这虽然是一个开端，却是一个微小的开端。"[399]1959 年的拉萨暴动彻底改变了局势，此后中央政府在进行社会改造时再也不需要顾虑占西藏上层社会和寺院大多数的反动势力了。

十四世达赖喇嘛的西方朋友会引用上面提到的改革事例来证明他们的断

【394】参见本书下一章内容。

【395】参见 Melvyn C. Goldstein:《西藏近现代史：暴风雨前的宁静（1951 至 1955 年）》（卷二），第 457 页。

【396】引文出处同上，第 458 页。

【397】引文出处同上。

【398】参见 Alan Winnington:《西藏：真实的历史》，第 230 页。

【399】参见 Melvyn C. Goldstein:《西藏近现代史：暴风雨前的宁静（1951 至 1955 年）》（卷二），第 461 页。

言，即西藏地方政府在 20 世纪 50 年代早期自愿进行改革和现代化建设，却被中央政府阻止了。[400] 对此戈尔斯坦写道："一些藏人和西方作家声称，中央政府在 20 世纪 50 年代阻止西藏地方政府实行改革，但这一说法却经不起事实的检验。"[401] 事实正好相反，当中央政府迫使撤销司曹后，西藏最初的迟迟疑疑的改革才得以进行，而十四世达赖喇嘛一开始也是反对撤销司曹的。如果西方作家们将西藏的债务改革归功于十四世达赖喇嘛并用来证明他们的大胆断言，即"西藏地方政府是自愿（没有来自中央政府的任何压力，也没有中央政府的帮助）进行根本改革和现代化建设的，而且也具备这样的能力"，那是多么荒谬！

最初几年的经济现代化和改善藏人生活措施取得了积极成果，其中也包括人民解放军在极其艰苦的条件下在最短时间内修建而成的公路，从此西藏便和中国其他地区有了交通联系。首条这样的公路从四川雅安经藏南至拉萨，全长 2400 公里，途经 14 个山口。第二条这样的公路连接西藏和北边的青海省，全长 2100 公里。这两条公路均于 1954 年 12 月 25 日正式交付使用。1957 年 10 月，全长 1200 公里的新藏公路也建成通车。[402]

西方的"自由西藏"活跃分子恰恰喜欢诋毁在西藏修建道路。一本"流亡藏人"的宣传册称，那些新修的道路"对于藏人及其社会没有任何实际用处"，[403] 真是一个大胆的妄言。修路前 60 头牦牛耗时 12 天的运输量，如今一辆卡车两天就能完成。新建成的公路使从中国内地运来的货物价格骤降。例如，茶叶的价格在两年的时间里就下降了三分之二。这些公路首先极大便利了出行并显著缩短了旅途时间。尤其对十四世达赖喇嘛本人，或者说他神圣的臀部也获益了。当年还是孩童的他被从塔尔寺带往拉萨时，旅程长达"整整 3 个月"。[404] 1954

【400】参见 Franz Alt, Klemens Ludwig & Helfried Weyer:《西藏：美丽，破坏，未来》一书中 Klemens Ludwig 所写的"西藏两千年的历史"部分（第 72 页）：十四世达赖喇嘛"亲政不久就热情地继续着其前任的努力，并解放了许多因无力偿还债务而被迫为奴的农民，但中国人民解放军却反对他的改革"。同样无耻的还有 Frédéric Lenoir 或 Françoise Robin。例如，Françoise Robin 在其《关于西藏的老生常谈：与世界屋脊有关的成见》中称，十四世达赖喇嘛本打算消除现有的种种"不公正"，但没有足够的时间了（第 89 页）。

【401】参见 Melvyn C. Goldstein:《西藏近现代史：暴风雨前的宁静（1951 至 1955 年）》（卷二），第 457 页。

【402】引文出处同上，第 519 页。

【403】《中共统治下的西藏》，第 5 页，印度达兰萨拉出版社，1976 年出版，其内容引用在 Tom Grunfeld:《现代西藏的诞生》中，第 122 页。

【404】参见达赖喇嘛:《自由之书：达赖喇嘛自传》，第 24 页。

年当他启程前往北京时，穿越西藏的首段旅程也还极其艰难，"当时拉萨河上还没有桥梁，所以我们得乘坐牦牛皮船渡河。"【405】"大约两周后，"当他们终于到达一条可行车的道路时，十四世达赖喇嘛认为，"这真是一大快事，"因为他的屁股"已经完全被马鞍磨破了"。其随行人员的情况同样如此："并不只有我这样，我永远也不会忘记一名官员的惨状，他被磨破的臀部痛得让他歪坐在马鞍上，为的是能让左右臀部轮流得到休息。"【406】从成都出发，一行人乘飞机前往西安，紧接着又坐火车赴京。仅仅两年后，现代的"通行自由"甚至惠及西藏西部及西南部，十四世达赖喇嘛神圣的臀部肯定很感激，因为主人现在可以"享受穿越西藏全境的军用道路中的一条，去往锡金时几乎全天都可以乘坐汽车了"。据十四世达赖喇嘛回忆，在和锡金交界地带，"我们才下车改为骑马"。【407】

十四世达赖喇嘛的法国朋友德赛却不为所动，在其所著《西藏史》中断言，在西藏修建道路"只是为了运送军队"。难道是从锡金、尼泊尔和印度运来军队吗？他的另一指责听起来更加荒唐："汉人还动用藏人来修路，大多数时候却不付给他们报酬。这些藏人相当于在被强迫劳动，其间营养不良、虐待和事故造成了他们的大量死亡。"【408】

这些新修的道路当然也具有军事意义，但首先并不是在运送军队上，而是在运输补给上，因为人民解放军当时已进藏了。此外，现代交通道路对发展工业和贸易的意义不言而喻。我们还记得，西藏在1951年之前没有任何可行车的道路，当时所有货物运输都是靠牲口驮，经常还要用人来背。西藏在精神上、文化上和经济上与世隔绝长达数百年之久，当时的西藏经济基本上还是自给自足。为了补救这一状况，西藏需要和中国其他地区的道路联系。1954年，十四世达赖喇嘛在全国人民代表大会第一次会议前曾发表讲话，他自己也认为，这些道路将会"为建设一个富裕的新西藏奠定基础"。【409】

德赛称道路是由不领取报酬的藏人（他们似乎在被强迫劳动）修建而成的，这一指责不仅可笑，而且无耻。难道不正是在西藏存在了1000多年的传统的

【405】引文出处同上，第122页。

【406】引文出处同上，第125页。

【407】引文出处同上，第167页。

【408】参见 Laurent Deshayes:《西藏史》，第328页（他在这里照例没有注明出处）。

【409】参见 Melvyn C. Goldstein:《西藏近现代史：暴风雨前的宁静（1951至1955年）》（卷二），第495页。

乌拉（义务支差）制度让农奴们一直承担着无偿服劳役的义务吗？在旧西藏，没有人知道还有付酬的雇佣劳动。此外，"汉人"向为自己工作的藏人支付丰厚的报酬，是反动的贵族和僧侣阶层指责"汉人"的主要口实之一。事实的真相是：在修建川藏公路时，从昌都开始便有 3.1 万名解放军战士和 1.6 万名民工和技术人员参与。"几乎所有的修路工人都是汉人，"【410】藏人主要是参与置办需要的驮重牲口，这使得"那些拥有大量牦牛的上层人士赚得盆满钵满"。在西藏西部，截至 1954 年，共有 8061 名藏人参与了道路修建。戈尔斯坦也指出，中国政府本可以要求藏人按照传统无偿服劳役。但是"他们已答应不向人民征收新的税赋，所以用银元支付高报酬"，每月最高达 80 大洋。对于大多数贫穷的藏人来说，他们是生平头一次拥有这么多的钱。此外，由于修路需要征地，土地的所有人以及使用人都得到补偿。【411】

1954 年，十四世达赖喇嘛应邀赴京参加全国人民代表大会，表决通过中华人民共和国宪法。接下来的几个月里，他参观了多个地方，然后才返回西藏。

在京期间，十四世达赖喇嘛和新中国最重要的人物见了面。其中几个人（包括朱德）在火车站迎接他和班禅喇嘛，之后毛泽东接见了他"很多次"，【412】而且每次见面都表现得非常客气和友好。【413】在最初的某次谈话中，毛泽东向他保证中央政府会尽最大努力支援西藏发展。十四世达赖喇嘛听了大为振奋，甚至可以说简直是亢奋。据他的翻译平旺说，这位神王离开时，出于高兴和激动在车里还拥抱了他。【414】

十四世达赖喇嘛和班禅喇嘛一起以代表的身份参加了第一届全国人民代表大会。1954 年 9 月 16 日，他在大会上发言，称赞了新宪法确定的"各民族平等和团结"的政策，并对此详加说明："在很长一段历史时期内，西藏深受反动政府的压迫，特别是在某些时间里，受外国帝国主义的挑拨，或多或少地和祖国疏远了。西藏和平解放以来，情况发生了改变。如今，各民族之间的团结日益增强，藏民族一开始的担忧和顾虑逐渐消失，最重要的是关于共产党计划

【410】引文出处同上，第 414-419 页。

【411】引文出处同上，特别是在达兰萨拉对藏人才旺吉美的采访，第 417 页。

【412】达赖喇嘛自己的话。参见 Melvyn C. Goldstein：《西藏近现代史：暴风雨前的宁静（1951 至 1955 年）》（卷二），第 504 页。

【413】引文出处同上，第 492 页。

【414】引文出处同上。

破坏宗教的谣言现在已被完全粉碎。"【415】

　　9月27日，十四世达赖喇嘛当选为全国人民代表大会常务委员会副委员长。紧接着，回族的刘格平陪同他参观了数个城市，在参观过程中，十四世达赖喇嘛"清楚意识到"了西藏的落后程度以及现代化的紧迫性。【416】一路上的所见所闻给他留下的印象是如此之深，以至于他甚至打算加入中国共产党。刘格平显然费了很大的劲才打消他这个念头。【417】最后连中共中央也担心达赖喇嘛和班禅喇嘛会由于过度热情和急躁而使自己被西藏社会孤立。中共中央在1955年3月指示中央政府在拉萨的负责人不要鼓励达赖喇嘛和班禅喇嘛"在言行上过于激进"，因为"我们应该正确理解达赖喇嘛和班禅喇嘛的政治作用，它是建立在藏人对他们最高的宗教信任基础之上的"。所以，指示明确要求："不要鼓励他们说任何有违其宗教习俗的话和做任何这样的事。甚至如果他们那样说或做，也要尝试说服他们，为的是避免任何麻烦甚或危险。"【418】

　　1955年3月8日，十四世达赖喇嘛在即将启程返藏时，请求毛泽东再次接见他，他要向毛泽东当面告别。但毛泽东却决定自己去探望十四世达赖喇嘛。戈尔斯坦出版了会谈记录，他对那次会谈的评价是：会谈中，那位革命领导人"善于处世"和"温和"的态度以及"十四世达赖喇嘛在西藏现代化和藏族属于中华民族大家族的振奋"再次得以体现。【419】

　　但双方的友好关系也蒙上了一层阴影。众所周知，在钱的问题上不讲交情。谭·戈伦夫批评说，十四世达赖喇嘛当时向毛泽东承诺要将从布达拉宫转移到锡金的财富运回西藏，但从来也没兑现过。此外，他还向那位革命领导人保证他的兄长们没有和反华的外国势力保持联系——这如果不是表明他令人吃惊的无知，那就是一个大胆的谎言。【420】

　　十四世达赖喇嘛在京期间，"西藏自治区筹备委员会"于1955年3月9日成立了。按计划，该筹备委员会将在西藏逐步承担政府职能。它最初由51位

【415】引文出处同上，达赖喇嘛讲话全文，第494-495页。

【416】引文出处同上，第504页。

【417】参见达赖喇嘛：《自由之书：达赖喇嘛自传》，达赖喇嘛证实，那时他表达了"成为党员的愿望"。第132页。

【418】参见 Melvyn C. Goldstein：《西藏近现代史：暴风雨前的宁静（1951至1955年）》（卷二），第520页。

【419】引文出处同上，第515页。

【420】参见 Tom Grunfeld：《现代西藏的诞生》，第116页。

成员（46名藏人和5名汉人）组成，但后来成员数量增加到55人（50名藏人和5名汉人）。十四世达赖喇嘛被任命为"西藏自治区筹备委员会"主任，担任副主任的是十世班禅喇嘛。【421】

十四世达赖喇嘛返回拉萨后举行了一场宗教仪式并在仪式上首次公开谈论最新政治形势。"这次讲话对中央政府和当时在拉萨生活的汉人进行了非常正面的介绍。那时的达赖喇嘛与美国和印度政府所了解的达赖喇嘛是截然不同的。"【422】

谭·戈伦夫将20世纪50年代初期和中期称作十四世达赖喇嘛和中央政府方面的"蜜月期"。【423】那时，十四世达赖喇嘛写诗赞美毛泽东，可被理解为政治上的爱情表白。此诗的原作悬挂在北京的一座佛寺内。如今，十四世达赖喇嘛可能已记不得这些，就像离婚的双方那样，从前的海誓山盟和柔情蜜意令现在的他们感到尴尬。其中，一首赞颂毛泽东的诗内容如下：

"毛主席啊！您的光荣和事业像创造世界的大梵天和众敬王一样！

积聚了无量数的福德才产生了这样的领袖，他像太阳普照大地！

您的著作珍贵如宝珠，丰富有力，如同海潮一直达到天空的边际。"【424】

盖尔德夫妇合著之书的开头，便是另一首十四世达赖喇嘛赞美毛泽东的诗，该书书名《及时雨》也正是从诗中而来。其中有两句诗文是这样的：

"您的意愿如云聚，您的号召如雷鸣，

及时降下甘霖，无私润泽大地。"【425】

【421】参见 Tom Grunfeld:《现代西藏的诞生》，第118页；Melvyn C. Goldstein:《西藏近现代史：暴风雨前的宁静（1951至1955年）》（卷二），第500页。

【422】参见 Melvyn C. Goldstein:《西藏近现代史：暴风雨前的宁静（1951至1955年）》（卷二），其中最后一句用斜体字加以强调。第531页。

【423】参见 Tom Grunfeld:《现代西藏的诞生》，第107及其后几页。

【424】引文出处同上，第116-117页。

【425】参见 Stuart Gelder & Roma Gelder:《及时雨：新西藏之行》，第5页。该诗于1954年在拉萨写成，达赖喇嘛到北京之际呈献给了毛泽东。

第十七章

饥饿、经济封锁和西藏的三 K 党——反动势力破坏十七条协议

> 毛泽东主席的长远目标是，以带来合作和友谊的方式统一西藏。用今天的话说，他努力争取藏人自愿成为中华民族大家庭的忠实公民。
>
> 梅·戈尔斯坦[426]

后来，流亡中的十四世达赖喇嘛声称，当时毛泽东在北京曾低声告诉他说，宗教是毒药。[427]作为会谈翻译大多数时候在场的平旺不能证实毛泽东说过这样的话，而且也没有能支持十四世达赖喇嘛说法的会谈记录。这一评论本身其实只不过是马克思名言"宗教是人民的鸦片"的一种变形，几乎并不符合有文献记录的毛泽东的表述。毛泽东要求尊重藏人的宗教传统，甚至对历史上的佛陀发表了正面意见。例如，他在 1955 年 3 月 8 日对十四世达赖喇嘛说："我们必须在世界上做好我们的事情，这是佛教的一个原则。佛教创始人释迦牟尼在印度为受压迫的人说话。他相信任何人都能摆脱苦难，而且为此他放弃了王子的地位，创建了佛教。"[428]达赖喇嘛本人于 2004 年的一次采访中回忆说："毛主席赞扬了佛祖释迦牟尼和塔拉女神。他将释迦牟尼看作一位伟大的革命者。"[429]

然而大多数藏人很深的宗教信仰确实是西藏与中共中央政府关系中的"毒

【426】参见 Melvyn C. Goldstein:《西藏近现代史：暴风雨前的宁静（1951 至 1955 年)》(卷二)，第 38 页。

【427】参见 Melvyn C. Goldstein, Dawei Sherap & William R. Siebenschuh:《一个西藏的革命者》，第 196 页。据称，这是毛泽东的观点（仍然没有交代出处），也被 Karénina Kollmar-Paulenz 和 Patrick French 引用，如同一个无法探究其背景情况的事实。另见 Karénina Kollmar-Paulenz:《西藏简史》，第 56 页； Patrick French:《西藏，西藏》，第 109 页。

【428】参见 Melvyn C. Goldstein:《西藏近现代史：暴风雨前的宁静（1951 至 1955 年)》(卷二)，第 516 页。

【429】引文出处同上，第 518 页。

1939 年，拉萨的羊毛运输码头（恩斯特·舍费尔摄，德国联邦档案馆藏，图片编号 135-S-12-43-07/CC-BY-SA）

药"，此前数百年，它对于西藏的发展也是种毒药。所以，十四世达赖喇嘛赴京参加全国人民代表大会，首先就遭到了西藏地方政府和信众激烈的反对。在多次请神和问卜都得出有利于十四世达赖喇嘛赴京的结果之后，[430] 反对派才作出让步，而且高级喇嘛们绝不愿意神王乘坐飞机。广泛散布的谣言使民众开始担心"活佛"的性命，诸如，那些不信教的人到底会不会让他回来？他在西藏之外究竟有没有性命之忧？反动僧医曲扎这样回忆当时（1954 年）的情景：已经有人提出，神王应该"启程前往华盛顿"，但是"几名十四世达赖喇嘛的心腹亲信"紧急劝阻了他，以至于"他没有实现华盛顿之行"，而是去了北京。曲扎提到了流传的"谣言"并声称："拉萨的民众为他的人身安全担心，一致反对他赴京。在罗布林卡的一次宗教庆典上，他竭力安慰我们并承诺最迟在次

【430】Melvyn C. Goldstein 使用的是"divinations"（预言、占卜）一词，指的是用我们也很熟悉的"抛硬币"的方法来作决定，但是在一尊神像或佛像面前，其结果被理解为神的示意。在 20 世纪 50 年代，西藏还在通过这种方式或问卜来作最重要的政治决定，至今达赖喇嘛仍深信这种方法。

年返藏。"【431】尽管如此，在他动身时，狂热的信众歇斯底里地号啕大哭着，绝望地叫喊着，试图将他们的神王留下来。"担心这些藏人会因忧伤而投河，所以不允许他们来到拉萨河的两岸，因为十四世达赖喇嘛要乘坐一只牦牛皮船渡河。"【432】

藏人对宗教的狂热笃信使部分僧侣和未受教育阶层很容易受反对十七条协议者的谣言蛊惑，这些人决定要阻止该协议的实施。1951 年，在西藏地方政府最高层里也有这样的人：两名被称作司曹的代理"摄政"就自有打算。他们 1950 年获得任命，为的是代表当时逃往亚东的十四世达赖喇嘛在拉萨处理政务。两人费尽心机（有可能是背着年轻的十四世达赖喇嘛）想方设法阻挠十七条协议的实施，只要有可能，他们便给人民解放军和相关负责人制造困难。

1951 年 10 月 26 日，人民解放军的主力部队，即由张国华将军率领的十八军约 6000 名官兵抵达拉萨。一个月之后，范明指挥的人民解放军西北局第一野战军 1600 人也随即抵达。中央政府意识到，这么多的官兵来到小小的拉萨会出现困难的局面，【433】为军队提供食物、饲料和燃料补给在后勤上也是一个很大的挑战。出于政治原因，是绝不会让当地民众来负担军队给养的，同时也不可能使用任何武力，所以中央政府一开始就拟定了一系列措施来保障军队的物资供应。从长远来看，立即着手修建的道路应该也是为了这一目的，此外还有人民解放军自己进行的粮食生产。从短期来看，购买一部分西藏的粮食储备（它们装满了当地政府、寺院和大地主的粮仓）有助于弥补供应不足。对此十七条协议作了明确规定，其中第十六条要求"西藏地方政府应协助人民解放军购买和运输粮秣及其他日用品。"【434】为此与前往拉萨的部队同行的还有"数百头驮着装满银元的箱子的牦牛"。【435】此外，在人民解放军主力部队到达拉萨之前，中央政府在 9 月和 10 月一再敦促成立一个负责从印度采购和进

【431】参见丹增曲扎：《彩虹的官殿》，第 151-152 页。

【432】引文出处同上，第 152 页。

【433】按照 Melvyn C. Goldstein 的说法，在一部分部队进入西藏之前，拉萨的驻军共有约八千人，但是 Karénina Kollmar-Paulenz 却称有两万人，并且对自己的说法也没有注明出处，这一数字也许来自喜欢夸张的"西藏流亡政府"。这个问题被 Patrick French 揭示后，就为世人所知晓，而且这也是 Alexandra David-Néel 提到的藏人的一种习惯。

【434】参见 Franz Alt, Klemens Ludwig & Helfried Weyer：《西藏：美丽、破坏、未来》附录，第 154 页。

【435】参见 Melvyn C. Goldstein：《西藏近现代史：暴风雨前的宁静（1951 至 1955 年）》（卷二），第 248 页。

口粮食的联合委员会，却始终遭到西藏一些负责人的阻挠。同样的情况还发生在购买粮食上，尽管人民解放军给出了好价钱，但事情并未如愿。

于是在人民解放军大部队抵达后不久就发生了一次严重的供应危机，这也正是由于"司曹领导的西藏地方政府对人民解放军继续不予支持"。[436]在正式场合，西藏地方政府负责人假称西藏没有那么多的粮食来供应部队。戈尔斯坦指出那不是真的。西藏地方政府、贵族和寺院几十年来储藏的粮食能够满足人民解放军的需要，而1951年年底至1952年拉萨的"紧急缺粮"是人为造成的。[437]一位西藏官员在1992年接受采访时证实："那时没有人公开讲你不能卖东西给汉人，但是私人看到政府不打算出售（粮食）的政策，于是便也那样做。"[438]

人民解放军领导层通过将官兵每日的食物定量削减为原来的一半，并尽快将一部分部队转移到西藏其他地区来应对粮食供应不足问题。

在拉萨的官兵因为每天的热量补给不足，只得去吃野菜根，哪怕有中毒的危险。身体变得虚弱的人民解放军官兵开始开垦荒地，自己来搞农业生产。1951年11月25日，在得到噶厦政府的许可后，部队开始将拉萨以西的一大片土地改造为农田。在没日没夜三班倒地苦干了17天后，153公顷的荒地变成了新农田。解放军舞蹈队队员、藏人强白嘉措告诉戈尔斯坦，一开始战士们得刨去荆棘灌木丛、翻掘冻土和补充肥力。为此，他们从拉萨弄来大量粪便并在市内大街上捡来骨头，把它们烧焦后捣碎。[439]从1952年3月开始，部队大部分官兵都在开垦土地，当年便可以"栽种3000多亩（约合200公顷）粮食和蔬菜"。[440]根据中央政府提供的数据，人民解放军1952年在整个西藏种植了934公顷土地的农作物，收获了38万公斤青稞和约100万公斤蔬菜。

【436】引文出处同上，第249页。

【437】引文出处同上，第252页。

【438】引文出处同上，第249页。Blondeau 和 Buffetrille 身边表现较客观、严肃的西方作家们，也毫无顾忌地将中国人认定为当时粮荒和通货膨胀的唯一责任方，他们认同一位"流亡藏人"的断言，即所谓的人民解放军必须得靠藏人供养，并不作进一步评论。该"流亡藏人"称：尽管西藏地域广阔，人口稀少，但其地理和政治条件决定了那里生产出来的食物只能勉强满足当地居民的需要。供养一支超过一万人的军队导致了食物短缺……（参见 Blondeau & Buffetrille:《西藏属于中国吗》，第123页）。

【439】引文出处同上，第256页。

【440】引文出处同上，第257页。该书第258页的一张照片展示了人民解放军战士是如何开垦荒地的，他们站在齐膝深的水里，一部分人甚至在用手挖地。

戈尔斯坦评论道，进藏战士不寻常的行为招致一些藏人的不满。收集人、狗粪便让他们感到震惊，为得到钙肥而燃烧骨头冒出的浓烟干扰了他们，他们担心那会冒犯拉萨的保护神。

但是，人民解放军对那些抵制十七条协议、尽管曾经在军事上惨败依然傲慢的西藏贵族和高级喇嘛们的愤怒，却更令人同情。后者假装同情甚或愿意提供帮助，同时却存心让官兵们挨饿。司曹之一的鲁康娃在一次口舌之争中不加掩饰地、幸灾乐祸地问张国华："张司令员，您说说，难道挨饿不是比战败更糟糕吗？"【441】

为了不破坏统一战线政策，与西藏上层社会大多数人和睦友好相处，人民解放军保持了在戈尔斯坦看来相当大的、甚至令人惊奇的克制。西藏曾负责处理"对外事务"的土丹塔巴 1981 年在接受采访时用一种讽刺的口吻回忆起人民解放军表现出来的纪律和顾虑："过一段时间之后，在拉萨的汉人就没有燃料了。当时在罗布林卡有一片非常茂密的树林。如果人民解放军和别人一样的话，他们就会干脆把树砍掉，然而汉人士兵是受过良好教育的人，所以他们没碰过任何一棵树，而宁愿忍受连续两三天没有任何热的东西可喝。"【442】食物短缺和人民解放军带来的大量流通钱币造成了严重的通货膨胀，为解决这一问题，军方领导层公布了严格的部队规定。一位名叫余德华（音译）的女战士告诉戈尔斯坦："那时候噶厦政府不卖给我们粮食。入冬后，我们在拉萨再也找不到任何可食用的野菜了，我们饿得厉害。抵达拉萨之后，我们女战士每人领到两块银元用于特别需要。除此之外，别的方面就得不到任何现钱了。看到藏人在街上卖大饼，我就把自己的钱省下来，希望可以用来买吃的。但是我们的军事条例非常严格，不允许我们在大街上买任何吃的东西。可是我实在饿得不行，就给自己买了一个饼……回来后，我正要和战友们分享这个饼，政委突然进来了。他问是谁买的饼，我承认是我买的，然后他就把饼没收了（后来我听说，他把饼还给了卖饼的人）。为此我受到了纪律处分。"【443】

由于人民解放军方面采取了有力措施，几个月后就解决了补给问题。10 月底，噶厦政府的一个部门，其负责人除阿沛·阿旺晋美之外还有噶伦夏苏和

【441】引文出处同上，第 252 页。

【442】引文出处同上，第 251 页。

【443】引文出处同上，第 256 页。

东波（Dombor），已经开始关心供应问题并越过司曹与人民解放军合作。此外，中央政府在1951年底请求印度政府同意中方将大米经印度运到西藏，印方答应了，条件是自己要留下一部分大米。首批3500吨大米从广东装船运往加尔各答，再从加尔各答用火车将粮食运往噶伦堡附近的西里古里，接着再用牲畜翻越喜马拉雅山驮到拉萨——鉴于运输距离之长以及所需驮畜数量之大，戈尔斯坦认为那是一个"巨大的挑战"。【444】期间印方额外留下6000吨中国大米用于供应深受饥荒之苦的西孟加拉地区。除此之外，还从与西藏交界的四川省和青海省运来了数量巨大的粮食。1951至1954年间，共有7100万斤物资经昌都运抵拉萨，为此投入了6.69万多头驮畜和1.56万多名人力。1953年，2.6万多头骆驼将食品从青海的格尔木运抵拉萨。【445】

尽管供应问题和通货膨胀最终得以克服和控制，但已然造成了损失。由于解放军的进驻导致了通货膨胀和食物短缺，许多拉萨人对其好感大减。另外，由于美国的一项涉及西藏最重要出口商品的措施，西藏经济大受影响。之前美国一直是西藏出产羊毛的最大买主之一。现在美国突然完全终止了从西藏进口羊毛，当然是由于西藏现在属于"红色中国"，而和中共的任何经济关系都是被禁止的。美国的这一禁令在两周之内便使西藏羊毛价格骤降60%。戈尔斯坦写道："颇有意思的是，拉萨的反华分子对此大做文章，他们将西藏羊毛贸易遭受损失的责任推给汉人而非美国。汉人确实是介入了：他们用高价从西藏商人手中收购羊毛。"【446】

西藏方面持续反对十七条协议实施的原因也和其中的第八条相关，它规定："西藏军队逐步改编为人民解放军，成为中华人民共和国国防武装的一部分。"【447】两名司曹便利用其中"逐步"的表述，试图把西藏军队的整合遥遥无期地拖延下去。对任何推进藏军改编的措施，他们都表示反对。结果是藏军不仅保留了自己的司令部，它继续负责招募新兵和发放军饷，而且还保留了自己的指挥系统、自己的制服和军旗。特别是藏军行进时总还举着自己的军旗，而不是中华人民共和国国旗，这一事实引起了人民解放军的强烈不满，而且导

【444】引文出处同上，第260页。

【445】引文出处同上，第261页。

【446】引文出处同上，第264页。

【447】参见 Franz Alt, Klemens Ludwig & Helfried Weyer:《西藏：美丽、破坏、未来》，第152页。

致了相关负责人和司曹之间很激烈的争论。一次，范明将军和司曹鲁康娃、洛桑扎西争吵起来，最后他威胁说："如果你们不打算用国旗的话，那我们就在你们的军事司令部升起一面！"鲁康娃回击说："你们挂 100 次，我们就会把它扯下来 100 次！"于是范明宣布，要去十四世达赖喇嘛那里投诉他们制造问题，并要求十四世达赖喇嘛将他们撤职。鲁康娃对此的回答偏激而固执："如果你们汉人命令我们辞职，我们是不会听从的。但如果达赖喇嘛叫我们跳进火里去死，或者叫我们投水，我们就会照做。"【448】

由于前些年在西藏办学失败，现在要为拉萨建立一所世俗学校的计划也不可避免地遭到反动派的反对。计划刚一公布，反对建立这样一所学校的人便发动了征集签名活动。据推测，幕后主使是索康，他是最有影响的噶伦之一，刚从印度回来不久。在噶厦政府内部，拟定的教学计划遭到公开批评。一些人认为，"课程必须受西藏地方政府控制，而且有必要将宗教课也纳入教学大纲"。【449】

食物供应危机、通货膨胀、羊毛出口瘫痪、学校项目搁浅等都使局势愈发紧张，在此背景下，西藏首次出现了一个自称"人民委员会"或"人民联合会"（藏语为 mimang tsondu）的激进民族主义组织。该组织不仅反华和反共，而且还反对西藏地方政府，认为它在与汉人打交道时过于软弱无能。戈尔斯坦指出，在西藏，传统上只有上层贵族和高级宗教人士中的极少一部分精英分子才有资格从政，那里完全没有民主或人民参政的概念，也"没有政党和政治言论自由"。"传统的政治意识形态很清楚地表明，政府事务和臣民无关。"【450】毫不奇怪，"藏语中的'人民'（mimang）一词本是受中共影响的新造词，是为了将汉语中的该词翻译过来。"【451】藏语中的"人民"（mimang）一词直接仿照汉语表达法，由 mi（意为"人，人们"）和 mang（意为"简单，普通"）组成。那些狂热分子不管"人民"一词的由来而将自己的组织命名为"人民联合会"。对此，一位西藏贵族后来是这样解释的："中共只要发表讲话，总是把'人民'一词挂在嘴边。几乎就好像如果人民说：'跳河吧！'他们就真的会跳一样。他们对人民就是这么上心……所以，当我们向他们挑战时如果不使用这个词，那还有什

【448】参见 Melvyn C. Goldstein:《西藏近现代史：暴风雨前的宁静（1951 至 1955 年）》（卷二），第 303 页。

【449】引文出处同上，第 312 页。

【450】引文出处同上，第 314 页。

【451】引文出处同上，第 317 页。

么其他的词比它更合适呢？"接着他又说："他们将人民看得高于一切，他们宣布，他们来是为了服务于人民。如果人民起来反抗他们，如果他们如此看重的人民起来造他们的反，接下来可能会发生什么呢？他们会对此说什么呢？"【452】他的结束语是："就是这样……这个组织的命名正是针对他们频繁使用'人民'而言，并非因为对民主进程有何想法。"【453】

戈尔斯坦还发现，尽管组织名字选用了"人民"一词，但其"创建者和领导人并不真正属于普通人民"。该组织大部分成员虽然不是西藏政治精英（数量极少的），但也来自精通写作的僧侣（他们中许多人在管理部门担任僧官）和中级官员阶层。【454】他们主要是感到自己的存在受到威胁的社会中层以及未接受良好教育的人（这样的人易滋生狂热的民族主义），这很容易让人联想起20世纪二三十年代欧洲的某些潮流。二者相似的还有错误的组织命名，即出于与下层人民利益背道而驰的政治目的，而有意识地滥用"人民"一词。当时在德国，难道不正是一个"工人党"（其名称还带有"社会主义的"）击溃了工人运动的各个党派和组织吗？他们挥动着红色旗帜，不过一块带纳粹标志的白色补丁使红旗变得难看了。

由此可见，即使西藏"人民联合会"批判噶厦政府与中共合作，但它肯定不是由民主人士或者如今称作"持不同政见者"组成。和两次世界大战之间的欧洲的民族主义激进分子和"革命者"一样，西藏"人民联合会"的成员明白私底下要与最上层有权势的靠山和保护者意见一致，因为"司曹作为公开的反对派在思想上为这种政治抗议开了绿灯"。【455】于是西藏上层贵族中最反动分子将"人民联合会"拉来为己所用。除司曹之外，还有所谓朗赛林集团的阴谋策划者。该集团核心成员有西藏四大财政官员之一的朗赛林、藏军团长扎西贝拉以及一名僧官，他们和十四世达赖喇嘛的侍从长帕拉关系密切。

西藏"人民联合会"暗地里招募人员，首先是在寺院和藏军中。他们在大街上故意碰撞人民解放军战士，殴打他们，偷他们的东西，对他们吐唾沫或者辱骂他们，以此挑起事端和冲突。人民解放军女战士则遭到调戏。他们组织破

【452】引文出处同上，第 319 页。

【453】引文出处同上。

【454】引文出处同上，第 319，第 320-321 页。

【455】引文出处同上，第 321 页。

坏活动，例如，割断电话线，夜间向人民解放军营地开枪，试图通过各种方式激起对汉人的仇恨。"人民联合会"前成员、江孜团的一名士兵回忆说："僧侣穿上平民服装，零星前往拉萨，随身带着刀枪。当时经常有人群在某些地方集合。有一次甚至说要去拜访拜访张经武。"【456】最常用的手段还是散布荒谬的谣言。例如，其中一则讲毛泽东和朱德在朝鲜成了美军的俘虏，中央政府很快就要垮台了，美国人为从中共手中解放西藏业已抵达印度。【457】

"人民联合会"也针对那些愿意改革和与中央政府合作的藏人实施暴力。特别是新建立的世俗学校以及青年联盟和妇女协会的活动成了反动势力暴力攻击和挑衅的目标，干部学校甚至因此不得不暂时关闭。一位前学员告诉戈尔斯坦："干部学校的藏族教师对国家很忠诚，因此收到了恐吓信，目的是要让他们害怕。信中写道，你们教师是魔鬼，我们有一天会杀死你们。另外，如果这些教师去集市，一些人会向他们扔石头或者吐唾沫，还要求他们马上停止在干部学校教课。我还记得曾看见我们的一位藏族教师在一棵树下哭泣。"一名"人民联合会"成员回忆说，"僧人们""捉住并狠狠揍了"几名在妇女协会做事的藏族妇女。他还举例说："一次在仲吉林卡举行集会，汤美女士（Mrs. Thangme）在集会上讲话，所以僧人们埋伏在一个地方等她，用一根木棍着实痛打了她一顿。"【458】

"人民联合会"的成员对手无寸铁的人施暴、恫吓，反对不合心意的现代学校及其教学活动，为达到自己反动的政治目的而对古老的"宗教"大加利用，决心阻止改变不公正的旧社会——这一切都让人想起在美国南方州出现的三K党，当时南方各州是美国南北战争的失败方，并被迫解放奴隶。

"人民联合会"搞了一起核心内容是要求人民解放军撤离拉萨的请愿签名活动，并将请愿书递交给正在布达拉宫开会的西藏地方政府。当西藏地方政府拒绝收下请愿书时，"人民联合会"的特派代表便提出已获得司曹支持。事实上，司曹鲁康娃确实要求来探询自己态度的噶伦们收下请愿书并转交张经武。噶伦拉鲁回忆说："本来应该征求达赖喇嘛的意见，但是却没有人去问他。鲁康娃当即就把事情处理了，他命令我们收下请愿书。"【459】

【456】引文出处同上，第331页。张经武是西藏工作委员会第一书记。

【457】引文出处同上，第329-330页。

【458】引文出处同上，第406页。

【459】引文出处同上，第333页。

请愿书很长，其构思和风格令人猜测起草人系精通"对外交往"人士。请愿书称，佛教是"一切收获与幸福之源"，"三大寺和其他大大小小的寺院是藏传佛教的根基，"在旧社会，由于历代达赖喇嘛的善治，所有藏人生活幸福安宁，甚至连乞丐都享有完全的自由和无忧无虑的生活，但是人民解放军的进驻使民众的生活条件日益恶化，所以部队必须撤离，只能留下一小部分人。此外，"必须取消对西藏羊毛的贸易禁令（众所周知，该禁令是美国实行的）"。[460]

当"人民联合会"的代表次日向张经武和噶厦政府递交请愿书时，同时一群武装暴民对他们进行围攻，重申其人民解放军撤离和保留西藏传统政体的主张。阿沛的住所遭到枪击。拉萨弥本（市长）在张经武和噶厦政府商议后宣布实行宵禁，但没有得到遵守。武装分子还在大街上闲荡并惹是生非。在这种情况下，"人民解放军决定绕开司曹直接去请十四世达赖喇嘛帮助恢复秩序"。[461] 1952 年 4 月 15 日，噶厦政府尽管同意禁止"人民联合会"的活动，但拒绝把司曹撤职，理由是他们与"人民联合会"及其活动无关。于是张经武写信给十四世达赖喇嘛，请求他解除鲁康娃和洛桑扎西的职务。张经武在信中表示，他将来不会再和他们合作了，只和直接受十四世达赖喇嘛领导的噶厦政府合作。翌日，一个藏人代表团前来拜会张经武，为让司曹留任进行游说，但张经武不为所动。好多天过去了，藏人方面还是毫无动静，既没有采取针对"人民联合会"的具体措施，也没有将司曹撤职。张经武便在 4 月 19 日一早亲自前往布达拉宫。他周围的人考虑到了最糟糕的情况，为他的人身安全担心。但张经武最终成功说服十四世达赖喇嘛同意将两名司曹免职，而且噶伦们也敦促十四世达赖喇嘛这样做。在张经武同意不惩办鲁康娃和洛桑扎西并保留他们的俸禄和礼仪上的地位之后，十四世达赖喇嘛于 4 月 27 日罢免了他们。

随后，一个主要由藏人组成的调查委员会着手调查"人民联合会"的阴谋活动并传讯其为首者。他们被训诫其组织非法，不得开展活动，要求其保证今后行为举止正派得当。最后，没有人受到处罚，拉萨很快恢复了安宁。[462]直到 1955 至 1956 年间，西藏"人民联合会"的狂热分子再也没有出现过。中共

【460】引文出处同上，第 335-338 页。

【461】引文出处同上，第 340 页。

【462】引文出处同上，第 365-369 页，Melvyn C. Goldstein 的描述非常详尽，并使用文献资料加以证明。与此相对照，Laurent Deshayes（参见其《西藏史》，第 386 页）则声称，"人民联合会"的"负责人"或被投入监狱，或逃往印度。和通常一样，他没有注明出处。

四川省甘孜藏族自治州一座格鲁派寺庙屋顶上的"教义之轮"——藏传佛教的象征（Colegota 摄）

再一次展示了相当大的耐心、克制，甚至还放弃了将藏军纳入人民解放军的做法，藏军士兵可以继续保留自己的制服和旗帜。十四世达赖喇嘛后来在 1954至 1955 年间再次赴京。那时毛泽东还对他说，他认为藏人除中国国旗之外使用自己的旗帜完全不是一个问题。遗憾的是，一些反动藏人却将中央政府和中共这一温和态度误解为软弱。

戈尔斯坦对中央政府与司曹和"人民联合会"冲突的结果给予了积极评价："接下来的几年里，噶厦政府内唱主调的观点会更温和更现实，而且双方也会进行很好的合作。这样一来，西藏再次获得机会来尝试在中华人民共和国国内偏安一隅。"【463】

然而，摆在中央政府和西藏愿意改革的政治力量面前的根本问题并未得到解决。人们不得不考虑，到底可否避免大的冲突，双方能不能做到不使用武力来解决这些问题呢？谭·戈伦夫谈到，仅仅由于不了解对方的思维方式和生

【463】参见 Melvyn C. Goldstein：《西藏近现代史：暴风雨前的宁静（1951 至 1955 年）》（卷二），第 369 页。

活习俗而造成的种种误会就很难补救。北京的中央人民广播电台早在 1949 至 1950 年间就开始用藏语播送节目，中央人民政府可以通过该电台来传播自己的立场，但几乎没有藏人拥有收音机。所以，西藏政治舆论的形成依然首先是建立在宗教偏见、荒谬的谣言和道听途说的基础之上。

谭·戈伦夫认为，汉人没有意识到，"任何一种改变——无论它多么小，看起来多么无关紧要——都不可避免地对这种僵化的封建社会产生深刻的影响。"[464]他列举的几个例子也许可以说明这一点，按照规定，人民解放军战士不可以从藏人那里购买食物，这使得许多战士试图通过渔猎来改善自己的伙食，但这样一来又违反了佛教禁止杀生的戒律。如果在西藏工作的现代医生打算清除藏人身上的虱子或是向他们解释是出于卫生原因杀死病原菌时，他们就必须十分小心，不要因为违反佛教教义的行为而受到指责。[465]任何对僧侣进行的公开批评都被自动当作对宗教的讥讽。在安装电台天线时可能无意中会玷污了圣地。对康区当地人进行的人口统计被误解成为了实施大抓捕而做的准备。[466]兽医站、实验培育站、为孩子开设的学校、冬季喂养区等新生事物减少了游牧民的流动性，有时会遭到他们的拒绝。没收他们的私人武器真正遇到了阻力，因为这些游牧民将他们的武器看作是最贵重的财产。[467]

谭·戈伦夫认为，不进行大的社会变革，保守的藏人也会起来反对。即使是一些小的革新，也会被视为对西藏传统社会制度的威胁。他在书中写道："西藏在 1952 年有了电话机和电报机以及银行（中国银行分行），接着又有了汉语和藏语的报纸、广播节目、现代印刷的书籍和宣传册。医院和医护队也建立起来了，医务人员得到培训，还建立了兽医站；1956 年，西藏首条航线开通；1958 年开采的首座煤矿，1959 年建起的首座高炉，为西藏工业发展奠定了基础。"[468]

【464】参见 Tom Grunfeld:《现代西藏的诞生》，第 129 页。

【465】参见 Alan Winnington:《西藏：真实的历史》，第 88 页。"我观察到，在一次检查中，一位病人身上的虱子爬到了医生的袖子上，但医生没有试图清理虱子，他好像根本就没注意到他们。"原因是顾虑到病人的宗教感受。

【466】参见 Tom Grunfeld:《现代西藏的诞生》，第 129 页。

【467】引文出处同上，第 125 页。众所周知，即使在一个像美国那样的国家里，也制止不了自由拥有武器的疯狂。

【468】引文出处同上，第 122 页。

　　中共遵循的自愿和逐步进行改革的原则，未能阻止发生严重冲突。一方面，当地的个别汉人负责人缺乏必要的耐心，他们对藏人的精英阶层很不信任，极不情愿与对方合作；另一方面，中央政府许诺了要将农奴从封建枷锁中解放出来，但他们等待的耐心几乎达到极限。如果中央政府向农奴主保证在今后几年保留他们的地位、特权和财产，那么对一位前来抱怨其主人剥削自己的农奴又该说些什么呢？康巴革命者平旺就讲述了这样一件令农奴和农奴主双方都强烈不满的事件：【469】一位名叫旺杰平措的年轻藏人在江孜参加了关于民主改革的学习，因此违背了他领主的意愿，因为领主要求他服劳役，而不想让他去学校。不听话的旺杰平措被判鞭刑，一位相关负责人要求处罚领主，否则，今后西藏的农奴们就不敢参加政治学习了。这件事情最终以领主的道歉和经济赔偿得以解决，领主及其打手没有再受到处罚。但事件却表明，中国的西藏政策是完全可能失败的走钢丝表演，尤其是中央政府尽一切努力也未能赢得藏人精英层的大多数，反而又令焦急等待社会变革和物质条件改善的广大民众失望。另外，在边区进行改革时，举措不够明智、行动仓促以及外国势力的干涉导致形势发生戏剧性变化，反叛、镇压不断加剧，螺旋上升。

【469】参见 Melvyn C.Goldstein, Dawei Sherap & William R. Siebenschuh：《一个西藏的革命者》，第 220 页；Tom Grunfeld：《现代西藏的诞生》，第 129-130 页。

第十八章

早期流亡，"神圣家庭"和有钱的"山姆大叔"

　　大多数赞同达赖喇嘛返回拉萨，而不是流亡海外，由于美国的干涉，作出决定变得更加困难，美国试图说服十四世达赖喇嘛谴责十七条协议并逃亡海外。

梅·戈尔斯坦【470】

　　早在 1950 年 10 月 16 日，昌都军事失败之前，一个西藏"贸易代表团"便在印度拜会了美国驻印大使洛伊·亨德森（Loy Henderson），目的是谈论西藏的军事"需求"。在接下来的数月里，西藏地方政府的高级代表一再和美国接触。美国试图按照自己的意愿来影响在西藏发生的事情。反对和中央政府妥协的藏人也在寻求美国这个西方超级大国的帮助，以促使十四世达赖喇嘛出逃。

　　夏格巴便是负责和美国接触的西藏高官。当时在亚东的十四世达赖喇嘛面临着两难抉择：争取与中央政府和解，或在流亡中与中央政府开战。夏格巴向十四世达赖喇嘛承诺，美国会在第二种情况下大力支持他们。【471】

　　1951 年 3 月，西藏代表从亚东前往北京的途中，《时代·生活》杂志的詹姆斯·布克（James Burke）带海因里希·哈勒来见亨德森。哈勒希望美国帮助西藏。他对美国大使亨德森说，年轻的十四世达赖喇嘛一定需要建议，因为他身边的僧侣们会向他施压，要他返回拉萨。华盛顿应该清楚表明对他的关注。戈尔斯坦看到，哈勒发现亨德森是一位"反共强硬派和搞冷战的政客"，【472】也就是说，亨德森完全符合哈勒这位德国党卫军体育教官的口味。【473】

【470】参见 Melvyn C. Goldstein：《西藏近现代史：暴风雨前的宁静（1951 至 1955 年）》（卷二），第 113 页。

【471】引文出处同上，第 51 页、第 112-113 页。

【472】引文出处同上，第 114-115 页。

【473】关于 Heinrich Harrer 纳粹党人身份一事，本书还会讲到。总体而言，信念坚定的纳粹分子不会仅仅因为他们的"第三帝国"灭亡而自动改变身份，他们的反共产主义立场不久就在二战后的西方派上了用场……

西藏特派代表于 1950 年 9 月 8 日在新德里拜会印度总理尼赫鲁。前排（从左至右）：堪穷土登结波、白玛玉珍·夏格巴（孜本夏格巴之妻）、英迪拉·甘地、尼赫鲁总理、才让卓玛（十四世达赖喇嘛的姐姐）、孜本夏格巴·旺秋德典、代本达拉·平措扎西（才让卓玛之夫），后排（从左至右）：札萨晋美塔仁、身份不明的僧官（也许是格西罗哲嘉措）以及孜本切莫直宇（Chemo Driyul，孜本夏格巴的妹夫）（拍摄者不详）

关于十四世达赖喇嘛周围僧侣的情况，哈勒也许搞错了，因为除了有权势的噶伦索康之外，反对与中央政府妥协的最重要人物恰恰是几名高级喇嘛：年轻的十四世达赖喇嘛的侍从长帕拉以及他的经师赤江活佛。[474] 由于十四世达赖喇嘛的长兄当采活佛的到来，这些强硬派的势力得以增强。这位青海塔尔寺的前任堪布在汉人面前假装愿意为西藏的和平解放尽力，然而其所做所为却正好相反：他激烈攻击中央政府破坏藏文化和藏地风俗习惯。他还举例说，中央政府曾说过"藏人供奉酥油灯是个坏习俗，因为那是在浪费酥油"。[475]

1951 年春，亨德森大使秘密致信十四世达赖喇嘛，公然建议说："陛下绝不应该返回拉萨，或者将陛下自己的或西藏的财宝送往拉萨。"此外，他还在

【474】引文出处同上，第 53 页。

【475】引文出处同上，第 56 页。

信中说："我们建议陛下立即派代表前往锡兰，尝试和锡兰政府一道立即组织将陛下的财物转运到锡兰。"此外，派往锡兰的代表还应该请求锡兰政府原则上答应十四世达赖喇嘛及其家人可以前往该国避难。[476]亨德森在信中还称，如果十四世达赖喇嘛打算派一个代表团访美，那么获得美国签证毫无问题。

1951年5月，当时西藏地方政府所谓的"副外长"土丹塔巴（Thubden Tharba）在噶伦堡和加尔各答多次与美国驻印度大使馆一等秘书威尔金斯（Wilkins）会面，夏格巴也是如此。正当西藏代表团在北京谈判时，夏格巴在一次这样的会面中表示希望从威尔金斯那里明确得知，美国是否愿意为十四世达赖喇嘛及其约100名随从人员提供避难并承担他们的生活费用；十四世达赖喇嘛在美国可否被当作国家元首接待；美国是否准备在适当的时机在军事上和经济上支持藏人"小分队"反抗中共的起义。美国驻印度大使馆在当时发给美国国务院的电报中除了列举夏格巴的这些问题之外，还提出"需要钱来鼓励这种小分队"。[477]

夏格巴于6月15日在噶伦堡秘密会见美国副领事萨希尔（N. G. Thacher），后者假装与夫人和孩子们在此地度假。两人在一系列会面中再三商谈如何能促使十四世达赖喇嘛强烈谴责和拒绝十七条协议。[478]

当美国根本就没准备对西藏这匹瘸腿马下太大赌注时，西藏方面一些性情急躁的人还抱着疯狂的期望。戈尔斯坦援引美国副领事萨希尔的话说："当这些人充满期待地谈论着美国会向他们提供坦克和飞机时，我有一种荒谬的感觉。"[479]美国政府也没有打算在外交上把身子探出窗外太远，因为"唆使十四世达赖喇嘛流亡并借此将他打造成一个在亚洲反共产主义的象征性人物意味着'低投入高回报'"，[480]而且在联合国支持拉萨政府会造成许多国际纠纷。所以，美国拒绝支持由印度驻拉萨代表辛哈（Sinha）起草的西藏向联合国递交的呼吁书。[481]

【476】引文出处同上，第121页。

【477】引文出处同上，第124页。

【478】引文出处同上，第128-129页。

【479】引文出处同上，第129页。

【480】引文出处同上，第119页。

【481】引文出处同上，第59页。

如前所述，十四世达赖喇嘛的长兄——31 岁的当采活佛（土登诺布）于
1951 年 6 月到达噶伦堡。夏格巴告诉威尔金斯，十四世达赖喇嘛希望他的兄
长前往美国，在那里非正式地代表自己。戈尔斯坦认为，夏格巴经常在十四
世达赖喇嘛不知晓的情况下利用他的名义行事。【482】美国驻印度大使馆赞成当采
活佛的美国之行，即使他没有正式的旅行证件。此外，美国大使馆还建议为其
提供资助。这两件事都获得了华盛顿方面的批准。

当采活佛携带了一封十四世达赖喇嘛亲笔签名的绝密信，其中提出了关于
西藏和美国签订秘密协议的想法。按照当采活佛的说法，此信没有给西藏地方
政府任何其他成员看过。戈尔斯坦评论道："这似乎是十四世达赖喇嘛或其家
族，或者二者一起首次独立于地方政府推行对美外交政策，这将不会是最后一
次。"【483】不只是戈尔斯坦有这样的疑问：十四世达赖喇嘛身边的人，尤其是
他的兄长是否在他不知情的情况下和美国保持极为紧密的联系，还是征得了他
的同意？【484】不管怎样，当采活佛在美国"与中情局进行了密切的合作"。【485】
中情局为数众多的伪装组织之一自由亚洲委员会为当采活佛提供了必要的资
金，【486】不久他便成为中情局自由亚洲电台台长。【487】他和中情局共同策划了
一场在美国声援西藏的运动，却又十分突然地中断了行动，很可能是为了不干
扰在西藏当地的十四世达赖喇嘛另一位兄长的任务。因为 1952 年 2 月，十四
世达赖喇嘛的母亲和他其余的兄弟姐妹从噶伦堡和大吉岭返回了拉萨，包括
24 岁的二哥嘉乐顿珠和姐姐才让卓玛。【488】戈尔斯坦将嘉乐顿珠返回拉萨的决
定称作一次"戏剧性的转变"：他"改变主意可太突然了"，特别是因为他之前
在美国待了 5 个月，据说准备就读斯坦福大学。戈尔斯坦认为，嘉乐顿珠这样
做是为了在拉萨产生政治影响。据说他在拉萨试图说服司曹进行彻底改革——

【482】引文出处同上，第 123 页注释。

【483】引文出处同上，第 130-131 页。

【484】引文出处同上，第 370 页。

【485】引文出处同上，第 371 页。

【486】引文出处同上，第 130 页。

【487】参见 Desimpelaere & Martens:《在幻想那边的西藏》,布鲁塞尔 Les Éditions Aden 出版社 2009 年出版，
第 142 页。此外，土登诺布（当采活佛）于 2008 年 9 月在美国印地安纳州去世（那时他已是一名
美国公民）。

【488】十四世达赖喇嘛的这位兄长是一位前国民党将军的女婿，并在中国南京学习过。

能够让中共解放农奴的理由不成立的改革。【489】在这个过程中，他表现得如此激进，以至于一些人认为他"比赤色的中共还要赤色"。嘉乐顿珠自然是徒劳无功，他试图劝说十四世达赖喇嘛离开西藏，同样也未奏效。【490】

3个月之后，嘉乐顿珠在十四世达赖喇嘛不知道的情况下又决定秘密且"非法地"返回印度，目的是在那里尽可能争取到印度和美国的支持。戈尔斯坦对保密和"非法"的说法感到惊异："中央政府并不限制藏人从印度返藏或前往印度，而且嘉乐顿珠的妻子在大吉岭，所以对他来说，本可以很容易地宣称她生病了，自己必须回去照顾她。"真实情况也许是嘉乐顿珠和洛桑桑旦"密谋成立一个反华的秘密流亡组织，而西藏地方政府和十四世达赖喇嘛对此一无所知。该组织要获得成功必须满足的一个条件是，嘉乐顿珠要得到西藏在印度最知名的反华官员夏格巴的合作"。在试图阻止十四世达赖喇嘛返回拉萨未果后，夏格巴留在了噶伦堡。也许得到美国及其情报机构的积极支持更重要，所以阴谋策划者们或许也打算将他们最重要的财宝托付给美方。在写给夏格巴的一封信中，洛桑桑旦担心从拉萨带出来的黄金宝藏，提出将它们保存在一家美国银行的建议。【491】

嘉乐顿珠于1952年9月6日与美国驻加尔各答总领事加里·索伦（Gary Soulen）见了面，却未给后者留下好的印象。显然他不能提供重要信息，而且美国人也不相信他对拉萨形势发展的刻意渲染。【492】如嘉乐顿珠声称，十四世达赖喇嘛打算将大量的贵族土地交给人民，以此"来反驳赤色共党"。戈尔斯坦称嘉乐顿珠这一说法以及其他种种说法都是"不正确的"。因与加里·索伦的会面没有产生结果，嘉乐顿珠于1952年11月12日直接致信美国国务卿，信中建议招募在海外的藏人，培训他们从事间谍活动，并将他们秘密送到中国边境线，让他们在那里尝试"鼓励"藏人反叛。此外，嘉乐顿珠还建议成立一个"能从边境地区出发，同时与汉人做斗争的组织"，"如果进展顺利，我们

【489】人们从欧洲知晓这一方法。（1878年10月21日，俾斯麦制定的针对社会民主党的）反社会主义非常法和现代德国的社会立法（将社会正义和社会安定转化为法律准则）就像硬币的两面；在纳粹统治时期，随着纳粹政治组织称"愉快产生力量"（Kraft durch Freude），开始组织人们休闲度假，工会组织和工人运动便受到冲击。

【490】参见 Melvyn C. Goldstein：《西藏近现代史：暴风雨前的宁静（1951至1955年）》（卷二），第375页。

【491】引文出处同上，第377页。

【492】引文出处同上，第465页。

便能建立起自己的军事司令部"。【493】

美国政府在这方面投入大量时间，其与中国台湾的国民党政府以及与印度情报机关负责人穆里克（Mullik）的联系均无结果。相反，印度和中国签订了一个条约，印度放弃从英国人那里继承的在西藏的特权，并承认该地区属于中国。

嘉乐顿珠、夏格巴和刚来印度不久的僧官洛桑坚赞决定共同行动，致力于在印藏人的反华运动，并对印度的西藏政策施加影响，使其符合自己的意愿。1954 年夏，他们成立了秘密组织"西藏福利事业会"，其纲领（戈尔斯坦找到的文笔不通顺的英文版本）为，西藏在"迄今实行的双重政体下实现了宗教自由和分享成果的快乐"，【494】"必须保持达赖喇嘛在双重统治中的领导地位"系"最重要的政治目标"。除此之外，必须禁止"共产党人和无神论者的一切活动"。出于现实原因，纲领的起草者们还煽动性地抱怨，在违背三大寺和民众意愿的情况下，十四世达赖喇嘛被带到北京去了。【495】但有一句话置于 1954年的背景下如此令人难以置信，我们应该多读一遍：在康巴暴动开始前两年、在拉萨叛乱被镇压前五年，这份"流亡藏人"的文件便指责"汉人"对藏人犯下的"残暴罪行"和"种族屠杀"："……这么多的男人和女人被带到西藏，因为藏人数量很少，这样做是为了实现他们对藏人进行种族屠杀的愿望。"【496】由此，"种族屠杀"这一完全脱离事实的陈词滥调在 1954 年便举世皆知了。在对欧洲的犹太人进行灭绝种族的屠杀之后不久，这种对"种族灭绝"一词闻所未闻的放肆滥用，是一种在政治上不知羞耻的做法。众所周知，屠杀犹太人可不是通过（修建）学校、道路或医院，也不是通过带来医生、教师和工程师，而是用火车的牲畜车厢大量拉走流放，通过枪杀、毒气室和火葬场。

1956 年 11 月，十四世达赖喇嘛应锡金土邦主之邀，参加纪念佛祖"诞辰"2500 周年庆典。陪同前往的有十世班禅喇嘛、阿沛·阿旺晋美和其他高官显贵。一行人在印度逗留了数月，【497】期间十四世达赖喇嘛不仅朝拜了佛教圣地,而且还花了很多时间和那些自行选择流亡印度的反华阴谋策划者在一起,

---

【493】引文出处同上，第 468 页，信件全文可参阅第 466-468 页。

【494】这里指的是，传统上每一个高级职位都由一名僧侣（僧官）和一名贵族来出任。

【495】这里指的当然是达赖喇嘛（自愿）赴京出席全国人民代表大会，接着在中国内地参观访问。

【496】参见 Melvyn C. Goldstein：《西藏近现代史：暴风雨前的宁静（1951 至 1955 年）》（卷二），第561-564 页（附录 C）。

【497】达赖喇嘛于 1956 年 11 月 26 日抵达新德里，次年 4 月 1 日返回拉萨。

包括他的大哥土登诺布（当采活佛）、二哥嘉乐顿珠，以及夏格巴和鲁康娃。这些人利用这一机会，在政治上对较为年轻的十四世达赖喇嘛施加影响。他们一再请求十四世达赖喇嘛不要再回西藏，而是和他们以及美国人一道共同反对汉人。他们差一点儿就成功说服"神王"流亡海外了，直到不喜欢事态如此发展的印度总理尼赫鲁劝告十四世达赖喇嘛，并安排他与正途经印度的周恩来谈话，情况才发生变化。周恩来两次与十四世达赖喇嘛会面，[498]耐心地倾听他的不满和担忧，并向他保证不会在西藏进行有违他意愿的社会主义改造。在中央政府承诺会考虑他的不满和担忧的条件下，十四世达赖喇嘛返回了拉萨。[499]他也在会谈中向中央政府表示了今后会更明确地谈及问题并为解决冲突作更多贡献。在公开讲话中，十四世达赖喇嘛告诉藏人，汉人来不是为了压迫他们，而是为了帮助他们，所以他们可以坦率地批评汉人的错误。[500]

　　早在1957年2月27日，毛泽东就发表过一个讲话，其中批评了"汉族沙文主义"和"地方少数民族沙文主义"，并强调"只有绝大部分藏人和当地领导人认为时机合适时才能在西藏进行民主改革。"他还补充说："……对此我们不应该没有耐心。"他指出，已确定不会在第二个五年计划（1958–1962）期间在西藏进行民主改革；而这些改革是否能在第三个五年计划时期开始，还必须根据实际情况来决定。[501]

　　然而，当时已经有朝暴力对抗方向发展的趋势了。

【498】参见 Melvyn C. Goldstein:《西藏近现代史：暴风雨前的宁静（1951至1955年）》（卷二），第216页。

【499】参见 Tom Grunfeld:《现代西藏的诞生》，第119页。

【500】引文出处同上，第120页。

【501】引文出处同上。

第十九章

康巴藏人的暴动：从强盗、"神圣战士"到美国中情局的"为民族独立自由而斗争的战士"

这些乌合之众我们已经认识了，他们便是康巴藏人。

海因里希·哈勒[502]

为自由而战的康巴人斗争尤为激烈。

德国西部电台的儿童广播节目 LILIPUZ[503]

对美国中情局提供帮助的指责缺乏任何根据。

十四世达赖喇嘛（发表于 1974 年）[504]

不论是来自结盟国家或中立国家，现在没有人轻信这样的断言，即起义是受"帝国主义者、蒋介石一伙和外国反动分子"的支持。

《经济学人》杂志（1959 年 4 月 4 日）[505]

无论如何，这次反叛绝不是一次农奴和牧民的起义，而是由部族首领和富商发起并指挥，就算这些人没有获得外部势力暗地里的支持，却毫无疑问的是，至少得到外部势力的鼓励。

谭·戈伦夫[506]

【502】参见 Heinrich Harrer：《西藏七年：我在达赖喇嘛官殿的生活》，第 148 页。

【503】参见链接 http://www.lilipuz.de/wissen/zeitkreisel/details/artikel/10031959-aufstand-in-tibet/

【504】参见 Tom Grunfeld：《现代西藏的诞生》，第 151 页。

【505】引文出处同上，第 152 页。

【506】引文出处同上，第 124 页。

　　早在 1951 至 1952 年间，便有关于在藏人聚居区有零星反叛分子活动的报告，但他们可能还是战败的国民党军队的残余。[507]中国西部是国民党军队被最后清除的几个地区之一。根据"流亡藏人"的描述，被藏人称作康区的地区在 1956 年之前就已经发生"在当地领主指挥下"最早的"相互没有配合的袭击"和斗争了。[508]有着加拿大和美国双重国籍的历史学家谭·戈伦夫认为，反抗是在"民主改革"进程中真正开始的。中共中央政府于 1956 年开始在这些数百年来都受中央政府直接管辖的地区实行民主改革，[509]其中包括没收作为领主和寺庙经济和政治权力基础的土地的改革。这项改革有可能没有做好充足准备便仓促开始，不管怎样，出现了没有预料到的激烈反抗。

　　在自传中，十四世达赖喇嘛将"汉人干涉寺庙活动并煽动民众反对宗教"归结为反叛发生的原因。他很聪明，没有谈及喇嘛们的经济和政治权力，也没有谈及喇嘛不受法律约束的地方或者逃避管控的寺院，他们死死抓住自己的封建特权不放，还和强盗土匪狼狈为奸。按照十四世达赖喇嘛的说法，"僧尼们遭到粗暴刁难和公开侮辱"。他列举了以下事例："他们被迫参加消灭虫子、老鼠、鸟以及各种各样有害小动物的运动，尽管汉人清楚地知道，佛教是禁止杀生的。"[510]难道是为了拯救有害小动物，所以他们转而去杀死汉人和非信徒吗？十四世达赖喇嘛将康巴藏人对自己武器的喜爱列为反叛的第二个原因："康巴人不习惯别人干涉他们的事情，所以对汉人行事方式的反应一点儿也不友好。因为康巴人最宝贵的财产就是他们的武器，所以当当地干部开始查抄武器时，康巴人便暴力相向了。"[511]他们肯定最能理解美国全国步枪协会会员……

　　谭·戈伦夫强调，康巴藏人的反叛是"'由拉萨的富商和康区寺院的堪布领导的'，这是一位前反叛领导人的原话"。[512]反叛活动的头目们与那些早已

【507】引文出处同上，第 132 页。

【508】此处援引的是"四水六岗卫教军"在瑞士的网站：http://www.chushigangdrug.ch/geschichte/
geschichte_kalachakra.php，查阅时间为 2012 年 9 月 11 日。"四水六岗卫教军"是一个直至 20 世纪 70
年代坚持武装反抗中华人民共和国的反叛组织。

【509】众所周知，中央政府首先保证西藏可在很大程度上保留其社会现状。

【510】参见达赖喇嘛：《自由之书：达赖喇嘛自传》，第 153 页。

【511】引文出处同上。Laurent Deshayes 持一种有趣的观点，即"废除农奴制"在康区产生了"负
面影响"。此外，他赞同以下说法，即"解除传统上好战民众的武装"的决定加剧了其"反华情
绪"（参见其《西藏史》，第 330-331 页）。

【512】参见 Tom Grunfeld：《现代西藏的诞生》，第 132 页。引自冈布扎西安却司唐：《四水六岗：追
忆西藏的抵抗运动》，1973 年在达兰萨拉出版，第 40 页。

逃往噶伦堡的流亡上层藏人关系密切，这些人在十四世达赖喇嘛 1956 年访印期间还徒劳地请求他也留在印度过流亡生活。

最早一批武装反抗中共中央政府的就是"野蛮和可怕的康巴游牧人"（谭·戈伦夫语）。[513] 暴乱始于 1956 年春夏之交，其中围绕理塘寺的一系列事件加剧了冲突。那里的僧人坚决不让对寺院的财产进行清点，也拒绝交出储藏的武器。人民解放军将倔强的僧人包围了 26 天，寺院也部分遭到毁坏，期间还有人员伤亡。藏人通过袭击人民解放军来报仇雪恨，这使得双方的武力冲突不断升级。

海因里希·哈勒在他的《西藏七年》一书中，首先是这样向读者解释"康巴"这一概念："'康巴'可能是西藏最东部的省份康区的居民。但人们总是用害怕和警告的口吻说起这个名字。最终我们理解了，这个词是和'强盗'同义。"[514] 以上便是哈勒通过与他交谈的藏人的表述对"康巴"的理解。在后面的一个章节里，他讲到了 "遇上强盗般的康巴人的一次危险遭遇"（这也是相关章节的标题）。[515] 当哈勒和奥弗施奈特向一家友好的藏人讲述他们的危险经历时，听者并不吃惊，而是向两位客人解释说，"康巴人的营地叫加克崩拉（Gyak Bongra），是个远近闻名的可怕的地方，"那里的强盗"全副武装，配备有枪支和刀剑"，因其"抢夺成性"真正是"祸害一方"。[516]

后来，当新生的中央政府重新实现了对藏人地区的管辖时，哈勒可能意识到，一位德国党卫军成员不应该让其他人比自己更反共。于是，康巴藏人突然之间不是"恶棍"了，也不再是令人害怕的强盗和地方祸害了，而是"一群异常坚强和正直的人"，[517] 包括康巴强盗在内的藏人突然被他视为"世界上最热爱和平的民族"。[518] 但这并没有妨碍哈勒在刚得出上述荒诞的断言后，便转而为康巴人的武装暴动欢呼，并为据称打死了数千名中国士兵而高兴。鉴于他的生平和政治背景（本书将在后面章节详加说明），人们不由自主地想起希特勒和戈培尔伪装的温和性格，而且是在要"用枪炮回击"之前。

哈勒的遣词和语调让人想起纳粹时期流行的对英雄和元首的狂热崇拜，就

【513】引文出处同上。

【514】参见 Heinrich Harrer:《西藏七年：我在达赖喇嘛官殿的生活》，第 128 页。

【515】引文出处同上，第 129 页。

【516】引文出处同上，第 130 页。

【517】引文出处同上，第 421 页。

【518】引文出处同上，第 416 页。

不足为奇了。众所周知，在最困难的时刻，上天为德意志人民挑选出了那位奥地利的二等兵，让他成了一位所谓"拯救德国"的解放者和元首。当哈勒开始为那位康巴领导人大唱英雄赞歌并向他的读者宣布，"在这段时间前后，在康区诞生了一位人民的英雄和解救者。他就是 44 岁的恩珠仓，是最古老、最富有和最受尊敬的康巴家族之一的首领，"【519】此时，人们简直期待要听到弗朗茨·李斯特的《前奏曲》或瓦格纳的《女武神的骑行》等著名乐曲的旋律，作为背景音乐反复响起。为什么偏偏要由一位最富有的封建领主家庭的后裔去"解放"主要由农牧民、奴隶组成的民众呢？他又能做到什么程度呢？这些都是哈勒的秘密。也许解开这个秘密的钥匙存在于"种族共同体""民族革命"和"领袖原则"【520】等意识形态之中。

谭·戈伦夫认为，暴乱肯定没有席卷整个康区。在国家介入寺院事务的背景下，冲突仅涉及那些公开反叛的寺院，仅局限于当地。"一位后来在美国生活的喇嘛回忆说，直到 1959 年他还在康区各地长途旅行，但自己的宗教活动和学习一次也没有受到干扰。"【521】

不管怎样，从 1956 年开始，在康区部分地区发生了较大规模的公开暴动，期间反叛分子以"宗教节日为幌子聚集在一起并尽力招募人员"，还利用"寺院来贮藏食物和武器"。【522】按照谭·戈伦夫接下来的讲述，那些"无视法律的康巴游牧人"对自己的行为毫无顾忌，他们采用"焦土"策略，阻断交通线、洗劫钱财、强暴妇女、杀人放火。【523】谭·戈伦夫称，他们可能让大多数藏人感到非常害怕。一位名叫朗卓的游牧民是那次暴动的积极参与者，他在一次谈话中向帕特里克·弗伦奇证实："我们没有顾忌，因为我们知道，一旦被俘，反正是要被枪毙的。"【524】

朗卓还告诉弗伦奇，直到 1951 年第一批中共人士来到康区，他们对当时

【519】引文出处同上，第 421 页。

【520】Heinrich Harrer 并非偶然地将康巴领导人称作"人民的解放者"。这里所提的人民基本上就没有获得自身"解放"，而仅仅只是作为上天安排给他们的"解救者"的"追随者"而已……

【521】参见 Tom Grunfeld:《现代西藏的诞生》，第 132 页。

【522】引文出处同上，第 132 页。

【523】引文出处同上，第 133 页。

【524】Patrick French 没有进一步提出质疑，也许他并不打算弄清楚自己谈话对象口中的"残忍"指的是什么。亲达赖喇嘛的法国记者 Pierre-Antoine Donnet 在谈及康巴藏人"极端粗野"的攻击时同样也未涉及细节（参见其《生死西藏》，第 60 页）。

国共两党之间的内战一无所知。新来者友好而乐于助人，向大家分发药品和香烟。1955 年前后气氛才变得紧张，因为突然出现了人民解放军部队，还建议他们参加共产主义改革（这里指的可能是反封建改革）。但他们和周边的部落（部落的封建主或头领）拒绝这样做，并认为事情就此结束了。但继续有人民解放军部队进入附近的城市，另外一些士兵还在一座山丘上扎营。"最后，这一地区所有的游牧首领一致决定，我们应该对解放军发起进攻。"……于是大约 400 人带着刀和枪，骑马突袭了解放军，但没有一点儿获胜的机会，一共损失了 80 人，而解放军方面却几乎毫发无损。关于参加那次暴动的个人原因，朗卓称之为"自尊心"。

之后还有 40 人在继续战斗。在一次交火中，一颗子弹最终击中了朗卓，穿过胯部进入腹部，内脏从枪伤造成的大窟窿中流了出来。身负重伤的他于是落入共产党的手中。但当他苏醒过来时，既没有身处极乐世界，也没有成为自己的转世化身，而是躺在"一家监狱医院里"，他在那里受到很好的照料，直到恢复健康。[525]朗卓最终同意去说服其他反叛分子不要再作毫无希望的斗争，并将他们带出大山。为此共产党承诺赦免这些人，并信守了诺言。

那么在"中国野蛮西部"的几个地区以及后来在西藏（1959 年在拉萨）发生的武装反叛可以被看作是人民起义和解放斗争吗？历史学家谭·戈伦夫对此深表怀疑。[526]尽管反叛头目声称，当地大多数人反对汉人的到来。但也有人承认，许多贫穷的藏人很高兴看到汉人。需要思考的是，如果反叛的头目是封建主的话，那么他们手下人自愿加入的真实情况是怎样的呢？例如，一位富有的反叛头领承认，他为这一义举提供了 46 名"雇员"，100 头驮运马骡连同必需的武器，此外还有补给和食物。[527]从属于封建主的仆役或许不会比这些马骡拥有更多的自主意愿。谭·戈伦夫估计，在人数很少的上层藏人内部，大多数人（也许有 70%）是同情反叛分子的。尽管如此，普通民众（假使真有普通民众存在的话）的支持就谈不上了。"流亡藏人"提供的数字大多极富想象力！

【525】参见 Patrick French：《西藏，西藏》，第 124-125 页。

【526】参见 Tom Grunfeld：《现代西藏的诞生》，第 141 页。他将几处描述看作是与事实无关的神话故事和幻想的产物而明确予以驳回：例如，有人认为，1959 年拉萨叛乱是一次"反帝制的中国共产主义"，同时也反"大堪布们的宗教暴政"的"革命"；此外还有人称拉萨叛乱是"自发的"和"民族主义的"，它阻止了汉人要将达赖喇嘛劫持到中国内地的企图。

【527】引文出处同上，第 133 页。

他们给出的支持反叛的藏人人数从总共 3.5 万到 30 万不等。[528]

甚至在弗伦奇看来，那些在西方通常被描述为"自由斗士"的反叛分子的政治思想背景也是令人生疑的。他写道："……四水六岗在今天经常作为体现好战的藏人民族主义的组织，最初发起的却是一场捍卫宗教的运动。在他们的军事标志上写的是'雪域高原的宗教守卫者'。"[529] 该组织的网站至今还由瑞士的"流亡藏人"经营，网站上该组织旗帜的图案是黄色背景下的两把交叉的刀剑，他们自己对其象征性意义的解释是："黄色代表佛教，人们决意保卫佛教。两把宝剑中的一把燃烧着，象征着智慧，文殊菩萨的智慧之剑能根除愚昧无知；第二把宝剑象征着无所畏惧。"[530] 同样地，《美国新闻与世界报道》在采访十四世达赖喇嘛的兄弟之后所撰写的文章标题竟也是《西藏的"圣战"》。[531]

弗伦奇引用过一位名叫拉杜克阿旺（Raduk Ngawang）的四水六岗卫教军老兵的话，之前他是一名僧人。1958 年，阿旺参加了一次突袭人民解放军的行动。他的坦白可以让我们稍微了解一下暴动者们对佛教的理解及其心态："作为佛教徒，当我弄死一只虫子都会念六字真言。但是在那次战斗中，我一点儿也没感觉到悲伤，我感到的是幸福。赤色汉人杀死了僧侣，毁坏了寺庙，所以我们要杀死他们。当我看到他们的尸体躺在那里时，没有任何感觉，他们是没有宗教信仰的人。"[532]

在冷战及西方实行"反共"战略的大背景下，所有仇恨共产主义的都是受欢迎的盟友，即使他们那么反动、偏激和肆无忌惮。所以，康巴团伙为捍卫他们古老的宗教而进行的斗争，便演变成为美国中情局和美国在东亚的利益而进行的严格保密的蓄意杀害。在讲述以下事件时，我们仍不打算依据任何"汉

【528】引文出处同上，第 131 页。

【529】参见 Patrick French：《西藏，西藏》，第 182 页。

【530】参见链接 http://www.chushigangdrug.ch/geschichte/geschichte_kalachakra.php，查阅时间为 2012 年 9 月 11 日。

【531】参见 1959 年 4 月 13 日的《美国新闻与世界报道》，第 48 页，引自 Tom Grunfeld：《现代西藏的诞生》，第 289 页。

【532】参见 Patrick French：《西藏，西藏》，第 182 页。如果反叛分子的血腥袭击得到达赖喇嘛的赞赏，并给他带来幸福感，那怎么能与他伪装的非暴力和温和的性格相称呢？在《自由之书：达赖喇嘛自传》中，达赖喇嘛在讲述完康巴藏人对人民解放军的一次袭击后这样写道，"当听到他们是如此英勇时，我非常感动"。第 187 页。

人的宣传"，而是采用"西方的"和"流亡藏人"的信息来源。一些有价值的信息也许还作为机密和绝密文件在美国的档案中沉睡，但许多资料现已向公众开放，并由与美国相关机构关系密切的作家们，甚或直接由曾经的"佛的战士们"公布了。所有这些原始资料都一致表明，美国中情局很早就已经对康巴战士进行军事培训，为他们提供武器和后勤支持，并在安全范围内操纵他们；其中十四世达赖喇嘛的兄弟们从一开始就扮演了关键角色；那场"西藏的自由战斗"从来都不是"和平"或"非暴力"的，而是极端残暴、野蛮和肆无忌惮的；最后一点是，关于那场斗争的幕后操纵者和背景，十四世达赖喇嘛几十年来一直在对公众撒谎。

美国报纸《军事历史》2004年2月刊登了一篇富有启发性的文章，讲的是那场"受美国中情局支持、在很大程度上不为人知的斗争"，美方的支持包括"资助秘密训练营以及空投武器和其他装备"。这篇文章出自一位名叫乔伊·巴金特（Joe Bageant）的记者之手，题为《中情局在西藏的秘密战争》，于2006年6月12日在互联网上发表。[533]以下是其主要看法，偶尔也借助其他信息来源加以补充：

20世纪50年代中期，"西藏很有影响的商人"开始为反抗运动招募人员，这便是后来的"四水六岗卫教军"，其领导人是"一位酒量很大的51岁商人恩珠仓·贡布扎西"。由于需要外部帮助，"十四世达赖喇嘛的哥哥嘉乐顿珠便与美国人联系，而之前他已与美国中情局有过接触"。美国人对支持藏人作为其全球反共产主义运动的一部分很感兴趣。正如一位中情局人士所说，即使美国政府几乎还没准备好为"西藏独立"出力，但反动藏人仍是受到欢迎，因为他们能"为赤共制造脓疮"。

该文紧接着讲到，在美国中情局的安排下，来自贡布扎西团伙的6名藏人早在1957年春天便经由曼谷和冲绳飞往西太平洋中的塞班岛，在那里接受了6个月的军事训练。

互联网上另一篇文章透露，[534]十四世达赖喇嘛的哥哥土登诺布（当采活佛）在冲绳和上述6人会合，然后乘C-118运输机一起前往塞班岛。这座美国管辖下的小小火山岛属于马里亚纳群岛，当时被美国中情局用来培训来自多

【533】参见链接 http://www.historynet.com/cias-secret-war-in-tibet.ht，查阅时间为2012年9月11日。另见 http://intelnews.org/2009/03/14/01-100/ # more-1517

【534】参见链接 http://www.american-buddha.com/cia.secret.war.saipan.htm

个亚洲国家的反共间谍、破坏专家、刑讯专家和恐怖专家。除了藏族人、国民党成员、韩国人和泰国人，在那里受训的还有老挝人和越南人（培训他们的目的是为了刚刚开始的罪恶的越南战争）。那些指导西藏"战士"的中情局间谍就是兵痞和杀人犯，他们不久就会在老挝或越南实施犯罪行动。譬如，在老挝臭名昭著的安东尼·波谢普尼（Anthony A. Poshepny，又称"Tony Poe"），也和康巴反叛分子"共事"了4年。[535]波谢普尼在老挝成为残暴的"丛林军阀"，他收集被打死的"敌人"的耳朵（为此他付给老挝苗族童子军报酬），并在向上司书面报告战绩时附上这些耳朵。他还喜欢向"敌占区"空投砍下来的头颅，或者将插着头颅的木棍竖立在那里。在科波拉导演的美国电影《现代启示录》中，马龙·白兰度扮演的半精神错乱的库尔兹的原型就是波谢普尼。

在塞班岛的培训计划包括现代武器技术、游击战术、间谍活动以及密码和电台使用。其中一位虔诚的康巴战士的原话是："我们活着只是为了杀死汉人。"后来成为四水六岗卫教军一名指挥官的加多旺堆曾向中情局的一名负责人罗杰·麦卡锡（Roger E. McCarthy）询问关于在西藏使用便携式原子弹的可能。他虽然没有得到这样一颗原子弹，但中情局却很欣赏旺堆对参加炸药培训的热情，以及他运用反坦克导弹发射器和火箭筒的能力。然而这些藏人在估计或测量距离、撰写讯息或将其译成电码、学习莫尔斯电码等方面却遇到很大困难，因为他们大多数都是文盲，之前没有任何基础知识。由于他们只懂得自己的家乡土语，以及被语言学者称为"限制码"的部分，所以甚至需要一位使用他们的语言授课的藏语教师。

1957年年底，受训完毕的藏人被美国飞机空投回西藏，他们在那里和贡布扎西取得联系，由此开始的严格保密的作战行动代号为"圣塞克思"（"ST Circus"），美国中情局也参加进来了。反叛武装队伍最初只涉及康区和安多，当它1958年夏改名为"保卫佛教志愿军"时，两名受过中情局训练的藏人便通过无线电台不断向美国汇报情况。当年7月，美国首次向"卫教志愿军"空投了武器，大多是二手李-恩菲尔德步枪，这样就不能追查到其美国来源了。

上述美国的插手行动，没有获得噶厦政府和十四世达赖喇嘛的同意。至少在四水六岗网站上，康巴反叛分子抱怨说，最初美国外交部要求"西藏地方政府提出正式的申请，以授权美国向叛乱者供应武器"。"贡布扎西将军"向

【535】参见 Tom Grunfeld:《现代西藏的诞生》，第290页，他引用了全部原始资料。

十四世达赖喇嘛的侍从长帕拉请求"支持"并警告说，他的"部队"就快"弹尽粮绝"了。1958年，他们还通过"收音机讯息"要求"西藏地方政府为获得支持"而向美国"正式递交一份申请书"。"尽管如此，西藏地方政府出于只有自己知晓的理由对所有的联系尝试均不予理睬。游击队的情况变得严峻，艾森豪威尔政府便下令中情局采取援助措施，包括用飞机向自由战士所在地区空投物资和培训志愿者。首批盼望已久的物资在西藏地方政府没有提出请求的情况下于1958年8月实施空投。"【536】

所以，美国人既不在意什么"西藏地方政府的权利"，也不关心藏人的幸福。对于历史的、法律的和伦理的问题他们就更不感兴趣了。《军事历史》上的这篇文章讲到，也许只有少数美国公民能在世界地图上找到西藏，就连当时的中情局局长艾伦·杜勒斯（Allen Dulles）一开始居然在匈牙利附近找寻西藏，直到他手下一名间谍礼貌地使其"恍然大悟"。【537】但这并不妨碍美国情报机构在位于科罗拉多的赫尔营军事基地为反共的藏人战士建立一个严格保密的训练营地，那里也曾是美国陆军第10山地师的训练基地。后来被空投到中国西部的所有"小分队"都配备有武器和无线电收发机，其成员左手手腕上都固定着一个装有氰化钾的胶囊。这些佛的战士最初获得了成功，中情局因此在1958年又空投了三批武器弹药。

根据四水六岗网站援引前中情局官员罗杰·麦卡锡所著《为佛教流泪》一书的内容，那几年共进行了"35至40次飞行"，空投的"武器和弹药总重量为20万至40万公斤"，其中包括"英式303步枪、美式M1和M2步枪、口径为50毫米和80毫米的枪支、30毫米口径的机关枪以及3.5毫米口径的火箭筒"。此外还有"半自动步枪、手榴弹、手枪、TNT、C3和C4炸药"。【538】负责空运的是"中情局下属航空公司之一的民用航空运输公司（CAT）"。【539】

在拉萨暴动和十四世达赖喇嘛出逃后，美国中情局加强了对反共游击队的培训和装备供应，而且再也不需要谨慎从事了。中国是否知道武器援助的

【536】参见链接 http://www.chushigangdrug.ch/geschichte/geschichte_kalachakra.php，查阅时间为2012年9月11日。

【537】参见链接 http://www.historynet.com/cias-secret-war-in-tibet.ht，查阅时间为2012年9月11日。

【538】参见链接 http://www.chushigangdrug.ch/geschichte/geschichte_kalachakra.php，查阅时间为2012年9月11日。

【539】参见 Tom Grunfeld:《现代西藏的诞生》，第155页。

来源也无关紧要了。前面提到的那篇刊登在《军事历史》上的文章称,"不久之后又进行了几次武器空投,现在空投的武器是 M1 加兰道步枪、迫击炮、榴弹、无后坐力的步枪和机关枪"。文章还称,空投的规模不小,首次就载运了126 个集装架的武器,包括 370 支 M-1 步枪,每支配有 192 发子弹,4 挺各配有 1000 发子弹的机枪以及两部电台。接下来的一个月里进行了第二次类似的武器空投。第三次空投是在某个满月夜,这次有 226 个货板,反叛分子又获得800 条步枪、200 箱弹药和 20 箱炮弹。1960 年 1 月 6 日那次空投约 650 个集装架,有武器、弹药、药品和其他给养。[540]

此外,上述文章还提及了 259 名在赫尔营军事基地受训的藏人,他们随后通过跳伞秘密进入西藏境内。他们在西藏的游击战和破坏活动效果甚微,大多数时候是以丧命来收场。在 1959 年 9 月,18 名游击人员在拉萨东北约 200 英里的查拉彭巴(Chagra Pembar)附近跳伞,目的是对在那里放牧和在帐篷居住的当地游牧民进行军事培训并担任其军事顾问。这 18 人中只有 5 人生还,其余均在人民解放军的追击下丢了性命。文章还讲道,不久整个西藏作战行动纷纷溃败。反叛分子在尼拉措更(Nira Tsogeng)的大本营被人民解放军炸毁了,而此前中情局刚刚向该基地提供了 430 个集装架的武器。残余分子被迫穿过无人居住的拉达克平原逃命,结果大多数人活活渴死在那里。1960 年春,7 名反叛分子跳伞降落到藏东的芒康,领头的益西旺杰是当地一位部落首领的儿子。这一小队人员加入了几个月前阵亡的益西旺杰父亲的战斗队伍,并提供给他们武器和弹药,但他们很快就遭到人民解放军的进攻并被包围。据唯一幸存的中情局受训人员说,他们中的两人吞下了氰化钾胶囊。该幸存者名叫布桑,曾是一名学医的学生,他在服毒自尽之前被制服,随后在监狱服刑 18 年。

部分藏人试图进行反革命的游击战,尽管美国提供了巨大的后勤援助,但由于没有得到民众的支持,他们注定很快要失败的。由于藏人同胞的"出卖",那些被中情局飞机空投到地面的人员很快就被拦截或抓获。至少四水六岗的反叛分子是这样暗示的:"6 名受训人员在芒康跳伞。这一队人员也未能与当地的游击队取得联系。他们向一户人家求助,请求获得食物和支持,但对方却向汉人告发了他们。"

美国《军事历史》刊登的这篇文章的作者总结说,西藏的四水六岗卫教军

【540】参见链接 http://www.historynet.com/cias-secret-war-in-tibet.ht,查阅时间为 2012 年 9 月 11 日。

很快就被击败了，其主力被歼灭，残余分子遭到人民解放军的追击和驱逐。贡布扎西本人最终也加入到了跟随达赖喇嘛逃亡的人流中。由于他在战斗中所负的伤当时没有得到及时救治，他在英国和印度大吉岭接受数月治疗，于 1964年 9 月去世。该文章对代号为"圣塞克思"的作战行动总结如下：在这段时间空降到西藏的接受过中情局训练的 49 名藏人中，只有 12 人活了下来，其中有两人被关押。【541】

据四水六岗网站信息，在科罗拉多接受中情局训练的其余藏人之后被带到了印度，安置在中印边界，"执行中情局内部各种间谍任务，直至 1961 年，中情局都在实施藏人培训计划"。法国作家多内特（P.-A.Donnet）认为，总共有约 1000 名藏人在美国接受了军事培训。【542】

《军事历史》上的这篇文章证实，受中情局训练的藏人被用于为了美国利益而进行的间谍和破坏活动，因为在西藏的军事行动以失败而告终，除了让人丧命（应该强调的是，死的都不是美国公民）什么也没得到。但文章作者同时讲到了他们在情报领域的成功：1962 年，西藏间谍深入中国心脏地区，拍摄了那里的军事设施，绘制了地图，并向美国提供了关于中国导弹和核武器计划的信息。担当间谍的藏人还安装了探测设备，由此得以让美国获得了中国 1964年在罗布泊测试首枚核弹的细节。一个令文章作者特别骄傲的壮举细节是借一位名叫安冲（Acho）的"老兵"之口讲述的：40 名骑马的藏人突袭了一个小型车队，一辆货车司机一只眼睛中了枪，脑浆向后喷溅，车停了下来，发动机还在运转。于是所有人都对着这辆车射击，当时车上还坐着一位带着一个蓝包的女士。当在华盛顿的中情局同事打开那个满是血污和弹孔的蓝包时，在场的人顿时惊得目瞪口呆：那里面有 1500 份内容很重要的机密文件，如关于遭受挫折的"大跃进"。参加行动的藏人很高兴自己对中情局如此有用，尽管"老兵"安冲在 2001 年接受采访时抱怨说："我们直到今天都不知道包里装的是什么。"【543】

接着"流亡藏人"讲述了在中国西部边界发生的事情："贡布扎西将军和其他人到达印度后不久，就制定了建立游击基地的计划。除了迄今为止向我们提供战争物资的盟友美国中情局之外，我们还得到了国民党政府类似的允诺。

【541】引文出处同上。

【542】参见链接 http://www.chushigangdrug.ch/geschichte/geschichte_kalachakra.php，查阅时间为 2012 年 9月 11 日；Pierre-Antoine Donnet：《生死西藏》，第 65 页。

【543】参见链接 http://www.historynet.com/cias-secret-war-in-tibet.ht，查阅时间为 2012 年 9 月 11 日。

代表中华民国的前军事飞行员才巴多杰先生捐赠了 4 万印度卢比并承诺，只要我们的组织愿意，他的政府还会继续提供资助。"[544] 他们谢绝了台湾方面提供进一步的帮助，而优先与美国情报机构进行密切合作。

"流亡藏人"在印度和尼泊尔的 4 个地方中选中了尼泊尔北部靠近西藏的木斯塘地区作为其游击根据地。那里偏僻、荒凉，但有多个山口和路线通向西藏。那里居住着大约 1 万名农民，过着自给自足的生活。不久，当地居民就觉得分驻在 10 个游击营地里的武装藏人是"占领军"。[545] 此外，"流亡藏人"还在大吉岭开设了一个招募办公室，同时在赫尔营军事基地继续进行恐怖分子军事培训。十四世达赖喇嘛的二哥嘉乐顿珠和游击根据地组织者拉姆次仁用巴八根益西（Baba Gen Yeshi）替换了贡布扎西。巴八根益西被描述为"一个文盲，但非常聪明和极其肆无忌惮"。《军事历史》刊登的那篇文章的作者却认为，"作为现代游击队领导人，他其实更像封建部落首领"。[546] 该文章称，可惜这位新任指挥官随后贪污了钱财和美方供应的物资，"他对当地居民实行恐怖统治，还偷农民的东西"。[547] 众所周知，老习性是很难消除的。

20 世纪 60 年代中期，由于尼泊尔不打算继续容忍有些人使用自己的领土对一个邻国进行恐怖袭击，印度也对此变得越来越"紧张不安"，据四水六岗网站信息，当时形势对于 3000 名反叛分子变得日益困难。尽管如此，从边界的另一边对中国发动的袭击一直持续到 60 年代末（据四水六岗网站，甚至到1974 年）。据《军事历史》刊登的那篇文章称，美国中情局最后一次对西藏空投武器是在 1965 年 5 月。

1969 年，巴八根益西被撤职，在塞班岛接受过训练的加多旺堆被任命为木斯塘游击根据地司令官。《军事历史》的那篇文章认为他是一名"如钢铁般坚强的战士"。然而对于这些"佛的战士"，打击一个接一个地到来。尼克松总统访华后，中情局于 1972 年停止了对四水六岗卫教军基地的援助。1973 年底，尼泊尔国王比兰德拉下令军队解除四水六岗卫教军的武装。看样子被解职的巴

【544】参见链接 http://www.chushigangdrug.ch/geschichte/geschichte_kalachakra.php，查阅时间为 2012 年 9月 11 日。

【545】参见 George N. Patterson:《西藏挽歌》，Tom Grunfeld 在其著作（《现代西藏的诞生》，第 161 页）中加以引用。

【546】参见 Tom Grunfeld:《现代西藏的诞生》，第 553 页。

【547】参见链接 http://www.historynet.com，查阅时间为 2012 年 9 月 11 日。

八根益西在加德满都向尼泊尔军方提供了关于木斯塘根据地及其人员最详尽的信息。当木斯塘的四水六岗卫教军正在准备对国王的军队开战时，十四世达赖喇嘛亲自通过录音要求他们不要抵抗，大多数人这才放下武器。据四水六岗网站消息，加多旺堆将军却猜测那是尼泊尔当局在"弄虚作假"，于是试图和一小队追随者逃往印度。"但他们被尼泊尔皇家伞兵截获并在交火中被击毙。6名在坡克拉向尼方投降的游击队首领在加德满都监狱里被关押了7年。在木斯塘的所有抵抗活动在1974年就都结束了。"【548】

当时在木斯塘的武装藏人中，有一部分人加入了印度军队中一支由藏人雇佣兵组成的精锐部队，四水六岗网站称之为"武装部队22军"，印度士兵则给他们起了个"喇嘛军"的绰号。【549】印军中的这一外籍军团早在1962年便由尼赫鲁组建，取名为"边防军"，当时中印之间正在边境开战，其成立是基于（受美国中情局控制的）印度情报机构调查分析局（RAW）和四水六岗卫教军之间达成的协议。【550】该外籍军团的藏人雇佣兵接受印度军方的培训，最初打算"将部队空投到西藏"，但是未能实现。正如"流亡藏人"承认的那样，"武装部队22军"从来也未能如愿和红色中国作战，却在十四世达赖喇嘛的同意下"于1971年投入到与东巴基斯坦的战斗中"，【551】后来就是对他们在战争中的英雄行为的吹嘘。

我们至少可以看出，所谓的和平倡导者十四世达赖喇嘛同意了印藏武装部队的成立，并允许自己的信徒对第三方开战。与此相一致，他当年也对印度研制原子弹表示欢迎。印度首颗原子弹取名为"佛之微笑"绝非偶然。关于制造原子弹的知识传授显然是印度和美国之间秘密交易的一部分：有400名印度大学生进入美国攻读原子物理学。作为回报，印方则友好地接纳了十四世达赖喇嘛及其追随者在印度的达兰萨拉居留……【552】

【548】参见链接 http://www.chushigangdrug.ch/geschichte/geschichte_kalachakra.php，查阅时间为2012年9月11日。

【549】参见 Patrick French：《西藏，西藏》，第290页。

【550】参见 Tom Grunfeld：《现代西藏的诞生》，第160页，他引用了 John F. Avedon 的《从雪域高原到流亡》一书的内容，提及西藏反叛分子、美国人和印度人每周都在位于印度奥里萨邦的秘密据点会面一次。

【551】参见链接 http://www.chushigangdrug.ch/geschichte/geschichte_kalachakra.php，查阅时间为2012年9月11日。

【552】参见 Elisabeth Martens：《藏传佛教史》，第166页。

第二十章

1959年的拉萨：康巴藏人和美国中情局策划 "人民起义"，并将十四世达赖喇嘛带到国外

在54年前的这个周日，为保护达赖喇嘛免遭中国人民解放军的逮捕，数十万藏人聚集在他在拉萨的居所布达拉宫前。

费利克斯·李（Felix Lee），德国驻华记者[553]

即使我们在印度边界的行动极其秘密，但在印度或俄罗斯谁又会相信这些行动不是受美国隐蔽部队领导和支持的呢？达赖喇嘛在中国军队的眼皮底下突然间像变戏法似的从西藏消失了，那么汉人会相信这是上天在帮助他吗？

弗莱彻·普若迪（L. Fletcher Prouty，曾在美国空军服役，中情局成员）[554]

按照康巴反叛分子自己的说法，早在1957年就有"许多来自藏人聚居区东部的解放战士聚集"在拉萨周围。领头的人"都以到拉萨朝佛的方式作为掩护"。[555]他们请求十四世达赖喇嘛"在时轮灌顶中为他们赐福"，达赖喇嘛"极其友好地"接受了这一请求。作为回应，康巴藏人举行了一场盛大的上师长寿法会，"祝福尊贵的达赖喇嘛长命百岁，"该法会还象征着"任命尊贵的达赖喇嘛为全西藏的统治者，并且他的存在是神圣尊贵的"。这种宗教和政治的相互示好再次提出了关于十四世达赖喇嘛政治态度和忠诚度的问题：他和中央政府长达数年的友好合作，他所声明的一个改革和实现现代化的西藏是中国的一部

【553】参见 Felix Lee 发表在 2013 年 3 月 9 日《卢森堡言报》上的文章"全世界藏人纪念 1959 年起义"。

【554】参见 Tom Grunfeld:《现代西藏的诞生》，第 156 页。

【555】参见链接 http://www.chushigangdrug.ch/geschichte/geschichte_kalachakra.php，查阅时间为 2012 年 9 月 11 日。

分，他对社会主义表示好感，甚至急切希望加入中国共产党——所有这一切都是他的真实想法吗？他一系列的公开表态，他的中国内地之行，他接受中国政府的重要职务，他和阿沛·阿旺晋美以及其他愿意改革的藏人友好合作，他一再呼吁宗教激进分子要平静和克制，他在 1956 至 1957 年间访问印度后返回了西藏，他再三拒绝美国中情局愿意提供帮助的提议——所有这些都可以对上述问题作出肯定的回答。

但另一方面，十四世达赖喇嘛从来都没有和西藏寡头政治中最反动的那部分人最终决裂；将司曹免职和禁止"人民联合会"，他也是在巨大压力下犹豫再三才作出的；他对中央政府隐瞒他的哥哥们和敌对的外国势力密切合作之事；1957 年，在周恩来总理说服他返藏之前，他听从两位兄长和其他在印度的反华阴谋策划者的唆使，竟然打算在佛祖诞辰纪念活动结束之后先流亡印度。那么他是否一直都是假装愿意与中央政府合作，假装对社会主义有好感，而隐藏自己的真实意图呢？在这一点上，他在西方的崇拜者和他在中国的死敌的说法倒是一致的。难道他一直都是一位善于伪装、掩饰和撒谎的大师？或者他只是太没经验，太好心，太犹豫不决，意志太薄弱，太依赖于他的顾问们，太容易受到影响，以至于他长时间地在各种选择和政治阵营之间来回摇摆，就像戈尔斯坦相信的那样？不管怎样，两者都可能使他在宗教和政治上的光辉形象变得暗淡无光：如果作为圆滑的伪君子和冷酷自私的阴谋家，他一定可以和西方历史上最糟糕的大主教们相提并论；如果作为一个没有坚定立场、没有自己的意志、没有领导素质的人，他容易受各方面影响，虽比前者形象要好些，但仅此而已。

不过，还是回头看看那决定性的几个月里所发生的事情。1959 年初，由于十四世达赖喇嘛在经院学习的毕业仪式将在二月底隆重举行，"极可能有约 2.5 万至 3 万名僧侣挤进拉萨城，"而且城里还"挤满了朝圣者"。[556] 所以，"在暴动即将发生之前，拉萨城里满是来自安多和康区的人"。[557] 谭·戈伦夫认为，康巴反叛分子在 1958 年 8 月开始"在拉萨积极招募信徒"。[558] 他们的到来及

【556】参见达赖喇嘛：《自由之书：达赖喇嘛自传》，第 191 页。

【557】参见 Patrick French：《西藏，西藏》，第 44 页；达赖喇嘛：《自由之书：达赖喇嘛自传》，"来自康区和安多的数千人"逃到了拉萨，第 182 页；另见第 190 页，"又有来自周边更远地区的数千避难者涌入，同时还有几千名'自由战士'一路劫掠，离拉萨越来越近了。"

【558】参见 Tom Grunfeld：《现代西藏的诞生》，第 134 页。

其活动导致了城里局势紧张加剧，是几年前被禁的"人民联合会"的新表现形式。此外，从康区进来的人带来的关于那里强制实行改革以及由此产生的冲突的消息，重新引起了西藏精英阶层对失去其社会地位和财产的恐惧。

西藏地方政府对康巴藏人的反叛没有采取鲜明的立场，既不表示支持也不表示反对。它首先拒绝让藏军去和康巴反叛分子作战。十四世达赖喇嘛的顾问们也对此争执不休。据四水六岗网站消息，至少还有一个包括山南总管在内的4人代表团被派到位于拉萨南部的康巴反叛军司令部。这些拉萨官员要求解释，"为什么贡布扎西、夏格·朗加多吉以及康区的居民要背井离乡和拿起武器，他们要求康巴藏人对于事情发展到这一步提供充足的理由。康巴军事领导人将自己的动机写了下来，政府代表团将这份文件带回了拉萨"。紧接着，反叛分子立即将大本营迁移。"他们知道，美国中情局提出了正式合作的建议，但西藏地方政府未予理睬，"所以他们一点儿也不相信政府。他们中的一部分人"去了香噶丹青果（Shang Gaden Chokhor），为的是从政府的武器库里盗窃枪支弹药"。[559] 其余的人则去搞袭击，和人民解放军零星交火。

人民解放军在很长时间里，保持了令人吃惊的克制。他们只是加固了阵地，持续保持最高戒备状态，却尽可能地避免武装冲突。西藏地方政府方面一开始理性和温和势力占优势。"1958 年 9 月，在拉萨的西藏地方政府向甲日宗派出第二个代表团。该代表团由两名四等官员组成，即堪穷土登桑确和孜本朗赛林，他们的任务是让康巴藏人改变计划。他们携带的噶厦政府的书信宣布康巴藏人是违法的反动分子，要求他们和平地向当局上缴武器并停止行动。"[560] 在拉萨暴动前短短数周，"当反叛分子于 1959 年 2 月 16 日请求援助时，西藏地方政府还劝告他们回家并和汉人合作。"[561]

然而不久，一点儿火星就让火药桶爆炸了。导火索是邀请十四世达赖喇嘛前往人民解放军驻地看戏，时间是 3 月 10 日，这是十四世达赖喇嘛自己在一个月之前定下来的活动。[562] "自由西藏"活跃分子克莱门斯·路德维希是这

【559】参见链接 http://www.chushigangdrug.ch/geschichte/geschichte_kalachakra.php，查阅时间为 2012 年 9 月 11 日。

【560】引文出处同上。

【561】参见 Tom Grunfeld:《现代西藏的诞生》，第 134 页。

【562】引文出处同上。Tom Grunfeld 指出，达赖喇嘛及其追随者在这一细节上一直在说假话。他们声称，该日期是中方突然指定的，这大概可以使他们假定的中国人居心不良更加确实可信吧。

样描述事件的经过的："当民众知道了这次可疑的邀请后，为保护他们的领袖，有数千人前往夏宫罗布林卡。于是，中国人民解放军便表明立场，紧张加剧，看来已不可能和平解决了，所以十四世达赖喇嘛决定逃往印度。结果已众所周知：人民解放军残酷镇压了起义并炮轰了夏宫，因为他们相信，西藏的领袖达赖喇嘛还待在里面。"【563】

在克莱门斯·路德维希看来，角色自然分明，就像在一部糟糕的好莱坞电影里那样。和平集会的拉萨"民众"面对的是"残忍的"中国人民解放军。读者可以将这些描写与事件的参与者、见证人或者严肃的历史学家的相关描写相比较。首先引人注目的是，谣言在事件中的决定性作用被一再强调，这一点和路德维希的描述不同。四水六岗网站信息称"在首都流传着汉人计划将达赖喇嘛劫持到北京的谣言。现在又传来消息，汉人极不寻常地邀请达赖喇嘛在无人护送的情况下去他们的军营看戏。拉萨的民众将二者联系起来，变得更加怀疑了。"十四世达赖喇嘛的御医曲扎在回忆暴动开始时也有相似的描述："在拉萨各种谣言四起，人们越来越多地谈论共产党可能要劫持我们的领袖，到处张贴着要求汉人撤退和批判'十七条协议'的布告。"【564】

这位僧医大概没有探究"谣言"的来源和真实程度，至少在他的回忆中没有提及（就像整个西藏社会一样神秘）。显然，在十四世达赖喇嘛接到前往人民解放军驻地看戏的邀请之前，关于"汉人"要劫持藏人宗教领袖的谣言就已经产生并传开了。还有什么比声称有人要加害他们最神圣的达赖喇嘛更能惹恼虔诚的藏人呢？从曲扎提到的那些布告同样可以看出叛乱是有计划、有组织和有幕后操纵者的。谭·戈伦夫还列举了暗示事件是经过周密策划的证据，可使人对那是一场自发的人民起义的说法产生怀疑。在拉萨叛乱开始前一周，即1959年3月2日，在印度加尔各答出版的《政治家报》刊登了一篇非署名文章，作者显然拥有"非同寻常的信息来源和认识"，因为他对接下来几天在西藏发生的事情作出了惊人的精确预言。文章说，康巴反叛分子只把在拉萨的中国人民解放军看作很小的威胁，并计划在战斗爆发后切断所有通向拉萨的道路。特别值得注意的是，这位匿名作者认为，十四世达赖喇嘛不会不加考虑就离开拉

【563】参见 Franz Alt, Klemens Ludwig & Helfried Weyer:《西藏：美丽、破坏、未来》一书中 Klemens Ludwig 所写的"西藏两千年的历史"部分，第 75 页。

【564】参见丹增曲扎:《彩虹的宫殿》，第 157-158 页。

萨的，为了促使他那样做，康巴藏人必须得挑起一些事端。【565】

正如曲扎描写的那样，那些聚集在罗布林卡前面的叛乱者更容易让人联想到被煽动起来的欲行凶的暴民而非关心社会的市民。他们不仅仅攻击"汉人"，而且还攻击藏人，矛头首先指向西藏地方政府的个别代表："挤向达赖喇嘛夏宫的人群越来越具有攻击性。一位名叫次旺仁增的噶伦在卫兵的陪同下正要进入罗布林卡，他还没来得及走到门口，狂怒的人们就开始抛掷石块，当时正流行着这样的谣言：'次旺仁增是为汉人服务的间谍，汉人付给他大把大把的钱。'据我所知，这位次旺仁增和我们的领袖关系极好，但应该怎样向失控的人群解释呢？"【566】疯狂的人群起暴来不会犹豫，因为根据曲扎的回忆，"如果有人指控他的邻居是汉人的同情者，那么这位邻居立马就会被痛打一顿。"

当听说十四世达赖喇嘛"最终还是要去观看由汉人举办的演出"时，"已处于无法控制的愤怒状态的"暴民们围住了罗布林卡的各个出口。曲扎的描述表明了谁的行为才真正"残忍"："其他在汉人护送下的政府成员坐在吉普车上，但也受到了人群的攻击。通往罗布林卡的道路现在完全被封锁了。主要入口处的门旁出现了一个人，他是来传达噶厦的消息的，政府恳请所有人都冷静下来。"但是暴民已经嗅到了血腥味："就在我的眼前发生了一件非常可怕的事情。一名汉人打扮的男子，骑着自行车朝罗布林卡方向过来，他是和共产党打交道比较多的帕巴拉堪穷。暴怒的人群立刻向他猛扑过去，用石头砸死了他。"【567】

也许可以回溯一下，"德国党卫军西藏考察队"的成员在几年前就已经在拉萨见识过此类藏人"群体"了。哈勒在他的《西藏七年》里谈到，【568】藏历新年时总会有好几千名朝圣者涌到拉萨，哈勒自己也目击了一次恐怖情景。大量信众围在巨大的祭祀篝火旁，着了魔似的看着僧人们将骷髅头、象征恶魔的模拟像以及酥油和农作物扔进火里。随后作为仪式的高潮，神谕降临，手舞足蹈、摇摇晃晃地走向火堆，众人也喊叫起来，进入极度的兴奋状态。哈勒知道，"在这样的时刻，人群的行为是难以预测的。"来自帝国的哈勒很熟悉这些极度兴奋的人群，对他们很有好感。然而由于有过这方面的教训，这一次他知道要"小

【565】参见 Tom Grunfeld：《现代西藏的诞生》，第 143 页。

【566】参见丹增曲扎：《彩虹的宫殿》，第 160 页。

【567】引文出处同上。

【568】Heinrich Harrer 后来坚决否认曾经认识由 Ernst Schäfer 率领的考察队队员，尤其不认识奥斯维辛集中营种族研究者 Bruno Beger。

心行事"，因为有前车之鉴："1939 年，在节日上'德国党卫军西藏考察队'
九死一生。当时他们试图捕捉、拍摄神谕显现的那一瞬间，却被人群扔过来的
雨点般的石块制止住了。"当时哈勒的同胞们以最快的速度逃走了，这样才幸
免于难。尽管如此，哈勒对西藏民众的感情冲动表示了理解，认为这些虔诚的
人突然变成了暴民，与"仇恨或厌恶外来人"无关，而只是源于民众狂热的宗
教情感，这种情感有时便会如此爆发。【569】舍费尔对此却没有哈勒那么多宽容，
他在其《白色面纱的节日》一书中谈到，"狂热的喇嘛们"、"充满仇恨的披着
人皮的野兽，""受群体本能的控制而作恶"。受到攻击的不只是外来的异教徒，
舍费尔他们的"卫队长"也被打倒在地，"暴民"还冲他喊道："狗叛徒，你和
那些来消灭我们宗教的外国魔鬼是一伙的。"在最后一秒钟，多亏一位卫队军官，
是他挡开了一位"黑脸喇嘛"拔出的剑。【570】

　　再回到 1959 年 3 月，当外面被煽动起来的暴民们群情激愤时，罗布林卡
里面正在讨论着局势。僧医曲扎也对此作了描述："可以看到，一些官员在争
论中站在中央政府一边。一位甘丹寺代表极其小心谨慎。作为寺院重要人物，
他在西藏社会拥有很大影响力，但每个人也都知道他在汉人面前很恭顺。"【571】
曲扎继续讲述道："汉人坐着吉普车巡视城区，广播着安定人心的消息，并命
令当地人回家去。同时在大街上，藏人成了汉人的传声筒，敦促人群绝不要参
与暴力反抗。"【572】当然，曲扎绝不敢指责十四世达赖喇嘛本人"在汉人面前
卑躬屈膝"，或者骂他是汉人的"传声筒"。当时，十四世达赖喇嘛的行为与被
他的御医诋毁的那些人没有什么不同，因为 "下午，达赖喇嘛向民众发布了
紧急公告，恳请他们不要使用暴力，不要呼应煽动"。【573】

　　故意挑衅者肯定不是那些传播"安定人心消息"并命令大家"回家去"的
汉人。对暴力不断升级感兴趣的只有"佛的战士"及其在国外的幕后指使者。
四水六岗网站在描述叛乱时，强调了美国中情局支持和指导的康巴战士的作用，
"1959 年 3 月 10 日傍晚应该举行戏剧表演，这天早晨，数千名武装分子来到
了大街上，其中有许多康巴藏人，"尽管现场还有几百名（携带武器的）藏军

【569】参见 Heinrich Harrer:《西藏七年：我在达赖喇嘛官殿的生活》，第 287 页。

【570】参见 Ernst Schäfer:《白色面纱的节日：在西藏遇见民众、僧侣和术士》，第 209-211 页。

【571】参见丹增曲扎:《彩虹的官殿》，第 161 页。

【572】引文出处同上，第 162 页。

【573】引文出处同上。

士兵，但康巴藏人承担了守卫罗布林卡各大门的主要责任。此外，"为制定安全措施，几名康巴领导人和政府官员来到了军队司令部"。[574] 这些措施的目的是将十四世达赖喇嘛带离西藏，据称是为了其自身安全。10 日傍晚，"由 70 名低级官员组成的一群人，"[575] 以及十四世达赖喇嘛卫队成员和康巴反叛分子代表在罗布林卡外集合，他们决定"宣布放弃十七条协议并将所有汉人驱逐出西藏"。[576]

然而，称十四世达赖喇嘛的安全受到威胁并非事实，很不可信。[577] 谭·戈伦夫在回忆 1959 年发生在拉萨的相关事件时指出，十四世达赖喇嘛从一开始就和汉人领导保持着友好关系并支持他们的工作。当他 1956 年抱怨有困难时，中央领导人立即作出了反应。1959 年 1 月，他还在《西藏日报》上发表讲话并撰文，表达了"对国家最热情洋溢的支持"。[578]

但关于直接导致十四世达赖喇嘛出逃的那些事情，谭·戈伦夫引用的一系列通信联络内容提供了另外一幅景象，与"流亡藏人"后来的描述情况有所不同。十四世达赖喇嘛 3 月 10 日让他的侍从长告知汉人，由于示威者包围了罗布林卡，他很遗憾地不能按计划前来看戏了，他还试图让罗布林卡外面的人群安静下来，向他们许诺自己决不会前往人民解放军的驻地。之后，他派 3 名噶伦再次去面见西藏军区政委谭冠三将军，向他保证自己的缺席仅仅因为罗布林卡前面人群的过激反应造成的，绝不是因为自己不想来看戏。当日傍晚，谭冠三便回了一封信，信中说，他也认为十四世达赖喇嘛"现在不来"是"可取的"。十四世达赖喇嘛在次日的回复中抱怨说，"反动的邪恶分子"要将"他的生命置于危险之中"，却"借口"要"保护他的安全"。对于事态的发展，他感到"难以形容的羞愧"。[579] 3 月 11 日，谭冠三通知十四世达赖喇嘛，由于康巴反叛分子加固了阵地和机枪掩体，正常的消息联系已被中断。为避免人民解放军可能的干预，已紧急请求噶厦政府采取行动。12 日，十四世达赖喇嘛回复说，

【574】参见链接 http://www.chushigangdrug.ch/geschichte/geschichte_kalachakra.php，查阅时间为 2012 年 9 月 11 日。

【575】参见达赖喇嘛：《自由之书：达赖喇嘛自传》，第 197 页。

【576】参见 Tom Grunfeld：《现代西藏的诞生》，第 135 页。

【577】康巴恐怖分子当然会在其网站上宣传"中共不怀好意"。

【578】参见 Tom Grunfeld：《现代西藏的诞生》，第 141 页。

【579】参见 Sabine Wienand：《十四世达赖喇嘛》，第 72 页。

他已指示噶厦政府按照要求对反叛分子采取行动，同时他再次请谭冠三确信，他对目前的危机非常难过，"反动小集团的不法行为使我心碎"。[580]14 日，他将几名噶伦召集在一起，表示赞成和平、妥善地解决问题。谭冠三在 15 日的最后一封信中大倒苦水称，中央政府长期以来执行的宽大政策现在由于西藏地方政府的不作为和言行不一而陷入僵局。如果西藏方面任由事态发展，那么人民政府就不得不自己采取行动了。他还在信中提议十四世达赖喇嘛为自身安全计应该来人民解放军驻地接受保护。当然，"对于您来说什么是最好的，这完全由您自己做决定"。[581]随谭冠三的信一道送达的还有阿沛·阿旺晋美写的一封信，他提醒十四世达赖喇嘛要警惕反叛分子劫持他的计划并建议他不要跟任何人走，而应该和几个绝对可靠的幕僚退回到罗布林卡的某栋建筑物里。阿沛还请十四世达赖喇嘛告诉自己他所处的位置，以便一旦双方开战，十四世达赖喇嘛所在的建筑物不会遭殃。现在，在拉萨流传着"人民解放军准备炮击罗布林卡的谣言"。17 日，几位噶伦致信阿沛，请求他帮助将十四世达赖喇嘛秘密带到人民解放军的驻地。阿沛向他们确认收到此信并答应提供帮助。[582]

根据十四世达赖喇嘛本人的讲述，下午 4 时，"两枚炮弹击中了罗布林卡北门前的几个泥坑，"[583]没有造成损失，但足以引起恐慌，"因为据猜测（从未得到过证实），忍耐已到极限的汉人决定发起进攻"。[584]受到惊吓的十四世达赖喇嘛这时才准备出逃。同日晚，他就装扮成普通僧人，在康巴反叛分子的保护下匆匆忙忙地离开了拉萨，而仅仅在几天前，他还称这些康巴藏人是危及他生命的邪恶分子。

向罗布林卡发射的炮弹是受中央政府指使的说法值得怀疑。中央政府声明，人民解放军有严格命令，禁止射击罗布林卡、布达拉宫和大昭寺。使十四世达赖喇嘛惊慌失措并促使他如此仓皇地逃离西藏，对谁真正有利呢？此外，四水六岗网站披露了受华盛顿方面指导和武装的康巴反叛分子在十四世达赖喇嘛出逃一事上的关键作用，"关于出逃的决定，只有达赖喇嘛身边的人和几名康巴

【580】参见 Tom Grunfeld：《现代西藏的诞生》，第 135 页。

【581】引文出处同上，第 136 页。

【582】引文出处同上。

【583】参见达赖喇嘛：《自由之书：达赖喇嘛自传》，第 200 页。

【584】参见 Tom Grunfeld：《现代西藏的诞生》，第 136 页。

领导人知情,"康巴组织为十四世达赖喇嘛安全脱离险境做了必要的准备。"1959年3月17日深夜,达赖喇嘛在三名康巴指挥官及其部队的护卫下到了湖的北岸,湖的南岸由来自罗布林卡的康巴志愿军守卫着。这样达赖喇嘛及其小队随从就安全顺利通过了逃亡途中最困难和最危险的一段。"美国中情局人员是逃亡人员最知心朋友。"1957年在山南地区的桑伊跳伞的阿塔和罗泽和该组织保持着联系,他们之前曾寻求和达赖喇嘛的侍从长帕拉建立联系。现在,他们成了达赖喇嘛的随从成员,并肩负着向华盛顿报告达赖喇嘛逃亡经过的重要任务。他们是达赖喇嘛与外界联络的工具。"【585】

整个出逃行动显然是受华盛顿方面遥控的。谭·戈伦夫教授认为,美国早在几个月前就在计划如何能在康巴间谍的帮助下将十四世达赖喇嘛弄出西藏。【586】自从1950年,为了使十四世达赖喇嘛成为反共产主义的象征,为自己所用,美国一直试图说服他离开西藏,却总是无果而终,现在终于成功做到了。"华盛顿方面通过密码信息告诉达赖喇嘛,美国会支持他。我们的电台小组也得到指示:小队前行,尽快到达边界。"【587】四水六岗网站说得更明白:"根据中情局用电台发来的指示,达赖喇嘛的随从队伍规模很小,为的是不让对方盘旋在头顶的侦察机辨识出来。"谭·戈伦夫还讲到,中情局向逃亡中的十四世达赖喇嘛一行空投食物,执行任务的是为适应西藏稀薄的高原空气而专门改造的洛克希德C130运输机。【588】

让印度接纳政治避难的十四世达赖喇嘛一行也是由华盛顿方面安排的:"我们的电台小组从隆孜宗向华盛顿转达达赖喇嘛向印度总理尼赫鲁请求避难的密码消息。"美国政府"将这一消息密电给在新德里的美国大使馆,由其呈递给尼赫鲁总理。"然后尼赫鲁总理的"肯定答复"再次通过华盛顿传回给"在边境小镇芒芒"的康巴藏人的"电台小组"。印方的答复还包括在"边防哨所接待"十四世达赖喇嘛一行的印度欢迎小组的信息。【589】

四水六岗网站报道了十四世达赖喇嘛及其"37名核心随从"从西藏进入

【585】参见链接 http://www.chushigangdrug.ch,查阅时间为2012年9月11日;Patrick French:《西藏,西藏》,就此问题,他曾经和在印度难民营里的"理塘阿塔罗布"讨论过,第253页。

【586】参见 Tom Grunfeld:《现代西藏的诞生》,第155页。

【587】参见链接 http://www.chushigangdrug.ch,查阅时间为2012年9月11日。

【588】参见 Tom Grunfeld:《现代西藏的诞生》,第155页。

【589】参见链接 http://www.chushigangdrug.ch,查阅时间为2012年9月11日。

印度的情况，文章最后再次指出本组织为使"达赖喇嘛安全出逃"成为可能发挥了重要作用。"3月30日，他们进入印度，在附近的楚塘莫受到印度委员会的热情接待。"对于"印度之行将产生的费用"，也已"有先见之明"地预备好了：陪同十四世达赖喇嘛出逃的、受过中情局培训的康巴藏人在边界就呈献给他20万印度卢比，用作在印度的费用。[590]

　　十四世达赖喇嘛还未到达印度边界时，西方的宣传机器就已经高速运转起来了。根据谭·戈伦夫的描述，当时只有"很少的理性声音"，其中包括印度驻华大使，他批评了"美国记者轰动性的报道以及在香港的台北间谍们散布的惊险故事"。另外，还有《时代生活》杂志驻新德里的负责人大卫·科纳里（David S. Connery）。"科纳里在《大西洋》杂志上（而不是在《时代》杂志上）发表文章说，噶伦堡挤满了来自世界各地的记者，他们被狂热的编辑的电话狂轰滥炸。编辑恳切地请求他们提供引人入胜的描述性报道，如燃烧着的寺庙。没完没了地要求提供信息，以至于一家英国大报的记者愤怒地慨叹：'他们要的就是凭空臆造的故事，纯粹虚构的。那好吧，老天作证，那就给他们杜撰的故事吧'。"[591]谭·戈伦夫评论说："要的就是虚构的报道。于是，2000到10万藏人被打死的故事在流传。对据称是十四世达赖喇嘛经过的那些村庄的详细描写，干脆就是从一本关于印度东北边境地区（NEFA）的书中抄袭的。《伦敦快报》报道称，十四世达赖喇嘛晚上九点抵达，当时'满天繁星闪烁'，而事实上十四世达赖喇嘛是次日中午抵达的。《每日邮报》报道称，'身穿明黄色长袍的僧侣们'前来迎接十四世达赖喇嘛，然而西藏僧人的法衣是褐红色的。"[592]根据谭·戈伦夫的描述，《每日邮报》记者诺埃尔·巴伯（Noel Barber）的表现尤为糟糕。巴伯包下一架飞机，打算飞往NEFA地区上空，等候逃亡的十四世达赖喇嘛一行的出现。为谨慎起见，他事前在地面就已经把相关文章写好了。由于恶劣的气候条件，飞行最终被取消，但这一点儿也不妨碍那篇凭空臆造的报道的发表。

　　康巴反叛分子和随十四世达赖喇嘛逃亡的人捏造的所有惨闻，当然都被媒体不经核实地加以报道，而且直到今天还在被当作不容更改的事实出售。例如，

【590】引文出处同上。

【591】参见 Tom Grunfeld:《现代西藏的诞生》，第144页。

【592】引文出处同上。

康巴反叛分子声称，"20日早晨，为摧毁罗布林卡和炸死达赖喇嘛，汉人开始重炮轰击这座夏宫，""在罗布林卡遭受炮击时，数千人丧生。"[593]西方媒体报道，罗布林卡"被夷为平地"，布达拉宫也"受损严重"，哲蚌寺和色拉寺也"变成了废墟"。[594]半个世纪之后，弗兰茨·阿尔特还在跟着学舌："他们在1959年3月20日炮轰了他的夏宫，以为他还待在那里，并将整栋建筑夷为平地。"[595]谭·戈伦夫评论说："至于罗布林卡，编造它遭到毁坏的故事首先是为了唆使公众反对中国。1962年，到访西藏的英国人证实，罗布林卡几乎完好无损，而且也看不出重建的痕迹。1969年一名"流亡藏人"证实，罗布林卡直到1964年还保存完好。"[596]现在，经中国政府申报，罗布林卡被联合国教科文组织列入了世界文化遗产名录，它一直未曾遭到毁坏……

为了唆使西方公众反对中国，"流亡藏人"不仅极度夸张镇压中的破坏程度和伤亡人数，而且还将叛乱称为"人民起义"，包含整个拉萨、甚至整个西藏。四水六岗网站只是模糊地提到有数千人"武装"走上拉萨街头。十四世达赖喇嘛的御医丹增曲扎声称，1959年3月10日，有"1万到3万情绪失控的人"包围了罗布林卡各个出口。[597]这种粗略的估计不一定可信。史学家谭·戈伦夫谨慎地谈到，3月10日早晨包围罗布林卡有"1万到3万人，包括整支藏军"。[598]只要想想当时在拉萨的康巴藏人、僧侣和朝圣者究竟有多少，那么关于拉萨居民自发起来反抗的断言，就有很大的局限性了。在互联网上和西方报纸上流传的10万，甚或30万示威游行者，这些极度夸张的数字要么源自作者过于丰富的想象力，要么是十四世达赖喇嘛"流亡政府"散播出来的。[599]

【593】参见链接 http://www.chushigangdrug.ch，查阅时间为2012年9月11日。

【594】参见 Tom Grunfeld:《现代西藏的诞生》，第137页。

【595】参见 Franz Alt, Klemens Ludwig & Helfried Weyer:《西藏：美丽、破坏、未来》，第24页。Franz Alt 称，罗布林卡只是一栋建筑，这表明了他的无知：这座历代达赖喇嘛的夏宫是一处巨大的园林，其中有众多宫殿建筑和亭台楼阁，包括格桑颇章、八世达赖喇嘛时期修建的湖心亭、1922年为十三世达赖喇嘛修建的金色颇章以及1954年才建造的达丹明久颇章。

【596】参见 Tom Grunfeld:《现代西藏的诞生》，第137-138页。他可能引用了 Stuart Gelder 和 Roma Gelder 的记述，他们当时在罗布林卡的一些建筑物上发现了几处较小的孔洞，并将其解释为反叛分子打在墙上的弹孔。

【597】参见丹增曲扎:《彩虹的宫殿》，第160页。

【598】参见 Tom Grunfeld:《现代西藏的诞生》，第134页。

【599】参见 Tom Grunfeld:《现代西藏的诞生》，第134页。美国国务院的一项秘密研究称之为"肆无忌惮的夸张"，认为达赖喇嘛的二哥嘉乐顿珠本人应对此负责。

它们至少表明，这些人对待数字和事实（以及真相）是何等轻率。

关于叛乱波及的地理范围及造成的影响，也是同样的情况。谭·戈伦夫认为，"叛乱在地域上有很大的局限性——几乎只在拉萨和山南地区。萨迦是离拉萨仅几天路程的一个重要中心城市，当人民解放军4月到达那里时，萨迦人才只是听说发生了叛乱。"在谭·戈伦夫看来，随后的镇压范围同样有限："大约1万名藏人被抓，他们被送到一座水力发电站和一座硼砂矿劳动。8个月后，大部分藏人被释放。"【600】

十四世达赖喇嘛的描述则完全不同，不仅在极度夸张受害者的人数上，而且还在镇压的细节上，想必都是那特别活跃的想象力使然。这样的想象力已在生动而形象地描写佛教地狱里的巨大折磨和痛苦，或是在旧西藏发明的各种残忍的惩罚和处决方法上得到了验证。十四世达赖喇嘛在到达流亡地区不久就宣称，单是在拉萨就有7万人被杀。当时拉萨大约有两万居民，在那些天里，拉萨城里的人口一下子激增了4万？在十四世达赖喇嘛的一本畅销书里，遇害的藏人人数甚至猛涨到了8.7万。十四世达赖喇嘛称，汉人按通常的做法将他们钉在十字架上，进行活体解剖，碎尸和取出内脏，就好像是他亲眼所见一样。"同样普遍的是绞死、砍头、烧死、活埋或打死，此外还有用狂奔的马拖死、头朝下吊起来或者捆绑后扔进冰冷的水中。"为了阻止藏人在被带往刑场的路上高呼"达赖喇嘛万岁"，"已事先用肉钩将他们的舌头钩掉。"【601】十四世达赖喇嘛称，这些暴行是"如此恐怖"，以至于他几乎不能想象，而且也"不愿去相信"。"直到1959年我读到国际法学家委员会的报告时才明白，我以前听说的是真的……"这样说显然是颠倒因果：美国中情局的法学家们援引十四世达赖喇嘛的话，而后者又反过来引用法学家委员会的报告。【602】

在暴动失败后，僧医曲扎由于与十四世达赖喇嘛家族关系密切等原因成了被改造对象，刑罚是在监狱里度过许多年。他在回忆录中讲道，他之前与十四世达赖喇嘛的亲属"尧西家族"一起住在他们的府邸。"这座威严壮丽、令人印象深刻的府邸有大约60个房间和一个巨大的花园，"那里有一名仆人伺候他的饮食。【603】这位西藏精英阶层中的反动分子使我们对当年所发生的事情的认

【600】引文出处同上，第138页。

【601】参见达赖喇嘛：《自由之书：达赖喇嘛自传》，第183页。

【602】参见本书下一章。

【603】参见丹增曲扎：《彩虹的官殿》，第154页。

识有了另外一个角度，尽管他讲的许多内容是由于反对"汉人"而进行的宣传。据曲扎回忆，尧西家族成员在 3 月 12 日早晨被捕，但是，"达赖喇嘛的祖母由于年事已高被释放了，对此我心情轻松了许多。其他所有人成一列纵队被带到尧西家的房子里，在那里我被关了接近 3 个星期。我在那里还看到了拉萨的居民，包括拿起武器的年轻人。"【604】

显然，不像通常的做法那样，这些武装暴动者没有立即被枪决，【605】西藏僧俗贵族们也没有被笼统清算。实际做法恰恰相反："西藏社会的高层人物得到释放。"【606】就连暴动幕后够军法审判级别的操纵者也得到了宽大处理。帕特里克·弗伦奇提到了拉鲁的命运，拉鲁是 1959 年拉萨叛乱的领导人之一，他自己都认为会被处决。【607】最终他只服刑 6 年，出狱之后在"公安严格的监管下"，在拉萨以北当起了普通农民，再后来他获得第二次机会，甚至重新担任了政治职务。他的孙子们现在在拉萨，是成功的餐馆和酒店业主。【608】

曲扎特别同情那些"被汉人夺走一切"的非常富有的叛乱者："我记得拉萨及其周边的富有家庭将他们的大部分财产转移到了布达拉宫和哲蚌寺，认为自己的居住地面临危险，那里也是安全的。达赖喇嘛出逃后，汉人立即占领了布达拉宫，并将各大寺庙夷为平地。贵族们存放在那里的金银财宝统统被没收了。"【609】但所谓毁坏寺庙，当然是一种宣传上的谎言。【610】

曲扎对汉人敢于改变一直以来在西藏实行的上天和佛祖指定的社会制度感到惊愕和愤怒，他对有钱有势的人抱有无限同情："我在监狱里遇到了几个这

【604】引文出处同上，第 166 页。

【605】人们应该还记得美国中情局下令在玻利维亚杀害抓获的切·格瓦拉……

【606】参见丹增曲扎:《彩虹的宫殿》，第 166 页。

【607】参见 Patrick French:《西藏，西藏》，第 171 页。

【608】引文出处同上，第 171-172 页。

【609】参见丹增曲扎:《彩虹的宫殿》，第 177 页。

【610】这大概不是西方游客所描写的"根据"。例如，2013 年 7 月 11 日，来自美国马萨诸塞州道尔顿的 Nancy L C 写了哲蚌寺旅游见闻:"必须要来游览这座寺庙，"并称在这片区域里有"大量的殿堂、佛像、唐卡和艺术品可看";来自德国弗莱堡的 Petersens 于 2012 年 4 月 25 日在网上评论说:"攻略……去西藏旅游应该首先游览哲蚌寺……这座了不起的大型寺院有精美的建筑物和中世纪的小径……因为经幡，一定要到寺院东边走一趟"。参见链接 http://www.tripadvisor.de/Attraction_Review-g294223-d325688-Reviews-Drepung_Monastery_Zhebang_Si-Lhasa_Tibet.html#mtreview_130831693，网上也有许多最新照片。

样的藏人，他们失去了土地和最宝贵的财产，土地被以共产主义的名义分给了人民。举个事例，有一家人把他们所有的黄金都藏在一个旧盒子里，为了迷惑可能流窜作案的小偷，特意将一些崭新的盒子装满小石子。很不幸的是，在一次搜查中，士兵们找到了至少 40 公斤的黄金，大笑着运走了，并把户主也带走了。"【611】那个装黄金的"盒子"想必相当大吧！"另一家人的遭遇相同。这次士兵们借助探测器找到了藏在地下的黄金。"如此糟糕的因果报应使曲扎产生疑虑："我们的民族要还债吗？我们究竟欠汉人什么债呢？"【612】但这位尊贵的僧医却没有去想，寄生虫似的上层人物也许欠着他们自己的农奴和仆役的债。一些藏人完全同意这种看法，所以积极参与了镇压暴动和惩处反革命分子的活动。曲扎自己也一再谈起这样的藏人："首先打我的是我自己的同胞……"【613】他还诉苦道："一些曾是囚犯和卖国贼的藏人'改变信仰'后，对我们怀着刻骨的仇恨。"【614】另据曲扎讲，就连被抓的几位有名望的喇嘛，如果他们不把"自己的同胞打死"，就只会拿"践行宗教教义"来寻开心，而"自己的同胞"以前曾对他们十分尊敬。【615】

顺便提一下，曲扎在监狱里还认识了一些"曾在亚利桑那州（应为科罗拉多州）接受美国中情局培训，然后跳伞空降到西藏的抵抗战士"。【616】对于这些人，汉人也没有简单地采取断然措施，他们没有被剁成碎块、钉上十字架、取出内脏、活埋或是烧死。

美国中情局的职业"自由战士"——或者更应该称之为杀人犯和拷打者，可没这么人道。举个例子，几年之后的 1967 年，中情局在越南开始实施代号为"长生鸟"的军事行动，参加的部分人员就是拉萨暴动的原班人马。该行动"旨在查明南越民族解放阵线（FNL）的骨干并使其'不起作用'。这种婉转的表达其实指抓捕或杀害起义的游击队成员"。【617】"长生鸟行动"前军官巴顿·奥

【611】参见丹增曲扎：《彩虹的宫殿》，第 177 页。

【612】引文出处同上，第 178 页。

【613】引文出处同上，第 179 页。

【614】引文出处同上，第 188 页。

【615】引文出处同上，第 202 页。

【616】引文出处同上，第 213 页。

【617】参见链接 http://de.wikipedia.org/wiki/Operation_Phoenix，查阅时间为 2013 年 2 月 25 日。FNL 是指南越的民族解放阵线，美国人和西方媒体称为越共（Vietcong）。

"长生鸟"军事行动：蒙眼者为即将被杀害的涉嫌同情"越共"的人。

斯本（Barton Osborne）于 1971 年接受美国国会质询时讲述了当时处置被抓嫌疑分子的经过："据我所知，在实施所有这些行动的过程中，没有一名囚犯熬过了审讯，他们都死掉了。指控他们每个人都与越共有过合作，但从来也没有令人信服的证据，但他们都死了，大多数人要么被拷打致死，要么被从直升机扔出去。"他将中情局的这一"杀戮计划"与"纳粹的暴行"做了比较。【618】

【618】引文出处同上。

第二十一章

流亡中的"西藏"：管理的混乱、对外援的依赖以及民主的表象

当然这并不表明当时的管理工作很简单，相互之间存在着个人分歧和适度的争吵，这都属于人的本性。

十四世达赖喇嘛谈论他的"西藏流亡政府"【619】

最令人惊讶的是，和其他政治难民明显不同的是，西藏这些流亡高级喇嘛们，在相对短的时间里成功获得了新的收入来源和全世界的支持。在世界各地成立了数百个佛法中心，它们拥有的财产总价值高达数十亿美元。

琼·坎贝尔（June Campbell）【620】

十四世达赖喇嘛出逃的消息公开之后，许多信徒也随之流亡，主要是前往印度和邻近小国尼泊尔和不丹。根据谭·戈伦夫的说法，当时离开中国的藏人"总计 5 万至 5.5 万，占藏人总人数的 0.9% 至 2%"，但这"远远少于难民组织和达赖喇嘛的追随者通常给出的数字"。【621】20 世纪 60 年代以来，人数当然有所增加。对华毫不友好的弗朗索瓦·罗宾（Françoise Robin）估计，在国外的藏人有近 15 万人；中国的藏人总人数将近 600 万，二者之间的比例仅为 3∶97。所以罗宾评论称，"相当大一部分藏人现在都过着流亡生活"的流传说法与事实相去甚远"。【622】

【619】参见达赖喇嘛：《自由之书：达赖喇嘛自传》，第 246 页。

【620】参见 June Campbell：《女神、空行母和普通妇女：藏传密宗中的女性本体》，柏林 Theseus 出版社 1997 年出版，第 29 页。

【621】参见 Tom Grunfeld：《现代西藏的诞生》，第 192 页、第 250 页。

【622】参见 Françoise Robin：《关于西藏的老生常谈：与世界屋脊有关的成见》，第 69 页。

位于印度达兰萨拉的"西藏流亡政府议会"

　　谭·戈伦夫相当详细地研究了十四世达赖喇嘛最初几十年的流亡生活，在这里能援引他的一些讲述。十四世达赖喇嘛本人在其自传中，也对这一时期的情况较之其他事情谈得更详细些，也许是因为难民的困苦能引起特别的同情和好感，这样一来国际社会便更愿意捐款了。

　　1959 年，国际组织和志愿者立即前来帮助逃亡的难民，但他们不是"在大吉岭地区学习或工作的西藏贵族和富有家庭的子女们"。[623]也许在西藏精英阶层那里，不特别看重团结的价值，然而来自国外的援助资金和捐款源源不断，且数目丰厚。到 1962 年，接纳了绝大多数"流亡藏人"的印度已提供了 600 多万美元。同时提供援助的还有：国际红十字会和国际救助贫困组织（CARE）等众多国际人道组织，联合国难民事务专员署（1964-1973）以及瑞士和美国政府。其中美国政府在最初 10 年就提供了 530 万美元的直接援助。谭·戈伦夫援引了"流亡藏人"的消息，该消息强调说，不论以何种标准来衡量都没有人可以否认援助资金"数目可观"，[624]此外还有西方反共组织募集的援助资金。早在 1959 年 3 月，美国就应马文·利伯曼（Marvin Liebman）的倡议迅速组建了一个负责"流亡藏人"事务的紧急委员会（AECTR）。利伯

【623】参见 Tom Grunfeld:《现代西藏的诞生》，第 193 页。也可参见达瓦罗布:《红星照耀西藏》。

【624】引文出处同上，第 195 页。

曼是一位极端反共的知名人物，直到那时仍然是"反对共产主义中国进入联合国的百万人委员会"的主要人物。明显由中情局资助的负责"流亡藏人"事务的紧急委员会在成立当年，便给在印度的"流亡藏人"送去了 20 万美元和一些医疗物资。1960 年，对藏友好团体在美国成立，接着法国、瑞士、英国、挪威、南非、澳大利亚和新西兰也成立了类似社团。例如，美国的该组织仅在1975 年 6 月至 1976 年 6 月财年便捐助了 560 多万美元，这还不包括其成员以承担监护责任的形式对"流亡藏人"中的儿童提供的个人独立捐款。【625】

　　然而，跟随十四世达赖喇嘛一起流亡印度的普通藏人在那些年里的境况可一点儿也不好。他们之中有 1.8 万至 2.1 万人参加了道路修建，平均日薪仅 30美分。十四世达赖喇嘛在自传中讲到，"噶厦和印度当局之间商定了难民可在印度北部修建道路的计划"。十四世达赖喇嘛对这一做法是完全赞同的："这样一来，难民们可以自食其力，同时还可以在气候适合他们的地方待着。"【626】他明确请求尼赫鲁不要让"流亡藏人"去难民营，并将让他们去喜马拉雅山区修路看作是尼赫鲁"博爱"的表示。直到那时，十四世达赖喇嘛大概从未想过要为在印度修路的同胞的生活条件考虑一下，或者去"想象"一下那里的情况。谭·戈伦夫描述了这些"流亡藏人"的情况："他们的生活状况如此糟糕，以至于"流亡藏人"的代表在 1964 年承认，如果这些筑路工人留在西藏，情况会比现在好一些。肮脏、微薄的工资、时常面临生病的危险和寿命缩短还不是这些"流亡藏人"必须要忍受的全部，最不公正的无疑是让孩子们和家人分离。5000 名儿童被从父母身边带走，他们必须生活在固定的难民营里。"【627】这是在他亲自察看了（归根结底应该由他承担责任的）不幸的境况之后，十四世达赖喇嘛"出于同情"亲自这样安排的。在其自传里，他对此流下了鳄鱼的眼泪："当我看到他们时，心都要碎了。一队一队的孩子、妇女和男人并排着在劳动……白天，他们必须清早就开工，在灼热中干着最苦的活儿。晚上，他们挤在很小的帐篷里睡觉。炎热和潮湿让人付出了高得可怕的代价。筑路工人的孩子们营养严重不良。"那么，十四世达赖喇嘛对此有何反应呢？他告诉这些藏人，"乐观很重要，"此外，他还"将情况告知了印度政府"，后者随后"修建了一处新

【625】引文出处同上。

【626】参见达赖喇嘛：《自由之书：达赖喇嘛自传》，第 220-221 页。

【627】参见 Tom Grunfeld：《现代西藏的诞生》，第 193-194 页。

的难民临时住所"，一部分孩子被强行带到了那里。【628】

而十四世达赖喇嘛自己（一位"普通僧人"）不久（1960 年 3 月 10 日）就"带着西藏流亡政府约 80 名官员迁到了达兰萨拉"。【629】十四世达赖喇嘛一行动身之前，先派了噶厦官员功德林前去"打探"印度政府提供给达赖喇嘛的固定居所。那是一处前英国殖民当局在山里的休养地，而且功德林带回一个令人高兴的消息，"达兰萨拉的水比现在住的疗养地的牛奶还要好喝，"【630】因而搬家便没有什么障碍了。十四世达赖喇嘛这位享有特权的印度政府客人，其新居住地不仅气候宜人，而且可以"远眺整个山谷"【631】和欣赏"山峦美景"，【632】可以在那儿定居下来，每年有美国中情局提供的 18.6 万美元以及印度情报机构提供的额外工资。【633】

安置在位于孟加拉邦布克萨的前英国俘虏营的 1500 名僧人的境况就没那么令人羡慕了。那里的生活条件是如此糟糕，以至于他们中的 200 人患上了结核病，80 人因此丧命。十四世达赖喇嘛在自传中透露了他在这种情况下采取的措施："可惜我从未能去看望他们，但能做的我都做了，通过写信和播放我的录音来赋予他们力量。"【634】幸存的僧侣最终被带到了印度南部拜拉古比和孟果的藏人难民区。在印度阿萨姆邦的密萨马利难民营还生活着 8000 多名"流亡藏人"，那里的条件差不多同样糟糕，所以从不让外国人到访。【635】

在印度和西方的援助下，"流亡藏人"1963 年在印度中央邦的玛尼普特建立了一些农垦区。那里一度生活着 5000 名"流亡藏人"，对于他们来说，玛尼普特的气候他们很不习惯。经济来源主要是美国负责"流亡藏人"事务的紧急

【628】参见达赖喇嘛：《自由之书：达赖喇嘛自传》，第 234-235 页。

【629】引文出处同上，第 235 页。

【630】引文出处同上，第 233-234 页。

【631】引文出处同上，第 237 页。

【632】引文出处同上，第 238 页。

【633】参见 Elisabeth Martens：《藏传佛教史》，第 167 页，引自 Kenneth Conboy & James Morrison：《美国中情局在西藏的秘密战争》，堪萨斯大学出版社 2002 年出版。达赖喇嘛本人在其自传中只提及了"印度政府一直支付给他薪金"（参见《自由之书：达赖喇嘛自传》，第 249 页），但没有提及他到底凭什么领取薪酬。

【634】参见达赖喇嘛：《自由之书：达赖喇嘛自传》，第 247 页。

【635】参见 Tom Grunfeld：《现代西藏的诞生》，第 196 页。

委员会。经费不足，而且使用不当。例如，一所 1964 年才修建的学校 3 年之后就"莫名其妙"地关闭了。到 1978 年，只有 1100 名藏人坚守在玛尼普特，那里一直就没有供电，不能灌溉，也没有什么工业。[636]

根据谭·戈伦夫的数据，1981 年有 7140 名藏人生活在印度南部的孟果难民区，那里有约 1360 公顷耕地，但没有人工灌溉系统，饮用水短缺，许多儿童吃不饱或营养不良。婴儿死亡率为 162‰。一位美国医生 1980 年描述了在印度的"流亡藏人"的生活情况，认为他们被驱逐到了最贫穷的地区，生活困苦，饱受疾病折磨，变得麻木不仁、嗜酒和绝望，这当然不包括十四世达赖喇嘛和"流亡政府"中少数享有特权的藏人。[637]

"流亡藏人"糟糕的健康状况也有自身文化的原因，正如谭·戈伦夫强调的那样："到访垦荒区的人发现，那里已有的医疗设施常常很少使用，因为那里的人们缺乏对现代医疗手段的了解，而且他们对因果报应的信仰根深蒂固。"[638]甚至十四世达赖喇嘛也意识到了这个问题，因为他坦承，在"流亡藏人"聚居区，"并非所有问题"都和资金或"物质"相关。"有时候我们的文化阻碍了我们适应新的情况。我还记得在我第一次到访拜拉古比时了解到，在为获得耕地而进行的垦荒过程中，有无数的小动物和昆虫因此被烧死，那里的藏人对此大为震惊。这对于佛教徒而言是可怕的行为……一些拓荒者甚至来到我这里，他们认为应该停止这项工作。"[639]提到文化，当初在西藏，每一次现代化尝试都会引起那么多问题，这次农垦区面临的难道不是同一种文化问题吗？而为了捍卫这种文化，康巴藏人在各地烧杀抢掠了数年之久。不管怎样，那些"国际组织援建的项目"都失败了："所有建养鸡场和养猪场的尝试都无果而终。"流亡藏人"即使生活困苦也不愿通过饲养动物来获取食物。一些外国人对此不无讽刺，因为藏人虽然喜欢吃肉，却不愿自己供应肉食，这本身就很矛盾。"[640]有时就连十四世达赖喇嘛也会在这样或那样的问题上恍然大悟！

谭·戈伦夫将十四世达赖喇嘛的"流亡政府"几乎说得一无是处："由于

【636】引文出处同上，第 197-198 页。

【637】引文出处同上，第 199 页。

【638】引文出处同上，第 200 页。

【639】参见达赖喇嘛：《自由之书：达赖喇嘛自传》，第 254-255 页。

【640】引文出处同上，第 255 页。

各组织之间的竞争以及'西藏领导集团中令人讨厌的成员'的阴谋诡计，救助措施的实施变得困难。特别是医疗用品等救助物资出现在麦克勒奥德甘吉市场上，那里离达赖喇嘛的府邸还不到两英里。"这位历史学家接着写道："达赖喇嘛过世的姐姐才让卓玛为众人所憎恨。为了监视她主管的孤儿院的情况，她实行了一项制度，让孤儿们两人一组在孤儿院的各个出口执勤，不论刮风下雨，都得及时向她通报每一位访客。此外，她还因12道菜组成的奢侈午餐而出名，而受她照料的孩子们却常常快要饿死了（一位难民救助人员回忆起一件事，当她吃完早餐正要把装有食品残渣的盘子拿走时，几个饿着肚子的孩子突然扑了过来）。'即使天气非常寒冷，孤儿院的孩子们也只穿着单薄而破旧的无袖长罩衫，但如果有知名人士来访，每个孩子便穿戴上羊毛衣服、厚短袜和沉沉的靴子。'腐败如此盛行，连联合国难民救助署负责人都说，如果所有抵达印度的救助物资都能分发到被救助者手里，每位'流亡藏人'应该至少拥有一条半羊毛毯子。"【641】看到这些，人们仿佛置身于查尔斯·狄更斯笔下的《雾都孤儿》那个年代。

例外也能证明规律的存在，谭·戈伦夫认为，相比之下才让塔仁家族在美国密苏里州创办的儿童之家"运作良好"，且很"人道"，但他得出的结论依然是："尽管给难民汇来了可观的钱款，但它们却没有得到适当的使用，责任在于达兰萨拉的藏人领导。"在达兰萨拉（在一定程度上可称之为十四世达赖喇嘛后院的地方），生活着大约3000名藏人，其卫生条件直到1979年还很糟糕——公共厕所奇缺，也没有垃圾清除系统。【642】

显然，来自国外的丰厚捐款并没有惠及所有人。对于十四世达赖喇嘛早在1951年就运往锡金的财产，大多数"流亡藏人"也一无所获。更有甚者，嘉乐顿珠和十四世达赖喇嘛就这笔估价为1100万美元的财产发生了争执，十四世达赖喇嘛十分明确地告诉哥哥，他要自己决定其用途。【643】最终他将赃物在加尔各答的"自由市场上"出售，"获得了约800万美元，当时对他而言是一笔巨款"。紧接着，他便证明了自己拥有可以和后来的朋友乔治·布什相比的

【641】参见Tom Grunfeld：《现代西藏的诞生》，第201页。他引用了1966年纽约出版的Dervla Murphy：《藏人据点》以及1990年伦敦出版的George N. Patterson：《西藏挽歌》。

【642】引文出处同上，第199页。

【643】引文出处同上，第194页。

商人或企业家的才能：他把钱投资到"所谓的保证有利可图的项目"，由此很快就"损失了其中的大部分，只剩下了不到八分之一的钱"。【644】十四世达赖喇嘛最后将损失解释为，这表明了上天的公正，"事后我明白了，这笔财富是属于全体西藏人民的，"而他及其"流亡政府"失去了这笔财富，是因为"我们没有单独占有的资格"。【645】

至少第一眼看上去，和前面描述的"流亡藏人"在最初几十年里遭遇的苦难形成鲜明对比的是，有一个位于印度卡纳塔克邦（旧称迈索尔邦）的拜拉古比农垦区示范项目，最初印度当局向那里的3000名"流亡藏人"提供了总计1.4亿平方米的土地。【646】没有土地的印度农民过去和现在都没有这样的幸运。此外，不仅印度的，而且瑞士和美国的各种组织通过派遣农业专家和提供现代农具，向拜拉古比提供了巨大的技术援助。根据谭·戈伦夫的讲述，那里的"流亡藏人"在短时间内变得如此富裕，以至于能收留贫困的印度男孩，让他们承担诸如担水等繁琐的家务来作为回报。另外，越来越多的藏人有能力雇佣没有土地的印度邻居来干农活。【647】戈尔德纳认为，因此"早在20世纪60年代中期，'流亡藏人'和当地印度居民关系就开始变得紧张，后者对前者获得的巨额资金越来越妒忌"。【648】

拜拉古比是世界上最大的"流亡藏人"聚居区。如果有人打算证明十四世达赖喇嘛"流亡政府"的效率、能力以及善于组织，或者甚至要证明其成功的融合政策的话，那拜拉古比也不一定是个合适的例子：只要仔细观察便会发现，"成功的果实"在那里的分配也很不公平。谭·戈伦夫早在20世纪80年代就援引一位"流亡藏人"记者的报道作了这样的评价。这位记者发现，在拜拉古比示范区"水电供应"还不能令人满意，道路没有铺设路面，医院设施不完备。"即使在获得了16年之久的技术和资金支持之后，农垦区的管理层仍未能着手为信任他们的贫穷藏人制订出一个社会救济计划。"【649】教育的情况也很糟糕，

【644】参见达赖喇嘛：《自由之书：达赖喇嘛自传》，第248页。

【645】引文出处同上，第249页。

【646】参见 Colin Goldner：《达赖喇嘛：一位神王的垮台》，第512页。

【647】参见 Tom Grunfeld：《现代西藏的诞生》，第197页。

【648】参见 Colin Goldner：《达赖喇嘛：一位神王的垮台》，第512-513页。

【649】参见 Tom Grunfeld：《现代西藏的诞生》，第198页。

较富有的家庭都将孩子送到班加罗尔去上学,而其他人则宁愿让孩子在家待着,也不愿送他们到藏人的学校。

在官方的公告中,"流亡藏人"的领导层将对青少年的教育和培训看作优先发展的对象,因为原则上不产生费用:十四世达赖喇嘛在自传中多次感谢印度当局自掏腰包为"流亡藏人"的孩子们建立学校和一所孤儿院,【650】并招雇教师和支付他们工资。尽管如此,谭·戈伦夫对教育领域的总结是,课堂上广泛使用的是英语,由学生的需求看来,教学计划毫无价值,而且由于过于高昂的学费,并非所有孩子都有学可上,当时家庭年收入为792至2400美元,而学费则高达120美元。谭·戈伦夫以一名年轻藏人为例,他在学校学了九年,却从未读过一份报纸或一本书。但从前的贵族们却不受糟糕的教育状况的影响,因为他们的子女都在昂贵的英裔印度人开办的私立学校就读。

当然印度政府的慷慨大方和丰厚的国外捐款也不是完全没有发挥作用。曾到访拜拉古比的科林·戈尔德纳证实并强调了谭·戈伦夫之前所讲的内容。他首先提到,拜拉古比农垦区"由5个独立乡镇、共计20个村庄组成"。根据印度方面的数据,那里目前生活着大约1.5万名"流亡藏人","其中包括三四千名僧人"。这些藏人虽然"和周边的印度乡镇完全隔绝",并且不懂当地坎纳达语,却居住在名副其实的农庄和"别墅"般的房子里,那正是印度邻居们梦寐以求的。"在各个村庄之间的田地里,到处可见繁忙的劳动场景,但干活的清一色是印度季节工,没有藏人。""两座宏伟的寺院"在整个农垦区占据着主导地位,那里也和上述情况一样。它们看上去维修得很好,"园地里的草被修剪成火柴棍的长度,一大群印度杂工一直忙碌着,负责将所有地方都弄得极其干净和井井有条"。但这并不妨碍寺院以及整个聚居区的人们将垃圾"干脆就近从斜坡上倾倒下去"。在众多建筑工地上,同样只能看到印度人。明显有越来越多的人指望"靠对拜拉古比感兴趣的西方游客"谋利,并开始进行"相应的扩建"。但这一切使得"流亡藏人"在"本地卡纳塔克人"眼里少有好感:"当地人最不愿看到的是整晚整晚在库夏纳格的集市广场上赛车的流亡藏族青少年。他们成群结队地骑着雅马哈摩托车来到当地某家啤酒或烧酒店狂饮一通,然后怪声大叫、酩酊大醉地轰鸣而去。他们和同龄的印度人之间一再产生暴力冲突。"【651】

【650】参见达赖喇嘛:《自由之书:达赖喇嘛自传》,第242页。

【651】参见 Colin Goldner:《达赖喇嘛:一位神王的垮台》,第512-514页。

尽管有前面讲过的腐败，或者正因为如此，源源不断的国际援助带来了这一寄生式的特殊富裕人群，当然首先是在和十四世达赖喇嘛关系较近的范围内。戈尔德纳到访了隶属地区首府、十四世达赖喇嘛居住地达兰萨拉的麦克勒奥德甘吉。他这样描述："与当地印度居民用木板和波纹白铁皮搭建的简陋住房相比，来自西藏的'避难者'的居所，尤其是寺院建筑，简直就是不知羞耻的豪华。来自世界各地的捐款源源不断地流进'流亡藏人'社区，游客们潮水般地不断涌来，这都使得'流亡藏人'生活越来越富足——麦克勒奥德甘吉的几家酒店每晚住宿的价格竟相当于一个印度人半年的收入。与此同时，当地的印度乡镇从中却几乎什么也得不到。"当地印度人"主要在寺院从事清洁和维护工作"，"事实上哪儿都看不到藏人在干活，更不用提身穿红色长袍的懒鬼"。就是在达兰萨拉，在生活奢侈的避难者和为他们做苦工的印度人之间（戈尔德纳称后者的工资"不屑考虑"），最近几年由于明显的经济差距也一再产生暴力冲突，特别是1994年，一名藏人在争执中捅死一名印度人之后，双方之间便大动干戈。

根据戈尔德纳的描述，首先在"藏人男性青年"看来，"没有必要从事一项正常的工作"。他们要么成群结伙地泡在当地的咖啡馆和游戏厅，要么骑着摩托车在街上来来回回。达兰萨拉也被称作"小拉萨"，那里早已存在明显的毒品问题（1997年，十四世达赖喇嘛的内政事务委员会制定了一个"自身预防和康复计划"，并建立了一个戒毒中心）。在这期间，管理层方面还尝试通过发放避孕套和大量张贴宣传画，来应对被忽视多年的严重的艾滋病问题。

据戈尔德纳，直到20世纪90年代中期，在公共场合还几乎见不到藏人女青年，但现在也能在当地的咖啡馆和专营威士忌的商店看到姑娘们在游荡。同时，酒店里专门服务于西方游客的卖淫业很是兴旺。达兰萨拉机场在2004年进行了扩建，之前那里的跑道只能降落小型飞机，现在这个功能完备的机场显然达到了促进"达赖喇嘛旅游"的目的。[652]

非常熟悉当地情况的帕特里克·弗伦奇曾提到一件他亲眼所见的事，它表明在达兰萨拉精神追求、生意和度假享乐是如何和谐共处："我看到一位我认识的年龄较大的僧人穿着T恤和牛仔裤走在路上。和他挽着胳膊的那位女士，我一开始以为也是一位藏人，当她走近时，才发现原来是一位穿着一件厚厚的西藏传统服装、佩戴华贵首饰的法国女士。在我看来，他们很幸福，每人拿了

【652】引文出处同上，第511页。

一个纪念品。我认识的这位僧人以前很喜欢和一位名叫卡瑞的新西兰女士玩摔跤比赛。那位卡瑞胸围相当大，通过和尽可能多的藏人睡觉，她也算为慈善事业作出了自己的贡献。"【653】

然而在垃圾清理甚或废品回收利用方面，从 20 世纪七八十年代以来，达兰萨拉没有任何变化。根据戈尔德纳的讲述，"和从前一样，可饮用的水只有专门的塑料瓶装水，一旦喝完，这些塑料瓶就和其他垃圾被一起从最近的斜坡上扔下去"。大概只有在用西藏"自然保护区"的要求激怒汉人的时候，十四世达赖喇嘛的环境意识才会苏醒。不管怎样，戈尔德纳证实，和那些由印度雇工打扫的藏人居所和寺院建筑不同，麦克勒奥德甘吉圆形山顶的其余地方就像一个巨大的垃圾填埋场。但显然并非人人都以此为忧，当我提到寺院后面的垃圾山时，一位西藏僧人是这样解释的："总得生活吧！在印度，土著人对于污秽无所谓，他们习惯了在垃圾中生活。"戈尔德纳还提到，距离麦克勒奥德甘吉不远、位于山中的达尔湖在几十年间被倒满垃圾之后，早已大变样，接近消亡。【654】

新派佛教徒乌利·弗兰茨也注意到了来自西藏的生活奢华的避难者寄生虫似的一面。他发现，在达兰萨拉，"有太多的'流亡藏人'学会了如何通过悲叹和诉苦来搞到西方的资金"。他大概也注意到了他们的自相矛盾和谎言，因为"流亡藏人"的某种心态干扰到了他："他们在远方抱怨曾是他们家乡的那个地方的状况。但只有将那个地方解放，他们才愿意回去做些改变。那还要问，谁去解放那个地方呢？"【655】

不管怎样，到那时为止，如果你是属于从援助资金和"达赖喇嘛热"中获益的群体，那么流亡生活倒也不错。而且"流亡藏人"还有自己的"政府"。与之相反的是世界上绝大多数难民的状况，他们不仅贫穷、无家可归、没有慷慨的国际援助和支持，而且还根本没有代表自己政治利益的机构。

【653】参见 Patrick French：《西藏，西藏》，第 276 页。尼泊尔的情况与此相类似，那里是追求灵性的西方游客偏爱的另一个旅游目的地。Gerald Lehner 在书中写道，那里的僧侣已为自己开辟出了特有的商业模式，旅游除了是各种各样收入来源之外，年轻英俊、肌肉发达的僧人尤其喜欢通过身体的方式使美国女游客了解顿悟，由此产生了"速溶喇嘛"的概念——预约的涅槃。什么都像罐头食品一样方便，佛教的顿悟如同叫披萨外卖服务一样（参见 Gerald Lehner：《在希特勒和喜马拉雅之间：海因里希·哈勒的记忆空白》，维也纳 Czernin 出版社 2007 年出版，第 244 页）。

【654】参见 Colin Goldner：《达赖喇嘛：一位神王的垮台》，第 501-503 页。

【655】参见 Uli Franz：《西藏手册》，第 166 页。

然而代表"流亡藏人"政治利益的这个机构认为，难民问题既不能通过重返故乡（中央政府一直希望如此），也不能通过融入接收国社会来得以解决。对于十四世达赖喇嘛的"政府"而言，自己凯旋、重掌西藏政权才是解决问题的唯一途径，甚至还要求将统治权扩大至"康区"和"安多"，并将这样一个"大西藏"从中国分离出来。为了这些完全虚幻的、夸大狂们的政治目的，牺牲掉难民们真正的利益。在邻国尼泊尔和不丹，"流亡藏人"因此和当地民众和政府产生了激烈的冲突。至于在尼泊尔的情况，我们在关于木斯塘恐怖分子营地解散一事上已经讲到了。在小小的喜马拉雅王国不丹，"流亡藏人"的颠覆活动在1973年导致了一场公开的冲突，事后共有30多人被捕，几乎都是"流亡藏人"，罪名是和去世国王的情人阿喜·央吉一道策划政变并试图谋杀年轻君主吉格梅·辛格·旺楚克。"流亡藏人"的目的是，将不丹这个国家变成一个军事基地，以对中国发动恐怖袭击，与美国中情局内外勾结的十四世达赖喇嘛的二哥嘉乐顿珠被认为是幕后操纵者。【656】

为了获得对其政治活动必不可少的西方支持，"达兰萨拉政府"不能一切都照原样：例如，封建主义和神权政治等概念对西方人来说太难听，所以，十四世达赖喇嘛对他的"流亡政府"进行了改革，并且不顾自己人的反对，使其变得"民主"。与此同时，他却专断地从上层人士中确定各个"流亡藏人"聚居区的领导人，以此通过"等级森严的家长式的统治制度"来拯救过去封建主和农奴之间的依赖关系。【657】上述领导人宛如小"国王"，一般对辖区所有人拥有绝对的指使权。在自传中，十四世达赖喇嘛称赞自己是一个"尽可能无情的"改革者，【658】因为改革遭到了很大反对，特别是在"较年长的流亡官员"那里，【659】他们中的一些人甚至怀疑，"达兰萨拉政府实行了'真正'的共产主义制度"。【660】十四世达赖喇嘛真爱开玩笑！他大概没有明白，内在的矛盾在于一个专制的统治者却偏偏以"民主"的名义来对自己属下实行改革。不过倒也无所谓，反正整个改革无非就是自我欺骗。十四世达赖喇嘛自己对此解释

【656】参见 Tom Grunfeld:《现代西藏的诞生》，第206页。

【657】引文出处同上，第198页，他依据的是 Melvyn C. Goldstein 的观点。

【658】这一漂亮的表达要归功于达赖喇嘛的一位朋友，即德国黑森州前州长科赫。

【659】参见达赖喇嘛:《自由之书：达赖喇嘛自传》，第246页。

【660】引文出处同上，第245页。

说，"西藏人民议员大会现在功能上等同议会，"是政府的最高立法机关。如果这个人将议会视为"政府的机关"，显然他对议会民主有完全独特的看法！十四世达赖喇嘛宣称，他的"议会"对西藏自由选举的代表开放，此外还给藏传佛教最重要流派以及苯教的代表预留了席位。【661】为神职人员预定的议会席位表明，十四世达赖喇嘛这位神王根本就没有要放弃神权政治制度。尤其是他的"政府"永远不会在西藏本地以及中国其他藏人居住区举行选举，总之，十四世达赖喇嘛没有解释在这种情况下他的"议员们"是谁选举出来的以及谁可以参加竞选。十四世达赖喇嘛是这样诠释议会民主和分权制的："在某个方面，诸神是我的'上议院'，噶厦则是我的'下议院'。和其他任何政治家一样，在我作出一项政治决定之前，我会听取二者的意见。"【662】但他本人却从未经过选举，而是靠转世成为终身"领导"的，他是喇嘛教的"教皇"，每天"至少花5个半小时来祷告、冥想和学习佛教教义"，此外还"尽可能经常地"祈祷（"宗教活动是全天24小时都要进行的活动"），而且在作出每一个重大决定之前都要问卜。

白玛森雷（Pema Thinley）是一位知名的"流亡政府"人士，她在自己出版的《西藏评论》杂志中承认："我本不愿意说的，但是我们一直都缺少民主化的最基本前提，而且这一状况还会持续下去。"【663】对此帕特里克·弗伦奇认为："没有一个藏人可以和达赖喇嘛有着平等的关系。甚至连离他最近的顾问，诸如在他私人办公室工作了近40年的丹增格西，或者是他的华盛顿特使洛迪加里，在他面前都卑躬屈膝、战战兢兢。"弗伦奇还讲到，有一次一位电影导演向他透露，自己不敢采访十四世达赖喇嘛，因为"一种根深蒂固的虔诚和敬畏之情妨碍了他提出本应该提的问题"。一位历史学家也向弗伦奇说过类似的话，称自己"担心有人会请求他对令人不愉快的事实避而不谈，而自己也许无法拒绝这样的请求"。【664】

一些西方政治家和舆论制造者相信，可以以民主和人权的名义来支持"西藏流亡政府"以及倒台的十四世达赖喇嘛，安德烈亚斯·格鲁希科准确指出这

【661】引文出处同上。

【662】引文出处同上，第301页、第312页。

【663】参见 Patrick French：《西藏，西藏》，第283页。

【664】引文出处同上。

些人前后矛盾之处："我们自己国家对民主的认识毫无疑问的是，政治和宗教必须区分开来。而'流亡藏人'的民主状态却是以其宗教领袖达赖喇嘛为最高领导人的，但我们却接受了这无法解决的现状。"【665】

甚至在藏传佛教徒那里，原则上政教分离也是可能的，许多在西藏的信徒便做到了，他们信仰和践行他们的传统宗教，并不将十四世达赖喇嘛视作一位政治领袖，也没有追随他走上分裂主义的道路。根据相关报道，在中国的寺庙里，甚至允许悬挂十四世达赖喇嘛的画像，只要它们仅用于表达僧侣们的宗教敬仰，而非激进的分裂主义意义上的政治声明。【666】奥地利记者格拉尔德·雷纳（Gerald Lehner）作为援助工作者在尼泊尔工作过一段时间。在那里，他向藏人询问了对十四世达赖喇嘛的看法："我想从彭巴那里知道，尼泊尔年轻一代的夏尔巴人是如何看待达赖喇嘛及其'流亡政府'的。大多数人都是达赖喇嘛的忠实信徒，据说就连夏尔巴人中的共产主义者也不例外。但这里几乎没有人觉得达赖喇嘛是政治人物，或者将他作为政治人物来看。"雷纳也相信，"大多数本地人并不反对中国，连活佛和普通僧侣也是这样。"【667】显然，至少尼泊尔信仰佛教的夏尔巴人是这样的。

由此可见，如果迄今为止难民问题和"西藏问题"还没有得到普遍令人满意的解决，其原因在于宗教和政治的传统联系。中国始终都同意包括十四世达赖喇嘛在内的"流亡藏人"回归故里，而且十四世达赖喇嘛还可以立即在中国境内重新获得原来的宗教领袖地位，只要他下决心只做宗教领袖，并终止作为极端的民族分裂主义政治领袖的行为。

【665】参见链接 http://www.tibetinfopage.de/dalai.htm，查阅时间为 2013 年 9 月 14 日。

【666】Melvyn C. Goldstein 向《扎西次仁传记》的法文译者 André Lacroix 证实了这一点，涉及的是青海的寺院。参见链接 http://www.tibetdoc.eu/spip/spip.php?article255，查阅时间为 2013 年 10 月 29 日。

【667】参见 Gerald Lehner:《在希特勒和喜马拉雅之间：海因里希·哈勒的记忆空白》，第 253 页。

第二十二章

"国际法学家委员会"：美国中情局的法学家们渗入冷战

梅·戈尔斯坦在其 800 页的著作中记录下了对众多西藏精英阶层人士的采访，阅读过这些内容后就会清楚，在 1912 至 1950 年间，没有藏人具有"民族"意识，他们总是只从宗教角度思考问题……

奥斯卡·韦格尔（Oskar Weggel）[668]

正在谈论的是汉人的入侵，这些概念对当时情况的描写完全不切合实际。西藏发生了什么？和其以往类似情况一样什么也没有发生。

数百年来，西藏的历史与中国的联系极其密切，藏人和汉人在战场上或通过一种原始的、但也很机智的外交手段进行较量，双方从未完全分离过。

亚历桑德拉·大卫·妮尔[669]

就连同情达赖喇嘛事业的法律专家如今也很难认同这种看法，即西藏曾经在法律上从中国（无论是皇权治下还是共和国时期的中国）真正独立出去过。

亨利·布拉德谢尔（Henry S. Bradsher）[670]

"直到 1950 年，西藏具备一个主权国家的一切特征：种族的同一性，文

【668】参见 Oskar Weggel：《神话西藏：感知、投影、想像》一书中 Oskar Weggel 所写的"政治右派和左派关于西藏问题的混乱观点"部分，第 161 页。

【669】参见 Alexandra David-Néel：《古老的西藏面对新生的中国》中的"古老的西藏面对现代的中国"部分，第 964 页。

【670】Henry S. Bradsher 发表在 1969 年 7 月《外交》杂志上的"西藏的生存困境"一文。Tom Grunfeld 在其《现代西藏的诞生》一书中对此加以引用，第 259 页。

化的一致性，语言统一性以及独立民族意识。"这是弗兰茨·阿尔特在其西藏宣传小册子中的观点。【671】"科学家们一致认为，西藏最迟在1911年成为了一个符合现代衡量标准的完全独立的国家。"这是"国际声援西藏运动"德国协会出版的《数据与事实》的断言——这里缺乏无懈可击的证据和令人信服的论证，因为大多数人的头脑里充满了偏见和陈词滥调。

首先，如果科学家们在原本有争议的问题上意见太过一致，与其说证明了一种所谓"真相"的无可争辩性，不如说是可能证明了缺少科学上的好奇心和争论文化，甚或是政治意识形态上的强迫一致。这种不清楚，或者可以说完全模糊的表述，更加让人猜测这种向我们大家兜售的"真相"没有什么价值。"科学家"的准确定义是什么呢？是指他们作为历史学家、法学家、国际法专家在专业上很权威吗？还是指神学家、佛学家、艺术史学家、遗传学家、语言学家和心理学家呢？在许多领域，例如在医学和制药学领域，在基因研究、甚至气候研究领域，其科学研究的独立性一再被讨论和受人怀疑：这些未被点名的科学家到底有多独立呢？他们是何国籍，又受何人所雇？此外，"现代衡量标准"是什么意思？难道说还有可能得出另外一种结果，不那么现代的、传统的、可能数百年来都适用的标准？究竟是谁将这些"现代衡量标准"确定为唯一行之有效的标准？

德国特里尔的汉学家托马斯·海贝勒（Thomas Heberer）给出了几个基本概念。他在一本书中写道："中国对民族和国家的理解现在和过去都有别于现代西方单一民族国家。在中国使用的'中国人'这一概念，是指中国领土上的所有居民，而不论他们属于哪个民族（种族），我们称之为'中国人'的民族……在中国被称为'汉族'的，是中国56个民族之一。西欧在18和19世纪由相对同一的民族构成了单一民族国家（民族原则作为国家原则），而中国却不同，它是领土原则作为国家原则。"海贝勒认为，由此产生了两种"不同的法律观点"：西方认为的"占领西藏"，"按照中国对法律的理解"则是"它恢复由于国力衰弱和陷入分裂状态而暂时未能行使的合法权利"。【672】海贝勒没有明言：就是在西欧，民族原则也早已不普遍适用了。不仅诸如西班牙、英国和法国这

【671】参见 Franz Alt, Klemens Ludwig & Helfried Weyer:《西藏：美丽、破坏、未来》，第45页。

【672】参见 Oskar Weggel:《神话西藏：感知、投影、想像》一书中 Thomas Heberer 所写的"旧西藏是人间地狱：中国艺术和宣传中的神话西藏"部分，第143页。

样的大国，而且像比利时这样的小国都根本不符合这一原则。不仅苏格兰人、威尔士人、加里西亚人、巴斯克人、加泰罗尼亚人和科西嘉人，而且佛兰道人、瓦龙人或佛里斯兰人都没有自己的国家，更不要提南蒂罗尔人、德国血统的比利时人、拉第纳人、索布人或吉普赛人了。另一方面，例如，始终存在着两个"种族"同为德意志人的国家：德国和奥地利。此外，更加重要的是，中国人（以及世界上所有其他民族）没有理由必须按照 19 世纪欧洲的民族主义，基本上只是几个德国幻想者的民族观念来理解法律和权利。

一个"完全独立"的国家到底指什么？难道不包括任何形式的国际社会的承认吗？例如，在欧盟内部，也没有就科索沃是否是一个独立国家达成一致意见。

那么，单方面宣告的"独立"，究竟在什么条件下才具有法律效力？"事实上的独立"要持续多久才算合法？几个月、几年、几十年？又是从什么时候开始，恢复原状变得重新合法了？如果认为中国原本就必须重新认可西藏所谓 1912（或 1913）至 1950 年间事实上享有的"独立"，那么又应该如何看待满洲国呢？"它的前身东三省事实上大约从 1919 年开始直至 1929 年就已经在张作霖及其后代张学良的统治下独立了。1932 年 2 月，日本军国主义者使其成为一个独立的国家，即满洲国。"【673】1960 至 1963 年事实上独立于刚果的"加丹加"，或者 1967 至 1970 年事实上独立于尼日利亚的"比夫拉"又如何看待呢？此外还有 1861 年事实上独立的"美利坚联盟国"，于 1865 年被美利坚合众国使用武力迫使其回归。不知道意大利的新法西斯分子将来可不可以以 1943 至 1945 年拜希特勒所赐、事实上"独立"存在的"萨罗共和国"为依据，要求意大利北部恢复为由他们自己统治的一个国家呢？这当然是荒诞不经的。

德国人也许不应该忘记，不久前，一个衰弱的德国同样也面临着民族分裂问题。1923 年 10 月，一个独立的"莱茵共和国"宣告成立，同年 11 月，"普法尔茨共和国"也宣告成立。在德国总统艾伯特和德国国防部长奥托·格格斯勒将驻巴伐利亚德国国防军司令奥托·冯·洛索夫将军停职并取缔《民族观察者报》之后，巴伐利亚的右倾政府也开始反抗魏玛共和国：1923 年 10 月 22 日，巴伐利亚的德国国防军宣誓效忠巴伐利亚而不再受共和国控制。时间更近些的还有：萨尔州在二战后自行其道，于 1947 年 7 月 16 日使用自己的货币（萨尔

【673】参见《布罗克豪斯百科全书》第 14 卷（共计 24 卷）第 19 部分，1991 年在曼海姆出版的修订版，第 135 页。

马克），一年之后，当地居民获得了自己的国籍。直到 1957 年，萨尔州才回归德意志联邦共和国。

正如大家所见，"自由西藏"活跃分子提出的问题要比他们提供的答案多得多。"最晚从 1951 年起，西藏无可争辩地重新成为中国不可缺少的一个组成部分，这也是国际社会所公认的。"这一论断具有牢固得多的事实基础，因为中国对西藏的有效控制和法律上决定性的事实依据同样不容置疑，即所有与中国保持外交关系的国家（几乎就是世界上所有国家）均承认中国的边界，由此也承认西藏属于中国。

阿列克斯·麦克凯是一位就职于荷兰莱顿国际亚洲学研究所的新西兰学者。他在为西藏国际学术研讨会所写的文章中，[674]提供了关于曾经从中国"独立"出去的西藏的观点（我们的媒体也在散布西藏的这一形象），让我们得以了解"那些构成我们学术研究工作基础的历史观点"是如何产生的。麦克凯表示，这些历史想法"绝大部分是受那些 1904 至 1947 年间在西藏工作的英国官员的影响"。[675]其中，"政治因素对英国设计西藏形象影响巨大，"英国设计下的西藏形象"是为英属印度以及殖民政府在西藏统治阶层中的同盟者的政治利益服务的"。[676]以查尔斯·贝尔为首的英国人力争让"西藏独立"形成事实。"在 1913 至 1923 年这 10 年间，西藏按照贝尔对十四世达赖喇嘛的建议，引入了足够多的变成一个'独立国家'的象征和标志，其中包括制作旗帜，铸造货币、发行邮票，并和英国人一道调整边界，特别是在英国的帮助下增强了军事力量。"同时，英国人公开宣称的目的还有，"让藏人树立民族意识以及促进藏民族的统一"。[677]那就是说，二者在当时均不存在？"观念和形象是为西藏进入国际舞台而进行的斗争的一部分"，是让西藏成为所争取的"缓冲国"[678]的一种努力。英属印度殖民当局希望西藏成为缓冲国，因为它将中国看作一个令人不快的邻居，认为"中国一定会威胁英国在尼泊尔和不丹等其他喜马拉雅地区国

【674】参见 Oskar Weggel:《神话西藏：感知、投影、想像》一书中 Alex C. McKay 所写的"'真相'、感知和政治：英国设计的西藏形象"部分。

【675】引文出处同上，第 68 页。

【676】引文出处同上，第 76 页。

【677】引文出处同上，第 78 页。

【678】引文出处同上，第 77 页。达赖喇嘛重新捡起了"西藏作为一个缓冲国"的观点，在其自传中，他没有指出这一思路来自英国殖民者。

家的影响力"。【679】在传播一个受英国人欢迎、维护其利益的西藏形象方面，皇家地理协会和伦敦《泰晤士报》等在国际上很有影响的机构也积极参与其中。不同的观点和看法、不一致的报道要么通不过审查，【680】要么被批评为"不可靠"而遭到压制。【681】麦克凯在"结束语"中强调："英国人是站在拉萨的立场给予其特别的优待。他们与拉萨的统治阶层结成同盟，没有为西藏东部那些与中国关系更加密切的领主们的利益着想。从这一点来讲，西藏的历史形象经过了严格的审查。"【682】

但即使是英国，态度也从未明确过，而且也不是所有的英国代表都认同查尔斯·贝尔的看法。例如，1950 年 11 月 14 日，英国驻联合国代表团团长格拉德温·杰布爵士（Sir Gladwyn Jebb）在发给英国外交部的一封电报中认为，西藏问题"在法律上尚未明朗化"，西藏"无论如何也不会被看作一个完全独立的国家"。【683】在拉萨政府的推动下，中美洲小国萨尔瓦多（其实是美国忠实的卫星国）于 1950 年底将西藏问题提交联合国讨论。戈尔斯坦对当时联合国的讨论作了如下总结：西藏向联合国的呼吁失败了，原因在于"美国和英国等西方国家拒绝支持这一呼吁，甚至不允许西藏的代表入境"。【684】

如果不尊重兼听则明的基本法律原则，像这样一个在国际法方面相当复杂的西藏问题是得不到比较公平和客观的回答的。西藏问题里还掺杂了世界大国巨大的政治战略利益。为西藏游说的人绝不会兼听另一方的意见，一旦他们真要费心列举出信息来源时，也都出于自己的阵营，也就是说来自"流亡藏人"和十四世达赖喇嘛的崇拜者，【685】或者援引名声非常不好的西方"权威人士"。

【679】引文出处同上，第 69 页。

【680】引文出处同上，第 80-81 页。Alex C. McKay 用一整章的篇幅讲述了英国"审查制度"，实施者要么是政府，要么是某一机构。

【681】Alex C. McKay 以 William M. McGovern：《1924 年化装前往拉萨》为例。

【682】引文出处同上，第 83 页。

【683】参见 Melvyn C.Goldstein：《西藏近现代史：暴风雨前的宁静（1951 至 1955 年）》（卷二），第 67 页。

【684】引文出处同上，第 81 页。

【685】一个很能说明问题的例子便是西方"专家"对中国出版的题为《西藏：十问十答》白皮书的回应，即 Blondeau & Buffetrille：《西藏属于中国吗》（巴黎 Albin Michel 出版社 2002 年出版）。这本综合性的、具有挑战性的书还有英文版。在"反驳"中方对 1959 年拉萨事件的描述时，其所依据的材料仅仅只有两个来源，即达赖喇嘛的自传和反动的美方联系人夏格巴的描述。参见该书第 121 页。

所谓的"国际法学家委员会"及其法律调查委员会的报告和"判词"便是最常引用的论据。也就是说,我们不可避免地要更加仔细地研究这个组织及其公告。我们再次大量引用美国纽约州立大学历史学教授谭·戈伦夫在其著作《现代西藏的诞生》中的论述。事实上,中国将自己重新控制西藏地区称之为"和平解放","国际法学家委员会"却将其评定为"入侵"。该委员会认为,直到那时,西藏还是一个完全"独立"的国家。读者可以在我们列举的历史事实基础上作出自己的判断,"国际法学家委员会"根本不会考虑中方的立场和论据,毫无公正可言。

"国际法学家委员会"里的法学家们,将首次使用"对西藏进行'文化灭绝'"的表述及其在国际上的传播归功于他们自己,尽管还不能确定这是否可以算作一个功劳。从此以后,"文化灭绝"这一宣传措词便被不断重复。后来竟然很快变成了"种族灭绝"。【686】也许并非偶然。众所周知,按照约瑟夫·戈培尔的观点,谎言被重复的次数越多,就越容易被相信。【687】

和其他西方作家不同,历史学家谭·戈伦夫曾考证和探究过"国际法学家委员会""法律调查委员会"和其得出的一系列结论。谭·戈伦夫调查的结果很可怕。当时冷战达到高潮,西方恶毒的反共产主义宣传无所不在,在此背景下反华报道受到热烈追捧,也几乎无人会质疑其可靠性。时任美国驻联合国大使亨利·卡博特·洛奇(Henry Cabot Lodge)对1959年首篇这样的报道的评论是,没有理由去怀疑十四世达赖喇嘛的任何陈述,由此定下了调子。美国有名的《基督教科学箴言报》尽管坦承调查是单方面的,但认为这样做不会有什么问题,于是标明对事实进行了"彻底核实"。这篇报道被作为出自"权威法学家"笔下的"典范文献"而受到普遍欢迎。其中甚至声称,他们对所谓的目击证人进行了严格的盘问。【688】

其实,只要稍微审视一下"国际法学家委员会"的成立历史、组成成员及其确定的目标,就会让人产生很大的怀疑。西藏游说团尽可能地隐瞒该组织是在冷战背景下由美国情报机构成立并受其资助。它直接由"自由法学家调查委

【686】参见 Tom Grunfeld:《现代西藏的诞生》,第 148 页。

【687】《新闻纪事报》记者 Stuart Gelder 同样也觉得,捏造反华宣传谎言的 John Foster Dulles 让他想起了纳粹德国的那位宣传部长。参见 Stuart Gelder & Roma Gelder:《及时雨:新西藏之行》,第 106 页。

【688】参见 Tom Grunfeld:《现代西藏的诞生》,第 146 页。

员会"演变而来，后者是美国间谍1949年成立的一个小团体，目的是在东德发表反共宣传和招募间谍。1952年7月，该团体更名为"国际法学家委员会"。1958至1964年，它从美国情报机构中情局那里获得了至少65万美元。【689】"国际法学家委员会"领头人之一、也是其灵魂人物的印度法学家师利·普尔肖坦（Shri Purshottam Trikamdas）是印度人民社会党（PSP）党魁，该党和文化自由大会等受美国中情局资助的国际组织联系密切。【690】在"国际法学家委员会"撰写结论性报告期间，普尔肖坦便在所谓的"关于西藏和亚洲反殖民主义的亚非大会"上发表了猛烈抨击中国的演讲，该大会自称旨在支持"西藏人民"。显然，普尔肖坦自己已集起诉人、调查者和法官于一身，而判决则在一开始就有了。

谭·戈伦夫得出的结论是，"国际法学家委员会"及其法律调查委员会根本谈不上对事实进行了客观公正的调查和检验。其成员从未进行过任何尝试去检验作为他们"判决"基础的"流亡藏人"的"证词"是否可信，并做到一旦发现矛盾之处时便不予采信。至于法律调查委员会所声称的对作为证人的"流亡藏人"进行过"严格的盘问"，这一点在报告中却没有体现。相反地，证人的每句话都被采信。【691】英国人洛伊丝·朗西姆斯（Lois Lang-Sims）女士很同情"流亡藏人"，她本人也和他们有过接触，因此有人请她撰写一本关于藏人口述汉人暴行的小册子。洛伊丝最终遗憾地拒绝了这一请求："我要自己收集'流亡藏人'讲述的'故事'，但在这个过程中却没有得到哪怕一个我可以问心无愧地认为是'真实'的故事。根据经验，如果和一个人谈话需要借助于翻译，就不可能去评价其中的细节，而那些细节对于判断被询问者是否真的亲身经历过他所讲述的事情如此重要，并起着决定性作用。普通藏人天生诚实，但如果只信赖这一毫无疑问的事实，却认识不到他们对'真相'的看法和西方人眼中的可靠证词毫不相干这一事实是危险的。要知道，他们从生到死都习惯认为神话传说是完全真实的。"【692】

此外，那些"权威的"法学家们也没有联系在20世纪50年代到过西藏的

【689】当时美元还比较值钱，1960年，一美元的购买力至少是现在的十倍。

【690】参见Tom Grunfeld:《现代西藏的诞生》，第146及其后几页。

【691】参见Tom Grunfeld:《现代西藏的诞生》，第147页、第289页。记者George Gale认为，藏人方面的证词，特别是达赖喇嘛的陈述从未被怀疑过。George Gale于1959年11月16日发表在《每日快报》上的文章标题便很典型——"和喇嘛一道升上云天，来到杜鹃之国"。

【692】引文出处同上，第148页。

大约 70 名记者。"国际法学家委员会"请求中国政府允许自己到访西藏各地，但遭到了拒绝。鉴于该组织的中情局背景，这样的结果当然一点儿也不令人意外，所以，谭·戈伦夫认为"国际法学家委员会"的入藏申请，很有可能本来就只是为了将来能更好应对可能出现的关于其报告片面性的指责。

"国际法学家委员会"及其法律调查委员会的法学家们甚至对"流亡藏人"完全混乱的断言不予反驳，[693] 而是干脆将它们作为无可争辩的事实予以采纳，这不仅证明了他们的偏见，而且也证明了他们的无能和无知。例如，"流亡藏人"声称，"西藏没有存在过任何形式的农奴制度，"或者"事实上，当时每位从事农业生产的藏人至少拥有五六头牛和 30 只羊"。[694]

谭·戈伦夫进一步指出，"国际法学家委员会"的偏见和不公正，在其指责中共在西藏推行强制绝育上表现最为明显。"法律调查委员会引用了十四世达赖喇嘛的话。后者称，绝育政策在 1957 年就开始实行了，而且是'大规模的，有两三个村庄的人全部绝育了'。这位藏人领袖还声称，中共采取这些措施，借口是要避免某些传染病。他们给男人和女人打了某种针，使他们丧失生育能力。他们还强迫藏人去做使其生殖器官丧失功能的治疗。"谭·戈伦夫强调："达赖喇嘛许诺他会提供关于这些指控的证据，却从未兑现过。但这并不妨碍发起一场大规模的宣传攻势，就好像这些指责已有不可辩驳的文件作为依据。在法律调查委员会的报告发表后的几年里，达赖喇嘛、普尔肖坦和国际法学家委员会一同声称找到了关于强制绝育的证据，但他们却不能提供任何可以证实的案例。不要忘记，无生育能力是性病经常导致的后果，而整个西藏都蔓延着性病。"[695]

【693】引文出处同上。

【694】引文出处同上。夏格巴和达赖喇嘛如是说。

【695】引文出处同上，第 149 页。

第二十三章

童话般的故事："种族灭绝"如何导致空前的人口增长

> 通过目击者的陈述，在 1950 至 1982 年间共有 120 万藏人丧生。
>
> 十四世达赖喇嘛【696】

> 数据和西藏，二者并不相关。一些国家对表格和统计感兴趣，而另一些国家则更喜爱混杂着事实和记忆的神话、传说。
>
> 帕特里克·弗伦奇【697】

> 藏人的特点便是他们的天真和单纯……中共将其权力范围扩展至西藏，造成了藏人灵魂空虚——这才是忌妒藏人的中共犯下的真正罪行。
>
> 乌利·弗兰茨（新佛教徒，曾撰写过《西藏旅游指南》）【698】

对绝育的指控当然和另一项指控紧密相连，即所谓的对藏人进行"种族灭绝"。时至今日，它在"流亡藏人"圈子里以及西方媒体中还被反复讲述。"西藏流亡政府"方面称，汉人力求"从人口上消灭"藏人，目的是要"根除这一种族"。十四世达赖喇嘛本人尽管与纳粹德国党卫军成员保持了终身的友谊，但仍毫无顾忌地声称中国企图对藏人进行"最后解决"（1942-1945 年希特勒法西斯分子灭绝犹太人的代用语），列出了与纳粹种族灭绝政策相类似的

【696】参见 Franz Alt, Klemens Ludwig & Helfried Weyer:《西藏：美丽、破坏、未来》，第 7 页。引文为达赖喇嘛与 Franz Alt 的对话。

【697】参见 Patrick French:《西藏，西藏》，第 277 页。

【698】参见 Uli Franz:《西藏手册》，第 167 页。

事情。他在自传中，不仅谈到了在西藏的"种族隔离"，[699]同样还谈到了"灭绝藏民族"，[700]谈到了"大屠杀"[701]和"屠宰场"。[702]他的"流亡政府"为此在 1984 年发表的相关官方数字高得吓人，同时又准确得惊人。如 1949 至 1979 年间，中共总计杀死了 120 万名藏人。"西藏信息部长"还马上进行了"流亡政府"所希望的解释：这一数字表明，那是一场"种族屠杀"。

受害藏人人数为 120 万这一数字被没完没了地重复着，简直像钉子一样钉进了西方受众的脑袋里，为的是最终达到众人皆知的效果，并被当作无可争辩的事实。调查这件事情的"自由西藏"活跃分子弗伦奇写道："120 万这一数字已经众所周知，经常作为一个公认的事实加以引用，而且不只是在宣传材料里，还出现在独立出版物里。"他对此举例说："在我随意选择的一个月里，即 2000 年 6 月，仅仅在美国的印刷物中，这一数字就出现了 9 次。大多数时候都是自然而然地被提到，就好像那是一组被普遍接受和认真完成的准确的统计数据一样。"[703]多年以来，在这方面德国、法国和英国媒体的情况相同，而且没有人会对所有亲达赖喇嘛作家的同声合唱感到惊奇。

长期以来，"西藏流亡政府"一直不愿拿出他们收集的作为"种族灭绝"受害人人数统计的证词和文件，也不允许独立研究者前去查阅，所以没有人能去检验他们的数字。[704]另一方面，"流亡政府"却继续向对他们友好的、轻信的记者提供数字：范娅·库尔雷（Vanya Kurley）1990 年在她关于西藏的《冰

【699】参见达赖喇嘛：《自由之书：达赖喇嘛自传》，第 370 页。

【700】引文出处同上，第 393 页。

【701】引文出处同上，第 367 页。

【702】引文出处同上，第 384 页。

【703】参见 Patrick French：《西藏，西藏》，第 278 页。Patrick French 在他书中（第 308 页注释）还列举称："国际声援西藏运动"声称，"死去的占总人口五分之一的 120 万藏人成了中国西藏政策的牺牲品；"英国的"西藏社会"声称，"在大规模的拘禁、刑讯和处决计划实施过程中，有超过 120 万藏人死去；"美国的"西藏委员会"声称，"占领西藏带来的直接后果就是有 120 多万藏人丧生；""自由西藏运动"声称，"120 万藏人被中国杀死。"2000 年 6 月，Kristin Gustafson 在《明星论坛报》（在明尼阿波利斯出版）上发文称，"在中国占领西藏期间共有 120 万藏人丧生；"Teresa Watanabe 在《洛杉矶时报》上写道，"大约有 120 万藏人在中国统治下遇害；"Michael Hoffman 在日本报纸《读卖新闻》上写道，"1979 年，在印度达兰萨拉的西藏流亡政府估计，由于反抗中国人对藏传佛教有步骤的破坏，有 120 万藏人遇难。"在此后的 20 年间，死亡人数相信已达 150 万。

【704】参见 Patrick French：《西藏，西藏》，第 279 页。

帘之后》一书中写道："迄今为止，达兰萨拉统计了经过复核的 120.7487 万名死难藏人的名字，而这一数字还会不断上升，因为流亡政府还掌握着另外一些名字和数字，但打算在核实之后再公布它们。"【705】这种事情并不令人感到陌生，当谎言说过了头，撒谎者也就很容易暴露自己。在这方面，"西藏流亡政府"也不例外，因为它竟然如此过分地声称，在 1949 至 1979 年间，共有 15.6758 万名藏人被处决，43.2067 万名藏人阵亡，41.3151 万名藏人饿死，17.4138 万名藏人死于俘虏营和监狱，9.2931 万名藏人被拷打致死，9002 名藏人自杀身亡。【706】这样一份统计究竟是如何完成的呢？其表面上的精确性显得十分荒唐可笑。一个在西藏本地（更不用说在中国其他地方）没有管理机构和公职人员的"流亡政府"如何能作出数据如此精确的统计呢？而且还是在世界上人口最稀少的地区？那里由于交通极为不便，许多村庄几乎与世隔绝。那里的大部分居民不会读写，不会计算，也几乎不会计数。从他们那里得到的数据可信吗？此外，当拉萨还是喇嘛政府当政时，并没有诸如出生或死亡登记这样的现代做法。喇嘛和贵族们也从未进行过人口普查，也没有主管统计的部门。在漫长的历史中，藏人的人口普查只是中国官方在做，不管是在皇权时期还是在共产党执政时期，而且就算这样得到的数据也远未达到"流亡政府"如此毫无顾虑地伪造数据的精确性。

　　"自由西藏"活跃分子弗伦奇听了那么多捏造的惨剧后，一开始也完全相信遇害的藏人人数为 120 万，一个简单的计算使他产生了怀疑：如果正如"流亡政府"及其西方支持者所声称的那样，有五分之一或六分之一的西藏原住民丧生，那么当时的藏人总人数就必须介于 600 万到 750 万之间。"根据所有可支配信息，在 20 世纪 50 年代藏人总人数约为 250 万，他们相当均匀地分布在受拉萨政府控制的地区和多民族居住的边境地区。"【707】120 万名死者几乎是当时生活在中华人民共和国境内全部藏人的一半，而剩下的另一半藏人还要除去自然死亡的和逃亡出去的！

【705】引文出处同上，第279-280 页。由"西藏流亡政府"某个委员会正式提交的精确数字为 1,207,387，令人惊异的是，在数量上只有几百的偏差！参见 Patrick French：《西藏，西藏》，第 279 页。

【706】参见 Barry Sautman："'人口灭绝'和西藏"部分，引自 Barry Sautman & June Teufel Dreyer：《现代西藏：一个有争议地区的政治和社会发展》，M. E. Sharpe 出版社 2006 年分别在纽约阿蒙克和伦敦出版，第 237 页，图表 11-1；Desimpelaere & Martens：《在幻想那边的西藏》，第 126 页；此外，在 Pierre-Antoine Donnet：《生死西藏》中也有非常类似的、精确得荒唐的数字，第 158 页。

【707】参见 Patrick French：《西藏，西藏》，第 278 页。

通过几次交涉，弗伦奇最终被允许查阅作为"120万"这个可疑数字基础的由22个部分组成的文献资料。"我将档案审阅了3天之后便明白了，所谓被汉人杀害的藏人为120万这一数字是不可接受的。"【708】"当我在翻阅这些文件时，我的感觉从惊恐变成了绝望。"【709】弗伦奇发觉，其中"经常有未经检验的加倍情况，以及在每一部分都加入了看起来很随意的数字"。此外，"和承诺的不同，没有遇难者人员名单，在大多数情况下，看起来好像从未统计过人名"。"蒙难者人数在西藏北部和东部一些人口稀少的地区如此之高，这是不可能的。"【710】即使把所有重复计算的数字、所有严重虚高的数字、所有未经核查的和明显错误的数字统统都加上，也达不到期待的"120万"。最让他吃惊的是，"在列出的近110万死者当中，只有2.3364万名妇女。也就是说，107万死者是男性，这明显是不可能的，因为在1950年大约只有125万名男性藏人"。【711】据弗伦奇讲，鉴于对"流亡政府"的宣传如此重要的这项"统计"的完全无效和站不住脚，他本人和藏人同事多且的反应是不能相信、感到羞愧和担心。他一开始还想忽略这些，"去强调调查统计总的说来是可信的，即使有几处疏忽存在"。但他最终没有这么做，为此要向他表示敬意。然而，他却提出死亡藏人人数假定为20万到50万人来进行讨论，试图以此来挽救对藏人进行种族屠杀的宣传谎言。【712】

如果在半个世纪内，大约250万人增长到了近600万人，这样的种族屠杀一定是世界历史上最令人吃惊和最不寻常的种族屠杀，无疑可以载入吉尼斯世界纪录了。巴里·萨特曼【713】在他的科学调查中就所谓的"种族屠杀"得出的结论是，整件事都是"民族主义者制造的一种幻想，目的是为'流亡藏人'领

【708】引文出处同上，第280页。

【709】引文出处同上，第281页。

【710】引文出处同上，第280页。

【711】引文出处同上，第281页。

【712】引文出处同上，第281-282页。如果谁要讨论死亡率，并将所有死亡事件都归因于政府的行为或现行的意识形态、政治和经济制度，那么就得问问他：谁又该为旧西藏极高的儿童死亡率、天花死亡率以及普遍非常低的寿命负责呢？此外，暴力和反暴力都会造成牺牲，这是毋庸置疑的。但是，难道康巴藏人的武装反抗、拉萨的骚乱和在木斯塘发动的恐怖袭击始终只造成忠于达赖喇嘛的反抗者一方的伤亡吗？那些被反叛分子打死的藏人，难道也被算作是"中共害死的藏人"吗？对于康巴藏人的反抗以及西藏的内乱，难道全部要由中央政府来承担责任吗？

【713】Barry Sautman是哥伦比亚大学的一位政治学专家以及香港科技大学社会科学系副教授。

导层在西藏重新上台执政的政治目的争取支持"。【714】

萨特曼本人仔细检查了"流亡政府"声称的单一死亡原因的死亡人数,他发现,"西藏流亡政府声称,43.2 万名藏人死在了战场上,这完全是凭空捏造的"。【715】如果该数字正确的话,也就意味着藏人士兵的阵亡率是英国士兵在一战中的 5 倍以及德国士兵在二战中的 4 倍以上。"流亡政府"给出的"大跃进"后饿死的藏人人数同样也是虚构的,【716】虽然"大跃进"的失败在中国广大地区确实造成了严重的饥荒。如果按照"流亡政府"的数据,当时西藏的死亡率要比全中国的高出 4 倍,但导致歉收和紧随其后的应对困境措施在西藏根本就没有实施。相反地,藏人当时是"将土地分给农民"计划的最新受益者,并且享受免税待遇,这使得粮食产量提高了。西藏自治区的人口数量没有下降,而是在 1958 至 1969 年间从 120.62 万人上升到了 148.05 万人。这是联合国亚洲及太平洋经济社会理事会(UNESCAP)采纳的数字。【717】萨特曼指出,"迄今为止最应该认真对待的且出自一位'流亡藏人'笔下的西藏近现代史中,估计饿死藏人人数远远低于流亡政府所宣称的数字"。次仁夏加在 1999 年出版的《龙在雪域》一书中声称,在青海省、四川省和甘肃省(也就是说根本不在西藏地区),"有数千藏人丧生,要么是造反后被镇压,要么是由于经济灾难"。【718】萨特曼的结论是:"总而言之,一系列资料来源均不支持流亡政府夸张的饿死藏人人数。"【719】

扎西次仁曾作为嘉乐顿珠的得力助手协助他收集西藏难民的陈述,并为"国际法学家委员会"将这些材料译成英文。在美国逗留和学习之后,扎西次仁令人吃惊地返回了中国。对此其他'流亡藏人'感到难以置信,他们惊愕得张口结舌,甚至很气愤,美国的资助人也很不理解。显然扎西次仁自己也不相信"流亡政府"捏造的关于中国暴行的惨闻。他更愿意为家乡的发展和现代化贡献一份力量,为此他准备放弃在美国舒适的生活和美元收入,甚

【714】参见 Barry Sautman:《"人口灭绝"和西藏》,第 232 页。

【715】引文出处同上,第 245 页。

【716】这一数字偏差很大,其中官方数字为 413,151 人,西藏青年佛教徒协会在一份出版物中则称 343,000 人,达赖喇嘛则称 200,000 人。参见 Barry Sautman:《"人口灭绝"和西藏》,第 237-238 页。

【717】参见 Barry Sautman:《"人口灭绝"和西藏》,第 242 页。

【718】引文出处同上,第 243 页。

【719】引文出处同上。

至甘愿承担作为一名积极的反革命分子而被捕的风险。然而，他在中国受到了热诚的欢迎，并被送到了一所少数民族（主要是藏族）干部学校接受培训，以便将来成为一名教师。【720】

即使"流亡政府"声称的受害者人数极度夸张且纯属虚构，但是，在中国西部发生的政治和军事冲突中可能有数千人丧生，而且双方均有伤亡。鉴于世界其他地区的士兵或警察在镇压骚乱或武装反抗时经常表现出来的过度反应，如果在打击康巴强盗和拉萨暴动分子的过程中竟没有无辜受害者或过度行使国家权力的事件，才是令人诧异的。殃及无辜一直都是糟糕透顶的事情，令人遗憾。但由此推断中国的西藏政策特别残忍，在我看来是不公平的、虚伪的和骗人的。这让我想到了选择性感知和记忆，例如，当天主教会为在西班牙内战中被拥护共和政体者枪决的数百名教士行宣福礼时，就会犯这种选择性感知和记忆的毛病。在独裁者弗朗哥政变成功后，高达 15 万共和主义者为政变分子所杀害，但在上述天主教会的宣福礼仪式中，他们干脆就被遗忘掉了。同样被遗忘的事实是，除希特勒和墨索里尼之外，西班牙的天主教会支持了弗朗哥的政变并因此招致反法西斯分子的仇恨。因中国新生政权和一部分西藏精英之间发生了冲突，就抱怨由此带来的人员伤亡理由是不充分的。我们此外还必须回答以下问题：敌对双方各自代表的是什么？他们的目的是什么？采取了什么措施以及与谁结盟？下面我们又要面对一个政治问题，而不仅仅是一个人道问题：难道藏人过去和现在不都是在为他们的"自由"、为从中国"独立"出去而斗争吗？那中国就得被看作是对西藏进行殖民统治的大国？

从 20 世纪 50 年代开始，西藏被描述为中国的殖民地，因此中国对待它也如同欧洲国家、美国和日本在过去几百年里对待它们的殖民地一样。萨特曼对这一与种族屠杀的断言紧密相连的说法进行了详细的探讨。例如，美国为西藏游说的代言人之一罗伯特·瑟曼（Robert Thurman）谈到，"中国全面而快速地将西藏变成了殖民地，"中国在西藏的行为"不加掩饰地以种族屠杀为目的"。【721】事实上由此便会产生进行反抗和去殖民化的权利：如果西藏确实是中国的一个殖民地，那么藏人就和其他所有殖民地人民一样有权"自决和独立"。如今，世界人民都一致反对殖民压迫。就在不久以前（2013 年），

【720】"文化大革命"期间，他被极左狂热分子怀疑为美国间谍。在完全平反之前，他熬过了多年屈辱的监禁生活。

【721】参见 Barry Sautman：《"人口灭绝"和西藏》，第 231 页。

联合国还要求法国政府允许被称为其"海外领土"的殖民地独立，这使法国很是恼火。萨特曼援引了联合国的声明以及加拿大最高法院关于魁北克问题的声明，另一方面他坚持认为，如果西藏不是殖民地，也没有被一个外来大国奴役，而且那里的少数民族也没有被禁止在政府部门供职，那么便不存在自决和独立的问题了。【722】

为探究这一问题，萨特曼将中国所有藏人聚居地的情况和典型的殖民地情况作了比较。令他特别感兴趣的是与殖民占领和剥削相伴相生的人口萎缩这一特别现象。事实上，殖民主义对于所有被殖民的民族来说，都是人口方面的灾难。萨特曼指出了这样几个事实："在16世纪，美洲新大陆原有土著居民为0.75亿-1.45亿，后来减少了四分之三，从更长时间范围来看，甚至减少了95%。原因不只是从旧大陆带来的各种疾病，同样还有暴力征服和为殖民主服务的强制劳动。"英国和美国的殖民地情况相同。18世纪，在澳大利亚大约生活着30万土著居民，20世纪初便只有9万。据估计，夏威夷的土著居民原有30万至80万人，20世纪初，只剩下不到7万人了。【723】

殖民地的人口数量下降是正常歼灭战的结果。1500年，非洲人口占世界总人口的18-20%，到1800年，这一比例下降到12%。在1600至1800年间，有大约1800万非洲人被当作奴隶贩卖，在19世纪，还有560万非洲人遭受同样的命运，死于贩运途中的有数百万人。比利时在刚果短短数十年的殖民统治便使那里的土著居民减少了一半，估计死亡人数高达1000万人。在纳米比亚（"德属西南非洲"），德国人在1904至1907年间杀死了80%的赫雷罗族人和一半的纳马族人。在今天的坦桑尼亚，当时在镇压马吉起义时，在1905至1906年间可能有50万非洲人死于德国的焦土政策。英国人在印度毁坏当地的工业，特别是纺织业，目的是为自己的产品打开市场。根据同时代的苏格兰作家詹姆士·卡伦德（James Callender）的说法，单单在孟加拉邦，英国人在18世纪末的6年内便消灭或驱逐了"不少于500万勤劳和热爱和平的人"。在1700至1890年间，印度占世界生产总值的比例下降了一半多，从22.6%减少到了

【722】引文出处同上。

【723】在这方面，还有一条来自维基百科的有趣的信息："1900年，当时三万七千人的母语为夏威夷语。这一数字现在锐减至1000人，其中一半如今都已超过70岁。"难道这不应该被称作"文化上的种族灭绝"吗？参见链接 http://de.wikipedia.org/wiki/Hawaiische_Sprache，查阅时间为2013年8月20日。

11%，到 1952 年这一比例更是降至仅仅 3.8%。伴随经济衰退的是人所遭受的灾难：仅仅 1876 至 1879 年间和 1896 至 1902 年间的饥荒就使 2930 万人丧生。印度人口在长达数十年的时间里都在下降。印度大约一半的积蓄被殖民政府没收。军队和警察的开支占英属印度当局总支出的三分之一，而公共事业支出所占比例仅为 4%。在英国最早的殖民地爱尔兰，殖民统治带来了饥荒，大量爱尔兰人移民海外，本地人口急剧减少。【724】

然后，萨特曼将藏人的预期寿命与世界其他地区"土著民族的现实困境"进行了比较。例如，澳大利亚土著居民的平均寿命从 20 世纪 90 年代开始再次下降，其中男性平均寿命为 55.8 岁，女性 63 岁，分别比澳大利亚男性的平均寿命整整降低了 20 岁，比澳大利亚女性的平均寿命降低了 19 岁。与之相反，萨特曼看到西藏的情况是："藏人早就摆脱了人口因疾病而锐减的命运，从 20 世纪 50 年代开始，他们随即就享受到国家医疗保障，最严重的传染病得以根除，儿童死亡率急剧下降，结果是藏人的平均寿命猛增。"【725】如今，藏人的平均寿命和其他中国人的几乎相同。

将藏人与欧洲和美国殖民地的民族进行比较使萨特曼最终得出结论："我们没有发现能证明'流亡藏人'领导层声称的人口灾难的证据，相反地，我们发现藏人总人数在 1949 年之后增长了。相比于殖民地人民在长达数十年甚至数百年之久所遭受的人口灾难，藏人人口的增长显得十分突出。"【726】

在中国，也许公民权利和公民自由还没有发展到我们所希望的程度，但至少所有中国公民都平等地享有这些权利。不论是在宪法和其他法律制度中，还是在实际行使时，公民权利和公民自由都不会因民族不同而不同，例外则是少数民族享有自治权以及在计划生育政策等方面的优待。欧洲殖民地的情况完全不同，那里的殖民地开拓者和土著居民之间、基督教徒和异教徒之间、"有优越感者"和"野蛮人"之间有着明显的区别，彼此之间也相互隔离。意大利历史学家和自由主义的批评者多米尼克·洛苏尔多（Domenico Losurdo）认为，有些颇有地位的殖民主义理论家力求通过渲染对"低等种族"肆无忌惮的剥削，来消弭"大都市里奴仆和主人之间"严格的阶级界限。"正如约翰·霍布森(John A.

【724】参见 Barry Sautman：《"人口灭绝"和西藏》，第 233-235 页。

【725】引文出处同上，第 243 页。

【726】引文出处同上，第 231-232 页。

Hobson）所说，对中国苦力或其他或多或少带有奴役的劳动力的剥削，使得一部分不可忽略的西方人升格为'独立绅士'成为可能，尽管获得这样地位的不是'所有西方人'。"【727】对具有优越感的民族而言，一旦其民主发展起来了，就决定着"西方和殖民地世界之间的全部关系，不论是内部的还是外部的"。【728】正如霍布森在1902年查明的那样，当时大英帝国在英伦三岛之外的3.67亿臣民中，仅有11人享有政治权利。对于"压倒多数的大英帝国臣民"而言，他们所在各国没有"公民自由"。【729】支持法国武力占领阿尔及利亚并对其实行殖民统治的亚历西斯·德·托克维尔（Alexis de Tocqueville）这样描写那里理想的殖民地社会：作为殖民地开拓者的法国人与阿拉伯人的"融合"是不可想象的，是一种"幻想"，所以在非洲"存在两种区别明显的立法是可能和有必要的，因为我们有两个明确分离的社会"。【730】情况完全相同的还有："1875年，法国为其殖民地制定了《土著居民管理制度》，居民由此被划分成了一等公民和二等公民，即法国公民和没有公民地位的法国臣民。"【731】直到1947年，阿尔及利亚的"穆斯林"才获得法国公民地位，那是因为巴黎方面要破坏已经开始的解放斗争。

有那么几位科学家也把"殖民主义"的概念用到中国和西藏的关系上。但必须要考虑的是，他们是否真的知道自己在说什么。例如，托马斯·霍普在使用殖民主义表述时就显得自己对这一概念的理解十分可疑。他写道："国家核心区的城市、地区和省份'援助'（这是官方表述）西藏进行基础设施建设。1995年底，我在日喀则见到新建成的几处基础设施，其中有一所中学和一座自来水厂，它们都是依靠中国内地单位的帮助建成的。1995年夏天，一位政府发言人称这类内地省份援建的关键工程共有62个。这些项目构成了在西藏

【727】参见 Domenico Losurdo:《作为特权的自由：一部自由主义反对史》（第二版，即经过修订和扩充的版本）。德国社会民主党前主席 Oskar Lafontaine 为该书作跋，Hermann Kopp 将该书从意大利文译成德文。科隆 Papyrossa 出版社 2011 年出版，第 290 页。

【728】引文出处同上，第 291 页。

【729】参见 John A. Hobson:《论帝国主义》,Domenico Losurdo 引用了其中的内容（即《作为特权的自由：一部自由主义反对史》，第 291 页）。

【730】引文出处同上，第 301 页。

【731】参见链接 http://de.wikipedia.org/wiki/Algerien#Franz.C3.B6sische_Koloni-alherrschaft，查阅时间为 2013年 10 月 15 日。如果没有一等法国国民和几乎没有任何权利的"出生于法国的阿拉伯裔青年"之间的这种区分，就很难解释 1961 年 10 月 17 日发生的事情。当时，法国警察奉一位知名的前纳粹统治时期法奸的命令在巴黎中心杀死了 200 名阿尔及利亚裔的示威游行者。

的殖民影响的一部分，但也改善了藏人的生活水平和受教育的机会。"【732】根据他对殖民主义的理解，那么比利时国王利奥波德二世在刚果，以及德国人在纳米比亚，可能会首先努力改善非洲人的生活条件了？或者希特勒和希姆莱 (Heinrich Himmler) 在东欧的殖民工程目的是改善斯拉夫"下等人"的"受教育的机会"和扩建波兰和苏联的基础设施了？如果身为科学家而不首先努力把概念搞清楚，或是戴着政治意识形态的眼罩而不能将眼光投向自己狭隘的专业领域之外，那他就弄错了。

至于"种族屠杀"的指责，"西藏流亡政府"无疑是在撒谎了。近 600 万藏人的人权是否还在继续遭受持续不断的严重侵犯呢？他们不是没有受教育权吗？他们的语言和文化不是被有步骤地压制和蚕食，甚至彻底消灭吗？他们不是在政治、经济和文化生活的方方面面都遭受歧视吗？他们不是由于汉人不断地、大量地迁入（早已达到"入侵"的规模）而"过多地受到外来影响"，从而在自己的土地上成了少数民族了吗？监狱和集中营里不是挤满了政治犯吗？指责还称，他们的罪行仅仅是坚持了自己的信仰，或者保存了受尊敬的宗教领袖的画像。这一切都是"自由西藏"组织一直宣传和念经般不断重复的。

关于监狱里的藏人人数，巴利·萨特曼的文章也极富启发性。文中写道，在这方面，"流亡藏人"提供的数据有时达到了"难以置信的数量级"。萨特曼以一份日本杂志为例，该杂志刊登了一篇白玛吉布撰写的文章，该文章回应中国对日本拒绝正式承认其在二战中所犯暴行提出的批评。该文章声称，仅仅在青海（"安多"）就有 200 万政治犯。

在此期间，"自由西藏"组织声称，西藏政治犯人数为 10 万人，1% 的藏人被关押着，即近 6 万名藏人被拘留。西方人权组织给出的数字要低得多。20 世纪 90 年代中期，"亚洲观察"称，共有 1710 名中国少数民族人员因为政治、民族或宗教活动而入狱。

偏偏是"德国西藏倡议组织"将这一数字再次大幅调低。据其网站消息："2007 年末，监狱里有 119 名政治犯，大多数人是僧尼。"【733】即使如该组织所称，"由于 2008 年 3 月在拉萨发生的骚乱和在北京举行的奥运会"，上述数字增长迅猛，我们看到的也只是另一个完全不同的数量级别：遭拘禁的不是数百万人，

【732】参见 Thomas Hoppe:《今日西藏：全局的各个方面》，第 66 页。

【733】参见链接 http://www.tibet-initiative.de/de/tibet/menschenrechte，查阅时间为 2013 年 8 月 27 日。

也不是 10 万人，连上千人都不到，而是最多几百人，而且他们也根本不是因为政治原因而坐牢，而是由于其中大多数人参与了拉萨暴乱。2008 年在拉萨，有路人被刀棒袭击和追赶，商店被纵火烧毁，以及其他人员伤亡情况，其中受害者大多数是汉人和回族人，但也有藏人。难道出于宗教狂热或种族仇恨的骚乱者、纵火者和杀人犯在美国和欧洲一律都被看作政治犯吗？

中国政府称中国的犯人比例约为 1:1000，西方专家认为该比例实际可能达 1.66:1000。萨特曼将中国的犯人人数与美国的作了对比："2000 年，美国的犯人比例世界最高，每 1000 名美国人中便有 7.12 人在坐牢。"这一比例几乎是世界平均数的 7 倍。根据中国政府提供的数据，西藏自治区的犯人比例为 0.7:1000。即使数字不完全准确，那它也不可能达到美国的水平。此外，美国犯人的高比例确实表明了那里严重的种族歧视，因为黑人男性入狱率是白人男性的 8 倍。如果将西藏自治区的藏人入狱率与美国黑人男性相比较，后者竟是前者的 80 倍！

西藏由于汉人的迁入而"过多地受外来影响"这一说法真实吗？十四世达赖喇嘛自己在接受弗兰茨·阿尔特的采访时说："由于汉人越来越多地迁入，不管是有意还是无意，在西藏便发生了一种文化上的种族屠杀。"[734] 弗兰茨·阿尔特还加了一点："中国要对目前我们星球上最具侵略性的移民政策负责。"[735] 那么藏人是否认为自己真正遭受到了外来人，即"汉人"的"入侵"呢？先不说这一讨论很容易让人想起德国国家民主党、英国国家党、法国国民阵线、希腊的金色曙光或者意大利的北方联盟这些极右翼政党所持观点，实际上过去和现在都没有发生过"入侵"。"中国是否通过人口迁移和计划生育政策正在对西藏进行'人口上的侵略'，"萨特曼也探究了这一问题。通过调查，他得出了结论，"西藏不存在国际法意义上的人口输入。此外，在 20 世纪 90 年代（也是我们拥有人口统计数据的最后时期），藏人聚居区里的汉人呈净流出状态。"关于有争议的计划生育政策，萨特曼也强调说明："国家的计划生育政策关涉部分藏人，但比汉人受到的影响明显要少。"[736] 这一点我在另一本书里也提到过。

【734】参见 Franz Alt, Klemens Ludwig & Helfried Weyer：《西藏：美丽、破坏、未来》，第 7 页。

【735】引文出处同上，第 40-41 页。

【736】参见 Barry Sautman：《"人口灭绝"和西藏》，第 232 页。

这样一来，就连知名的西藏问题活跃分子弗伦奇也不得不承认，"流亡政府关于藏人在西藏正在成为少数民族的断言，不应该支持。"【737】德国汉学家、西藏问题活跃分子托马斯·霍普在其发表的科学著作中有关西藏人口状况的章节里得出了同样的结论："汉人占西藏自治区总人口的 10% 至 14%，所以还不能说那里的汉人'泛滥'。"【738】14% 是霍普自己计算出来的，因为他对中方的数据原则上不信任。尽管如此，他指责中国政府正在致力于"再一次让汉人影响西藏"。【739】与此相呼应，他抱怨西藏不再像 1950 至 1951 年间那么"纯西藏"了。据他所称，那时"经营餐馆和商店的汉人还完全不为人知，而如今，这一阶层在西藏城市中日益扩大"。【740】难道在德国城市里越来越多的意大利人餐馆和冷饮店或土耳其人商店和烤串小食店就那么没有名气吗？！大家知道，他们也导致了德国"过多地受外来影响"，早就不再像 1945 年之前那么"纯德国"（或者我们应该说"纯雅利安"）了。

那么现在西藏为数不多的大城市是如何"过多受到外来影响"的呢？难道不是至少拉萨深受其影响吗？不管怎样，十四世达赖喇嘛一直声称："我估计，如今有 10 万至 20 万汉人生活在拉萨，但藏人却只有 5 万人了。藏人在自己的土地上已经只占少数了。"【741】根据官方统计，拉萨 1990 年有 9.6431 万名藏人、4.0387 万名汉人和 0.2351 万名回族人。一位"在拉萨居住了 30 年的满族女士"在和托马斯·霍普交谈时说，"拉萨现在总人口数为 12 万，估计其中 4 万为汉人"。【742】难道这就已经"过多地受外来影响"了？由于迁入拉萨的人并非外国人，更确切地说是属于同一人种，即使下面的比较不很恰当，也姑且听之：在柏林，27.4% 的居民有着移民背景。【743】超过 700 万人口的伦敦，其中竟然有 40% 是在外国出生的。【744】19.4% 的巴黎人是在法国之外出生的，这一占比显得比较低，

【737】参见 Patrick French：《西藏，西藏》，第 308 页，注释 278。

【738】参见 Thomas Hoppe：《今日西藏：全局的各个方面》，第 66 页。

【739】引文出处同上，第 40 页。

【740】引文出处同上，第 67 页。

【741】这是 Franz Alt 与达赖喇嘛之间的对话，参见 Franz Alt, Klemens Ludwig & Helfried Weyer：《西藏：美丽、破坏、未来》，第 9 页。

【742】参见 Thomas Hoppe：《今日西藏：全局的各个方面》，第 58-59 页。

【743】参见链接 http://www.migazin.de/2013/02/11/berlin-auslanderanteil-steigt-tuerken/

【744】参见链接 http://www.wiwo.de/politik/ausland/london-babylondon/5344460.html

只是因为那些在不同的移民潮时期来到巴黎的人，[745] 或者是他们的后人，早就被当作法国人了。无论如何，41.3% 的巴黎儿童和青少年至少父母一方有着"移民背景"。最后来看看卢森堡市，从居民人口数来看，它和拉萨更具可比性，那里外来人口的比例却是创纪录的：竟有 65.22% 的居民都是外国人。[746]但"外国人滚出去！"的口号只代表一些坐在啤酒桌旁的极右翼民族主义者的想法……

【745】参见链接 http://fr.wikipedia.org/wiki/paris#Immigration，查阅时间为 2013 年 9 月 13 日。

【746】参见链接 http://www.luxembourg.public.lu/fr/actualites/2011/02/16-vdl/

第二十四章

"文化灭绝"如何使文化大繁荣

西藏的艺术和文字一样都是宗教内容。

土登诺布【747】

虽然藏人没有被灭绝，没有被外来迁入者完全排挤或者被大量投入监狱，但有种声音到处传播：汉人尽其所能地破坏西藏的语言和文化；"藏语是一种独立的语言，但西藏的官方语言是汉语。"这是公法广播电视台（WDR，西德意志广播）在给孩子们播放的广播节目中所宣传的。他们还宣称，许多藏族孩子逃亡印度达赖喇嘛处，因为"藏族孩子在自己的土地上几乎没有接受良好教育的机会"。【748】这样胆大包天的论断怎么可能和现实情况一致呢？比如乌利·弗兰茨这位"佛教徒"作者在《西藏旅游指南》中写道："广告牌、门面上的霓虹字幕、街上十字路口的指示牌，几乎所有地方都是双语标示——藏语和汉语。"【749】所以，西藏的语言和文字在西藏无处不在，绝没有被破坏，不同于在北约国家、欧盟候补成员国土耳其的库尔德语，那里展示几句库尔德语会被判罚若干年监禁，并且库尔德人长期被官方称作"山村土耳其人"。不管怎样，迄今为止，在中国没有人将藏人定义为"山村中国人"。

1987年，西藏自治区人民代表大会声明，藏语和汉语书面语在所有领域赋予同等意义，并通过了有关藏语书面语的运用、发展以及在教学中使用藏语的条例，要求必须逐步试点贯彻实施，成立一个专门关注藏语使用和发展的委员会。1988年10月，西藏人民政府出台了贯彻这些条例的规定。其中明确无误地指出，地方政府所有会议以双语进行，所有官方文件必须以双语行文，所有大众媒体，包括报纸、广播和电视等都必须使用两种语言。此外，还要逐

【747】参见晋美土登诺布与 Colin M. Turnbull 合著：《西藏：历史、宗教及其人民》，第309页。

【748】参见链接 http://www.lilipuz.de/wissen/zeitkreisel/details/artikel/10031959-aufstand-in-tibet/

【749】参见 Uli Franz:《西藏手册》，第188页。

步在中小学建立以藏语课程为中心的教育制度。司法机构必须保证，藏族公民享有以自己的语言履行法律程序的权利。【750】到 1997 年，中学和高级技校的所有学科用藏语教学的计划明显无法得到贯彻。两位来自剑桥和马萨诸塞的学者对藏语作为教学用语作出的注解是："这里达赖喇嘛和中国政府面临同样的难题：藏语的词汇量以及科技术语，远远不足以表达如此多的科学和技术概念。达赖喇嘛自己也在非常努力地学习英语。迄今为止，印度藏族学校的数学和自然科学的课程仍然使用英语。难道达赖喇嘛也站在最前沿对藏语进行碾压吗？"【751】"不管怎样必须确保藏语是当下西藏自治区小学里的授课语言。"【752】乌利·弗兰茨认为："那里中学低年级仍在用藏语上课，"不过升入高年级后汉语占主导。此外，大约 1 万名年轻藏人在中国内地的中学和高等院校深造。【753】而且在"一些位于青海、甘肃、四川省的少数民族学院，藏语也是主要语言"，【754】那里的"教学用教材也是用藏语编写的"。【755】

此外，中央政府一直鼓励并要求，前往西藏的汉族干部、技术人员和教师要学习藏语。

关于西藏及其他少数民族语言问题，中国可以毫不畏惧地跟一些所谓尊重"人权"的国家进行比较。在法国，少数民族语言根本没有得到保护，长期遭受歧视。直到今天，"巴斯克语教育一直都没有得到官方的支持，只有 23 所私立学校隶属于 Ikastolak 教育联盟（译者注：教巴斯克语），他们常常抱怨缺乏国家支助"。【756】1918 年到 1940 年，在阿尔萨斯，"法国的语言政策是严格打压德语和阿尔萨斯地方语。法语是有义务学习的官方语言和教学语言，在学校和公共管理机构只允许说法语，有时候还会通过采取惩罚措施来禁止德语和地方语的使用"。另外，"在二战后，法语成为通用语、官方用语和教学用语。自

【750】参见何宝钢（音译）："达赖喇嘛的自治设想，一厢情愿？"引自 Barry Sautman & June Teufel Dreyer:《现代西藏：一个有争议地区的政治和社会发展》，第 78 页。

【751】参见徐明旭和袁峰（音译）："西藏问题：一场新冷战"，引自 Barry Sautman & June Teufel Dreyer:《现代西藏：一个有争议地区的政治和社会发展》，第 314-315 页。

【752】参见 Françoise Robin:《关于西藏的老生常谈：与世界屋脊有关的成见》，第 139 页。

【753】参见 Uli Franz:《西藏手册》，第 86 页。

【754】参见 Françoise Robin:《关于西藏的老生常谈：与世界屋脊有关的成见》，第 141 页。

【755】引文出处同上，第 143 页。

【756】http://www.raketa.at/baskische-sprache-und-schule-beidseits-der-pyrenaeen

此以后，对土著的阿拉曼语、法语方言（总称为阿尔萨斯语）和标准德语的认知一直在退步，仅仅局限于老一辈和农村地区人群。二战前开始执行的对法语的支持政策原则上不断得到贯彻"。【757】几年前的一项研究表明，"接受调查的学生只有 34.4% 会说阿尔萨斯语，小于 10% 的被调查人员在朋友之间互相说方言"。【758】情况更加严重的是英国如何对待"苏格兰盖尔语"：在"苏格兰南部和东部地区"，早在 17 和 18 世纪这一语言就受到了排挤；19 世纪和 20 世纪，在西部苏格兰高地开始语言的英国化，并且在 1872 年规定义务教育只允许使用英语，因而这一趋势得到了加强（在课堂上或者是在学校里面使用盖尔语还会受到惩罚）。【759】

在中国，早在 1994 年就出版了 7 种藏语报纸和 11 种藏语杂志，同年有231 本藏语书籍出版，此外还拍摄了 25 部藏语电影。【760】其间，西藏大学的年轻藏人还开发出了藏语软件。一直以来，都有藏语广播和藏语电视频道。【761】有一本扎西次仁（Tashi Tsering）编写的三种语言（藏语、汉语和英语）的字典是在北京出版的（而不是在拉萨）。一位德国的中国通、西藏通多年之前（2008年）即证实，西藏的文化（绝不仅限于宗教）经历了一个不为人知的文化大繁荣。这个德国的民族学家和汉学家南特维希（Nentwig）总结道："中国出版、发行的藏语书籍、报纸和杂志数量庞大，而且在西藏及周边省份甚至在北京还有大量的藏语出版社，藏学家们根本没有办法摸清所有的情况。藏语作家用藏语和汉语写作，您不仅可以购买到藏语的文学作品，而且可以购买到用藏语翻译的莎士比亚、雨果、巴尔扎克等作家的作品……像'文化灭绝'这样的说法根本就是无稽之谈。"【762】不过，像达赖喇嘛一样，有人觉得藏人绝不应该放弃占星术，因为占星术对于藏族文化是非常重要的，【763】想要让年轻的藏人去

【757】http://de.wikipedia.org /wiki/Sprachen_und_Dialekte_im_Elsass

【758】http://www.verdammi.org/geschichte.html

【759】http://de.wikipedia.org/wiki/Schottisch-g%C3%A4lische_Sprache

【760】参见何宝钢（音译）："达赖喇嘛的自治设想，一厢情愿？"引自 Barry Sautman & June Teufel Dreyer:《现代西藏：一个有争议地区的政治和社会发展》，第 78 页。

【761】2013 年 10 月《外交世界》（法语）月刊（Le Monde diplomatique），第 20 页。在中国有 2000 多个电视频道，每种少数民族语言至少有一家电视台在使用。

【762】Ingo Nentwig 博士是汉学家和民族学家，曾担任莱比锡民族学博物馆东亚馆馆长，2008 年 4月 18 日曾接受德国外交政策网（german-foreign-policy.com）的采访。

【763】参见达赖喇嘛：《自由之书：达赖喇嘛自传》，第 80-81 页。

接近自然科学，并且打造一个科学理性的世界观的每一个尝试，自动地就会被定义为对藏族文化的恶意打击。如果这种逻辑成立，在美国的一些联邦州，基于达尔文进化论的生物课，就应该是"非美国"的了……

在罗宾的《关于西藏的老生常谈：与世界屋脊有关的成见》（该作者对中国不够友好）中，也有关于对藏人"文化灭绝"的宣传："然而随着第二波去往印度和尼泊尔的移民潮的到来，这一控诉式的论述无法继续进行。离开西藏20多年后，在与据说已经汉化的藏人接触时，当初的这些移民十分诧异，发现这些汉化的藏人既能说好又能写好自己的语言，甚至好过那些流亡者，并且完整地继承了地方民俗文化：传统服装、方言、歌曲、舞蹈、庆典以及农牧民式的生活方式，这些传统反而在'流亡藏人'中间逐渐遗失了。"然而，他们携带着诱导他们离开自己家乡的一些东西：如他们"充满了强烈的宗教狂热"，不同于那些在流亡中出生的"很少有这种自觉"的藏人。[764] 难道那个"真正的""没有掺假"的西藏也许只有在中国才能找到？也许正是因为在中国的藏人不想生活在一个博物馆或是一个保留地里，所以要求拥有通往现代化的权利。"此外还要强调，在西藏还有比在流亡地区更加活跃的艺术和知识领域的创造（文学、音乐、绘画、雕塑和电影等）。"与之相比，"流亡藏人"自我催眠为"保存文化纯粹性的官方典范"，能在"每一个'现代化'的创造中"看见"背叛和汉化"。而在西藏当地，却可以观察到"文化和艺术的大繁荣"，它们"源于传统，同时又扎根于现代"。[765]

但这些人还是要逃离西藏？难道这些藏人（包括孩子和老人）不是冒着生命危险离开庞大监牢一样的中国西藏，逃往印度达赖喇嘛那里吗？科林·戈尔德纳对在西方广为流传的那些激动人心的故事做了进一步的研究。他最终发现，在西方广为传播的有关藏人的恐怖故事，讲他们好几个月跋山涉水，历经千辛万苦，极不人道地徒步前往尼泊尔或不丹……至少从20世纪90年代中期以来的国情看，这些肯定是假的。[766] 德国电视一台的综合类节目 TTT（译者注：Title, Thesis, Temperament）揭露了这些"从世界屋脊逃离的感人至深的故事"。迪特尔·格罗戈夫斯基（Dieter Glogowski）在其著作《西藏：逃离世界屋脊》

【764】参见 Françoise Robin：《关于西藏的老生常谈：与世界屋脊有关的成见》，第 126-127 页。

【765】引文出处同上，第 128-129 页。

【766】参见 Colin Goldner：《达赖喇嘛：一位神王的垮台》，第 498 页。

穿着传统服装跳舞的门巴族妇女。门巴族是西藏自治区的一个少数民族，大多数人生活在林芝地区。

一书以及同名的多媒体秀中倾尽全力表现的，都是"完全的虚构性表演"。[767]大家都非常乐意去相信这些童话，因为它们很好地契合了西方被操纵的公众，是他们心中的一些老生常谈和偏见，所以几乎没有遭到质疑。戈尔德纳表示，"每一个藏人，不管男女"都可以毫不费力地获得中国相关机构颁发的前往国外的旅游签证，这是一件轻而易举的事情，坐大巴从拉萨前往尼泊尔的加德满都，再从那里前往北印度的达兰萨拉（或者其他地方）。[768]他还引用了一个身居高位的西藏流亡人士于 1987 年在《德国日报》上发表的文章：自 1979 年以来，"流亡藏人"可以去探访在西藏的亲属，反之亦然。这些年来，很多"流亡藏人"回到西藏，并且还有来自西藏的数千名藏人前往印度进行朝圣。[769]

【767】引文出处同上，第 499 页。

【768】引文出处同上，第 499-500 页。

【769】1987 年 10 月 7 日，格桑坚赞在德国《日报》上的讲话稿，引自 Colin Goldner：《达赖喇嘛：一位神王的垮台》，第 500 页。

　　格拉尔德·雷纳（Gerald Leher）对哈勒过去的纳粹经历做过很好的研究，为此我们要对他表示感谢。1992 年他曾作为"发展援助者"受奥地利外交部的委托，在临近中国西藏边境的尼泊尔工作。在那里他看到，在尼泊尔生活的信奉佛教的少数民族和西藏不断有正常接触，越过高高的山道，由一些商人和登山者来完成。"在囊帕拉山上有一条通往卓奥友峰西部和珠穆朗玛峰的通道，海拔 5716 米，我曾遇见一些藏族商人，他们正在去往尼泊尔的路上。和他们的谈话加剧了我对以往那些陈词滥调的质疑，而这些总被西藏流亡政府和达赖喇嘛在西方广泛传播。""流亡藏人"还是把西藏"描述为一个很大的监狱"，并且"在西方的杂志和报刊中"，一些有关"年轻藏人通过冰雪覆盖的喜马拉雅山逃离的故事"总是极受欢迎。90 年代中期，他自己第一次"非法"从尼泊尔去了西藏。"我曾在囊帕拉山上夏尔巴人居住的坤布工作，据说那些边防人员以及边境警察对道路十分熟悉，几乎很少迷路。"在此期间，中国政府尝试更好地对这一通道以及想要从西藏攀登卓奥友峰的西方登山者进行管控。无论如何，经常有一些来自西藏的商人和山地农民经囊帕拉山前往尼泊尔。男女都有，还有年轻人驱赶着负重的牦牛经过喜马拉雅。每个星期六都有大型的夏尔巴市集。集市上，西藏人同夏尔巴人还有西方的游客做生意，除了糌粑，他们还销售一些"保温瓶、羽绒夹克和其他中国工业产品，还有手工制作的羊毛地毯。"虽然"藏人的旧贸易通道"对一些西方的外国人是封闭的，但对于来自主峰两边的当地人却不封闭。【770】

　　雷纳还叙述了他在中国边境一侧与一群藏人相遇的经历。"在我面前是一些传统的农牧民，还有虔诚的佛教徒，"他们中有些人戴着"十分贵重的天珠和绿松石项链"。他们当中"有一名年轻的登山者"，雷纳通过一名翻译和他聊天："穿着中国运动鞋的这名藏人刚刚爬过一条冰川通道，完全不符合我们在西方喜欢传播的有关西藏的一些老生常谈论点。当被问到他怎样看待达赖喇嘛时，正如预期，他从传统的派克外衣下取出来一张陈旧发黄的'神王'照片……达赖喇嘛是他生命中的幸运神和保护者，次仁翻译道。这个藏人亲吻了这张照片并且将它贴在额头上。在印度的达兰萨拉，即达赖喇嘛政府所在地，可能他和他的乡亲只会被贵族和官员们看作脏兮兮的农民，他对次仁说道。次仁翻译的时候有一点尴尬。"雷纳是如此评价这次邂逅的，"这个登山者兼商人，作为来

【770】参见 Gerald Lehner:《在希特勒和喜马拉雅之间：海因里希·哈勒的记忆空白》，第 245-246 页。

自西藏的行动自由的人士，完全可以逃往达赖喇嘛所在的印度，但他做梦也没有这个想法，而是每次在礼拜六的南奇·巴扎尔市集结束以后又回到了中国政府治下的西藏的定日。"【771】一个尼泊尔国籍的夏尔巴藏人向他证实：藏人无论在哪里都来去自由，以前有些难民在我们这里定居，有的时候他们会返回西藏，西藏那边的当地人从来不限制任何来往走动或者是做生意的人。【772】

《西藏旅游指南》的作者乌利·弗兰茨在向他的读者介绍他的藏族向导尼玛的时候，也证实了与西方一些固有看法完全相反的情况，即人们行动和旅行是自由的。这个向导是"以一种相当非常规的方式"掌握良好的英语技能的："在尼玛可以上学的年龄，他的父亲将他送往印度逃亡藏人那里，到达兰萨拉接受教育。"1995年，他的父亲"不得不把他召回"，在那个陌生地域接受的教育却证明毫无益处。由于他中文很差，和一些在成都或者北京学习过的同龄人相比他处于不利境地，即使他英语比他们好，甚至会说一些印地语。不懂中文使他的职业前景非常严峻。【773】他两个留在拉萨的姐妹，明显成为所谓的"中国歧视待遇、贫乏教育机会的受害者"：据弗朗茨说，姐姐现在是一名妇科医生，妹妹是中学老师。【774】

乌利·弗兰茨的导游明显不是达兰萨拉唯一一个西藏人，他走了一条从喜马拉雅回到西藏的相反道路。西方很多成功作家，由于经济原因喜欢在"主流观点"中畅游，对于不想言说的则弃之东流，因此没有针对这种反向流动撰写一些撕心裂肺的故事。戈尔德纳确认，实际上有很多"流亡藏人"回到了西藏，但这都被达赖喇嘛的流亡政府及一些国际上的支持者有意隐瞒或者干脆矢口否认。回归的还包括1959年和达赖喇嘛一起逃往印度的一名行政官员 Jainzain Oupei。【775】达赖喇嘛在他的自传里，也提到桑顶寺的一名女住持（"对我没有解释原因"）回到了拉萨。【776】

既然并没有发生有步骤的在身体上的或文化上的对藏人的压制，相反却有

【771】引文出处同上，第251页。

【772】引文出处同上，第253页。

【773】参见 Uli Franz：《西藏手册》，第160页。

【774】引文出处同上，第163-164页。

【775】参见 Colin Goldner：《达赖喇嘛：一位神王的垮台》，第498页；关于"'流亡藏人'回到西藏，获得从西藏到达兰萨拉或者相反方向通行机会"，参见 Tom Grunfeld：《现代西藏的诞生》，第215-216页。

【776】参见达赖喇嘛：《自由之书：达赖喇嘛自传》，第102页。

藏语字典、装有藏语系统的键盘和街道指示牌——这些都是藏语不但没有受到压制，而且还得到大力发展的确凿证据。

值得注意的人口、文化和经济上的大繁荣，但仍有人指责，在政治和行政层面存在对少数民族藏人的歧视。与一名叫旺多（Wangdu）的藏人的邂逅（旺多在一个中国省级行政管理层的重要职位上工作），给"自由西藏"活跃分子帕特里克·弗伦奇带来了全新的认识："按照西方'支持西藏组织'所散发的煽动性材料（我读过很多，有的还是我写的），那么就会得出这样的结论：藏人被有关当局歧视，种族隔离、种族主义和种族灭绝的一些概念广为流传。"但他在中国西部地区得出的结论却是："尽管一些高级职务是由占中国人口 90%以上的汉族人担任，但在边境地区，在中层和底层的行政岗位上却有很多藏族人、回族人和其他少数民族成员。据《人民日报》，在西藏自治区，将近四分之三的干部都是由当地藏族人担任。"【777】弗伦奇对最后这个报道也没有表示怀疑……

　　藏人没有被边缘化，而是融入党和国家的组织结构体系中，以下数据即可证明：1956 年 6 月，总共有 7 名藏人是中国共产党党员，1963 年已发展为3000 多名党员，1989 年为 4 万名党员。长期以来，由中央委任的西藏自治区党委书记大多数为其他民族成员（胡锦涛、陈奎元是汉族；伍精华是彝族，1985-1988 年在任），但还是可以发现，藏人任职的高级别职务数字在不断提升：大量曾经的农奴及其后代，在不同层级的西藏当地政府中担任领导职务，包括各级人民代表大会、各级政府、法院、检察院等。1994 年，有 3.7 万名藏族干部，占当地所有干部的 66.6%；据报道，1994 年 9 月，藏族干部占当地干部的比例，自治区级为 71.7%，市地级 69.9%，县级 74.8%。【778】

　　达赖喇嘛要求了几十年的"西藏独立"，现在又不断要求一个"真正"的、"实实在在"的自治。除了昭然若揭的幕后动机、政治战略上的算计之外，这反映了以下暗示：西藏自治区的自治根本不是"真实"的。许多独立观察家都对此进行了驳斥，就这个话题发表过论文且被多次引用的作者就认为，大家不能简单地断言，西藏的自治仅仅是一纸空谈。他指出了 72 部由自治区政府出台的相关法律和规定。【779】比如，由于藏人对一些好奇游客的打扰有所抱怨，

【777】参见 Patrick French：《西藏，西藏》，第 42 页。

【778】参见何宝钢（音译）："达赖喇嘛的自治设想，一厢情愿？"引自 Barry Sautman & June Teufel Dreyer：《现代西藏：一个有争议地区的政治和社会发展》，第 76 页。

【779】参见何宝钢（音译）："达赖喇嘛的自治设想，一厢情愿？"引自 Barry Sautman & June Teufel Dreyer：《现代西藏：一个有争议地区的政治和社会发展》，第 76-79 页。

传统的丧葬活动便禁止不相关人员参加。有一个法国参议员团组在参访西藏后，在 2007 年 10 月 17 日的报告中写道：西藏自治区政府享有出台自治法律和规定的权力，这些法律和规定充分考虑西藏在政治、经济、文化和教育领域的特色，还举例指出，由于特殊的地理条件，在西藏一周的工作时间仅为 35 个小时，而在中国其他地方一周工作时间为 40 个小时。[780]

由上述介绍可以得出一个结论：西藏和藏人聚居的其他中国省份，明显不是达赖喇嘛常常抱怨的"人间地狱"。恰恰相反，其在物质和文化上的进步不容否认，中央政府为此给予了很大支持。达赖喇嘛自己对此变化也十分清楚。弗伦奇记录过他和这位"活佛"的一次谈话。在谈话中，他描述去西藏旅游以后留下的印象："达赖喇嘛对于我所说的事情完全不感到惊讶，并且与许多流亡分子不同的是，他并不相信充斥达兰萨拉的亲西藏分子的宣传。"[781]亲爱的读者们，达赖喇嘛自己都不相信他扯着嗓子所断言的，以及其他人以他的名义所反复宣传的，对于这个人该如何看待？

【780】《参议院议会间友好小组报告》，2007 年 10 月 17 日，也可参见 Maxime Vivas：《达赖喇嘛并非如此"禅"》，第 68 页。

【781】参见 Patrick French：《西藏，西藏》，第 288 页。

第二十五章

"本来就是皇帝的东西交给皇帝"——宗教自由和界限

骇人听闻的暴行接连不断。谁如果对国王和天主教信仰保持忠诚，一旦被告发，则会被残忍、嗜杀的掌权者判决并处死。而在此期间，这些残忍的暴君一直把"自由、平等和兄弟友爱"挂在嘴边。卢森堡这个一直对天主教会保持忠诚的国家，在这段可怕的时期如履薄冰。那些不向宪法宣誓的牧师必须逃走或者被烧死，许多男人，甚至青年为王位与祭坛斗争，付出了生命……

在此期间，颠覆派的教义旷日持久地向四面八方蔓延。就连欧洲的其他国家的天主教会也受到迫害，财物被洗劫。在德国，通过所谓的"教会财产转世俗人士"，教会几乎失去了他们从宗教改革风暴和三十年战争的混乱中拯救出来的全部财产。

卢森堡助教管区的天主教问答手册[782]

父母最神圣的义务就是好好培养他们的孩子，这一培养的基础必须是宗教。在天主教会作出决定后，信仰天主教的父母不允许将他们的孩子送到非天主教的学校或者是没有告解的学校。

特里尔主教 Michael Felix Korum（1903 年 2 月）[783]

我仿佛听到西藏某些团体激动焦灼的呼喊：这是不可否认的，"无神论"的中国镇压佛教，并且拒绝藏人享有宗教自由的人权。

【782】第 190 页。在最尊贵的利奥·洛莫尔（Leo Lommel）主教阁下的指示和赞许下出版。卢森堡：Sankt-Paulus- 印刷厂印刷出版，1960 年。

【783】在特里尔主教管辖区的所有教区礼拜堂均可读到的通告上的内容。《二十世纪编年史》（第一册），1903 年 2 月出版，第 44 页。

　　"国际支援西藏组织"声称，在中国的"文化大革命"期间，西藏有6000所寺庙遭到破坏。有趣的是，首先这个数字直到20世纪90年代才出现，在"文化大革命"结束20多年以后。而西方最著名藏学家作出的推断是，当时在整个有藏人居住的中国地区最多只有3500所寺庙。【784】显然，这是在竭尽全力夸大其词。的确，在"文革"期间一些冲昏了头脑的狂热分子折磨僧侣和信徒，并打砸抢甚至毁坏寺庙。然而，整个中国因当时的暴行和迫害受苦的人很多，但不是针对藏传佛教或西藏的。"文化大革命"绝不是以一种特殊的方式针对少数民族僧人或者藏传佛教发起的运动。【785】"文革"更多针对的是：在整个中国破除所有旧事物——旧思想、旧风俗、旧权威，以及所有"封建的""资本主义的""修正主义的"事情。此外，在西藏造成的损坏和迫害是"红卫兵"的杰作，而这些红卫兵绝大多数都是藏人。【786】弗伦奇与一个叫作白玛的藏族妇女谈论过，她曾经作为一名"造反分子的头目"参与迫害过其他人。她和许多其他大学生在1967年宣称自己是"红卫兵"，自己制作了红袖章，胸前佩戴毛主席徽章。根据她的叙述，藏人在这个所谓的斗争——或者说批判运动中表现得比汉人"更有攻击性"，她事后非常后悔。她回忆了特别血腥的一幕，她将一个袋子套到了一个受害者的头上，然后用铁棍痛打他。这个被虐待的人是一个汉族青年，【787】生死未卜。与此相反，据弗伦奇说，"1969年想要清理掉拉萨的穆斯林社区，"并在此过程中烧毁《古兰经》和其他历史文献的红卫兵"统统是藏人"。【788】

　　在"文化大革命"期间被毁坏的后又得到重建的最重要的寺庙之一是甘丹寺，当时究竟遭到谁的破坏，现在还是不得而知：一个德国的西藏旅游向导认为，是周边的藏族农民，另有说法是"红卫兵"，或是如一个美国朝圣者所雇

【784】参见 Desimpelaere & Martens:《在幻想那边的西藏》，第73页；此处引自 Melvyn C. Goldstein:《西藏近现代史》和 Tom Grunfeld:《现代西藏的诞生》。

【785】参见 Goldstein, Siebenschuh & Tashi Tsering:《我的奋斗——为了一个现代西藏：扎西次仁回忆录》，由 André Lacroix 译自英文，2010年维勒班 Golias Edition 出版社出版，"'文革'期间不允许根据民族出身来决定受害者。"第145页。

【786】引文出处同上，"西藏充斥着身为红卫兵们和革命积极分子的藏人，坦率地说，成为这一运动的成员我那时非常骄傲。"第135页。

【787】Patrick French:《西藏，西藏》，第190页。

【788】引文出处同上，第156页。

向导所称的"被大炮和甘油炸药"毁坏的。【789】关于甘肃省的郎木寺，根据霍普记述，"当地的藏族干部"当时对老百姓下了命令，"毁掉僧侣的寺庙和居住区"。1980年以来，那里又修建了新的寺庙设施，并且1995年有300多个和尚。同样在甘肃省拉卜楞寺，一个德国汉学家1995年拜访了"格鲁派的这个新的尼姑寺庙"："寺庙修建的主要工作是由中国的手工艺人完成的，包括但不限于艺术性较高的雕刻工作。"【790】所需资金是通过捐赠筹集到的。

确实，在"文化大革命"期间，西藏的宗教自由几无分量，难以体现，并且西藏的语言和传统文化也不得不经历一段痛苦时期。在左派政治的外衣下，沙文主义的观念大行其道，在他们看来，西藏的所有东西自然都是落后的。那时候，尤其是在20世纪70年代，西方人对此却听而不闻：为了对抗被西方视作头号敌人的苏联，美国总统尼克松正不断努力将中国拉入自己的阵营。在华盛顿（还在有欧洲），没有人对藏人感兴趣。这种现象直到苏联解体以及中国经济崛起以后才得到了改变。自那以后，"西藏问题"又重新成为对付中国的新冷战的话题。在此期间，尽管宗教自由政策得以落实，并持续不断得到改善，但它还是成为反华声音中一个受欢迎的话题。

"德国西藏倡议组织"（TID）不厌其烦地声称："西藏的宗教信仰自由尤其受到严格的限制。西藏的藏传佛教和西藏身份认同是紧密相连的。传统的宗教活动常常被禁止，因为中央政府将此和西藏的民族主义和分裂主义相提并论。拥有达赖喇嘛的照片或者表达'愿达赖喇嘛长寿'这样的愿望将会遭到长期监禁。"此外，"中央政府还干涉藏传佛教高等教育。在宗教政策不断收紧的情况下，当局的监控更加严格。喇嘛和尼姑们被强迫去参加'爱国主义改造运动'。这种对传统的藏传佛教教学实践的干涉，对藏传佛教造成很大损害。"【791】

和一些喇嘛教僧侣一样，德国的"自由西藏"支持者显然很难将宗教和政治区分开来。如果一项政治措施，比如"爱国主义改造"，与他们宗教立场相

【789】参见 Thomas Hoppe：《今日西藏：全局的各个方面》，汉堡亚洲学院，第153页。

【790】引文出处同上，第144-145页。这里的"中国人"指的是"汉族人"。

【791】参见链接：http://www.tibet-initiative.de/de/tibet/menschenrechte/，查阅时间为2013年8月27日。在中国，从国家层面干涉寺庙活动（也）不是共产党的创举。清朝的皇帝就认为有此必要，比如，对付藏匿罪犯在喇嘛庙里的寺庙、武装僧人；从国家层面管控出家为僧，限制和尚的数量。参见吴淑慧（音译）："出于对西藏和康区的考虑占领青海（1717-1727）——依据大统帅年羹尧的奏折"。威斯巴登 Harrassowitz 出版社1995年出版，第274页。

违背，那么在他们看来，逆向推导出的结论也就能成立，他们的宗教认知是包含政治领域的，且将爱国主义立场排除在外。神权政治、教权主义、爱国主义、民族统一、分裂主义等毕竟是政治概念，根据现代认知体系，所有这些概念与宗教信仰自由毫无关系。"德国西藏倡议组织"所谓的"恶化的宗教政策"指的是，针对流亡政府煽动和挑起的不断加剧的分裂主义阴谋活动（尤其是在僧侣当中）在国家层面所作出的反应。无论制定的政策是否有意义或恰当，其他国家在对待此类披着宗教外衣的违法行为，或许比中国更加严厉。例如，1984年印度北部的锡克教极端分子宣布成立名为卡里斯坦的锡克教国家时，印度部队攻进了分裂分子的大本营和他们最重要的圣地——位于阿姆利则的"金庙"，并且杀害了锡克教首领贾奈尔·辛格·宾德兰瓦勒等人（蓝星行动）。1986年4月和1988年5月，那里又采取了进一步针对锡克分裂主义者的军事行动（"黑雷行动"和"黑雷行动 II"）。[792]

20 世纪 80 年代（"文革"结束后）迄今，30 多年来在西藏和中国内地民众享有非常宽泛的宗教自由。2008 年奥运会期间，在保守的天主教日报上（我不喜欢这个读物，但我会定期去读），除了刊登有关西藏动乱以及所谓的中国缺少宗教自由的文章，还将目光对准西方来的奥运客人，以及北京大的教堂里的礼拜秩序。

西藏自治区如今已有 4.6 万多名佛教僧侣，他们接受国家补贴，占到西藏男性人口的 4%。这无疑是一个值得关注的数字。跟"无神论"政党治下的西藏相比，欧洲国家表现得更加糟糕。在天主教法国，很多人喜欢把法国称为"教会最年长的女儿"——对于一个人口数量是西藏人口 20 倍的国家，到今天仅有"大约 1300 个修道士和 5500 个修女"。[793] 在德国，这个国家的政治精英们对宗教如此友好，但也只出现过一个神学家总统和当了总理的一名牧师的女儿，德国最大的政党基民盟（CDU）以及它在巴伐利亚洲的姐妹基社盟（CSU），名字里面都带着"高贵的基督教首字母 C"，不仅在巴伐利亚的中小学里面有耶稣受难像，而且绿党的首席候选人还是德国新教教会（EKD）州教会会议的主席，对于安乐死的态度比梵蒂冈更加目光短浅且带有偏见，修女与修道士

【792】参见链接：http://de.wikipedia.org/wiki/Harmandir_Sahib

【793】参见链接：http://suite101.fr/article/moines-et-moniales-daujourdhui-qui-sont-ils—a28335，查阅时间为 2013 年 9 月 1 日。

在这个国家简直属于濒危"物种"。《世界报》在线"认为"修士会成员的数量在德国急剧下降，经典的一些教会传统面临失传"，并且还给出了一个具体的例子："修道士 Paulus Terwitte 是一名嘉布遣会修士。他的修士会在德国成员数量已经从 1975 年的 590 人缩减到目前的 150 人。"相比仅从成员数量来进行推测，形势更加严峻的情况是，"84% 的女性修会成员和 60% 的男性成员年龄都已经超过 65 岁"。【794】在德国总计有"将近 4700 名修会修士"和"大约 2 万名修会修女"。【795】那么在西藏呢？依据一篇科学文章，中国中央政府对 1787 座寺庙的重建提供财政资助，并且为 4.638 万名喇嘛和尼姑支付工资，这些人的医疗服务也由国家免费提供，包括一些佛学院也是由政府提供资金支持。这种对教会僧侣的国家补贴在整个中国仅见于西藏。【796】

那是否意味着，在有关宗教团体和国家之间的关系问题上，中国是"世界上所有表现最好的国家里最好的"（就像伏尔泰笔下的憨第德习惯说的那样）呢？这倒不是，这个国家和一些宗教社团之间还是有一些非常明显的冲突。自从达赖喇嘛逃亡以来，在外国势力的指导和推动下，发生了破坏国家统一和领土完整的一些活动，中国中央政府和西藏地方政府理所当然地不愿意见到西藏民众公开展示或悬挂他的头像。据乌利·弗兰茨所说，就连重要的扎什伦布寺喇嘛，都对怀有政治动机的达赖喇嘛个人崇拜表示拒绝。他对去西藏旅游的德国游客建议，在游览位于西藏第二大城市日喀则的寺庙时（修建得"宏伟壮丽"，传统上与班禅喇嘛联系在一起），最好多留意："谁要是漫步闲逛这个大的寺庙的话，会遇到许多会说英语的喇嘛。令人惊奇的是这些喇嘛效忠政府。也就是说，对达赖喇嘛的照片小心保存！"【797】

即使喇嘛教从来没有习惯将政治和宗教区分开来，但分裂主义与宗教信仰几乎没什么关系。作为宗教领袖，达赖喇嘛在中国始终是受欢迎的；而且当时也不是中央政府要放逐他，并对他作出驱逐的审判。出于上帝或者佛陀的仁慈，

【794】参见链接：http://www.welt.de/politik/deutschland/article108197033/Abschied-unter-Traenen-wenn-das-Klosterstirbt.htm，查阅时间为 l2013 年 8 月 29 日。

【795】参见链接：http://www.orden.de/index.php?rubrik=3&seite=t1s&e2id=51，查阅时间为 2013 年 8 月 29 日。

【796】参见徐明旭和袁峰（音译）："西藏问题：一场新冷战"，收录于 Barry Sautman & June Teufel Dreyer：《现代西藏：一个有争议地区的政治和社会发展》，第 312 页。

【797】Uli Franz：《西藏手册》，慕尼黑 Piper 出版社 2007 年（修订新版），第 120 页。

他最终还是充分利用了政治首脑这个世俗角色。

将宗教生活和政治区分开来，并不仅仅是中国中央政府的看法。即使是按照现代西方的观点，宗教也是一个非常私人的事情。宗教自由意味着，每一个人都可以自由信仰（或者是不去信仰），去祈祷，去朝圣，从事礼拜活动或者是其他有相同意义的宗教仪式，去参拜，以及自己以口头和书面的形式公开承认自己的宗教信仰，然而宗教自由毕竟还是有边界的。关于在公共场合表明其宗教信仰的合理性和可靠性，在欧洲就有截然不同的看法：一些国家法庭决定，反对类似在学校柱子上雕刻耶稣受难像，或者出台法律，限制或者是禁止在公共场合佩戴具有宗教象征意义的衣饰（如穆斯林的头巾或者全身的纱巾）。至少在西欧有一点是一致的，如果宗教信仰有损法律或者其他人的权利，这一自由将被取消。所以，当科学教教会基于多种违法行为（如"欺诈"等）必须被送上法庭的时候，德国和法国每次都会被美国批判损害了宗教自由。由于宗教原因实施的行为，比如屠宰牲畜或者是对未成年人进行割礼，会被广大居民看成是有问题的，还会受到法律禁止。公立学校不愿意也无权让他们的课程去适应一些宗教的禁忌和戒律。没有一个欧洲国家会让以沙里亚而知名的《古兰经》的法律适用于它的领土，或者允许学校体育课有严格的性别区隔。所谓的荣誉谋杀或者是穆斯林权威人士的宗教追杀令，号召杀害某些作家或者漫画家，这样的行为根据西方启蒙运动后的理解，并不属于宗教自由之列。在一些特定的移民群体中广为流传，且以宗教文化为基础的实践，比如说对年轻妇女的外生殖器的割礼，会受到严厉的追究。在一些国家，议会及大多数民众长期以来已经不再乐意接受由天主教会和其在罗马的教皇来制定规则，比如在堕胎或安乐死的问题上。在比利时和卢森堡，这些问题甚至引起了国家危机，其结果以限制那些君主（严格受天主教影响的）的权力而收场。

此外，在西方出于对人权和个人自由的忧虑，想要投身于喇嘛行列及其寺庙的人必须要扪心自问：如何看待个人自由问题，有些人的权利恰好是由喇嘛还有他们忠心耿耿的追随者们所全权代表的。所以霍普提到，他曾拜访的格鲁派的尼姑们，"对常常不是她们自愿选择的禁欲生活有她们自己的问题"。[798]他在郎木寺听一名20岁的和尚讲述，他的父亲"将他们兄弟俩塞进了寺庙"，

【798】Thomas Hoppe:《今日西藏：全局的各个方面》，第 146 页。

没有让他们自己决定他们的人生。【799】

在西方，大家更应该坚守自己的原则并且回顾一下自己的过去，而不是对此愤愤不平，认为中国这个国家不愿意在其部分领土上将世俗的权力赋予一个宗教社团或者宗教首脑。比如，现代意大利就是在与教皇争取世俗权力的斗争中产生的；教皇长期以来既不承认"对梵蒂冈的一些法律规定，也不承认新的意大利"。【800】

法国方面，则因被称为"aïcité"（译者注：政教分离的政策）的传统政策而闻名，不允许对宗教人士进行国家性的财政资助，也不允许在公立学校进行宗教授课。【801】在德国的近代史上有过一个时期：国家层面不断推进，想方设法让天主教会安分守己。帝国刚刚建立，就引爆了作为"文化斗争"而闻名的冲突。一部接一部的国家法律削减了天主教会的一些特权："布道坛法律条款"（译者注：1871年出台的德意志帝国刑法典的条款）在1871年严禁"宗教人士'以一种危害公共和平的方式'行使职权时处理国家事务"。1872年的耶稣会会士法对耶稣会的活动进行了严格的限制。同时，一项普鲁士的法律授权国家建立督学体系。紧接着，1873年的"五月法"加强了国家对教会的监督权，方式是为神职人员举办一项国家性的考试，限制了宗教教会的纪律暴力，并且规定在任用神职人员时允许国家具有异议权。由于对这项法律的抵制，"很多主教和神职人员都被罢免了，"还"被判罚款和监禁"。"面包筐法律"规定停止对天主教会提供的全部国家财政拨款，"寺庙法"解散了所有普鲁士的寺庙团体，那些从事医疗护理的除外。那些年最重要的成就是引进公立学校和民事婚姻体系。【802】

回到关于中国的话题上，在那里国家层面与一些忠于教皇并且直接受罗马掌控的部分天主教徒之间存在一定的问题，但和那些效忠国家的天主教会之间

【799】引文出处同上，第145-146页。我们那些投身于狂热的自由事业的天主教徒们，也许应该回顾一下他们所追随的基督徒们：像努斯鲍姆（Nussbaum）教士这样的"先烈"，1940年9月17日，按大喇嘛指令他在嘎达（Karmda）被杀害；还有"仙逝"的Maurice Tornay教士，1949年8月11日，当时他还不到40岁，他在去往拉萨的途中被喇嘛们雇佣的几个"刽子手"杀害。参见A. Bonet：《西藏受迫害的基督徒》，2006年巴黎出版，第217页、第233页。

【800】参见链接：http://de.wikipedia.org/wiki/Römische_Frage

【801】在此期间，由于对天主教私立学校提供公共财政支持，这项原则变得漏洞百出。

【802】陈述和引言参见《布罗克豪斯百科全书》第12卷（共计24卷），第586页。

转经的老年妇女（2010 年，
Christopher Michel 摄）

却没有任何问题。请在这种背景下回顾一下，曾经有一个时期，基督教传教士
们一直是跟随西方殖民主义者的脚步去传教的，在中国同样也是如此。只要一
想到中国的公民直接从罗马接受指示和命令，那么出于对国家独立自主的考虑，
中国的国家领导层会感到不舒服。美国信奉正统派基督教的，认为耶稣是狂热
反对共产党的，冲突也在不断加剧。与其他国家一样，中国政府与一些政治上
有所图谋或者极端伊斯兰教（在西方被称为"伊斯兰主义"或"伊斯兰正统主
义"）之间同样存在问题。只要来自国外的组织要求成立一个穆斯林的阿拉伯
帝国"东突厥斯坦"并进行分裂中国活动，只要在中国的西北部地区还有国外
势力所赞助的恐怖活动，这些就不再单纯是宗教和信仰自由问题，而是分裂主
义和外国颠覆活动，除此之外，还有中国政府与在世界范围猖獗的、被中国政
府定性为危险的甚至危害国家安全的法轮功之间的问题，这种想法看起来并不
是无中生有：西方批评家（如《法国宗教瞭望台》的拉斐尔·立奥吉尔）就认为，
这一教派以及在这一教派中推行的个人崇拜是极权主义的，可以与统一教相提
并论。无论如何，2005 年 5 月 2 日，德国的德累斯顿州高级法院就一项对"德

国法轮大法协会"的起诉作出判决，将法轮功称作"心灵教派"是允许的。判决原文是："由于法轮功是心灵教派这一断言是真的，所以被指摘的表述是不违法的。"此外，2008 年法轮功成员针对"德国之声"中文节目同事发起的诽谤和迫害（因为他们当时没有按应有的激情参与反华活动），显示出这一心灵教派的教徒究竟是何种精神的孩子！

第二十六章

有关教育的人权与发展的人权

中国的政治家们说：我们通过修建街道、开办学校、引进设备给西藏带来了进步。事实上，中国的入侵者们毁掉了西藏上千所寺庙学院……中国的行政官员说，在西藏建立了 500 多所医院，藏人经常称这些医院为屠宰场。

弗兰茨·阿尔特【803】

他们再也无法忍受，他们的孩子被强迫在学校里面说一门外语；他们再也无法忍受他们传统的房屋被以文明进步的名义完全毁掉；他们再也无法忍受，人们被迫将孩子送往中国内地上大学，并且迟早把他们变成共产党贯彻西藏政策唯命是从的工具；他们再也无法忍受他们的部分寺庙被妓院所替代。

弗雷德里克·勒努瓦【804】

Reg：他们榨尽我们的血汗，那些杂种！他们拿走了我们所拥有的一切，不只是我们的，还有我们父辈的，我们祖辈的……然而他们给了我们什么呢？

Reg：那好吧，除了那些卫生设施、医疗、教育、红酒、公共秩序、灌溉、道路、饮用水供应、公共健康……罗马人为我们做了什么呢？带来了和平？

Reg: 和平？闭嘴！

约翰·克里斯所扮演的 Reg，是蒙提·派森的电影《布莱恩的一生》中犹太人"解放前线"组织狂热的宗派主义头目

【803】参见 Franz Alt, Klemens Ludwig & Helfried Weyer：《西藏：美丽、破坏、未来》，第 34 页。

【804】参见 Frédéric Lenoir：《了解西藏的二十个关键问题》，第 111-112 页。

即使以所谓西藏问题中经常看到的厚颜无耻和大放厥词这个标准来衡量，针对中国的一些谴责听起来仍然显得荒诞不经。"德国西藏倡议组织"厚着脸皮在他们的网站上写道，西藏人民没有享受到"受教育的人权"。"非常多的男女藏人"没有条件享受这种人权。尽管中国取得了巨大的经济增长，但在西藏对于教育几乎没有投入，其结果是那里的文盲统计数字特别高，大概50%左右。[805]

和之前情况一样，这一信息并不准确。澳大利亚迪肯大学的一名学者对1994年西藏的"文盲和半文盲"给出的统计数据是44%。[806]从那以后，这一比率在不断下降。西藏能完成中学学业的年轻人的数量同样在不断攀升。亲达赖喇嘛的那些人不把对教育和科学持敌对态度，且阻止（1950年前）或者尝试阻止（1950年后）建立现代学校的喇嘛视作西藏教育发展的拦路虎，反而责怪那些首开先例在西藏引进现代教育制度的人。需要提到的是，20世纪50年代，喇嘛和贵族在西藏占统治地位的时代，文盲率远远高于90%，但"德国西藏倡议组织"的撰稿人对此毫无概念。他们同样没有考虑到的还有，直到现在，针对从读书、认字开始的所有形式的世俗教育，仍然存在着一种强烈抗拒，形成原因是几百年来的盲目迷信、懵懂无知和对僧侣阶层的逆来顺受。就像"圣君"的兄长土登诺布如此坦率地写道："世俗的教育培养只符合世俗的需要，而这样的需要在西藏是无足轻重的……读和写原本不必要，因为在西藏没有任何世俗文学。"想做一个真正的藏人，就要很好地满足求助圣典和喇嘛并拒绝接受世俗教育："那些门外汉寻求智力发展都是以更好认识和理解圣典为目标，而这条道路对他们一直是开放的，更多的知识对他们来说无关紧要，因为他们有清晰的方向和目标。"[807]在欧洲，评论员们喜欢将一些大城市部分城区教育成就不足，归因于一些阶层"远离受教育机会"，他们的孩子在那里上学（或者时常远离学校），他们的生活环境的是不利的。大家能想象出有些农牧民在偏远的西藏山村究竟有多么"远离教育"吗？

扎西次仁在西藏这样的村子里建了80多所学校，国家承担了部分建设费

【805】参见链接：http://www.tibet-initiative.de/de/tibet/menschenrechte/，查阅时间为2013年8月14日。

【806】参见何宝钢（音译）："达赖喇嘛的自治设想，一厢情愿？"引自Barry Sautman & June Teufel Dreyer：《现代西藏：一个有争议地区的政治和社会发展》，第78页。

【807】参见晋美土登诺布与Colin M. Turnbull合著：《西藏：历史、宗教及其人民》，第308-309页。

用，同时委派所需要的教育人员并支付其工资。[808]他讲述了在老家 Guchok 村修建第一所学校时遭遇的痛苦经历："我自己的兄弟 Lhapka Damdul 是建学校的坚定反对者，"因为扎西次仁将共同省下来的钱浪费到一所学校上，而不是投入到自己非常需要钱的家庭上，Damdul 感到异常愤怒。村里的其余居民也并不乐意提供帮助："他们中没有一个人上过学，不觉得教育有价值，他们对教育持怀疑和不信任的态度。"扎西次仁回忆，村民们拒绝建学校还有一个原因：他们害怕在建学校时会要求他们提供无偿劳动，这些村民还说他这样做是想追求名利，是一种自私自利的做法。次仁将这种抗拒称为"我一生当中最痛苦的经历之一"。[809]这名藏族知识分子抱怨，藏人受教育水平始终不够理想，并且与汉族同班同学相比表现较差。他认为，在更高等级的教育中提供双语教育是造成这种问题的主要原因。[810]从他自身的经验看，他对于西藏敌视教育的文化和传统也非常清楚：来自我这一社会阶层的人认为，在旧社会观念模式中学习并不重要，这种观念在更高阶层中也得到广泛认同。说起来挺难过的，这一现象事实上直到现在还依然存在，很多藏人农民和工人从来没有认识到高等教育的特殊意义。[811]但在西藏一些大城市，汉族干部家庭的认识迥然不同。这也是西藏自治区年轻藏人在学校系统中表现更差的一个原因。

　　"德国西藏倡议组织"哀叹，在西藏的农村地区，学校数量太少。距离太过遥远导致西藏孩子想要上小学的愿望经常难以实现。至少在距离这点上，可以说汉人毫无责任，正是他们，在西藏拓宽了可以行车的道路，并引进了现代交通工具，由此缩短了距离。"德国西藏倡议组织"曾声称，由于高昂的学费，

【808】就连达赖喇嘛的崇拜者克莱门斯·路德维希（在其一篇"专题报道"的文章中）也对与此相关的"当局的仁慈"感到惊叹并且提出疑问："为什么中国管理者能容忍（至少）有利于个人解放的此类项目？"很明显，"有些西藏共产党干部至少对在其责任范围内的教育和卫生事业的改善绝对重视。"参见 Franz Alt, Klemens Ludwig & Helfried Weyer：《西藏：美丽、破坏、未来》一书中 Ludwig 所写的"艰难时期的希望曙光"部分，第 121 页。

【809】参见 Goldstein, Siebenschuh & Tashi Tsering：《我为西藏现代化而战》，第 225-226 页。

【810】一位西方作者就部分西藏居民产生不满的原因，写了一篇独到的批判文章，其中一种解释是：师资水平低，因为最好的教师不愿意接受在偏远地区的教职。尽管面对各种指责，中国政府绝对付出了相当大的努力来推进双语教育。但这种做法也是把双刃剑，需要投入大量时间和精力的中文教育因此深受其苦；与同龄人相比，学习中文较晚的孩子们，这方面的差距几乎很难迎头赶上。参见 Ben Hillman：《反思中国的西藏政策》，刊登于《亚太日报》，2009 年 2 月 10 日。

【811】Goldstein, Siebenschuh & Tashi Tsering：《我为西藏现代化而战》，第 219-220 页。

年轻的藏族女子（2010 年，Christopher Michel 摄）

西藏的孩子没有机会去享受基础教育。这一断言毫无凭据。【812】该观点不值一驳，因为务农家庭认为上学获得无用知识会导致家庭劳动力缺失，由此对家庭收入造成的损失比可能需要的学费要大得多。西藏文盲率一直相当高，其原因根本不是政府经济支持不足。中国政府在西藏自治区教育事业上的投入是全国平均水平的两倍，而且当地教师和学生的比例和其他地方相比，整体来说不相上下。【813】琼·特乌弗尔·德赖尔（June Teufel Dreyer）认为，可以确定"西藏地区从中央政府得到的慷慨资助，比其他任何一个省份或自治区都要多。"【814】

【812】在 20 世纪 50 年代，在拉萨上新式学校的孩子们不仅不用交学费，甚至还能从中国政府那里领钱，反动僧人们又批评说这是贿赂，并到处传播学生们已被收买……

【813】参见 Ben Hillman：《反思中国的西藏政策》，刊登于《亚太日报》，2009 年 2 月 10 日。

【814】参见 June Teufel Dreyer：《中华人民共和国西藏自治区的经济发展》，引自 Barry Sautman & June Teufel Dreyer：《现代西藏：一个有争议地区的政治和社会发展》，第 130 页。

西藏从中央政府所获得的直接资助，每年至少有 30 亿欧元，这是一个惊人的数字，相当于欧盟对整个非洲发展援助的一半。【815】这还不包括中央政府对基础设施（公路、铁路、自来水厂等）数额庞大的投资。

"德国西藏倡议组织"对西藏教育的另一谴责是，所谓公立学校的课程表是根据共产党意识形态的要求而设置的，尤为无稽之谈。【816】果真如此，中国共产党应该全力以赴，尽可能让所有的西藏孩子入学，与之前提到的批评（中国政府在这方面做得不够）完全相矛盾。敢说课程表在其他国家，如在美国、德国、法国、以色列、土耳其的学校里，不是根据"意识形态"设置的，可是相当冒险的。【817】至于其他与宗教关联的私立学校和大学就更不用说了。

自从中国看起来已经不再那么"共产主义"以来，所谓对西藏人进行共产主义洗脑这一批评总算被束之高阁了。现在大家喜欢批评中国的"资本主义"特征。美国人和欧洲人对其他民族的"资本主义"特征感到抗拒和鄙视，虽然他们自己这么做。引进资本主义现在成了中国人的主要罪过之一。这里谈到的是一个现代的"消费社会"。弗兰茨·阿尔特指责中国早在 20 世纪 90 年代末期就已成为一个"物质主义大国"，并在"有关西藏的劣质作品"中把"拉萨将成为一个超市"作为某一章的标题。精神导师阿尔特描写的令人吃惊的场景是："到 2000 年，西藏最重要的宗教圣地将变成中国的一个购物中心。"这一"神圣城市"目前"正在经历彻底的改造，以至于到 2000 年拉萨将像一个超市"。对于阿尔特先生来说，中国的超市或购物中心是令人难以忍受的"中国式文化粗野"。【818】对这种从德国人嘴里冒出来的强硬措辞，阿尔特先生是否能够好好回忆一下？在所谓文明民众（也许他也在此列）统治着不同的"低等人种"的那些年，绝对从未想到会算计着用现代购物方式来折磨这些"低等人种"吧（译者注："低等人种"是纳粹时期的一种歧视性称呼）？幸运的是，迄今为止，中国的"文化粗野"并没有将他们的黑暗计划付诸实施，否则，菲利克斯·李（一个驻中国的外国记者，其写作严肃性和职业伦理令人吃惊）不会在

【815】参见 Desimpelaere & Martens：《在幻想那边的西藏》，第 102 页。

【816】众所周知，既没有共产主义的藏语、中文或英语，也没有共产主义的自然科学，更别说共产主义的数学了。

【817】参见"教科书之疑"（Dossier Manuels scolaires, le soupçon）和 2013 年 9 月版的法语杂志《世界外交》中"改变国家，改变历史"，第 17-18 页。

【818】参见 Franz Alt, Klemens Ludwig & Helfried Weyer：《西藏：美丽、破坏、未来》，第 18 页，以及第 30-31 页。

阿尔特先生作出预测约 15 年后再次炒冷饭，并且报道称："中国管理部门想要把拉萨最重要的朝圣大道改造成购物街。"据一名女博客主次仁唯色（Tsering Woeser）所写的博客，[819]他假模假样地感到愤怒：在拉萨计划建立一个"巨大的购物街"，同时配备一个大的地下停车库，"可以停放上千辆汽车"。如此"商业化"正给西藏最重要的神圣之地，尤其是八廓朝圣大街和大昭寺带来被破坏的威胁。[820]

喇嘛们那时候好像已看到了商业和宗教之间的矛盾，尤其是在金钱流入他们口袋的时候。大昭寺周围一直就有贸易活动。达赖喇嘛在其自传中就曾写道，少年时，在大昭寺里他一直喜欢偷看下面的售货摊，有一次还派他的仆人下去为他买一把木制的枪。[821]舍费尔对他在 20 世纪 30 年代游历过的八廓街作了这样的描述："它满足了西藏拉萨普通人的实际需求，从最微不足道的平民到最高不可攀的权贵，都在贸易中瞥见了他们尘世生活的主要目的，这一神圣的街道已经被"亵渎"成圣城的商业中心。"[822]在那里除了食品，还出售中国内地的砖茶、麝香、服装、家居用品、铁器、地毯、皮毛、珍珠、草药、匕首、首饰、剑、香皂、威士忌、薄荷酒、日本的"一打商品"和德国"布莱梅的重要啤酒坊的出口啤酒"，还有"转经筒、念珠、酥油灯"，等等。"讨价还价非常普遍，长达几个小时对价格的商讨谈判……当然也包括个别喇嘛在八廓街上成批量出售的宗教物品和神圣典籍。"[823]

在 2000 年出版的《西藏旅游指南》一书中，乌利经过了这个"汉人的城市"，

【819】在许多国家，以前主要由美国中情局的广播电台，比如自由亚洲广播电台承担宣传任务，现在这些国家的所谓博客主进而又承接了此项任务。所谓纯属个人行为，出于理想主义，将有限资源和业余时间奉献给一项美好的事业，以古巴女博主 Yoani Sánchez 为例，就能看清楚真实情况。这个居住在哈瓦那的女士（据明镜在线，古巴的平均收入每月约 17 美元，因为那里的生活成本极其低廉）经营着被翻译成 20 种语言的网络博客（不知道谁出的费用？）用长达 3 个月的时间游历了巴西、秘鲁、捷克、西班牙、荷兰、瑞士（2002 年至 2004 年她生活在那里，直到她后来自愿返回古巴）、意大利、美国和德国。在一场由"记者无国界"组织（后面还会重提这个组织）在柏林举行的活动上，她发表了演讲。

【820】菲力克斯·李："为拉萨修建的巨大购物街"，《卢森堡言报》（Luxemburger Wort）2013 年 5 月 16 日。

【821】达赖喇嘛：《自由之书：达赖喇嘛自传》，第 65 页。

【822】参见 Schäfer:《白色面纱的节日：在西藏遇见民众、僧侣和术士》，第 97 页。

【823】参见 Schäfer:《白色面纱的节日：在西藏遇见民众、僧侣和术士》，第 97-98 页。顺便提一下，一想到是来自日本和德国的进口商品就会感到羞辱……

那里有"货存丰富但一成不变"的购物中心、有卡拉 OK 酒吧、饭店、小吃摊和"全球商店","在那儿甚至还有波尔多红酒和香槟"出售（人们几乎因为厌恶而颤抖）；接着描写了绿树环绕，带着安全护栏、斑马线和花坛的混凝土的公路干线（"城市管理者喜欢干净、整洁、平坦的大街"）。终于说到这美丽、古老、真正带着西藏感觉的拉萨，它那跳动的心脏的组成部分是已经提到的八廓街（中间的朝圣路），还有所有寺庙中最神圣的大昭寺，其"围墙后面生活着 150 个格鲁派僧人和一名噶举派僧人"。"西藏没有一个地方会供奉这么多的酥油灯，没有一个地方的佛陀是如此神圣，没有一个地方的地板像这个庄严之地一样的油腻陈旧。"接着，他描述了那条一直没有被文化粗野破坏的，还是完完整整的纯粹的西藏朝圣之路："这条环形街道作为世俗场地的意义更胜于一条神圣大道。踏上顺时针方向的八廓街，不得不小心那些货物供应摊；它们会吸引他的注意力让他扭转脑袋。那些镀银的转经筒、铜锣、各色各样的钟、由绿松石和珊瑚做成的念珠项链和其他装饰项链都是在尼泊尔、印度或者中国台湾制造的。商贩们对毫无概念的游客们肆无忌惮地保证：所有都是真货并且时间久远…… 一个用牦牛骨头在尼泊尔制成的念珠要价 500 元（它被说成是西藏的老古董，而且是象牙制品）。通过反复的讨价还价，最终价格变成50 元。""傍晚，当销售摊点被清理干净，流动商贩出场了。他们将一些廉价的合成物品和祈祷用品摊开在塑料布上。"【824】"商业化"的形式是一个带地下停车库的、物质性的且文化粗野的购物街，与此相比，乌利描述的这一切并没有体现出多少精神性！让我们大家一起祈祷，汉人不要随便什么时候灵光一现，将大昭寺那令人惊叹的油腻的地板擦干净……

　　对达赖喇嘛持批评态度的科林·戈尔德纳在 1995 年三四月间在拉萨进行了"一次广泛的调查"，【825】他得出的这个结论，与数十年来不断重复，并且隔一段时间循环出现的西藏游说者和西方媒体发出的宣传谎言完全不相符，认为阿尔特先生的上述言论纯属"无稽之谈"。科林写道："那些文化历史价值确实珍贵的建筑物和拉萨的一些城市建筑群（比如说市中心的卧堆布居住区和环形八廓街），自 20 世纪 90 年代初就列入官方的文物保护范围。"修复工作是在德国技术合作署（GTZ）的专家协助下实施的，通过跨国融资的"祖先遗产学会"

【824】参见 Uli Franz:《西藏手册》，第 105-108 页。

【825】参见 Colin Goldner:《达赖喇嘛：一位神王的垮台》，第 666 页。

具体执行。部分迫切需要进行的整修工作被西藏流亡政府和他们的支持者们诬蔑为对西藏文化的破坏，对历史建筑小心翼翼且极具尊重的每一个处理都受到了诽谤。[826] 这从头到尾就是牵强附会的宣传，是荒诞不经的恐怖故事。[827] 事实上，在对原本摇摇欲坠或者是无法修复的建筑物进行重建时，"都会高度注意，以求城市历史风貌不会因此受到影响"，尽可能使"原来的房屋正面"得到保留；只有实在不可能的时候，才会通过"使用传统的建筑材料按照原本的样子仿建"。[828] 针对所谓汉人在被毁的历史建筑上建起了墙壁很薄、水泥地板的四层住宅楼，住在里面的居民悲惨地挨冻这一指控，戈尔德纳也进行了反驳："不管是否像总部在伦敦的'西藏信息网络'所声称的那样，这些建筑物建造得是否真的如此低廉，这些建筑物是在市中心以外区域新建的住宅区这一事实却被刻意隐瞒，实际上几乎在世界上每一个较大城市的外围都能找到"这样的聚居区。除此之外，大家总是忘记从 20 世纪 60 年代初以来就建起的学校、医院和社区设施，也绝口不提为这个城市兴建垃圾和污水处理系统所付出的巨大努力和成本。[829]

这种反现代化的憎恨在有关西藏的出版物中无处不在，这与西方富裕阶层蔑视第三世界人民的发展和消费愿望直接相关。西藏狂热者被激怒了，对所有这些发生在中国，尤其是中国西藏的改变都提出了批评：老城整修，建设现代公寓、修建煤气厂、水电站、大坝、运河项目，兴建超市，发展旅游业，现代公路和铁路连接，增加汽车交通工具等。在此期间，读者非常熟悉的勒努瓦先生甚至还踏着卢梭的足迹，重新发现了简朴生活的优点和"未开化的好处"。关于所谓的中国领导人"沉醉于对消费社会的关注"，勒努瓦咆哮并责问：为什么人们要让一个热爱自由并想要带着他的牦牛在山区里过简单生活的牧民搬到城市里面，并成为一名官员，去享受现代生活的舒适惬意呢？[830] 不仅仅是

【826】引文出处同上，第 35 页。

【827】引文出处同上，第 36 页。

【828】引文出处同上，第 33-34 页。

【829】引文出处同上，第 34 页。

【830】参见 Frédéric Lenoir:《了解西藏的二十个关键问题》，第 113 页。Donnet 也有哀悼他所认为的西藏文化的衰落：一些年长的西藏人还转着他们的转经筒，沉醉在深不可测的咒语世界中，毫不疲倦地重复着他们的礼拜；年轻人则梦想一个没有神佛的社会，他们把金钱、时尚和物质生活的优越视作共同追求（Pierre-Antoine Donnet:《生死西藏》，第 29 页）。

鞋匠要守着他的手艺，牧民也应该守着他的牦牛……但也许这个人自身根本不反对摩托车，根本不反对在出现阑尾炎或者肾结石的时候接受外科手术，根本不反对在生病或者年老的时候会有一张病床和医生的护理，也根本不反对在他最爱的牦牛生病的时候会得到一个兽医的帮助？也许他甚至还偷偷地许愿，希望他的孩子或者孙子可以学会读书写字和算数呢？而且也许他的儿子和孙子等不及，想要丢下爸爸或者爷爷留下的老牦牛，奔向那带有自来水、电灯、中央取暖、抽水马桶和带浴室的公寓呢？或者他们还怀抱着更大的梦想，想要冰箱和洗衣机，想要智能手机和因特网，想要去大城市旅游和海边度假……

随着中国经济的急速发展而出现的各种问题，这里不可能再讨论了。这个国家当然面临着社会公平、环境保护、自然资源保护等的巨大挑战。在德国，人们也许能够回忆起20世纪五六十年代为当时所谓的"经济奇迹"而付出的代价（或者是乐意付出的代价）。那时候的鲁尔区天空也不再蓝了，河水受到污染，空气中充满了铅，等等。这需要经过几十年的时间，并且是在满足了大量的消费需求以后，欧洲才逐渐形成环境保护意识的。在中国政府层面，这一过程进展快速，比如可替代能源的快速发展，尤其在风能和太阳能方面。

在弗兰茨·阿尔特1998年的拙劣作品中，有一张标示三种语言的电脑店图片，用以表明拉萨正面临转变为一个"超市"的威胁。图片的说明文字是：现在新拉萨的标志——"一个带着藏语店名的中国电脑店"。[831]这店绝对不是真正的西藏风格，众所周知，西藏和现代性是互相排斥的，一直都是。真正的藏人是没有电脑的，而只有牦牛和转经筒。在标题为"以进步的名义"的文章中，克莱门斯·路德维希也抱怨现代拉萨的变化："尽管街道很宽，但朝圣者却几乎无路可走。街上主要是来来往往的汽车，用护栏分离的自行车道保证了秩序井然，作为背景的一排排房屋展现了生机盎然的商业生活。正如这些著名的商标所透露的，大众、奥迪、东芝和三菱在这里都有他们的分公司。"他说，拉萨已经和"中国其他城市一样了"。只有那些带着转经筒穿着传统的羊皮大衣，"破衣烂衫"的男女朝圣者因为磕长头"与画面格格不入"。这里描述的场景表明，路德维希感到震惊的是："由于意识形态，也由于经济发展的实际原因，宗教传统在新的西藏没有太大空间。"他说，拉萨发生了"巨大并且无可救药的改变"，"成排的房屋被拆掉，"以建立新的居住楼。在一个发展规划框架下，中

【831】参见 Franz Alt, Klemens Ludwig & Helfried Weyer:《西藏：美丽、破坏、未来》，第31页。

央政府"为此投入几亿美元"。[832]

路德维希不是一个可悲的物质主义者,他是一个有坚定信念的精神主义者,特别是以拉萨居民付出代价为前提的情况下,"汉人"应该自己保有他们的财富和发展计划!路德维希和他的同类可以毫不费力地抛弃一些现代的无用玩意儿,如电脑店、汽车、干净的街道和被分离的自行车道。在西藏,他们绝不会摒弃"破衣烂衫"并且匍匐在地的朝圣者们的美丽画面,与早期拉萨画面很相称,而且是主要的风景。那时候,这个"圣城"臭气冲天。

再举一个例子:法国女作家罗宾尽管承认,在西藏自治区,"经济发展呈现两位数增长,"但同时她又不免吹毛求疵,称这完全"要归功于来自中国国家层面提供的人为支持。可以说是那种依赖于输血,是绝大部分通过政府为发展西藏而提供的援助资金维持运行的经济。如果没有这些援助,西藏的经济将会重新跌落到底层。"[833]换句话说,在西藏,那不是真正的发展。因为它仅仅是通过国内政府的补贴才实现的。"送来的马不看它的牙口!"(译者注:德语谚语,意思是送来的礼物不挑剔),这种老式的行为规则不再适用了。不管怎样,根据以上描述,我们自然会问这样一个问题:如果没有源源不断如泉涌般的中央政府援助,转而求助于"国际社会"的援助,如高负债并且常常受国家破产威胁的美国,或者有四千六百万依赖于热食援助的待救济者的欧盟……在纯粹的"物质"层面上,西藏的经济状况会是什么样的呢?

【832】参见 Franz Alt, Klemens Ludwig & Helfried Weyer:《西藏:美丽、破坏、未来》一书中 Klemens Ludwig 所写的"以进步的名义"部分,引文出处同上,第 106-107 页。

【833】Françoise Robin:《关于西藏的老生常谈:与世界屋脊有关的成见》,第 65 页。

第二十七章

"西藏人不是中国人"——有关人种的论点

> 西藏从未归属中国。相反,西藏在历史上甚至对中国较大部分地域拥有权利。特别是,两个民族无论在民族性上还是人种上都是不相同的。
>
> 第十四世达赖喇嘛[834]

现在只剩一个据说可以支撑"西藏独立"的论点:藏人不是汉族中国人。这一定论如此简单浅显,不用辩驳。然而,只要大家把这个额外的"汉族"去掉的话,这一论断就不再成立,因为一个中国人是指拥有中国国籍的人。但是,针对种族和文化上存在的区别,来自西方亲达赖喇嘛的作家们费尽气力地将西藏和中国内地之间相关之处淡化处理或者干脆直接否认,另一方面却将不同之处反复强调、普遍化和绝对化。法国人勒努瓦给出了一个典型事例。他首先毫不畏缩地从民族性上,也就是他所说的民族、人种上区别的角度,去论证似乎是大自然赋予的藏人从中国"独立"出去的权利。"汉族人民和藏族人民是非常不同的,"他这么认为,[835]而且是在他们的"外表形态"和民族"性格"上。他们并不拥有"相同的生理特征";藏人具备"显著的先天愚型人特点",并且有着"相对深色的皮肤",而"中国人"(这里他指的是汉族人)"普遍没有那么强壮",而且有"更加苍白的皮肤"。[836]勒努瓦对他所说的藏人的民族性格尤其感到着迷,这种性格是他除了从种族特点(遗传、种族、血缘),也从西藏的自然环境,从地理上("自然环境")[837]推导出来的:喜马拉雅这种山脉

【834】达赖喇嘛:《自由之书:达赖喇嘛自传》,第 93 页。

【835】参见 Frédéric Lenoir:《了解西藏的二十个关键问题》,第 31 页。

【836】引文出处同上,这明显与 Heinrich Harrer 对肤色明亮的十四世达赖喇嘛的描述相矛盾,兴许不仅要参照他的母语和出生地信息,还要看他"生理上"的情况,在"生理上"他也是一个"中国人"吗?

【837】参见 Frédéric Lenoir:《了解西藏的二十个关键问题》,第 32 页。

环境滋生出"一种神秘的、亲近天堂的"性格，[838]这种性格让藏人与以精神为导向的印第安人，而不是与实用主义至上的汉族人更具关联性。与汉人不同，藏人可以说"趋向于对所有的传奇描述都深信不疑"。[839]在这一点上，这位在阿尔卑斯山地国家瑞士上大学的勒努瓦先生和藏人之间天然的亲近感引人瞩目，也绝非偶然。

那么，阿尔萨斯人和科西嘉人之间的区别，巴斯克人和布列塔尼人之间的区别，马赛或者尼斯居民与说法国北部方言 Ch'tis 的北部居民之间的区别，是否也引起了这位哲学家的注意呢？对于 Harkis（阿尔及利亚战争失败之后，搁浅在"母国"并忠于法国的阿尔及利亚人）、亚美尼亚出身的法国人，撒哈拉沙漠以南的非洲人或印度支那移民的后代就更不用说了。勒努瓦先生明显不会想要这样断言：布列塔尼人、阿尔萨斯人、洛林人、普罗旺斯人、科西嘉人、巴斯克人和加泰罗尼亚人，出于"种族"的原因不应该共同生活在一个国家吧？在一个像法国这样具有"出生地"悠久传统的国家，在公民国籍问题上，遵循的是领土原则至上，而不是种族来源原则，这类论述原本就是丑闻。不过，最终法国还是一个拥有贝当、赖伐尔、勒庞（译者注：法国三位有负面影响的政治名人）的国家。

在所有较大的国家都可以找到类似的文化和"种族"上的区别。比如，在英国，前些年有一个委托调查得出的结论是：（"凯尔特的"）威尔士人和（"盎格鲁－萨克森"）英格兰人在基因（也就是说"种族上的"）上直到现在依然有显著区别。难道他们因此就必须走政治分离的道路吗？

那么德国如何呢？关于文化和语言上的差别，我有一个文学上的例证：20世纪初，吕贝克人托马斯·曼在他后来被授予诺贝尔文学奖的作品《布登勃洛克一家》里面，将他来自巴伐利亚的同胞（体现在阿洛伊斯·佩尔曼内德这个人物形象上）塑造成如同在别的大洲出生的人，拥有奇特的习俗、滑稽的传统服装、独特的举止和几乎无法理解的语言。这个巴伐利亚人佩尔曼内德戴着"一顶绿色的第罗尔式的帽子，上面还带着一根羚羊须"，在他的夹克上系着"一堆用骨头、兽角、银子和珊瑚制作的各种各样小饰物"。他说话"声音非常大，语调粗重"，"听去坎坷不平，""时时突然把前后音联在一起，"但也带着"悦

【838】引文出处同上，第33页。

【839】引文出处同上，第32页。对于生活在平原国家的印第安人又怎么看待呢？

耳的、唱歌似的、拖长的声调"。女仆用低地德语通报陌生访客的到来时,"抱怨说他怎么不说德语,而且说起话没完没了。"随后,他那巴伐利亚式的表达让领事夫人听得一头雾水,并且回应以"啊……您能再说一遍吗?"这个巴伐利亚人和托尼·布登勃洛克的婚姻最终走向破裂就毫不奇怪了,首先因为文化上的冲突(诸如"加葡萄干的酸模菜"和北德的"果子汤"),最后以一句巴伐利亚脏话"你这臭娘儿们"极不光彩地结束了。[840]

众所周知,直到今天,在联邦德国东西部之间,新旧联邦州之间,传统天主教和新教地区之间,还存在着文化和思想上的不同。"种族"和文化上的区别,在相对较小和均一的国家内部也同样存在。与法国和德国不同的是,根据官方的说法,地域辽阔和人口稠密的中国是一个多民族国家,拥有 56 个官方承认的被保护的民族。

勒努瓦先生也许应该尝试一下,将他有关民族性的逻辑运用到另一个相比之下面积大且人口众多的国家——与中国相邻的印度,"一个多民族国家,其种族的多样性简直可以和整个欧洲大陆相提并论,"维基百科如是说。"72%的人口是印度雅利安人,25% 是德拉维达人。"此外,还有 8.2% 的土著 "部落人口"(超过 600 多个部落是不属于任何阶级的"阿迪瓦西"),还有 3%"其他族群(藏缅族、钉达族、孟 - 克美尔族)"。除此之外,"在印度使用的语言远远多于 100 种,分别属于四种不同的语系"。[841]如果将方言也算在内的话,那么大家可以得到一个几乎难以置信的数据,"1600 多种"不同的方言。只有30% 的印度人是说官方语言印地语的。"不同的少数民族群体在出身、传统和文化方面差别非常大,宗教方面也如此。"[842]难道说在议会民主制的印度,种群间的冲突和紧张关系更少或者没有那么暴力吗? 情况正好相反,目前存在不同民族的分裂活动,像先天愚型人种的那加人、米佐人、波多人,还有印度雅利安人种的阿萨姆邦,至于扩散到整个印度、宗教情绪高涨的克什米尔冲突就更不用提了。2002 年,在古吉拉特邦,1000 多穆斯林被狂热的印度教徒杀害,这就是例证。除此之外,所谓的纳萨尔派由于他们遭受特别的"社会歧视"而

【840】参见托马斯·曼:《布登勃洛克一家》,法兰克福 Fischer 口袋书出版社 1979 年出版,第 274 页,第 276-277 页。

【841】参见链接:http://de.wikipedia.org/wiki/Indien #Ethnische_Zusammensetzung,查阅时间为 2013 年 1 月23 日。

【842】参见链接:http://www.rastlos.com/indien/einwohner_und_religion/

发起的暴动，在阿迪瓦西那里得到了"强有力的支持"。[843]

难道大家对这些局部非常血腥的冲突几乎没有听说过吗？啊，这么巧！为何西方人没有尽力资助在印度的个别种族群体的"独立"和"自由"运动呢？为什么西方没有尝试在印度而不是在中国缔造一种所谓的"超级巴尔干"和"强大的前南斯拉夫"呢？大概是出于显而易见的地缘政治原因吗？这不应该称为双重标准和虚伪吗？

勒努瓦先生的思考由于极其欠缺专门知识而显得荒诞不经。可以说，不管是藏人还是汉人（至于中国人就更不是了）根本就不存在绝对均一的种族文化群体。比方说，中国北部的汉人和南方的汉人也是不一样的，中国东部和西部省份的人也是有区别的，并体现在方言、饮食习惯和当地的风俗上。假如我们想要跟勒努瓦一样将问题普遍化，也体现在他们的"形态外貌"和"性格特征"上。[844]不同方言（有人认为是八大"方言"或"语系"）之间的区别如此之大，以至于大家只有通过中国的文化和普通话（或者标准汉语）才能互相交流。藏人吃青稞团（糌粑），而中国人吃米饭，这是勒努瓦先生不会错过的陈词滥调，[845]但他避而不谈中国的民众（以及韩国和日本）喜欢吃小麦、大麦或荞麦粉做的面条、馒头和烙饼，而西藏精英数百年以来更青睐进口的大米和相应的配菜（中国式的），却对糌粑不屑一顾。[846]

从前西藏精英的情况，今天正发生在大部分西藏百姓身上。乌利·弗兰茨认为，在几百年前，象牙筷子获西藏贵族们倾心后，西藏就开始了"饮食上的竞赛"。那时候民众还用手吃饭，很长时间以来，藏人满足于他们父辈的家常便饭。目前，由于所有人都想用一次性的木质筷子吃饭，藏式菜肴受到丰盛的汉式菜肴的威胁。弗兰茨肯定不会像一些欧洲的"亲西藏友好人士"那样，去缅怀因吃不饱饭而省吃俭用的西藏旧时光吧？至于他接下来描述的在他旁边的藏人是否和他有同样的遗憾，是否他们因松脆的烤鸭，还有中国厨师"举世闻

【843】参见维基百科。

【844】参见 Uli Franz：《西藏手册》，第 168 页。"在语言、性格和外表上，中国北方人和南方人差别十分显著。"

【845】根据勒努瓦的逻辑，纵向上按照"小牛肉香肠·赤道"来分割德国，法国至少要将东北部的泡菜区和地中海边的浓味鱼肉汤和蔬菜杂烩区分离出去。

【846】康巴人平措旺杰曾提到，他遇到过来自西藏中部的一个人，让他吃惊的是，不像平措旺杰只知道糌粑酥油茶混合，这人却把啤酒和糌粑混合起来。

西藏自治区东南部来自邓姓族群的一名村长

西藏自治区林芝市波密县的自然保护区（来自北京的高先生摄）

西藏日喀则附近的太阳能发电设备

名的烹调艺术"而感觉受到威胁,他并没有去追问:旁边桌上坐着快乐享受、大声咀嚼的藏人,他们的面前有广式烤鸭和三道煎至透明状的炒锅蔬菜。[847]与他们祖先不同的是,他们再也不会仅仅满足于西藏的"家常便饭"了。也因为他们的祖先从来没有过别的选择。

韩素音的家庭来自西藏相邻省份四川省。就藏人永恒的、统一的民族性格问题,她认为,"即使到今天西藏也不是完全一致,这里包括五个少数民族群体:藏族或者原本的藏人,其他民族还有门巴族、珞巴族和康巴(在四川省的西部地区)以及回族或者说信仰伊斯兰教(拉萨有座清真寺)的藏人。就连他们的外表看起来也不一样,有些藏人带着缅甸人或者蒙古人的特征,其他人则因其波斯人的脸部特征让人觉得具有阿富汗或者波斯人血统。"[848]这就可以解释,法国人大卫·妮尔(的确没有带着典型"先天愚型人"特征)并没有因为是外国人而引起注意,当时她的头发呈浅黑色,外表风尘仆仆。[849]

海因里希·哈勒也借一次"藏历"新年庆典机会,描述过西藏人口种族上的多样性。他写道,"汉人非常喜欢和藏族姑娘结婚,并树立了模范婚姻的典范。"[850]他们经常穿着欧式西服,戴着眼镜,因为他们并"不像藏人那样保守"。[851]尼泊尔人大多数是肥胖的商人,穿着奢侈并且粗大魁梧。来自印度的穆斯林们"在这里和藏人完全混为一体了",穆斯林的男人们"因他们的菲斯帽和包头巾"而引人注目,而"异族婚姻的妇女和少女们"用伊斯兰面纱遮着她们的头部,身上穿着她们的西藏服饰。哈勒继续写道,"拉萨的人口群体"还包括拉达克人、不丹人、蒙古人、锡金人、哈萨克人,以及其他的邻近部落。除此之外,还包括"来自青海省的穆斯林",他们拥有屠宰场。"从数量上,这些穆斯林组成了城市人口可观的一部分。"尽管"他们在宗教、种族和习俗上各不相同",但他们所有人组成了拉萨人口的"一个多彩的融合"。[852]

【847】 参见 Uli Franz:《西藏手册》,第 197 页。另外参见 Melvyn C. Goldstein, Dawei Sherap & William R. Siebenschuh:《一个西藏的革命者》中有关西藏贵族家庭中的中国菜章节,第 193 页。

【848】 参见韩素音:《拉萨上空的中国太阳:北京统治下的新西藏》,第 18 页(英文版《拉萨,一座开放的城市:西藏之旅》,第 24 页)。

【849】 参见 Alexandra David-Néel:《穿越天空和地狱之路:我一生的冒险》,第 116 页,"作为一名年老的女乞丐,我看起来还不够脏……"

【850】 Heinrich Harrer:《西藏七年:我在达赖喇嘛宫殿的生活》,第 223 页。

【851】 引文出处同上,第 221-222 页。

【852】 引文出处同上,第 222-224 页。

在路上遇到"来自西藏不同地区的"朝圣者时，大卫·妮尔注意到，本来应该纯粹的西藏农村人口也存在明显的多样性。那些人，尤其是妇女，都戴着"能想象出来的传统服装和包头巾"，而且她们说着"各种不同的方言"。【853】戈尔斯坦注意到："很多康巴方言对于说着拉萨政府方言的人来说，如果不是完全不能理解的话，那也是几乎无法理解。"【854】于是就连"自由西藏"的活跃分子弗伦奇也承认："所谓的西藏的民族感直到逃亡时期才故意营造的，基于拉萨方言形成了共同的难民语言。20 世纪 20 年代由一名日本浪人设计的一面团旗成了西藏'国旗'，一首由达赖喇嘛的导师写出来的歌曲成了'国歌'。"【855】

中国西部农村地区的多样性不仅仅限于藏人聚居区。康巴革命家平措旺杰叙述了他在南部康区遇到不同民族群体的情况：傈僳族既不说汉语也不说藏语，还遇到了纳西族和一名属于当地白族的解放军指挥官。【856】

关于藏语，"'每个大师都有自己的教派，每个山谷都有自己的语言'，这是一句藏族谚语"。德赛就西藏统一语言这么写道："山谷的地理隔绝促使若干地区性土话的形成，它们的发音直到今天还有所区别。此外，这个语言在所有地方都根据尊称和社会层级进行变格。"【857】"源自于宗教的文学语言"对于如今的藏人而言根本无法理解，因为"每一个音节都可以指代一组词汇，以至于每个词涵盖一个或多个含义"。【858】

温宁顿讲到出版第一份藏语报纸的困难，并谈到西藏的语言和文字。达赖喇嘛时期的旧西藏既没有报纸、杂志，也没有值得一提的非宗教的文学作品。【859】哈勒提到，当时只有旧的印地语出版物，充当一些高级官员的消息渠道。普通老百姓大多是文盲，缺乏现代印刷术和经过培训的编辑、排字工人和印厂工人，还有"西藏语言的古体特性"，也是出版藏语报纸的主要障碍之一。

【853】参见 Alexandra David-Néel:《穿越天空和地狱之路：我一生的冒险》，第 49 页。

【854】参见 Melvyn C. Goldstein:《西藏近现代史：一个喇嘛国家的灭亡（1913 至 1951 年）》（卷一），第 640 页注释。

【855】参见 Patrick French:《西藏，西藏》，第 14-15 页。

【856】参见 Melvyn C. Goldstein, Dawei Sherap & William R.Siebenschuh:《一个西藏的革命者》，第 108-109 页、第 123 页。

【857】Laurent Deshayes:《西藏史》，第 26 页。

【858】引文出处同上，第 27 页。

【859】仍然存在着通俗文学的口述传统，现在又在不断提升。

温宁顿证实并补充了德赛所说的内容："即使不考虑方言因素，除了三种常说的语言，有一种书面语与这三种语言均无共同之处。在每种口头语言里面，基于领主和仆人不同的社会地位有不同的表达，相反书面语在形式上非常古老，并且很多人都理解不了。一名受过教育的人，写下来的口语可能是错误的。这些语言形式没有一种是具备完整的科学术语和政治词汇的，没有一种能表达日常的现代物品。"[860]例如，他列出了卡车、拖拉机、火车、飞机、氧气、原子、社会主义等，均无对应词汇。温宁顿补充道：为了弥补这些语言缺陷，当时"在擦珠·阿旺洛桑（Dzazu Ngawang Lobsang）的主持下，成立了由 12 名成员组成的委员会"，他们不断为报纸翻译各种用词，编辑《新词用语字典》，并承担出版完整版汉藏语字典的工作。[861]温宁顿也和当时委员会的一名成员（前活佛）聊到了西藏书面语的改革，藏文字当属"世界最古老的"文字拼写法。就像在藏语里大家将"大米"写作"vbres"，却读成"de"；读作"tülku"的词语，却写成"sprul sku"；"甘孜市"写作"dkar mdzes"，"日喀则"写作"gzhis ka rtse"，像"平措旺杰"这样的人名写作"dbang rgyal phun tshogs"等。[862]

尽管困难重重，1955 年 5 月 4 日，"第一份在西藏印刷的报纸正式出版"。一开始，它以较为谨慎的印数印 3000 份，每周三期。温宁顿深感欣慰，"这是此前只研习宗教教义的喇嘛教和尚们读到的第一个世俗读物。"[863]尽管总被"自由西藏"活跃分子谴责为想摧毁西藏的文化和语言的中国共产党政府，却是将藏语发展成为现代书面语以及出版第一份藏语报纸背后的推动力量！

【860】参见 Alan Winnington：《西藏：真实的历史》，第 263 页。

【861】引文出处同上。

【862】参见 Alan Winnington：《西藏：真实的历史》，第 264 页；Melvyn C. Goldstein, Dawei Sherap & William R. Siebenschuh：《一个西藏的革命者》，术语表，第 351-357 页。

【863】参见 Alan Winnington：《西藏：真实的历史》，第 264 页。

第二十八章

达赖喇嘛的"大藏区"——号召种族仇恨、种族清洗、战争和种族灭绝

其目的是要摧毁西藏,西藏面积减少了一半。1965年9月9日,成立了所谓的"西藏自治区",却只包括原西藏的中西部地区。原西藏东部的旧省份安多和康区的部分地区被并入到青海省、甘肃省、四川省和云南省,从而瓦解了旧西藏的行政体制。

克莱门斯·路德维希[864]

从一战到1950年间,是西藏在事实上独立的一个短暂时期,西藏地方政府控制着与现在西藏自治区界域相一致的一块领土。

帕特里克·弗伦奇,"自由西藏"运动的原领导人[865]

对东部地区的藏族居民聚集区,尤其是对东北部本来是藏族和蒙古族混居的聚集区的政治管控,自1720年—1724年,几个世纪以来一直不在拉萨政府手中。

托马斯·霍普[866]

中国60%的领土不属于中国。

弗雷德里克·勒努瓦[867]

【864】参见 Franz Alt, Klemens Ludwig & Helfried Weyer:《西藏:美丽、破坏、未来》一书中 Klemens Ludwig 所写的"西藏两千年的历史"部分,第76页。这种对历史的篡改总是以相似的方式不断出现在亲达赖喇嘛的一些文献资料中,比如,Donnet 就声称,"生活着数百万藏人"的中国西部地区,在20世纪五六十年代被并入到了中国其他临近省份如云南省、四川省、甘肃省和青海省(Pierre-Antoine Donnet:《生死西藏》,Gallimard 出版社,1992年出版,第26页)。

【865】参见 Patrick French:《西藏,西藏》,第13页。

【866】参见 Thomas Hoppe:《今日西藏:全局的各个方面》,第21页。

【867】参见 Frédéric Lenoir:《了解西藏的二十个关键问题》,第122页。

> 被大肆宣传的愚蠢透顶的西藏人民自治，与其他地方的情况一样，与
> 西藏人民的自治根本毫无关系。情况恰恰相反。
>
> 尤塔·迪特福尔特 (Jutta Ditfurth)【868】

达赖喇嘛在奥斯陆被授予诺贝尔和平奖时，在讲话中他对所谓的"整个西藏（包括东部的康区和安多）"【869】提出了诉求。这个大藏区的面积与"欧盟面积"相符。【870】他的断言没有受到反驳，"数量可观的汉人"已经迁移到"西藏的东部地区"，即"迁入西藏省份安多（青海）和康区，这些地区被并入了临近的中国省份"。【871】"汹涌而来的外来移民汉人，"威胁到"藏人的生存"。【872】除此之外，"自1983年，中国政府还鼓励数量庞大的汉人迁入包括藏中和藏西在内的西藏所有地区，也就是被中华人民共和国称为西藏自治区的地方。"【873】

听着他甜得发腻的讲话已经昏昏欲睡的公众没有什么兴趣。达赖喇嘛接下来阐述了他的政治目标："这一趋势还能得到阻止和反转。"【874】迁徙的逆转意味着，最好是自愿，或者强迫其迁走（也就是驱逐和"种族清洗"）；对"汹涌如潮的外来移民"的逆转，只能是力求从被达赖喇嘛提出诉求的所有省份实现同样汹涌如潮的迁出。这位"神王"在他的自传中畅所欲言："想要藏人这一民族继续存在下去的话，中国的拓荒者重新回到中国是不可避免的。"【875】

他想要看到他的"五点和平计划"在这条道路上得以实施，包括让西方受众听起来十分受用的 "整个西藏高原去军事化"，让它变成"世界上最大的自

【868】参见 Jutta Ditfurth: *Entspannt in die Barbarei: Esoterik, (Öko-) Faschismus und Biozentrismus* 汉堡 Konkret 文学出版社 1996 年出版，第 116 页。

【869】达赖喇嘛在奥斯陆诺贝尔和平奖颁奖仪式上发表的讲话（1989 年 12 月 10 日），参见 Franz Alt, Klemens Ludwig & Helfried Weyer:《西藏：美丽、破坏、未来》，第 163 页。

【870】引文出处同上，第 165 页。

【871】引文出处同上，第 162 页。

【872】引文出处同上，第 162-163 页。

【873】1987 年 10 月，这一要求被美国国务院直接驳斥，称西藏游说团的主张"不准确、不完整、有误导作用"。参见 Tom Grunfeld:《现代西藏的诞生》，第 233 页，他引用《纽约时报》（1987 年 10 月 7 日）。

【874】达赖喇嘛在奥斯陆诺贝尔和平奖颁奖仪式上发表的讲话（1989 年 12 月 10 日），参见 Franz Alt, Klemens Ludwig & Helfried Weyer:《西藏：美丽、破坏、未来》，第 162 页。

【875】达赖喇嘛:《自由之书：达赖喇嘛自传》，第 369 页。

然保护公园或生物圈"。【876】一如既往，这又是在细节处隐藏着妖魔，在多彩而又诱人的外衣下掩藏着一颗毒药，对中国不仅滋味苦，而且还致命。"整个西藏高原"是一个地理概念，不涉及那里人口的民族构成，也不涉及政治边界或者历史边界。"去军事化"当然只意味着，中国军队从西藏大部分地区以及西部边界撤走。正如达赖喇嘛曾经描述，大藏区也许就成了"中立的缓冲国"【877】这与在中国范围内"真正意义的自治"几乎没什么关系。从其一直强调的与印度的亲密友谊、几十年倚仗美国的"对外"政策，以及对中央的一再妖魔化，这里的"中立"绝对值得怀疑。要求转化成巨大的"自然保护公园"，也许西方受众乍听觉得如此美妙，其实简直可笑之极。是否大多数藏人真的想要生活在这样的保留地，就像留下来的美国印第安人一样，或者南非曾经为本国的黑人建立的班图斯坦？那么，"大藏区自然保留地"的现代化发展还有空间吗？要知道这种现代化是"西藏高原"上生活的人们与世界其他地方的人们同样不愿意放弃的：电力、带供暖的住房、排水设备、丰富多样的食品、现代交通和通讯手段，等等。

美国《国家地理》记者刘易斯·M·西蒙斯（Lewis M. Simons）曾多次拜访过西藏。他写道："我对今日西藏的印象首先是，深受流亡政府组织完善的宣传机器影响的身在外国的藏人几乎忽略他们家乡的每个进步，所以我已准备好要面对受破坏威胁的文化。但遇见像诺布这样的人让我非常惊讶，他们属于刚刚形成的且在西藏之外大家几乎一无所知的一个藏人阶层。其中有现代世界的影响：骑在摩托车上戴着太阳镜的和尚，带太阳能装置的牧民帐篷、带卫星接收器的砖房，公共生活仍然由宗教主导。中国最大的改变与自由市场经济有关：人们精神上变得独立，藏人也开始跟随，步伐缓慢，胆小畏难。想让他们活跃起来并不容易，因为佛教教化他们安于自己的命运并期待来世的幸福。"【878】这篇文章写于 2002 年。难道有谁会相信，今天这些藏人宁愿用现代

【876】引文出处同上，第 164 页。

【877】引文出处同上，第 366 页。达赖喇嘛声称不再追求西藏完全从中国"独立"出来，而是仅要求一个广泛的自治，这是一个谎言而且是一个明显的政治花招，就像达赖喇嘛的顾问 Michal van Walt van Prag 和达赖喇嘛的弟弟丹增曲杰所承认的，"我们先获得自治权，然后再将汉人赶出去！""首先让我们实现自治，然后我们再把中国人扫地出门！"这是丹增曲杰亲口对 Pierre-Antoine Donnet 说的话（Pierre-Antoine Donnet：《生死西藏》，巴黎，1990 年和 1992 年出版，第 311 页或第 319 页）。

【878】参见链接 http://www.nationalgeographic.de/reportagen/topthemen/2002/tibet-ein-volk-sucht-seine-zukunft，查阅时间为 2013 年 8 月。

社会的舒适去交换"自然保留地"中的生存方式（在那里他们可能是人类学博物馆或者人类"动物园"里活生生的展品）？

达赖喇嘛有关和平和保护自然的愿景，都是针对追求和平主义和"生态"主导的西方社会的富裕公民而精心设计的诱饵。对于读者或者听众，这些愿景暗喻着西藏发展历程和现状给人非常特别的印象，而且是以西方掌握信息的情况为基础，因此常常不够清晰。这些愿景暗示，迄今为止中华人民共和国在这些方面还没有朝着这些目标去努力。拿生态情况举例："全世界都假定中国只会一味开采，西藏却将限制伐木政策以法律形式确定下来，成立了自然保护区等。"安德烈亚斯·格鲁希科评论道，"这些愿景在我眼中就是，中国的管理或多或少与这样的目标是反其道而行的。他们忽视了非常重要的一个方面，中国朝着这一方向所作出的努力，藏人并不是自觉接受的（可供证明的是，西藏高原数量庞大的自然保护区，环境立法，针对过度伐木和过度放牧采取的措施，以及尽管非常缓慢但毕竟已经启动的社会生活的'法律化'）。这些'愿景中的价值'从未像西方的西藏印象所透露的那样扎根于西藏——在西藏没有，大多数流亡者也同样如此。"关于西藏环境保护方面的消息，"在我们这里基本上被按住不报，而不是让我们以全新的方式对变化的方面进行研究，"格鲁希科抱怨道："我个人还是坚信，在达兰萨拉，人们无论如何还是知道很多这些改变的，至少领导层的部分人士是知道的。就像在我们这里，压制消息只能短期地服务于政治目的，歪曲公众看待这些问题的看法，这些问题当然一直存在，却以完全不同的方式积累下来，所以要求完全不同的解决方案。"即使中国政府接受西藏流亡政府的五点计划（完全是妄想），"在有藏人参与的偷猎方面，西藏牧民的过度放牧方面，在西藏年轻人感觉非常必要的经济发展方面，"都不会有什么改变。【879】

难道达赖喇嘛和他的支持者们真的是为了西藏的大自然和青藏高原上生活的人们的利益吗？这看着太可疑了。尤其是对大藏区的要求，被错误标榜为"文化上和历史上的西藏"，指向一个完全不同的方向。这里涉及什么？"自由西藏"的异见分子弗伦奇解释："类似巴尔干地区，西藏的边缘地区长期以来就像在地毯上打补丁一样住着不同种族群体。一个汉族人的村子，一个穆斯林回族人

【879】Andreas Gruschke 的文章发表在网站上（参见链接：http://www.tibetinfopage.de/dalai.htm），查阅时间为 2013 年 9 月 14 日。

口组成的村子，一个羌族村子和一个藏人居住的村子可以互相挨着。"例如，在青海省，那里几乎所有土地都是由"自治州"组成的，在藏族自治州生活着83.8万藏人、61.9万汉人，非藏族自治地区生活着14.1万藏人和79.9万汉人。"在拥有8500万居民的大省四川省，在藏族聚居区生活着120万藏人，同时还生活着78万其他族群。"由此，弗伦奇自然而然得出这样的结论，"很明显，绝不可能简单地拆散这些地区的不同民族群体。"【880】流亡政府对此置之不理，对"总计250万平方公里，比现在西藏自治区面积大两倍还多的藏人居住的整个地区"提出要求。令人惊讶的是，这一针对领土的计谋被外国的西藏支持者所接受，尽管这些领土的大部分，尤其是北部和东部地区，从未被拉萨管辖过。【881】

在"中国内地人口"进入西藏的问题上，安德烈亚斯·格鲁希科看到了在欧洲人和美国人那里存在着"信息缺口"问题。"这些汉人中的大部分"也是"出于自身原因，而不是由国家操纵的集体移民"。此外，"从权利角度看，大家把这种居住地转移称为'自由流动'，这正好已写进人权公约，而且这种情况出现在一个国家内部。这意味着，只要西藏还处于中国国家体系之内，限制汉人迁往拉萨，就等于限制这项人权。就好像限制瑞士德语区的人们迁往莱托罗曼语区一样。这些问题的解决方案可不像看起来那么简单。""类似情况涉及在西藏高原生活的'数百万'汉人。我认为，通过自然增长，达到如此庞大的人口数量的原因有：一、除了在1000多年前松赞干布和赤松德赞的'吐蕃王朝时代'，不是藏族人口聚集区的地方也被算入大藏区；二、大概有10多个生活在西藏高原或周边地区的少数民族被归类为'汉人'（尤其是回族和撒拉族，还有保安族、东乡族、彝族、羌族、土族、哈萨克族、蒙古族。根据我的印象，虽然纳西族、普米族、摩梭族、珞巴族传统上被理解为藏人，但对应中国的统计数据，他们的人口数量被算入'汉人'总人口数量中）。他们全都不是我们在西方描述为'中国人'的汉族人，但几百年来他们的聚集区一直位于西藏高原的相关地区，并且从语言、文化等方面看，既不同于汉人也不同于藏人。数百万少数民族成员生活在'流亡藏人'所要求的、达赖喇嘛谈到的'大藏区'，却没有提及他们的少数民族身份。只要西方不对整个西藏文化区进行分区研究，

【880】Patrick French:《西藏，西藏》，第13页。

【881】引文出处同上，第14页。

并有意关注文化区中由于其复杂性（并不仅仅是由于政治原因）导致的一些问题，那么就没人会研究这一'少数民族问题'。一个'流亡藏人'强求的地域上的大西藏，即使没有外来迁入的汉人，仍然是一个多民族聚集区。之所以对这些情况没有认知，是因为真实情况与西方坚持认为的以及'流亡藏人'小心维护、看起来可以服务于他们目标的'西藏神话'相矛盾。"[882]

假如"流亡藏人"（如桑东仁波切）对此具有决定权，这些少数民族以及在那里生活的汉人的命运又将如何呢？这位神圣的喇嘛在2003年就阻止藏族与其他民族间的异族婚姻，并作出解释，"维持一个纯粹的藏人种族被视为面临的挑战之一"。[883] 这一言论让萨特曼将这位仁波切与海因里希·希姆莱(Heinrich Himmler) 以及 "纳粹战犯布鲁诺·贝格尔相提并论。然而长期以来就连达赖喇嘛也号召流亡的藏族妇女嫁给藏族男人，以便她们生的孩子同样也是藏人。"[884] 达赖喇嘛也将生活在大西藏的其他民族成员视为 "藏人作为独立人种继续存在的最大威胁"。[885] 他在斯德哥尔摩的颁奖典礼讲话提到，要对他所抱怨的与"整个西藏"相关联的"过多的受外来影响"加以"扭转"，"整个西藏"真正指的是什么？是不是出于对公众的考虑，这一措辞只是替代"大西藏""西藏是藏人的""外族人滚出去"那些更加粗暴的口号的一种委婉用语呢？

针对混住着其他民族的西藏自治区以外的地区，以及达赖喇嘛认为西藏包括"康区和安多省"的声明，就连托马斯·霍普也明确表明了立场："这一论断是错误的。在1912年至1951年'独立'的西藏也没有包括自治区之外的地域，而且即使在清朝这些地方也没有直接归属拉萨，而是中国王朝统治下独立的地方区域和侯爵领地。"[886] "这些地方1951年前后仅仅属于它的宗教影响范围。"也就像意大利、西班牙、法国或墨西哥属于天主教教皇的"宗教影响范围"一样！因此霍普觉得，"'流亡藏人'涉及国家宪法的、领土的诉求确

【882】Andreas Gruschke 的文章发表在网站上（参见链接：http://www.tibetinfopage.de/dalai.htm），查阅时间为2013年9月14日。

【883】参见 Barry Sautman & June Teufel Dreyer：《现代西藏：一个有争议地区的政治和社会发展》中Barry Sautman 所写的 "'人口灭绝'和西藏" 部分，第237页。

【884】参见达赖喇嘛：《自由之书：达赖喇嘛自传》，第253页。

【885】引文出处同上，第368页。

【886】参见 Thomas Hoppe:《今日西藏：全局的各个方面》，汉堡亚洲学院1997年出版，第39页。

实没有充分根据，"并且"与中国
的整体国情背道而驰"。【887】所以，
达赖喇嘛对外所代表的"流亡藏人"
群体（也许也包括内地的部分藏人）
的长期目标具有侵略性"。【888】"针
对这样的领土要求以及达赖喇嘛对
未来中国的设想，【889】即国家参照
南斯拉夫模式分崩离析，北京谴责
'达赖喇嘛尝试与外国势力合作分
裂祖国'，至少是可以理解的。"【890】

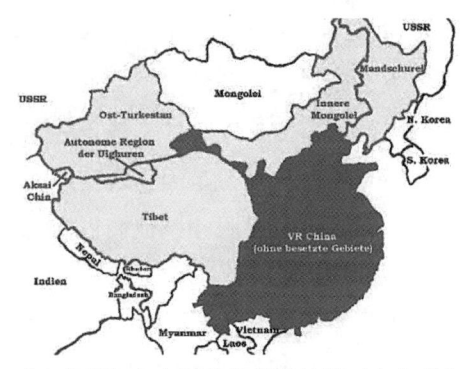

"大藏区"和中国其他部分地图（来自"自由西藏"网站）

霍普提醒我们，少数民族地区占中国这个多民族国家领土的64%。"外国特工
在他们进行情况推演的书房里，对中国国家领土的基本弱点一清二楚。"【891】
这位作者因此也怀疑这样的看法：所谓中国共产党政府阻止"西藏问题"的解决，
并且流亡者的要求在"政权交替"之后可以得到满足。他问道："难道一个西
方概念里的民主进步的中国会对创建这样一个大藏区进行谈判吗？"他立刻给
出了明确的答案："这些要求只有通过军事战争，并且得在面对病入膏肓的中
国时，通过外部势力的帮助才能得以实现——在这个问题上还有谁比美国更符
合条件呢？"【892】

<hr>

【887】引文出处同上，第35页。

【888】引文出处同上，第26页。

【889】引文出处同上，第29页。尽管达赖喇嘛不断对温和、非暴力手段赞誉有加，但"藏独"
分子却依然乐于采取极端暴力方式来实现他们的目标，从发生在20世纪80年代由达兰萨拉远程
遥控的暴乱就能看出来。法国作家Donnet（达赖喇嘛的朋友）证实，1987年10月，在拉萨藏族
闹事者放火烧汽车，纵火焚烧派出所，并杀死六名警察；1988年3月，又开始新一轮暴乱，喇
嘛们"从大昭寺屋顶"向警车和一个电视节目摄制组人员狂扔石块，有"许多警察遭到殴打，
甚至被私刑处死"，"汉人开的商店被打砸抢和纵火焚烧，"并以特别"野蛮"的方式攻击了中
国佛教协会西藏分会，等等。结果造成一名警官牺牲，309人受伤，其中29人重伤；在1989年3
月的严重暴乱中，"拉萨的汉族居民，包括穆斯林被投掷石块，饭店被纵火，"该城市宣告戒严，
进入紧急状态（Pierre-Antoine Donnet：《生死西藏》，第191页、第206页、第216页）。

【890】参见Thomas Hoppe:《今日西藏：全局的各个方面》，第30页。

【891】引文出处同上，第31页。

【892】引文出处同上，第27-28页。

第二十九章

达赖喇嘛的纳粹朋友："奥地利登山者"海因里希·哈勒

我对哈勒的党卫军成员身份一直有所了解，且认为不应该因此绞死他，那时候谁能撇清关系？但令我不解的是：如今85岁高龄的他依然对那时的理想大加颂扬。他为什么不对此提出质疑呢？他仍然认为纳粹的说教是正确的。

莱因霍尔德·梅斯纳尔（Reinhold Messner）[893]

如果哈勒早在1933年就已加入纳粹党的冲锋队，那他就是一个纳粹死硬分子，他们是最坏的一群人。

米歇尔·卡特尔（Michael Kater，加拿大多伦多约克大学历史学者）[894]

一个非常有趣并且平易近人的人……通过他我了解到西藏之外的世界，特别是关于欧洲和最近发生的战争。

十四世达赖喇嘛[895]

对威胁"种族"之"纯粹性"甚至其命运的"异族婚姻"予以拒绝，渴望那些讨厌的民族或文化上的外来人口能重新安置并撤离，只有通过大规模战争才能得以实现的狂热领土诉求，并且要求以人种定义的民族形成统一的王国（"一个民族，一个王国，一个首领"），加上前工业化时期带落后倾向的"血与土"的社会乌托邦（译者注：指民族的生存依靠民族的血统和土地这一农业

【893】"海因里希和党卫军"发表在"ALPIN"杂志上（1997年9月），引自 Gerald Lehner:《在希特勒和喜马拉雅之间：海因里希·哈勒的记忆空白》，维也纳 Czernin 出版社2007年出版，第25页。

【894】引文出处同上，第145页。

【895】达赖喇嘛：《自由之书：达赖喇嘛自传》，第58-59页。

达赖喇嘛和海因
里希·哈勒

生产的基础），在此来向大家更加详细介绍达赖喇嘛的"导师"也许是合适的。
早在海因里希·哈勒作为冲锋队、党卫军、纳粹党成员的身份（法国导演让·雅
克·阿诺将他的《西藏七年》拍成电影）被揭露之前，他作为西方支持西藏的
核心人物，十四世达赖喇嘛与纳粹建立关系的纽带以及其对第三帝国的态度，
一直存在着很大的争议。[896]

即使没有达到世界范围的，至少海因里希·哈勒也算是德语区的西藏热爱
者的始祖。对这一团伙持批判态度的乌利·弗兰茨，也在其"西藏小册子"中
自豪地用这位名人的推荐加以点缀。[897]自豪地还是蔑视地，作为德语作家他
应该了解对哈勒参加党卫军这段历史的讨论，至少能预料到他的部分读者对此
会有记忆。1912年在奥地利克恩顿出生的海因里希·哈勒一开始就是个纳粹
分子。奥地利《数据》杂志的一篇文章将他称为"种族上的"（译者注：纳粹
用语）奥地利人，并证明了他"图画书式的纳粹生涯"：1927年他搬到格拉茨
以后，在那里成为阿尔卑斯协会和体操协会的成员，正是这些协会"在法规上
或者在其实际的吸纳入会操作上承认雅利安条款（译者注：带歧视色彩的特定
条例，如纳粹时期宣称北欧雅利安—日耳曼人是上苍赋予了'主宰权力'的种
族，而犹太人是劣等民族，应予淘汰和灭绝），这些协会还促成其成员在思想

【896】参见 Gerald Lehner 经过调查完成的杰作，他对唯一存有核心的纳粹党资料的美国档案做了
深入研究后启动了这方面的研究。

【897】参见 Uli Franz：《西藏手册》，第6页。

上向纳粹意识形态转变，协会成员几乎全体转入纳粹党。"【898】

德国和奥地利的阿尔卑斯协会（DuÖAV）在这方面尤其突出。"早在第一次世界大战结束"时，它就"愈加偏向民族主义，不久即走上反犹太主义的航道"。"纳粹党通过选举掌握政权"之前，这些登山爱好者就报告"其没有犹太成员"。1907 年，维也纳分部就将"雅利安条款"纳入它们的章程。无数分部纷纷仿效建立，以其成员是否是"纯粹雅利安人"作为限制性条款。【899】1921 年，犹太人成员被从阿尔卑斯协会最大的分部——奥地利分部开除。1924 年，犹太人成立了一个独立的 Donauland 分部（译者注：字面意思为多瑙河地域），于是他们被整个协会开除。不久之后奥地利就宣称："在海拔 1000 米以上的地方第三帝国成立了。"

"1933 年到 1938 年，通过系统的炸弹式恐怖袭击造成数百人死亡、数千人受伤，并使巨大的资产价值蒸发，非法的奥地利党卫军给教权法西斯下的奥地利造成了极大的不稳定。"【900】那些年"被德国民族主义主导的格拉茨大部分大学生集体"加入了这一恐怖主义队伍，其中包括高中毕业后在格拉茨上大学读地理和"体育学"的海因里希·哈勒。早在 1933 年 1 月 1 日，纳粹党在德国窃取政权的前几个礼拜，他就成为奥地利纳粹教师联盟的成员，1933 年 10 月成为党卫军成员，并"由此宣告自己为站在非法纳粹运动最前沿的活跃的践行者。维也纳阿尔卑斯登山运动员弗里茨·莫拉维克（Fritz Moravec）后来报道了哈勒对于纳粹的狂热投入。1956 年首次攀登奥地利迦舒布鲁姆 II 峰（8035 米）的登山队队长弗里茨·莫拉维克于 2001 年去世"。【901】

"在奥地利被'吞并'的两天前，1938 年 3 月 13 日，哈勒申请成为纳粹党成员，并在 5 月 1 日获得这一身份。1938 年 4 月 1 日，在他的申请之下他成为党卫军（党卫军编号为 73.896）【902】二级小队长。"【903】

"希特勒本人对登山并没有多大的兴趣，却对山峰作为权力象征以及体育、登山这些运动巨大的宣传效果十分清楚。1938 年 3 月 16 日，在'吞并'

【898】参见链接 http://www.datum.at/artikel/der-schmale-grat-der-erinnerung/，查阅时间为 2013 年 3 月 9 日。

【899】参见链接 http://schlamassel.blogsport.de/2010/08/14/der-alpenverein-und-die-juden/，2013 年 3 月 9 日登录。

【900】参见链接 http://www.datum.at/artikel/der-schmale-grat-der-erinnerung/，查阅时间为 2013 年 3 月 9 日。

【901】引文出处同上。

【902】哈勒直到最近才承认他是主动加入纳粹党或党卫军的。

【903】参见链接 http://www.datum.at/artikel/der-schmale-grat-der-erinnerung/，查阅时间为 2013 年 3 月 9 日。

奥地利4天后，党卫军成员们就在从此属于'大德国区的最高山峰'大格洛克纳山升起了纳粹党的万字符旗。"【904】1938年夏天，一个由来自"东部边境地区"（译者注：当时对并入德国的奥地利的称呼）的弗里茨·卡斯帕莱克（Fritz Kaspareck）和海因里希·哈勒，以及来自"老牌帝国"巴伐利亚的安德烈亚斯·黑克麦尔（Andreas Heckmair）和路德维希·费格（Ludwig Vöerg）组成的登山小组征服了令人畏惧的艾格尔峰北崖，登山者成为纳粹党的标杆运动员。顺便提一下，哈勒成为这个小组唯一一个在攀登中带着万字符旗的人，原因不言而喻。后来他在长达半个多世纪的时间里，再也不愿回顾他的第一本书——1938年由纳粹中央出版社出版的《关于艾格尔峰北崖》。"我们爬上了艾格尔峰北崖，越过最高峰，出去后到了我们的首领那里！"他当时在取得人生最大的成功之后，在书中对希特勒表示由衷的感谢。这一"死亡之崖"，在那时已有8人为此付出了生命，终于被征服了。哈勒回忆道，希特勒把"首次登顶北崖看作德意志青年不屈不挠坚强意志的象征"，并对此表示祝贺。【905】他宣告此举证明了德国的种族优越性，并邀请这4位男士一起拍合照。哈勒在他有关艾格尔峰的文章中承认，在布雷斯劳，希特勒的话"孩子们，你们完成了什么！"让他激动得热泪盈眶。【906】

纳粹德国宣传登山者声势最大的行动是远征喜马拉雅。1934年，由纳粹德国主管体育的汉斯·冯·恰梅尔奥斯滕（Hans von Tschammer und Osten）支持的南迦帕尔巴特峰远征队远征失败，登山运动员阿尔费雷德·德雷塞尔(Alfred Drexel)不幸罹难，他盖着万字符旗的照片就成为德意志英雄气概的象征。接下来，1937年的南迦帕尔巴特峰远征更加悲壮，7名德国登山运动员和9名当地挑夫献出了生命。南迦帕尔巴特峰被从此宣布为"德国人的命运之峰"。【907】

1939年，哈勒应海因里希·希姆莱的请求在英属印度参加了新一轮的德国南迦帕尔巴特峰远征。【908】他在《西藏七年》里简明扼要地说明，他是受到

【904】参见链接 http://www.profil.at/articles/1141/560/309412/nationalsozialismus-berg-heil，查阅时间为2013年3月9日。

【905】引文出处同上。

【906】引文出处同上。

【907】参见链接 http://www.profil.at/articles/1141/560/309412/nationalsozialismus-berg-heil，查阅时间为2013年3月9日。

【908】参见 Gerald Lehner：《在希特勒和喜马拉雅之间：海因里希·哈勒的记忆空白》，第47-48页。

召唤才加入的，具体的情况读者不得而知。派出登山队的"德国喜马拉雅基金会"是1936年成立的。除精英式的登山宗旨和基于"种族研究"的理想志向同纳粹群众运动有很强联系外，它也"通过出版社、平面媒体和广播电视的共同作用对民众产生了巨大的影响。"【909】

　　哈勒在离开德国之前，还得先结婚。选中的对象名叫"洛特·韦格讷，18岁，是在格拉茨大学任教的德国著名南北极研究员阿尔费雷德·韦格讷的女儿"。【910】她自1930年起就活跃于"德国志愿军"，并"于1936年非法加入了德国少女联盟"。【911】希姆莱不仅对他的党卫军勇士，也对勇士的妻子提出了最高的"种族基因"和政治要求，为了使她们可以孕育出种族上十全十美的后代。因此，党卫军成员结婚要履行的程序漫长而又复杂。但哈勒却尽可能快地通过了这一"程序"。一名党卫军区队长舍恩讷（Schoene）在1938年12月19日从格拉茨给柏林的"党卫军种族和移民总局局长"发电报："申请同意党卫军二级小队长海因里希·哈勒的结婚请求。哈勒是第一个登上艾格尔峰北崖的登山者，并按照帝国党卫军首领的要求有意在1938年12月24日结婚。"有证人书面证明新娘"一直投身于纳粹运动"，并且来自一个政治上绝对可靠的家庭："她的姐姐凯特是施泰尔马克州少女联盟的特派员，"另一名担保人党卫军上校强调，洛特·韦格讷在纳粹全面被禁时期以巨大的热情致力于纳粹党的工作，家里经常召开非法会议。【912】

　　在1938年12月24日举行的婚礼上，哈勒穿上了党卫军制服。作为党卫军士兵，这对新郎新娘放弃了在教堂举行仪式。结婚后哈勒与后来的施泰尔马克州行政区首领西格弗里德·乌伊贝尔莱特（Siegfried Uiberreither）成为连襟，此人后来成为第三帝国最穷凶极恶的省级首领之一，1945年后由于犯有严重战争罪行受到追捕。【913】"可能是在美国特工和天主教教会的帮助下，"他逃脱英国监禁免受法律制裁，"去往阿根廷。"【914】

【909】引文出处同上，第46页。

【910】引文出处同上，第100页。

【911】参见他手写的简历，引文出处同上，第105页。

【912】引文出处同上，第104-105页。

【913】引文出处同上，第141页。

【914】引文出处同上，第47页。

哈勒在二战全面爆发时，与他的大德国登山同事在英属印度作为敌方人员被投入监狱，虽然多次失败，他最终与同伴彼得·奥弗施奈特（纳粹党员，党员编号 1.605.636）从那里成功逃脱。他本来想要逃往日本战线上的缅甸或中国，再一次证明他那毫不动摇的纳粹倾向，为此还学了点日语。[915]战争失败使其想法破灭，作为少之又少的外国人之一，他留在了西藏遁世的喇嘛王国。[916]

哈勒之所以和达赖喇嘛及这一"神圣家庭"结下友谊，肯定要归功于拉萨政府与德国的友好关系。西藏革命家平措旺杰描述了他在二战期间与他所熟识的当时很有势力的噶伦索康的一次对话。此人向他解释，拉萨政府对德国和日本的最终胜利确信不疑，抱以很大的希望："'德国拿下了半个苏联'，他说。'现在大半个中国被日本占领。噶伦会议认为，如果德国和日本获胜，我们就可以高枕无忧了。英国人将最终撤出印度，它们的势力再也不能对西藏构成直接威胁了。一旦日本占领中国，他们不会干预西藏事务的。他们是个佛教国家，而且我们跟他们相距甚远。他们应该不会扩张到如此之远的地方。'"[917]直到 1945 年，噶伦会议还在对战争走向满怀期待，并在德国投降之后又寄希望于日本。[918]

很明显，拉萨政府和军国主义、法西斯主义日本一直维持着相对较好的关系。以中国藏学家的研究为依据，伊丽莎白·马滕斯（Elisabeth Martens）认为，西藏政府高级代表和日本特工之间有过联系。大卫·妮尔表示，早在 20 世纪前几十年日本特工在西藏就非常活跃。早在 1920 年，日本人就在那里策划了"秘密阴谋"。克服遥远的距离以及英国对印度和西藏之间边境的严密封锁，日本特工经中国北部草原进入西藏。日本人对蒙古的企图昭然若揭，对西藏的兴趣更好理解，已经有人谈到要建立一个"在日本保护下"的大帝国，并将团结所

【915】参见下面的注释和引文。

【916】可在奥地利广播电台 (ORF) 记者 Gerald Lehner 的杰作（《在希特勒和喜马拉雅之间：海因里希·哈勒的记忆空白》）中查阅细节。

【917】参见 Melvyn C. Goldstein, Dawei Sherap & William R. Siebenschuh:《一个西藏的革命者》，第 77-78 页。

【918】引文出处同上，第 88 页；据说，Françoise Robin 客观公正并且掌握充分信息，她矢口否认西藏精英对纳粹德国带有某种同情，而对佛教军事主义日本的好感，她几乎根本不闻不问。参见 Françoise Robin:《关于西藏的老生常谈：与世界屋脊有关的成见》，第 45 页。

有信奉喇嘛教的人们。【919】1943 年，美国人伊利亚·托尔斯泰（Ilia Tolstoy）和布鲁克·多兰（Brooke Dolan）得悉，西藏自 1940 年以来就再也没有日本和尚了，但美国特工情报提示，1943 年在西藏至少还有 8 名日本和尚。【920】

西藏方面，北京雍和宫的丹巴达扎（Tenpa Taktra）"仁波切"与日本保持着紧密联系，日本方面有一位禅宗大师与其联系。就佛教内部团结问题丹巴达扎认为："日本人、满族人、蒙古人和西藏人都属于同一种族。在古代，他们就信奉佛教。日本——今日的东亚强国，可以被看作是所有佛教国家的保护者和佛教联盟可靠的领导者……日本曾经声明，决心将英国人和美国人赶出亚洲，建立一个新的世界秩序。西藏方面希望，可以在未来的共同繁荣中分一杯羹。"【921】这段话发表于 1942 年。其间，日本通过一场极其凶残的侵略战争占领了中国的广大地区，从"满洲"到缅甸边境。【922】扎比内·维南德在她的达赖喇嘛传记中写道：不难看出，当时（很）年轻的十四世达赖喇嘛"在第二次世界大战期间是站在德国这边的"，尤其因为"纳粹德国"对西藏"怀有好感"【923】达赖喇嘛写道，他从哈勒那里了解了许多有关欧洲和最新战争的情况。【924】这个党卫军成员和狂热纳粹的分子，因为其毫无成见，绝对是有关第三帝国、布尔什维克主义、战争罪行、种族主义、人权和公民权等话题的最佳信息来源……

哈勒其他经历也证明了西藏领导层对纳粹德国的同情。他提到了"西藏军

【919】参见 Alexandra David-Néel:《古老的西藏面对新生的中国》中的"在亚洲的西藏问题"，第 1120-1121 页。有意思的是，日本帝国主义者也尝试将中国的穆斯林拉拢到他们的对外扩张活动中来。他们成立了一个在他们羽翼保护下的"中国穆斯林联盟"，从财政上支持当时"伪满洲国"的穆斯林的朝觐之旅，并将建立在中国土地上的穆斯林王国的那些穆斯林宣传员和特工派往新疆和青海。参见 Alexandra David-Néel:《古老的西藏面对新生的中国》之"广袤中国的蒙昧西部"，第 952 页。

【920】参见 Tom Grunfeld:《现代西藏的诞生》，第 84 页；关于日本僧人从事的间谍活动，参见 Victoria:《战争中的禅宗》，第 65 页。

【921】《中国藏学》2006 年第 3 期，引自 Elisabeth Martens:《藏传佛教史》，巴黎 L'Harmattan 出版社 2007 年出版，第 156 页。

【922】可参考由 Gilles van Grasdorff 出版的《彩虹的宫殿》（丹增曲扎著，达赖喇嘛作序）中的"大事年表"，"1939 年至 1945 年二战期间，西藏保持中立，拉萨禁止放行印度前往中国的补给。"第 314 页。日军同盟对此感到高兴。提到希特勒，这一"大事年表"的作者写道，由"位于斯特拉斯堡的人民法院"作出中国在西藏"违反人权"的判决时，犯了一个明显的语言和概念上的错误。

【923】参见 Sabine Wienand:《十四世达赖喇嘛》，第 43 页。

【924】参见达赖喇嘛:《自由之书：达赖喇嘛自传》，第 59 页。

队"的一位将领以及"噶伦索康的兄弟"对希特勒的陆军统帅隆美尔（Rommel）
的"钦佩之情"：这位高级别的藏人想"尽可能多地知道"有关隆美尔的一切，
这个话题他一直放在心上，并且他"很兴奋"地讲道，他对报纸上（来自印度
的）所能找到的有关他（隆美尔）的一切消息都密切跟进。【925】

　　有关哈勒的讨论随着他的作品拍成电影，以及格拉尔德·雷纳的研究而
热起来，当然也蔓延到了法国，因为是将这一材料拍成电影的是一位著名的法
国电影制作人。所以，达赖喇嘛在法国的崇拜者勒努瓦在其一篇关于西藏的论
述中，文章的开头就从哈勒说起，【926】给人造成一种假象，似乎他"客观"地
对西藏问题进行了调查且对各种渠道的错误信息和歪曲事实现象都进行了批
判。【927】对达赖喇嘛和纳粹保持亲密关系的谴责，他认为有义务保护达赖喇嘛。
有人在2008年4月25日的《解放报》上撰文称，达赖喇嘛固执地"对由希特
勒和希姆莱指派哈勒于1938年完成的西藏使命保持沉默，同时也对这一任务
神秘的、种族的和战略原因保持沉默，事情过去60年了"。勒努瓦轻而易举地
应对此事，找到一个并非真正了解情况的记者进行说教。勒努瓦说，"这里涉
及的是两件完全不同的事情，混为一谈了（这种描述是正确的），两件事情之间
完全没有关系（这种说法肯定不对）。一个是由希姆莱组织的动物学家恩斯特·舍
费尔于1939年1月19日到达西藏的一次远征，受到当时摄政的接待，并在那
里住了两个月。第二件事情是完全不同的另一次远征，是体育性质的，由海因
里希·哈勒带队。这位著名的奥地利登山运动员1938年加入了纳粹党，并与其
他运动员一起和希特勒合影。第二年，他着手到今巴基斯坦境内进行登山远征
之旅。战争爆发后，他与所有其他的登山同伴一起被英国人逮捕，1944年成功
逃脱。为了摆脱英国士兵他逃到了西藏，1946年1月他成功抵达拉萨。"【928】

【925】Heinrich Harrer:《西藏七年：我在达赖喇嘛官殿的生活》，第170-171页。

【926】作为吉斯卡尔·德斯坦时期国务秘书和希拉克特别顾问的儿子，勒努瓦是法国最显赫的
天主教徒之一。2013年，他曾在全国性电视台法兰西二台（France 2）教皇选举现场直播中进行评论，
而且他也是经常出现在法国媒体并且广受欢迎的一个嘉宾。勒努瓦还是特雷莎修女传记的作者。
早在上大学的时候，他就是圣·让会成员，由于其教派主义的定位而受异教保护组织的批评。

【927】参见 Frédéric Lenoir:《了解西藏的二十个关键问题》。作者究竟有多么客观，从他的论述就
可以看出来：他颂扬"藏传佛教在西方的重要传播者"，为达赖喇嘛和教皇约翰·保罗二世唱赞
歌，对他和他们有机会多次见面大吹大擂，对其作为一名20岁的年轻人因受拙劣小说《第三只
眼睛》的影响而去往达兰萨拉的首次"朝圣"之旅做过报道，等等。

【928】参见 Frédéric Lenoir:《了解西藏的二十个关键问题》，第19页。作者对哈勒早期在奥地利时
的纳粹党冲锋队员身份三缄其口，当时该组织为非法，并带有恐怖主义性质。他也没有提到哈
勒逃脱的最初目的地。

　　勒努瓦还讲述，年轻的达赖喇嘛通过哈勒了解了一些"西方的风俗和传统"。哈勒的党卫军成员身份在战争结束后几十年都没有人了解内情。关于某些有名气的德国人和奥地利人可能牵涉第三帝国所犯罪行的猜测，直到 20 世纪 90 年代才被证实为非常荒唐的推测。哈勒对于这一"短暂"的成员身份保持沉默如此之久，可能出于疏忽，大家最终还是通过阿诺的电影才获知，达赖喇嘛自然也同样如此。【929】

　　大家可以看到，勒努瓦驾轻就熟地对事实进行半真半假的描述和美化粉饰。对哈勒的传记和其主要作品进行认真研究可以发现：哈勒从头到尾都是带有政治倾向的，他根本不认为自己是一个"奥地利"登山者。在他对西藏的回忆里，甚至在奥地利重新建立以后，他还不断地将自己描述为一名"德国人"。【930】

　　他远征喜马拉雅（就像他自己认为的那样）与帝国党卫军首领希姆莱有直接关系。正如我们所看到的，他是三个最重要的纳粹组织（冲锋队、党卫军、纳粹党）成员，身份并不"短暂"，因为他从一开始就是一个纯粹的纳粹，他的冲锋队、党卫军、纳粹党成员身份实际上和"第三帝国"持续的时间一样长久。【931】此外，达赖喇嘛和他周边的人声称的毫不知情也不限于哈勒的思想观点和经历。奥斯威辛研究种族的布鲁诺·贝格尔和他的活动，全世界范围的媒体都报道过对他战争罪的判决，但"圣君"达赖喇嘛却不知疲倦地习惯性地与他维持着紧密联系。怎么解释哈勒自己所说的"在达赖喇嘛的宫殿上"被团团

<hr>

【929】就连更加"严肃"的罗宾也暗示，好像是中国人首先提到哈勒话题似的，并且指向《北京周报》的一篇文章，标题为"'西藏七年'的纳粹作者"。他对 Lehner 在美国档案馆所做的调查研究，并以此为依据在《明星》杂志所发文章，以及在各大报纸和杂志引起世界范围内的反响只字不提！参见 Françoise Robin：《关于西藏的老生常谈：与世界屋脊有关的成见》，第 44 页。

【930】参见 Heinrich Harrer：《西藏七年：我在达赖喇嘛官殿的生活》，第 64 页；"我们说我们是逃难的德国人……"引文出处相同，第 166 页，"……对他说，我们是德国人……"——带有欺骗性的阿诺的宣传电影将电影的开幕场景明确转移到"奥地利，1939 年"，尽管在 1939 年根本就不存在"奥地利"这个国家，当时仅仅是"大德意志"一部分的"东部边境地区"，并且让电影中的哈勒对一个称他为"伟大的德国英雄"的不具名的纳粹分子生硬地回答说："谢谢，我是奥地利人！"这完全就是笨拙地拼凑历史！不久后，"哈勒"的声音作为画外音解释道，南迦帕尔巴特峰在德国被称为"我们的山峰"，并且"整个民族"（奥地利？）都对征服南迦帕尔巴特峰感到着迷，因为它已经成了"我们民族胜利意志的象征"——在英语原文中是"关涉德国尊严的事情（a matter of German pride）"，这一切互相之间如何融和？还有"山峰万岁！""胜利万岁！"（德国法西斯分子见面时的招呼用语）和"大德意志"？

【931】如果不是更长，至少直到他生命尽头，关于正式退党情况我们知之甚少，不论是通过他还是其他老纳粹分子。可以比较一下：在对主要战犯进行审判的纽伦堡审判中接受审判的奥地利纳粹首领 Seyss-Inquart 也是在 1938 年加入纳粹党卫军的，跟哈勒情况相似。哈勒只是有幸在战争期间受到了路途"阻碍"，不同于从西藏返回的他的连襟贝格尔或 Seyss-Inquart。

党卫军远征西藏之旅，西藏权贵在拉萨接待党卫军成员。桌子尽头是擦绒·达桑占堆和舍费尔。（德国联邦档案馆藏，图片编号 135-KA-10-072/CC-BY-SA）

希特勒和海因里希·哈勒（左二）

包围，被询问有关纳粹战争英雄隆美尔的各种问题呢？真的一无所知？我们如何去理解"智慧海洋"达赖轻描淡写的言论呢？他在接受《花花公子》采访时，提到他和哈勒的友谊："我当然知道哈勒在德国出生，尽管那时德国人由于第二次世界大战在全世界范围被当作替罪羊，但我们藏人传统上一直对处于下风的一方深表理解，并因此认为 40 年代末德国人已受到同盟军足够多的凌辱。"【932】难道这又是一个"悟道者"令人费解的"毫不知情"吗？他之前的化身可一直要求自己"无所不知"呢！【933】

大家敢于将这个"黄色教皇"跟纳粹相提并论（这可是他完全出于自愿一再如此去做的），也因此激怒了赫尔穆特·克莱门斯（Helmut Clemens）。这名 2005 年去世的德国电视一台的员工，对此写了一篇很长的辩护词。他首先承认（像勒努瓦一样，这终究再也无法否认），奥弗施奈特和哈勒作为纳粹分子的过去："他们事实上的确是纳粹分子——一个是纳粹党员，另一个是党卫军低级指挥员，但他们的组织成员身份与他们在西藏的逗留毫无关系。他们在那里并没有像一直猜测的那样带有委托任务，而且也不是纳粹狂热分子。他们后来放弃了初始

【932】《花花公子》对达赖喇嘛的采访（1998 年 3 月），引自 Gerald Lehner：《在希特勒和喜马拉雅之间：海因里希·哈勒的记忆空白》，第 188 页。

【933】此处参考了被一些人看作是西藏"独立声明"的 1913 年声明的开头部分："我，达赖喇嘛，是对佛教教义无所不知的至高无上的主人，通过荣耀之国印度的佛陀尊师的指令获得这一头衔，告诉你们以下这些……"参见 Melvyn C. Goldstein：《西藏近现代史：一个喇嘛国家的灭亡（1913 至 1951 年）》（卷一），第 60 页。

计划，即成功逃离英国在印度的拘留营后再艰苦跋涉到日本，并且经日本回到大德意志。改变这一计划前往西藏，更多归因于他们开始转变政治理念。从纳粹这方面的观点来看，他们逃脱兵役，这在战争年代是擅离职守行为。大家后来没有从他们那里听到任何法西斯言论。"【934】

照此说，哈勒成了一个"变节"的纳粹？因为他从英国在印度的拘留营逃走——是一个逃兵、叛徒，就像在战争刚刚结束后那些在德国被狂热纳粹分子枪杀的人？放弃艰苦跋涉前往日本这一计划（1945 年）是某种"理念转变"的结果和证据？【935】这种"理念转变"应该在哈勒的《西藏七年》中有所反映并以白纸黑字展现出来。难道不是暗示他抵赖自己的纳粹经历？在纳粹乱局结束多年之后，哈勒这本自传不是至少应该在文中体现出对纳粹理念的疏远？甚至表现为完全没有"类似纳粹的言论"？

奥地利广播电台（ORF）记者格拉尔德·雷纳深入研究过哈勒，他作出如此评价：在哈勒的畅销书及其自传中，找不到任何同情数百万受害者及战争牺牲者的句子，就连希特勒及其帮凶都会良心不安的。【936】在他最著名的书中，反而还有明显证据表明其纳粹思想仍然存在。这可能不会引起克莱门斯的注意，然而稍微细心且懂一点历史知识的读者却无法忽视这些。

我们来看看哈勒的《西藏七年》。书中如何体现 20 世纪 50 年代中期所谓哈勒的"思想转变"呢？这本书是以第二次世界大战爆发开始的，根本没有涉及希特勒占领波兰的内容，而是将世界性战火描述得像自然事件一样："第二次世界大战的乌云越来越密集"（这是典型的、华而不实且委婉掩饰的纳粹式修辞，让人不由地联想到著名的"暴风雨来了"，"暴风雨来了"是纳粹宣传部

【934】Helmut Clemens: *Ist der Dalai Lama ein Nazifreund? Die Protokolle der Weisen von München.*《西藏论坛》，2000 年第 2 期。

【935】阿诺谎话连篇的电影中，布拉特·皮特看了被塑造出的中国士兵的残酷凶恶后，他深感羞耻地说：他自己曾经也很不宽容。顺便提一下，这部电影的谎言不仅充斥在政治和历史领域，也充斥在非常私人的领域。这部电影一直回避对哈勒夫人洛特·韦格讷纳粹身份的任何暗示。电影中，阿诺给他的妻子取了一个漂亮的名字——英格丽（Ingrid）。电影中，哈勒离开他年幼的儿子十分痛苦。在哈勒的书中既没有提到他的儿子也没有提到他的（前任？）妻子，同时也没有暗示在"他的家乡"他还有一个家。哈勒曾解释，"我们俩对家乡都没有特别的联系"（Heinrich Harrer：《西藏七年：我在达赖喇嘛官殿的生活》，第 277 页），并且还假装自己是个单身汉，因为他写道："如果我在家乡有妻子，我是很愿意叫她来的！"（参见 Heinrich Harrer：《西藏七年：我在达赖喇嘛官殿的生活》，第 279 页）

【936】参见 Gerald Lehner：《在希特勒和喜马拉雅之间：海因里希·哈勒的记忆空白》，第 160 页。

长戈培尔于 1943 年德军在苏联斯大林格勒战役失败后发表的鼓舞军心演讲中的最后一句话），然后英国对德国宣战。希特勒德国在完成战争准备之后攻占了波兰，于是一场世界大战就此爆发了。像这样明确的表述在这本战争结束10 年后才出版的书里根本找不到。

哈勒认为自己被命运捉弄，且是战争受害者，"尽管当时德国和英联邦还没有真正进入战争状态，"但"厄运"却以他和他的同伴被英国军队监禁这一方式降临。"两天后英国真的向德国宣战了！"【937】由此，他要承担战争罪行……

随即，在"志趣相投的同伴"帮助下，他开始打造逃亡计划。【938】"在一个英国俘虏营里，相比之下生活还算舒适。英国俘虏营的领导对这些纳粹分子比较赏识，因为要依靠他们来维持纪律，对他们非常放纵。"【939】但是，常常发生的"营里其余犯人（其中也包括一些纳粹分子的反对者）情绪激烈的各种争执"却令他厌烦，【940】纳粹分子称之为"党派争执"。于 1983 年去世的反法西斯者弗里茨·科尔布（Fritz Kolb）的女儿，向雷纳及维也纳历史学家阿姆斯德特（Amstädter）讲述了她父亲对其狱友哈勒在营里面生活的印象："我的父亲告诉我，哈勒是死硬的纳粹分子之一，甚至在 1941-1942 年希特勒的战争好运发生逆转时也从未改变立场，而其他在印度的纳粹分子已在为他们返回奥地利的前景感到害怕了。"【941】此外，格拉尔德·雷纳还曾看到一篇没有公开的机打的目击证人弗里茨·科尔布的报告，报告称"被关押的绝大多数纳粹分子包括奥弗施奈特和哈勒对希特勒反对者们进行无所不在的身体威胁"。【942】

哈勒和他的纳粹同伙的逃亡计划最初没有实施，因为"所有人都相信战争很快就会结束"，【943】因为一开始德国军队在波兰、法国和苏联均取得了胜利（当然没有明说的）。由于那个"最终胜利"让人等了又等，逃跑计划又重新开始落实，不仅因为"对于一个热爱自由的冲锋队队员"来说，【944】拘留营的生活并不理想，

【937】参见 Heinrich Harrer：《西藏七年：我在达赖喇嘛宫殿的生活》，第 13 页。

【938】引文出处同上，第 14 页。

【939】参见 Gerald Lehner：《在希特勒和喜马拉雅之间：海因里希·哈勒的记忆空白》，第 67 页。

【940】参见 Heinrich Harrer：《西藏七年：我在达赖喇嘛宫殿的生活》，第 14 页。

【941】参见 Gerald Lehner：《在希特勒和喜马拉雅之间：海因里希·哈勒的记忆空白》，第 53-55 页。

【942】引文出处同上，第 54 页。

【943】参见 Heinrich Harrer：《西藏七年：我在达赖喇嘛宫殿的生活》，第 14 页。

【944】引文出处同上。

更是因为："对于一个登山运动员来说，通过征服各个山口最终抵达西藏这一想法是多么吸引人啊！作为最终目的地，我们想到了去日本战线上的缅甸或者中国。"[945]克莱门斯声称，他不去日本，而是去西藏。可实际上是他想从西藏去日本！那就意味着，去往纳粹德国最重要的、也是最后的同盟国日本。哈勒和他的同伴他们想要去往"缅甸前线"，[946]不仅为了所谓的个人自由，而且是为了实现一直期待的"最终胜利"而继续奋斗。直到最终的且不可挽回的失败的到来，哈勒才放弃这种奋斗。当时欧洲正在开展去纳粹化，返回欧洲想都不用想。在西藏住了3年后（也就是1948年）他发现："来自欧洲的消息不是很鼓舞人心，这坚定了我们的愿望——在拉萨定居下来！"[947]

尽管哈勒在书中极力避免某些尴尬局面和细节描述，但他不自觉地透露出他究竟是哪种人。在他的语言里面，他尤其偏爱"元首"一词，还有"天意早已决定"[948]，或者"这是天意"！[949]但是对于他和奥弗施奈特，还有"帝国"而言，命运不济。他们仍然在逃亡，一个藏人向他们出示了"带插图的英国报纸"，报纸介绍了"战争结束的细节"和来自"我们的世界""让人沮丧的最新消息"："这对于我们来说是心碎的时刻。"[950]哈勒感到沮丧和震惊的事情，却让成千上万的人，包括很多奥地利人和德国人充满了喜悦和希望……

但是，哈勒依然不为所动。在他的书中，他看待世界依然带着一个"雅利安优等民族"的眼光：他有时甚至非常露骨地将民族、阶级分成种族上的高等人或者低等人。对于他来说，"种族"的混杂是一个特别可怕的事情，深色的皮肤和"细长眼睛"是"更加低等"种族的特征。他如此叙述：一名向难民出售黄油的印度农民的深色皮肤、脏兮兮的手，让他和奥弗施奈特感到如此"恶心"，以至于他们两个差点吐出来。[951]很明显，肤色明亮的手指尽管也很脏，就不会引起他那么强烈的恶心感觉，否则提到皮肤的颜色就没有任何意义了。在去往拉萨的路上，这两个人经过一个地区，那里的人"既不是典型的藏人也

【945】参见 Heinrich Harrer：《西藏七年：我在达赖喇嘛官殿的生活》，第 16 页。

【946】引文出处同上，第 36 页。

【947】引文出处同上，第 277 页。

【948】引文出处同上。

【949】引文出处同上，第 116 页。

【950】引文出处同上，第 117 页。

【951】引文出处同上，第 25 页。

不是典型的印度人"。他们中的"部分人在种族上是非常混杂的"。【952】在另一个地方他又注意到，这次更加明显，带着否定的评价和纳粹的用语："这里的人强烈混杂，还有相当数量的卡特萨拉人（Katsara，这是对藏人和尼泊尔人混血的后代的称呼），这些人不像纯种藏人那样亲切和虔诚，他们既不被藏人也不被尼泊尔人尊重。"【953】请注意：他说的是人而不是狗！有时候他甚至在藏人之中也区别出不同的种族类型，带着希姆莱那个圈子的种族理论标准，想要在西藏贵族当中见到雅利安人的种族特征。西藏民众的大部分（较低的阶层）由于和一些外来的、低等种族通婚在人种上退化了："在这里栖身的藏人不能和那些我们后来认识的生活在中心区域的人相比，与印度人交易、在太阳底下活跃的商队往来活动毁了他们。他们脏兮兮的，肤色暗沉，他们的细长眼睛四处张望。"【954】再一次将肮脏和深色皮肤相联系，还有"细长眼睛"！在另一个场合，"长着蒙古族人面孔、脸上粘着黄油"的普通藏人再一次打扰到他。【955】对于纳粹分子来说，深色的或者仅仅是"黄色的"皮肤和"细长眼睛"就是低等种族和亚人类的特征。他这样提及汉人和藏人之间的区别：拉萨的汉人在藏人当中立刻就能辨认出来，即使他们属于同一个种族。【956】藏人并没有特别明显的"细长眼睛"，他们有赏心悦目的脸孔和红色的面颊。【957】意思明显是说：汉族人有非常明显的细长眼睛和丑陋脸孔。【958】

　　有了以上认识，年轻的十四世达赖喇嘛为什么给哈勒留下了一个好印象，就不难理解了，尤其是"他的外表"（这些特点符合纳粹理想种族的特征）："以他这个年纪的人来说他长得很高"；【959】他的皮肤比一些普通藏人的肤色要浅很多，甚至比很多拉萨贵族们肤色还要浅一些；他的"眼睛就像大多数欧

【952】引文出处同上，第 60 页。

【953】引文出处同上，第 88 页。

【954】引文出处同上，第 48 页。

【955】引文出处同上，第 107 页。

【956】指的是"黄种人"。

【957】参见 Heinrich Harrer:《西藏七年：我在达赖喇嘛官殿的生活》，第 221 页。

【958】相反，在勒努瓦那里我们读到有关藏人和汉人的种族区别，藏人更倾向于蒙古人类型，而汉人皮肤颜色更浅。在有关种族和民族的混乱思想中，得找到一种自己的理论。

【959】参见 Heinrich Harrer:《西藏七年：我在达赖喇嘛官殿的生活》，第 368 页。

1938 年，"德国党卫军西藏远征队"成员：恩斯特·舍费尔博士，党卫军二级突击队大队长、斯文赫定研究院院长；布鲁诺·贝格尔博士，党卫军一级突击队中队长，斯文赫定研究院系主任；恩斯特·克劳泽（Ernst Krause），德国斯文赫定研究院工作人员。

（联邦档案馆藏，图片编号 135-KA-01-001/CC-BY-SA）

洲人的眼睛一样，不是细长的"。[960]达赖喇嘛在种族上还带有突出的元首特质，他的高个子和那"明亮"的肤色一下子就能辨认出来。因此，不难想象，哈勒如果面对一个长得矮小、肤色较深、眼睛细长的达赖喇嘛会有什么看法？！

因此，他认为他自己和他的同伴奥弗施奈特具有"欧洲的优等人种特征"，但当他们抵达拉萨时，从他们衣衫褴褛、破败颓废的那种状态"看不出一点优等人种的痕迹"。[961]

除了明显的渗透到哈勒血液中令人讨厌的种族主义外，还可以从他对藏人忠诚和坚定的信仰、宗教的狂热、真诚的祈祷[962]的赞颂看出，他对人类所持看法以及他的价值观。[963]

那么，我们应该如何看待克莱门斯的那些观点呢？什么战后哈勒身上再也找不到法西斯分子的踪影，什么他证实了哈勒思想发生了转变，总之一厢情愿地要给他颁发一个"洗白证明"。难道他对哈勒的理解如此肤浅吗？认不出那些明显的纳粹言论吗？当他按照这一警句——"说话是银，沉默是金"来行事时，他该是指望他的读者无知且带有偏见吧？

【960】引文出处同上。

【961】引文出处同上，第 72 页。

【962】引文出处同上，第 347 页。

【963】引文出处同上，第 327 页。

第三十章

达赖喇嘛的纳粹朋友："种族研究者"和纳粹战犯布鲁诺·贝格尔

> 对我来说，这是一次让我很难平静的采访经历。他从不乐意接受他在奥斯维辛和纳特维尔所做的一切，包括真相和结果。我认为他是一个可怕的男人。
>
> ……
>
> 近距离地去接触这个人是一次糟糕的经历。
>
> 希瑟·普林格尔（Heather Pringle，加拿大历史学家）谈布鲁诺·贝格尔【964】

　　1994 年 9 月 13 日，"党卫军前成员布鲁诺·贝格尔和海因里希·哈勒被算入达赖喇嘛总计 8 位客人当中，在全世界公众面前为西藏早期的'独立'作证"。此过程中拍摄的照片首先发表在西藏流亡政府的正式出版物（1994 年 11/12 月份《西藏公报》）上，并且在西藏流亡政府的官方网站上挂了 10 多年，以此来加强他们和中国共产党的政治斗争。【965】"智慧海洋"和他的朋友贝格尔的关系，就像他和他的朋友及"老师"哈勒一样，彼此间只有小摩擦。"黎吉生——舍费尔远征期间拉萨曾经的英国居民"却遇到了问题：他为"不能参加 1994 年在伦敦的见面会"而道歉。【966】

　　这个布鲁诺·贝格尔是谁呢？他在 1986 年出版了题为"我和智慧海洋的邂逅"且"设计得非常可爱的"小书。【967】在 20 世纪 90 年代，他在达赖喇嘛

【964】引自一封个人书信。参见 Gerald Lehner：《在希特勒和喜马拉雅之间：海因里希·哈勒的记忆空白》，第 197-198 页。Heather Pringle：《总体规划：希姆莱的学者和大屠杀》，伦敦 2006 年出版。

【965】参见 Gerald Lehner：《在希特勒和喜马拉雅之间：海因里希·哈勒的记忆空白》，第 201 页。

【966】引文出处同上，第 87 页。

【967】引文出处同上，第 177 页。

的邀请下多次与其会面，[968]他和达赖喇嘛
的"同胞兄弟"土登诺布，以及"处于流亡
状态生活在瑞士的第十一世达赖喇嘛的家
庭"均保持着"很好的联系"。[969]在萨尔茨
堡的"自然之屋"，他于1943年策划了西藏
展，带有"令人印象深刻的西藏透视画"效果。
1992年，狂热的达赖喇嘛和他的朋友哈勒访
问过这里。[970]

达赖喇嘛和布鲁诺·贝格尔

人类学家、"人种学家"贝格尔1935年
成为党卫军成员。[971]当年由5人组成的远
征队，1938年4月19日离开德国，经英属
印度和小王国锡金到达西藏，他是副队长。
这一行动受到希姆莱和纳粹"祖先遗产学
会"的资助，旨在进行"海外生物学研究"。[972]在旅行过程中，领导这次远
征的动物学家和鸟类学家恩斯特·舍费尔，被电告提拔为党卫军二级突击队大
队长。[973]回国后，这一次行动被大肆宣传："在德国媒体上刊登了配以带状
地图的报道，图上在西藏风景上方点缀着万字符旗和党卫军的横幅。"[974]在
1939年1月19日，这支队伍抵达拉萨，并在那里停留了3个月，[975]见到了

【968】1997年8月24日为奥地利广播电台（ORF）所做的广播采访。参见 Gerald Lehner：《在希特
勒和喜马拉雅之间：海因里希·哈勒的记忆空白》，第181页。

【969】引文出处同上。

【970】引文出处同上，第205-206页。

【971】参见1997年8月24日他自己接受广播采访时所说的话，参见 Gerald Lehner：《在希特勒和喜
马拉雅之间：海因里希·哈勒的记忆空白》，第182页。

【972】引文出处同上，第170页。

【973】在西方达赖喇嘛同情者的描述中，就连舍费尔也经常被洗白，并被描述成与政治无关的
科学家，比如 F. Robin 将舍费尔介绍为"动物学家"，对于他的党卫军身份只字未提，相反地，
当希姆莱为"这个纯粹的、品行端正的科学家"派去了邪恶的纳粹种族研究人员贝格尔并肩作
战时，舍费尔却予以拒绝，但他必须"对委派任务者做一些让步"。参见 Françoise Robin：《关于
西藏的老生常谈：与世界屋脊有关的成见》，第42-43页。

【974】参见 Gerald Lehner：《在希特勒和喜马拉雅之间：海因里希·哈勒的记忆空白》，第173页。

【975】并非两个，正如勒努瓦所写。他们在3月离开江孜和日喀则，后来又回到拉萨；最终离
开拉萨返回德国是在1939年8月。

中间站着的是恩斯特·舍费尔，最右边是布鲁诺·贝格尔。

当地权贵，其中包括摄政，与他寒暄问候并互换礼物。当时达赖喇嘛不在拉萨：十三世达赖喇嘛（1934 年去世）的"转世灵童"那时只有 4 岁，还在一个相距遥远的中国内地省份生活。

据贝格尔说，这次党卫军远征的任务是"与西藏地方政府建立良好的关系"。[976] 看起来希姆莱梦想将西藏拉拢到德国这边来，有朝一日从那里挺进英属印度。同样疯狂的计划也"包括波斯国和今天巴基斯坦的部分地区。德国的同盟日本也想要通过缅甸和越南钳制大英王国"。[977] "人种学家"贝格尔更大的兴趣在其他领域："早在 1937 年，他在启程前往亚洲的前一年就设计了一个'针对西藏东部的人类学研究项目'。"其中，他以"寻找人类遗迹的化石和早期北欧外来者的骨骼遗迹为目标，把握好当代人种学研究条件"。贝格尔接受了"种族研究者"H. F. 京特（H. F. Günther）的理论，认为在中亚和西藏有北欧人种。京特出版了一本在第三帝国非常流行的书《亚洲雅利安人中的北欧人种》，贝格尔也参与其中。这个德国人类学家认为藏人处于"中间身份"地位——处于蒙古和欧洲人种之间。这一"白种人元素"首先在西藏贵族中得到体现。他因此想要"从人种上完整记录"西藏。[978]

贝格尔在 1997 年的一个采访中表示，在舍费尔远征范围内，他对"400 多名藏人进行了人类学的测量，并且绘制了 1000 多张图像"。[979] 还有他不乐意提到的内容，雷纳在有关达赖喇嘛的纳粹朋友的书中总结：1943 年，贝格尔致力于"在奥斯维辛进行相似问题的研究和生物人类学的比较"。他"帮助斯特拉斯堡的解剖学家和党卫军军官奥古斯特·希尔特（August Hirt）挑选奥

【976】参见 Gerald Lehner：《在希特勒和喜马拉雅之间：海因里希·哈勒的记忆空白》，第 174 页。

【977】引文出处同上，第 175 页。

【978】引文出处同上，第 171 页。参见 Oskar Weggel：《神话西藏：感知、投影、想像》一书中的"国家社会主义者的西藏印象"（作者 Reinhard Greve），第 104-113 页。

【979】参见 Gerald Lehner：《在希特勒和喜马拉雅之间：海因里希·哈勒的记忆空白》，第 183 页。

斯维辛集中营中的犹太人。后来在纳特维尔 - 施特鲁特集中营，有 86 名妇女和男人因希尔特的研究被杀害。另外，贝格尔自己进行了针对来自中亚的苏联战俘的研究"。[980]

1943 年 6 月 24 日，他参观了奥斯维辛之后，在给他的上级恩斯特·舍费尔的一封信中，报告了自己的一个"爱好"，也就是对苏联战俘进行的一个秘密科学研究："除此之外，我们还对两名乌兹别克人（其中一个是乌兹别克和塔吉克斯坦的混血，另一个是来自喀山地区的楚瓦什人），进行了测量和模型仿制。这涉及一个特别的类型，体现从中亚和东亚过渡的情况。这个乌兹别克人高大、健康，是个喜欢户外活动的人，很可能和藏族人是同一个人种……据我估计，楚瓦什人可能和汉人属于同一个人种。"[981]历史学家米歇尔·卡特尔根据有充分细节的证据，提出了一个可怕的猜疑：贝格尔曾是"最危险的纳粹党学者之一"，[982]杀害了奥斯维辛的战俘并对其骨骼进行分离。"极其可疑的是，舍费尔为人类学家贝格尔准备的工具清单。为什么测量一个活人的头盖骨，有必要用到 20 把不同大小的手术刀乃至 6 个不易损坏的手术刀呢？难道是解剖尸体用的吗？为什么在舍费尔的单子里还提到了 5 个大型绞肉机呢？难道这就是希尔特[983]在斯特拉斯堡所用的那种吗？"[984]

贝格尔作为党卫军的人类学家，对"低等人种霍屯督人与犹太人之间起源上的紧密联系"进行了研究，并获得了突破性的科学认识。比如说，"犹太妇女的臀部肥厚，这可追溯到一些霍屯督人和布须曼人具有的脂肪形成基因。在犹太人中，除了基本人种（东方的和接近东方的），也发现了一些非洲人种的基因。[985]

纳粹教授奥古斯特·希尔特为犹太人这一研究目标和样品，向布鲁诺·贝格尔提出请求，这是在向一个绝对称职的年轻同事求助。正如加拿大历史学家

【980】参见 Gerald Lehner:《在希特勒和喜马拉雅之间：海因里希·哈勒的记忆空白》，第 171 页。

【981】Michael Kater:"祖先遗产学会"，参见 Gerald Lehner:《在希特勒和喜马拉雅之间：海因里希·哈勒的记忆空白》，第 193 页。

【982】引文出处同上，第 194 页。

【983】这里涉及一位人类学教授，本书后面部分还会提到他。

【984】参见 Michael Kater:"祖先遗产学会"，参见 Gerald Lehner:《在希特勒和喜马拉雅之间：海因里希·哈勒的记忆空白》，第 194 页。

【985】参见 Michael Kater:"祖先遗产学会"，参见 Gerald Lehner:《在希特勒和喜马拉雅之间：海因里希·哈勒的记忆空白》，第 192 页。

米歇尔·卡特尔和图宾根的同行汉斯·约阿希姆（Hans Joachim）调查得知，贝格尔和他的同事汉斯·弗莱施哈克尔（Hans Fleischhacker）原本想要对150个犹太人进行骨骼剥离，但由于害怕感染在奥斯维辛蔓延的斑疹伤寒，最后把人数限制为86人。[986]其中有19名妇女和26名男子来自希腊，23名男子和3名女人来自德国，6名妇女来自比利时，4名男子来自波兰，两名来自荷兰，两名来自法国，还有一名来自挪威。[987]他们在1943年7月30日离开奥斯维辛，并于1943年8月11号、13号、17号和19号在斯特拉斯堡西南部大约60公里处的斯托尔多夫被毒气杀死。"事先这些党卫军研究人员还对这86个人的头部进行了X线扫描拍照，并确定了他们的血型。"[988]这一谋杀应由纳特维尔-斯托尔多夫集中营的指挥官承担责任。发布命令的是斯特拉斯堡的解剖学教授奥古斯特·希尔特，"他受'祖先遗产学会'委托负责这一计划。该计划是在年轻的科学家、党卫军军官贝格尔和弗莱施哈克尔的协助下完成的，准备骨骼和死者身体被做成标本。"[989]为什么这些参与者涉嫌"第三帝国最残忍的科学犯罪"呢？[990]作为他们种族幻想的证明，他们想要研究"特征明显的头骨和躯干骨骼形式"。此外，解剖学家希尔特还计划用这些骨骼和头盖骨建立"珍奇物品陈列"和"种族学"博物馆。[991]

因为这一大屠杀，奥古斯特·希尔特于1953年12月23日在麦茨被判处死刑，然而他并没有在场，后来证实，他早在1945年就在黑森林开枪自杀了。"祖先遗产学会"的负责人、党卫军军官沃尔夫拉姆·西维斯（Wolfram Sievers）在纽伦堡对医生的审判中也被判处死刑，1948年6月2日被执行。那么布鲁诺·贝格尔呢？

他在1945年4月被英美部队抓获。辗转多个战俘和拘留营后，1948年他

【986】参见 Michael Kater："党卫军的'祖先遗产学会'（1935-1945）：有关第三帝国文化政策的论文"，慕尼黑，1997年；Lang, Hans-Joachim:《号码的名字》，Hoffmann und Campe 出版社，2004年出版，及其"为斯特拉斯堡搭建支架"，刊于德国《时代》周报（第35期），2004年8月19日。以上均引自 Gerald Lehner:《在希特勒和喜马拉雅之间：海因里希·哈勒的记忆空白》。

【987】参见 Gerald Lehner:《在希特勒和喜马拉雅之间：海因里希·哈勒的记忆空白》，第191页。

【988】引文出处同上，第188页。

【989】引文出处同上。

【990】参见 Lang, Hans-Joachim "为斯特拉斯堡搭建支架"，引自 Gerald Lehner:《在希特勒和喜马拉雅之间：海因里希·哈勒的记忆空白》。

【991】参见 Gerald Lehner:《在希特勒和喜马拉雅之间：海因里希·哈勒的记忆空白》，第189-190页。

被德国的"去纳粹委员会"认定"罪行较轻"。甚至连和他同样"直接归属希姆莱"的人也在"集体遗忘的那些年里，轻而易举地逃脱了法律的进一步调查"。格拉尔德·雷纳写道："直到 12 年后，才有调查者对这个海德堡出生的人产生了兴趣。"1960 年他接受了 4 个月的关押调查，然后又重获自由，尽管调查还在继续进行。1970 年 10 月，对贝格尔和他曾经的同事弗莱施哈克尔的审判终于到来，两个被起诉的人对谋杀指控坚决否认。"证人以及党卫军的'祖先遗产学会'的文件却有另一种说法：早在 1941 年，贝格尔同他的党卫军首领西维斯谈到要收藏犹太犯人骨骼或头盖骨（这出自西维斯的日记），西维斯早期的女秘书也承认，贝格尔在一封信中主要推荐'祖先遗产学会'收藏'犹太 - 布尔什维克主义的身体'。"【992】

布鲁诺·贝格尔博士，党卫军一级突击队中队长、种族研究者，正对藏人进行人类学的测量。（德国联邦档案馆藏，图片编号 135-KB-15-089/ 克恩斯·特劳泽 /CC-BY-SA）

正如很多纳粹战犯一样，布鲁诺·贝格尔在德国也找到了一个温和而又充满同情的法官，对他并不是因为谋杀或者从犯而得到审判，只是因为"知情"而获判 3 年监禁，接受调查的监禁时间也算在内。2002 年，90 岁的贝格尔对采访者希瑟·普林格尔解释，"在法兰克福负责他案子的法官是一个德国官员的儿子，这个德国官员参与了 1942 年的万湖会议，会上具体策划推进所谓的'最终解决方案'——

【992】引文出处同上，第 199 页。

灭绝欧洲的犹太人"。[993]

10 多年来，达赖喇嘛证明了自己特别温和且充满理解，因为贝格尔的过去经历丝毫没有困扰到他，他的朋友哈勒同样如此。

难道"德国人"还没有被当作"替罪羊"对待并因此"受辱"吗？

哈勒比这个"智慧海洋"聪明一些。在 1997 年，他还"强烈"否认自己认识布鲁诺·贝格尔、恩斯特还有去往拉萨的党卫军远征队的其他参与者。因为他非常清楚，糟糕的社会圈子和遭人质疑的友谊对一个人的名誉没有什么好处。直到 2002 年他才在自传《我的一生》中透露，"他在 1952 年从拉萨回国以后，立刻访问了在慕尼黑的摄影师恩斯特·克劳泽（'德国党卫军远征队'队员之一）"。"在哈勒以前所有的书里"都没有出现过克劳泽。[994]克劳泽同样也是一名党卫军成员。1941 年 10 月，5 名早期的西藏研究者中的舍费尔和克劳泽"被调往位于上巴伐利亚的达豪集中营"，根据希姆莱命令进行"医学生物学的人类试验"。在他们刚到那里的时候，就对酒精玻璃瓶内的防腐保存的集中营囚犯的大脑惊叹不已。这些男人"长时间暴露在一个特别的模仿极端海拔高度的负压室里"。[995]克劳泽和舍费尔要"在更多的人类试验中"，"隐蔽拍摄那些在负压室里悲惨死亡的囚犯……"[996]

1997 年，格拉尔德·雷纳问布鲁诺·贝格尔是否认识海因里希·哈勒。他回答说："是的，我们一直是好朋友。""我们第一次见面是在 1952 年，哈勒刚从西藏回来的时候。他在慕尼黑见到了我，这是他在欧洲和别人的首次会面。"[997]在"去纳粹化"仓促结束、"冷战"开始之时，又重新需要这些旧的斗士对付"布尔什维克主义"时，哈勒这个"奥地利人"刚回到家乡，在德国立刻探访了和他在西藏待过的两名纳粹战犯——这的确让人嗅出"老伙伴"的亲密。这些人和达赖喇嘛数十年的友谊，难道没有给德国和奥地利的"西藏团结"的起步发展和西藏"神王"自身投下灰暗的阴影吗？

【993】引文出处同上，第 199 页。作者指的是 Heather Pringle 在 2006 年 8 月 21 日写给他的一封电子邮件。

【994】参见 Gerald Lehner:《在希特勒和喜马拉雅之间：海因里希·哈勒的记忆空白》，第 200 页。

【995】引文出处同上，第 176 页。

【996】引文出处同上，第 176-177 页。

【997】引文出处同上，第 181 页。

第三十一章

达赖喇嘛的纳粹朋友们：右翼势力

> 藏人不知道在社会进步信念中有一种无辜的罪恶。在西藏，人们承袭
> 了深层次的无意识，他们不懂得爱自己，也不敢否定神灵。大概他们看到
> 了事物的本质，对他们来说，研究通灵能力和与神灵结合比征服自然更加
> 重要。
>
> 党卫军军官恩斯特·舍费尔博士【998】

> 在西藏，人类社会还没有达到完全消亡，没有人与世界产生丰富的关
> 系，它的根深藏于集体无意识中。集体无意识不区分过去与现在。
> 我宁愿被一个人格化的神奴役，而不是抽象的国家、民主或其他什么。
>
> 图齐（Giuseppe Tucci）【999】

　　赫尔穆特·克莱门斯企图洗刷达赖喇嘛和他同伙的所有污点。他的做法未
免过于简单，他只采用带有暗示和修辞的反问句式，"神秘论者和密教徒或许
利用有影响的代表灰色思想的思想家对于非理性的爱好，那么藏人还有他们的
宗教能做些什么？"他愤怒地问道："西藏有关香巴拉的古老传说与纳粹有关
香巴拉的胡言乱语有什么关系吗？""藏人和他们的宗教"显然对那些非理性和
非常右倾的人具有一种特别的吸引力，这可能与藏传佛教的教理和修炼有关。
但克莱门斯不考虑这些问题。如果某些味道不好的东西吸引果蝇，这与果蝇和
果蝇的爱好有关，也与这种东西的属性和特点有关。吸引"流亡藏人"的"诱
饵"是什么？是非理性主义和狂热的信仰，以及卑躬屈膝地崇拜绝不会犯错的

【998】参见 Ernst Schäfer：《白色面纱的节日：在西藏遇见民众、僧侣和术士》，第 173 页。

【999】参见 Oskar Weggel：《神话西藏：感知、投影、想像》一书中的"西藏研究者对西藏的印象"
（作者 Peter Kværne），第 58-59 页。

宗教领袖和神灵。他们相信因果报应的思想，即认为每个人今世的社会地位是其前世功过必然和公正的结果。他们把工业化和民主化以前那个时期的状况理想化和传奇化，把那时的状况与今天的"腐化"或"功利主义"进行比较。他们期望进行一场对他们有利的大战，战后创建一个新的理想的佛教王国。为此，他们首先反对"移民"和"过多地接受外来影响"。他们要捍卫种族的"纯洁"和传统的"民族"文化，要争取"种族自由"。他们反对"功利主义""无神论"和"赤色危险"。

克莱门斯自己似乎对西藏社会的林林总总并不满意。非理性和秘密的"无稽之谈"塑造了 20 世纪人们对西藏的印象，并胜过了第三帝国。克莱门斯为此感到难过，他说："关于'图勒'（Thule，古人相信存在于世界北端的国家），新堂冬树的小说《黑色太阳》和关于香巴拉的书籍充斥密宗图书市场。那些用楚克迈耶语交流的人脑子里充满玄学理论和肠积气。在新纳粹分子中间也有神秘论者和密教徒。"[1000]

他所说的"肠积气"不只进入某些德国人的头脑里。许久以来，所有支持西藏的活跃分子绝不认为它是有害的，且并不为此感到羞愧。达赖喇嘛的法国朋友勒努瓦认为，西方争取"自由西藏运动"之所以成功，应归功于西藏神话，即有关西藏的各种幻想、玄学等。克莱门斯·路德维希常年担任"德国西藏倡议组织"的主席，他并不畏惧在唯一的专业杂志 Esotera 上发文。[1001]另外，他还是一位"占星学家"。[1002]

克莱门斯强调，"不能把大部分不怀恶意的密教徒和新世纪信徒谴责为'新纳粹分子'，"他说的有道理。他们简单地把西藏当成寻找生活意义的参照物。他写道，"一切带有西藏幌子的和被穿着绛红色袈裟上师提到的东西，他们都乐意相信其表面的价值"。他继续写道："一位来自图林根的年轻作者形象地刻画了他们，'如果说圣诞老人是一位藏人，他们也会相信他'（马库斯·哈默斯密特（Marcus Hammerschmitt）著《目前的涅槃》，1999 年柏林出版）。这将是一位他们至今还没有遇见过的来自西藏的圣诞老人，他们把他看成是现实

【1000】参见 Helmut Clemens："达赖喇嘛是纳粹的朋友吗——慕尼黑智者的详细记录"，《西藏论坛》，2000 年第 2 期。

【1001】参见链接 http://www.fachzeitungen.de/seite/p/titel/titelid/1018255279 题为"密宗，灵性，玄学，音乐"的文章，查阅时间为 2013 年 4 月 16 日。

【1002】参见 Colin Goldner:《达赖喇嘛：一位神王的垮台》，第 405 页。

存在的达赖喇嘛。"达赖喇嘛是他们崇拜的人物。他说得在理,不仅达赖喇嘛不能对那些崇拜他的信徒负责,"那些声援西藏的小组"也做不到。

在谈论"新纳粹分子中西藏同情者"时,他承认,"在新纳粹分子中间确实有这样的人,而且在坚信存在香巴拉的人中间,甚至在政治上的极右代表中也有这样的人。他们用民族主义的反共观点看待藏人。"1998 年,在德国奥斯纳布吕克和施纳沃丁根欢迎达赖喇嘛的集会上组织者散发宣传单。宣传单上面印着达赖喇嘛的大幅照片,在"中国"两字旁边用粗体印上"民主"两字,在"西藏"旁边印上"自由",下面用较小的字体写着德国保守党人的名字和他们的邮箱。右翼分子利用达赖喇嘛吸引别人的注意力。这个协会是一个相当反动的协会,1995 年,它被德国宪法保护办公室列入极右组织名录。他们的头目是约阿希姆·西格尔斯特(Joachim Siegerist)和海因里希·卢默尔(Heinrich Lummer)。前者因煽动暴动被法院定为种族主义的诋毁,后者是左撇子,属基督教民主党右翼,前柏林市的议员。[1003]

达赖喇嘛与极右分子和新纳粹的联系,不可能完全逃过达赖喇嘛伶牙俐齿的辩护者的眼睛。"德国是德国人的!外国人滚出去!"这类口号与"西藏是藏人的!汉人滚出去!"相类似。他们有意把大事化小,没有深究,否则他们可以发现达赖喇嘛的右派支持者的许多恶行。以德国国家民主党北莱茵-威斯特法伦州地方组织的副主席克劳斯·克雷默(Claus Cremer)为例,他因蛊惑人心受过处罚。在达赖喇嘛露面后,他在德国国家民主党波鸿地方组织的互联网平台上骄傲地报道说:"我利用今天的集会,以德国国家民主党的名义拜访达赖喇嘛。他值得崇敬,因为他多年来为他的人民和国家的自由和独立而斗争。他们在德国开展反对镇压和反对占领的斗争。"[1004]

如果克莱门斯没有如此努力地为海因里希·哈勒粉饰,他就会更可信。哈勒是达赖喇嘛的私人朋友,2006 年去世,直到"晚年还与年轻的极右分子保持联系"。"网友可在德国瓦藤沙伊德的极右出版社'时空遨游出版社'的互联网平台的档案库里找到一张特别的照片。照片上原党卫军头目哈勒与该社出版人马克·迈耶·楚·哈图姆(Marc Meier zu Hartum)坐在一起。马克·迈耶·楚·哈图姆是新纳粹'人民意志'小组的头头。20 世纪 90 年代,他因成立一个犯罪

【1003】参见 Helmut Clemens:"达赖喇嘛是纳粹的朋友吗——慕尼黑智者的详细记录",《西藏论坛》,2000 年第 2 期。

【1004】参见链接 http://www.trend.infopartisan.net/trd0508/t330508.html,查阅时间为 2013 年 4 月 15 日。

组织被多特蒙德国家安全机构传唤。"【1005】1995 年 4 月，"人民意志"小组受到诉讼的指控有进行暴力袭击、破坏财物、搞军事体育活动、制造炸弹和进行谋杀威胁。根据他在互联网上公布的信息，1997 年马克·迈耶·楚·哈图姆与斯图特·拉塞尔成立"时空遨游出版社"。他们编辑了几十份文件，他们给德国第二电视台、德国西南广播电台和英国 BBC 做咨询工作。"公司的徽标与纳粹时期德国少女组织的书《信仰和美丽》的标识十分相似。似乎楚·哈图姆很容易接近还活着的纳粹队员和第三帝国的见证人。"他也送出"一大批图片、照片和影片档案"，其中包括希特勒贝格豪夫别墅的管家赫伯特·德林、"德国少女联盟"顾问尤塔·吕迪格和冲锋队员的照片集。网民还可以在该出版社网站的档案库里找到马克·迈耶·楚·哈图姆的第二张照片，是他与纳粹前旅长奥托·库姆的合影。【1006】马克·迈耶·楚·哈图姆曾组织朝圣原纳粹组织驻地。

密教和佛教的专业出版社西努尔施或者阿奎马林出版社为德国的"西藏支持者"牵线搭桥。【1007】阿奎马林出版社部分产权属于谭·霍克迈耶，他化名特鲁兹·哈多。1998 年 4 月，此人"因蛊惑人心和诽谤纪念大屠杀受害民众被判缴纳高额罚款"。他在一本小说中说，大屠杀是对付犹太人的"最好的方法"，可以促进"犹太人的灵魂和精神的发展"。【1008】彼特·米歇尔的阿奎马林出版社里，种族仇恨和法西斯幽灵也在游荡，该社属于达赖喇嘛的朋友彼特·米歇尔，他由于"密宗"背景和传布"种族主义思想"而受到批评。【1009】

达赖喇嘛和他的流亡政府也从不避讳与极右政治家和极右人士接近，他们从来不会指责极右支持者朋友。1960 年至 1984 年期间，达赖喇嘛在印度期间会见了米格尔·塞拉诺（Miguel Serrano），1992 年 6 月在智利又一次与他会见。后者是希特勒的崇拜者和智利纳粹党头子。塞拉诺向记者宣称，他与达赖喇嘛很早就是朋友。奥地利总统库尔特·瓦尔德海姆（Kurt Waldheim）有纳粹背

【1005】引文出处同上。

【1006】引文出处同上。

【1007】参见 Lama Jigmela Rinpoche：《藏传佛教关键词 A-Z》。

【1008】参见 Colin Goldner：《达赖喇嘛：一位神王的垮台》，第 342 页。

【1009】Schröm & Oliver："右倾的狂热，灰色的密教在行动"，德国《时代周报》（1998 年 5 月 28 日）；Gugenberger & E. Schweidlenka：《蓝宝石和种族主义的影响》，收录于《大地母亲，魔术和政治——法西斯主义和新社会之间》，维也纳出版社，1987 年出版；Colin Goldner：《达赖喇嘛：一位神王的垮台》，第 341-342 页，以及 392-398 页。

景和在纳粹占领南斯拉夫期间可能犯有战争罪。[1010] 国际社会禁止与他会见，但是达赖喇嘛冲破国际社会的抵制，特意与他见面。他支持撒切尔力挺的智利刽子手、独裁者皮诺切特。达赖喇嘛接受与纳粹分子保持良好关系的右翼政治家约尔格·海德尔（Jörg Haider）和杰西·赫尔姆斯（Jesse Helms）的阿谀奉承。海德尔是一个与纳粹分子保持良好关系的右翼政治家，杰西·赫尔姆斯仇恨黑人和同性恋者，是臭名昭著的美国参议员。他曾经指控美国人权卫士马丁·路德·金和他的战友"从事共产主义和社会主义活动和性取向反常"。[1011]

达赖喇嘛的朋友，如对伊拉克战争和严刑拷打关塔那摩监狱在押犯负责的"战争总统"小布什和他的同事是否向达赖喇嘛致敬，这里暂且不论。

有人谴责达赖喇嘛几十年来毫无顾忌地与纳粹分子和战犯保持友谊关系，从来没有为此道歉，这至少说明他对牺牲者缺乏同情心，也缺乏政治敏感性和历史理解力。有些支持达赖喇嘛的人士虽然没有右倾思想的嫌疑，但是他们也拿不出无懈可击的理由反驳谴责。

【1010】 参见 Tom Grunfeld:《现代西藏的诞生》（修订版），第 232 页、第 302 页。

【1011】 参见链接：http://obsidianwings.blogs.com/obsidian-wings/2008/07/conservatives-a.html

第三十二章

"国际声援西藏组织"、"无国界记者组织"和 "国家民主基金会"接过中情局的反华接力棒

我们今天做的一些工作，中情局早在 25 年前就已秘密地开始了。

艾伦·温斯坦（里根政府期间负责国家民主基金会的工作）【1012】

当我们听到"无国界记者组织"这个名称时，我们不应该装作从来没有听说过虚假的政治消息、黑金、受贿的同事、情报部门资助的广告公司以及该组织对公众舆论的影响。

福尔克·布劳蒂加姆（北德意志广播电台原编辑，现任德国电视台今日新闻编辑）【1013】

总的看来，最近爆发的动乱没有任何益处。

格鲁希科（西藏问题专家）评论发生在西藏和其他地方的反华暴力行为时发表的意见【1014】

2008 年，所谓的"西藏团结运动"精心策划了一系列全球范围的反华活动。这一年在拉萨爆发流血骚乱，几乎在所有国家传递奥运会火炬的火炬手被声援西藏的积极分子阻拦和袭击。这些事件的策划者相信这样可以吸引主流媒体的注意力。当时，由于食品大幅涨价，反饥饿活动和游行示威席卷许多国家，但

【1012】参见《华盛顿邮报》（1991 年 9 月 21 日），引自 Michael Barker："民主帝国主义：西藏、中国以及国家民主基金"（刊于《全球研究》，2007 年 8 月 13 日）。

【1013】参见链接 http://www.rundfunkfreiheit.de/meldung_volltext.php3?si=45b8c616552aa&id=445cacbfad690&akt=brancheninfos_medienpolitik&view=&lang=1

【1014】参见链接 http://www.eurasischesmagazin.de/artikel/?artikelID=20080506, 对汉斯·瓦格纳 (Hans Wagner) 的采访。

这方面的报道被反华信息淹没了，充斥大量有关西藏耸人听闻的、虚假的报道。

当时德国在线通讯社"德国外交网"反对这股针对中国的潮流。2008 年 4 月 8 日一篇题为"火炬传递运动"的网文说，"自从中华人民共和国西部爆发骚乱以来，反华的"支持西藏运动"开足马力反华。骚乱是在火炬传递开始后几天爆发的。德国媒体主要报道中国安全部队的野蛮袭击，但是目击者报道的情况却是另外一种情况，如英国《经济学家》记者米勒斯（James Miles）的报道。3 月 12 日至 19 日期间，米勒斯正在拉萨。他报道称，西藏的歹徒大规模袭击拉萨城内的非藏族居民，包括穆斯林。藏族的店铺被画上记号，平安无事，其他店铺则被抢劫、捣毁和放火焚烧。仅仅在一栋被焚烧的大楼里就有 5 名销售纺织品的女店主被烧死。除了米勒斯以外，其他西方游客也描述了针对非藏族居民的袭击。一个加拿大人看到"几个藏族人殴打一个汉人摩托车手，冷酷地用石头砸他，最后把他摔倒在地，用石头砸他的头部，致使他失去知觉。我确信，这个年轻人被打死了"。一篇题为"操纵"的文章说："米勒斯接受美国 CNN 采访时说，中国安全部队的反应是克制的。德国媒体报道的所谓中国的野蛮报复，是用来掩盖骚乱真相的。这里事实真相变得不重要。电视台和日报的编辑部不得不承认对相关图片进行过技术性处理，他们把尼泊尔警察殴打群众的片段处理成中国警方暴力执法的纪录片出售。中国安全部队解救一名落入暴徒手中的青年被说成警方采用暴力手段抓捕藏族人。[1015]编辑部在编辑米勒斯的报道时进行包装，以突出中国政府的报复。"

德国外交网发表了一篇英文版的美国 CNN 对一位英国目击者的采访，并把它与德国《法兰克福汇报》2008 年 3 月 18 日处理过的报道进行比较。这个例子表明西方的新闻记者在坚持什么样的观点，他们编造假消息只是"个人的失误"，这些错误"不足以构成扭曲的整体形象的证据"。[1016]《柏林晨报》的编辑加斯藤·艾德曼（Carsten Erdmann）装出一副愤怒的样子。他说，指

【1015】 《柏林晨报》发表一张配有文字说明的照片：一名"起义者"被安全部队押走。

【1016】 《南德意志报》报道，西方媒体一贯否定独立证人的报道和所提供的录像资料。法国驻成都领事高宁（Serge Koenig）认为，"逃离的外国人所提供的目击证人报告与西方媒体的报道大相径庭"。参见 Serge Koenig：《登山者和外交家：我听见中国的心跳》，法国格勒诺布尔 Éditions Glénat 出版社，2013 年出版，第 47 页。法文网站列举了德国记者乔治·布吕末（Georg Blume）、斯洛文尼亚援外人员乌尔苏拉·雷希巴克（Urusula Rechback）、加拿大游客约翰·肯伍德（John Kenwood）和澳大利亚游客米歇尔·史密斯（Michael Smith）提供的录像资料。该网站也提供其他录像资料。参见链接 http://www.tibetdoc.eu/spip/spip.php?article261

责西方媒体"工作马虎的背后隐藏着恶意和阴谋",这太"荒唐"。【1017】

一个特别笨拙的造假例子,在德国外交网的网文里没有提到。我们在这里加以补充:在网上传布一张为达赖喇嘛洗白的照片。这张照片想证明,不是达赖喇嘛狂热的信徒和西藏的暴徒在拉萨过度使用暴力,而是中国的士兵,他们是奉中国政府的命令行动的。照片上的士兵穿着夏季军服,外面套着僧袍。这张照片已在 2003 年出现过,该照片 2003 年登载于支持达赖喇嘛的非政府组织年度报告的最后一页上,接着被一家佛教网站转载。当时他们说,照片上的解放军战士实际上是假和尚,是被中国人操纵的。这张照片不是 2008 年拍摄的,很容易看出来,这可以从 2006 年开始使用的军服上的军衔和 2004 年出租车的颜色上进行分辨。出租车 2004 年开始由浅蓝变成绿色,带蓝色和红色条纹。这是一张老照片,这张照片出自 2002 年上演的由香港导演鲍德熹导演的故事片《天脉传奇》,这些士兵都是群众演员。

2008 年干扰奥运火炬的传递活动是经过周密策划的,是由位于华盛顿的一个指挥中心指挥的。在 2007 年 3 月 11 日至 14 日,他们在布鲁塞尔举行第五次国际声援西藏大会。这次大会像前几次大会(1990 年的达兰萨拉大会,1996 的波恩大会,2000 年的柏林大会和 2003 年的布拉格大会)一样,是为了"协调国际声援西藏小组的工作",巩固与"西藏流亡政府的联系"。与德国自由党有联系的弗里德里希·诺曼基金会("外交部的外围组织")"从 2005 年3 月开始做准备工作,与位于印度达兰萨拉的西藏流亡政府的达赖喇嘛的行动进行协调。来自 56 个国家的 300 名代表,36 个西藏协会和 145 个声援西藏小组的代表参会"。西藏"流亡政府"派出其"总理"桑东仁波切参会。"与中华人民共和国接壤的印度喜马偕尔邦的一位著名政治家也来参加会议,"达兰萨拉位于该邦。那里的印度人很容易以游客或朝圣者的身份进入西藏。更为重要的是,"美国国务院的助理国务卿和西藏特别协调员宝拉·多布林斯基(Paula Dobriansky)参加了布鲁塞尔的西藏会议,她曾在里根政府的国家安全委员会工作。早在老布什时代她就开始在国务院工作,2001 年重新进入国务院。在小布什政府时代,她被划入新保守圈,是个强硬派"。【1018】

【1017】参见链接 http://www.sueddeutsche.de/kultur/westmedien-hetze-in-china-ich-hatte-ihnen-geglaubt -1.266323 "德国之声"广播电台编辑部出于政治原因解雇员工。这表明,在德国,官方全然不顾基本法的相关规定,继续对艺术作品和文章等进行审查,美国的"麦卡锡主义"在德国仍然存在着⋯⋯

【1018】引文和数据来自德国外交网 2008 年 4 月 8 日发表的报告:"干扰圣火传递的活动"。

长久以来，美国是达赖"政府"院外活动的中心和世界"声援西藏"活动的控制中心。20世纪60年代，西藏流亡政府每年从美国中情局领取170万美元的补贴。【1019】在这期间，西藏流亡政府从多种渠道和各种人士那里获得资助，但是基本情况变化不大。

1990年是西藏年。在这一年里在纽约成立了"西藏之家"，这是声援西藏的美国总部。"西藏之家"的主席是埃尔西·沃尔克，她是老布什的孙女，小布什的堂姐妹，演员理查德·基尔是形象代表和最重要的募捐总管。【1020】在美国、加拿大、西欧和一些亚洲国家有许多组织在政治上和财力上支持"西藏流亡政府"，为它们做宣传，或以达赖的名义为藏传佛教做广告。2008年，德国的西藏问题专家格鲁希科采访达赖喇嘛。格鲁希科说，外人不了解"西藏流亡政府"院外活动的全貌。"'德国西藏倡议组织'联合德国大部分城市的声援西藏小组。""1988年在美国成立的'国际声援西藏组织'是最重要的组织，它接受美国政府的财政补贴，在全世界从事大规模的宣传活动。"【1021】

这个"国际声援西藏组织"协调和领导全世界反华活动和反华宣传，如破坏北京奥运会的活动和宣传。美国国家民主基金会是其幕后策划，该基金会是根据美国前总统里根的一项动议创建的，即在1982年，里根访问英国时提出了按照美国的民主模式在全世界促进"民主"。1983年，美国国家民主基金会成立。【1022】它支持全世界亲美的反对派，给它们提供财政和后勤支持。在东欧和格鲁吉亚发生"天鹅绒革命"期间，该组织起到了重要的作用。这些"革命"是为美国的地域政治和经济利益服务的。德文版维基百科称这个组织是美国外交的"左膀右臂"。该网站说，国家民主基金会虽然由国家资助，但从"法律角度"看，却标榜是"私人的、非营利组织"。它对美国政府的好处是，"国家可以通过第三者把财政拨款转给外国组织"。【1023】每年"国家民主基金会有一半的财政费用转移到外国几百个申请美国资助的非政府组织的账户上"。2008-2009财政年度，国家民主基金会收入1.355亿美元，几乎全部来自美国政府。【1024】

【1019】参见 Martens：《藏传佛教史》，第167页，引自 Kenneth Conboy & James Morrison：《中情局在西藏的秘密战》，堪萨斯出版社，2002年出版。

【1020】参见 Tom Grunfeld：《现代西藏的诞生》（修订版），第233页。

【1021】参见链接 http://www.eurasischesmagazin.de/artike/?artikelID/=20080506

【1022】参见链接 http://en.wikipedia.org/wiki/National_Endowment_for_Democracy

【1023】参见链接 http://de.wikipedia.org/wiki/National_Endowment_for_Democracy

【1024】参见链接 http://en.wikipedia.org/wiki/National_Endowment_for_Democracy

在美国政府看来，达赖喇嘛值一百万美元
（美国联邦储备银行）

比尔·伯科威茨（Bill Berkowitz）来自"努力改变工作倡议组织"，他介绍了中情局暗中支持的机构："国家民主基金会提供全套的基本实施服务，包括资金、技术支持、媒体知识、流行装备，并协助被它选中的政治小组、民间组织、工会、不同政见者运动、大学生组织、出版社、报社和其他媒体做好公关工作。它破坏进步运动，特别是破坏那些有社会主义和民主社会主义倾向的组织的团结。"【1025】

28 个由国家民主基金会资助的亚洲组织中有 18 个组织是针对中国的，包括"中国人权""中国战略研究所""劳改研究基金会"。它们研究"民主"和"人权"，还包括带有地方利益的"香港问题、新疆问题和西藏问题"，它"反对中国"，意欲"脱离中国"。

渥太华大学的经济学教授米歇尔·乔苏多夫斯基说得更加清楚。他写道："中情局和国家民主基金会就任务分工问题达成一致。中情局暗中支持武装的准军事叛变小组和恐怖组织，国家民主基金会资助'民间的'政党和非政府组织，目的都是为了在全世界传布美国的'民主'。"【1026】例如，国家民主基金会指使一些"民间社会组织"参与推翻委内瑞拉总统的叛乱。2004 年 2 月，海地的反对派组织发动武装叛乱，推翻总统阿里斯蒂德。

国家民主基金会资助一批中国和外国亲达赖喇嘛的组织。【1027】乔苏多夫斯基教授说，上面提到的国际声援西藏组织在华盛顿、阿姆斯特丹、柏林和布鲁

【1025】参见链接 http://de.wikipedia.org/wiki/National_Endowment_for_Democracy

【1026】参见 Michel Chossudovsky："中国和美国：关于西藏人权的心理战"，《全球研究》（2008 年 4 月 13 日，参见链接 http://www.globalresearch.ca/china-and-america-the-tibet-human-rights-psyop）

【1027】参见 Michael Barker："民主帝国主义：西藏、中国以及国家民主基金"，刊于《全球研究》（2007 年 8 月 13 日）。

塞尔都设有分部。它们与国家民主基金会和美国国务院保持一种"特别亲近的和'功能交叉'的关系"。【1028】国际声援西藏组织的监事会负责人有包柏漪（自由之家主席和自由论坛领导人）、凯尔·史密斯（美国国务院民主、人权和劳工局前首席副助理秘书）、茱莉亚·塔夫脱（国家民主基金会前负责人、国务院前处长和西藏事务特别协调员，也曾为美国国家开发署工作，并曾任国际行动组织前主席和CEO）和马克·汉德尔曼（海地右翼国家联盟主席，该组织在思想上与国家民主基金会长期实行的海地干预政策一脉相承）。【1029】在该组织的顾问委员会里还有吴弘达、萧强（国家民主基金会资助的"中国人权"前负责人）等。国际意愿联盟的名单上还有其他"名人"，如"中国人权"理事方励之、瓦克李·哈维尔，国家民主基金会资助的中国信息中心负责人克里·肯尼迪，英国新保守组织亨利·杰克逊协会的资助者陶乐斯·兰茨贝尔吉斯和美国新保守主义的推手甄妮·科克帕特里克。【1030】

　　伦敦控制的"西藏信息网络"在1999年至2004年间每年都接受"国家民主基金会的赞助"，2005年由于经费不足关闭。西藏信息网创始人之一尼古拉斯·霍文后来成为我们相当熟悉的"国际法学家委员会"的秘书长。

　　国家民主基金会资助的组织还有1994年成立的"自由西藏"学生运动组织和设在达兰萨拉的西藏多媒体中心。前者在美国宣告发动一场"西藏人民起义"。有些组织没有罗列出来。【1031】

　　2008年，西藏的"积极分子"干扰在希腊举行的圣火点燃仪式，这一事件是由"记者无国界组织"支持的。这一组织的名称和它宣称的目标，与体育、西藏和中国内地没有什么关联。1985年在马赛由罗伯特·梅纳尔成立的这个组织之所以取这个名字并非偶然。该组织受到医师无国界组织启发，取名"记者无国界组织"，无非为了欺世盗名。除此以外，"记者无国界组织"还声称，它是一个国际记者的工会组织，捍卫记者的职业地位，帮助他们免受威胁和袭击，帮助他们获得采访自由。该组织在挑选需要保护的记者同行和"新闻自由"的敌人时都是经过精心挑选的。如果新闻自由和舆论自由面临强大的国家和国际媒体巨鳄（如鲁珀特·默多克或希尔维奥·贝鲁斯科尼公司）的威胁，"记

【1028】参见 Michel Chossudovsky:《中国和美国》。

【1029】参见 Michael Barker:《民主帝国主义》。

【1030】引文出处同上。

【1031】引文出处同上。

者无国界组织"是不会过问的，它也不过问法国大规模解雇记者事件。梅纳尔对周刊记者说："我们决定谴责波西尼亚和加蓬违反新闻自由以及阿尔及利亚或突尼斯媒体的分裂状态，但是我们决不过问法国的畸形现象。"【1032】如果人们知道这个组织曾从法国政府各个部门、欧盟、法国顶级企业以及新闻巨头（如拥有 13 家日报、两家周刊和 13 家月刊的西班牙泽塔出版集团）获得过慷慨捐款，就知道它为谁服务了。

"记者无国界组织"用尖锐的语言谴责少数几个国家，如古巴、委内瑞拉和中国。它自命不凡，公然要改变这些国家的政权，它的目标与美国政府的日程惊人一致。德国电视一台前编辑福尔克·布劳蒂加姆在一篇谈论"记者无国界组织"的文章中说："卡罗赖纳·科西托蕾在以太网上发表一篇题为'脱掉裤子的记者组织'的文章，谈到'记者无国界组织'反对古巴的阴谋。托马斯·以马努埃尔·斯坦贝格在他的文章中称该组织为'无耻的记者组织'。这些批评者指责'记者无国界组织'在报道一些政府迫害记者行为时睁一只眼闭一只眼。它在挑选批评对象时根据美国国务院开列的黑名单行动，像伊朗、叙利亚、北朝鲜、越南、中国和古巴是批评的重点，避免报道美国和与美国保持亲密关系的国家迫害记者的事件。虽然菲律宾媒体被暗杀的人数在全世界名列第二，但该组织从来没有报道这方面的消息。'记者无国界组织'也没有报道在美国遭到'终身监禁'的 5 名迈阿密人和被判死刑的阿布贾马尔，后者是大赦国际支持者。"【1033】

"记者无国界组织"在给各家报刊提供的新闻稿中，很少涉及帮助记者的信息，即提供帮助被解雇和被迫害记者方面的信息，也不提供记者反对限制舆论和信息自由方面的信息。"记者无国界组织"做的大多数工作是制造政治舆论、搞宣传、制造假消息。福尔克·布劳蒂加姆列举"记者无国界组织"发表的一篇典型文章，那篇文章"报道不全面，起到误导作用"。在他看来，那篇文章"加剧政治偏见"。

马克西姆·维瓦斯是一名法国记者，他写了一本介绍"记者无国界组织"

【1032】参见 Maxime Vivas：《"记者无国界组织"的另一面：从美国中情局到五角大楼的鹰派》，布鲁塞尔 Les éditions Aden 出版社出版，第 20 页。

【1033】参见链接 http://www.rundfunkfreiheit.de/meldung_volltext.php3?si=45b8c616552aa&id=445cacbfad690&akt=brancheninfos_medienpolitik&view=&lang=1

的专著，揭露隐藏在它假面具背后的真实面貌。[1034] 该书详细地记录一些事件的细节，如当美军有目的地杀害非官方派遣记者时，本应由这个组织代表这些记者捍卫他们的利益时，该组织的反应却非常克制。[1035] 科索沃战争期间，塞尔维亚的记者在他们的广播电台里被北约的飞机炸死，几位中国记者在中国驻贝尔格莱德使馆遭到美国导弹"误炸"死亡，这些并没有引起"记者无国界组织"的兴趣。

达赖喇嘛与美国参议员麦凯恩握手。

多年以来，"记者无国界组织"接受国家民主基金会、美国国际开发署赞助的自由古巴中心、国际共和协会、美国亿万富翁和股市投资家索罗斯的开放协会的资助，这些组织都有中情局背景。对于这一点，有谁怀疑过吗？[1036]

达赖喇嘛在美国企业研究所，该所是一个新保守主义和超自由主义经济智库。

2008 年，"记者无国界组织"积极参与干扰奥运会圣火传递的活动，这与捍卫自由报道的权利没有多少关系，准确地说却与西方某个"重要的强国"富有攻击性和颠覆性的对华政策有关。格鲁希科也看穿了声援西藏组织在西藏策

【1034】参见 Maxime Vivas：《"记者无国界组织"的另一面：从美国中情局到五角大楼的鹰派》。Ménard（梅纳尔）找到了一个适当的政治组织，如极右的国民阵线。

【1035】2003 年 4 月 8 日，两位记者在国际新闻组织原住址巴格达的巴勒斯坦旅馆"突然"死亡：一位是英国路透社记者塔拉斯·普罗图克，另一位是西班牙电视台记者胡塞·洛索（José Couso）。2003 年 10 月，路透社摄影记者马赞·达纳（Mazin Dana）在虐待战俘的伊拉克阿布格莱布监狱外面拍摄时，被美军士兵开枪打死。2004 年 11 月 1 日，一颗子弹击中路透社摄影记者纳吉姆（Najim）。国际记者联合会报道说，自从美国介入伊拉克事务以来，共有 62 名记者被打死。半岛电视台记者塔西尔·阿卢奇（Tayssir Alouni，西班牙和叙利亚双重国籍）指责美军有目的地"消灭证人"。参见 Maxime Vivas：《"记者无国界组织"的另一面：从美国中情局到五角大楼的鹰派》，第 65-77 页。

【1036】参见 Maxime Vivas：《"记者无国界组织"的另一面：从美国中情局到五角大楼的鹰派》，第 29-42 页，另参见 Diana Barahona：《揭秘"记者无国界组织"：为摧毁古巴经济"记者无国界组织"与奥托·莱克间的秘密交易》。参见链接 http://www.counterpunch.org/2005/05/17/rreporters-without-borders-unmasked/

划骚乱和谋杀的真正目的。他在接受采访时说："西藏的藏族人从中没有得到任何好处，情况恰恰相反。那些直接参与的邻近国家也没有捞到好处。那些"流亡藏人"得到的更多是道义上的支持，以及很少的财政援助。自治和向西方式人权靠拢的政治目的得到强化。"

那些"声援西藏的积极分子"幻想通过发动动乱推翻中国政府，然后返回西藏，这真是幻想。应该区分所谓声援西藏的"表面的目标和崇高的目标"。他们的"表面的目标"指的是，"支持西藏流亡政府的要求，把它的设想看成是达赖喇嘛的设想"。大部分援助西藏组织"基本上都怀有神圣的动机"，例如，维护人权。大部分声援西藏的活跃分子不了解"崇高的目标"，即"他们不假思索地接受'流亡藏人'的观点，接受100年前形成的关于西藏的印象"，所以他们对西藏和藏人的看法与现实的西藏状况是相反的，从而被当作西藏流亡政府搞宣传的"天真的工具"。[1037]他们活动的背后隐藏着美国的利益和目标。美国希望削弱中国。接受美国"财政援助的"各个"院外小组"力求"毁坏中华人民共和国的形象"。美国把中国经济的崛起看成是一种威胁，企图"阻挠"中国对世界政治日益增长的影响。[1038]这个西方强国的利益与其他国家的利益不是重合的。"我想，其他国家都很清楚，一个动乱的西藏和一个不稳定的中国是无法想象的。他们是否希望削弱中国，是否想削弱中国的经济，我不敢妄加评论。"[1039]

【1037】参见链接 http://www.eurasischesmagazin.de/artikel/?artikelID＝20080506，Andreas Gruschke 接受汉斯·瓦格纳的采访。

【1038】引文出处同上，Andreas Gruschke 也批评了中国官方对待藏人抗议的方式方法。他认为中国官方应该与表示不满的藏人"坐下来谈"，以"寻找解决办法"，而不是在每次发生较大规模的示威游行后将全体藏人视为被怀疑对象，而且北京"太依赖拉萨老化的干部队伍"。另外，他承认官方的好意，他强调说："中央政府为解决西藏的经济问题和促进西藏文化的发展，采取了一些经过深思熟虑的措施。"

【1039】引文出处同上。

第三十三章

他们是为了达赖喇嘛而自焚吗？

应该把下列人员逐出佛门：自杀的弟子，唆使别人杀人或者装备杀人
工具，建议别人杀人，表扬杀人行为的人，看见别人自杀并支持的人。

佛陀[1040]

由于藏人对尘世生活并不看重，他们不惧死亡。相信死后可以转世，
他们希望通过虔诚向佛，在来世获得一种新的生活方式。

哈勒[1041]

计划好的世界小姐大赛在印度遭到抗议。星期四，在印度南部泰米尔
纳德邦有一位 24 岁的男青年在一个公交站前自焚。早在几个星期前，一
些极端组织就威胁说，如果政府不停办世界小姐大赛，他们会不断用自焚
的方式进行抗议。

摘自德国《每日镜报》（1996 年 11 月 15 日）[1042]

　　法国铁路公司的一则公告说，2012 年圣灵降临节后的一周内，在短短的 3
天时间里就有 12 个人卧轨自杀。这些自杀不是像人们想象的那样发生在西藏，
而是法国。一些报纸用简讯的方式报道这些事件，而不用大字标题，也不把有
关稿件登在第一版。法国铁路公司说，之所以有那么多人卧轨，是由于"严重
的经济危机"。法国平均每天有一人卧轨自杀，每年累计有 350 人卧轨自尽；

【1040】Bernard Faure:《佛教与暴力》（梵网经），参见链接 http://www.tromondi.de/Lamaismus. rieg 4 Gewalt.htm

【1041】参见 Heinrich Harrer:《西藏七年：我在达赖喇嘛官殿的生活》，第 242 页。

【1042】参见链接 http://www.tagesspiegel.de/weltspiegel/mit-selbstverbrennung-gegen-indiens-untergang/5950.html，
查阅时间为 2013 年 10 月 31 日。

卧轨人数多少视国内的经济形势而定。当然法国铁路公司的统计报告不包括那些由于厌世和绝望自杀的人们。那些人的自杀方式多种多样，比如打开煤气开关，吞食过量药品，割动脉，跳楼，或者投河。媒体偶尔报道采取这类方式自杀的人数。2013 年 10 月 10 日，法国 24 电视台顺便报道近 3 年来法国有 500 多名农民自杀。该电视台对此不加任何评论。

2012 年 8 月 8 日，法国媒体在地方栏里刊登了一则介绍一个 50 多岁的男人在社会福利局里自焚的短讯。2013 年 2 月 13 日法国媒体报道一位 43 岁的法国失业者在南特自焚。当时法国刚上任的总统奥朗德正在印度访问，他不得不说了几句表示遗憾的话。从此以后，法国迎来一个自焚潮。2013 年 3 月，一个阿尔及利亚侨民在土伦警察局前自焚。法国地方报《瓦尔·马丁报》【1043】报道，同一年的 8 月 6 日，一个突尼斯男青年因长期居留法国申请被拒而企图在德拉吉尼昂自焚，后被送进"一家精神病医院"。

有句座右铭——"财产就在眼前，何必走向远方"，但是这绝不是法国"严肃的"《世界报》的座右铭。在这家报纸看来，法国的自杀事件没有特色，缺乏诗情画意，不配用大字标题报道，不需要整版报道，更不需要配图。2012 年 12 月圣诞节期间，《世界报》不惜用头版和其他两个版面详细报道 2009 年以来自杀的 95 名藏人。这一系列报道包括一篇发自中国甘肃省的报道，这篇报道不是来自西藏，尽管其标题为"探寻西藏真相之旅——走在牺牲者走过的道路上"。【1044】该报还刊登了一篇报道，在北京有 30 名不同政见者集会。口号是"为尊严和自由的生活祈祷"。这不是严格意义上的群体运动，但有时你吞下的是别人喂给你的。

这是 2012 年的一条简讯："希腊自杀的人数增加，经济危机导致越来越多的人自杀。尽责的部长尼克斯·登迪阿斯在议会接受质询时说，2009 年希腊共有 677 人自杀或者企图自杀，2010 年自杀人数提高到 830 人，2011 年提高到 927 人。"该国当年的自杀人数也有所增加：根据警方统计，至 8 月 23 日共有 690 人自杀。【1045】希腊人认为，不仅仅希腊腐败的统治阶层应该对大部分人

【1043】2013 年 8 月 7 日，第 14 版。

【1044】2012 年 12 月 26 日《世界报》第 1-3 版，题为"受到破坏的西藏旅游：走在牺牲者走过的道路上"。

【1045】参阅 2012 年 11 月 24 日和 25 日《卢森堡日报》。

口的贫困化负责，德国政府和总理默克尔也负有责任。德国媒体没有必要到处张扬希腊的自杀事件，他们不会报道自己国家的自杀情况，除非有明星自杀。

藏人自焚为什么在西方媒体界引起特别轰动？是由于自焚者选择了一种特别可怕和痛苦的死法吗？这些自焚者遭受的肉体痛苦超过保加利亚、阿尔及利亚的自焚者吗？仅仅在2012年1月至5月期间，在阿尔及利亚就发生50起自焚事件，但是在西方媒体界没有引起轰动，也没有人发表长篇评论。2012年5月6日，法国24电视台像往常一样只发表一篇短评。这一年的5月底，有34个藏族喇嘛自焚，其中20人丧命，自焚人数低于阿尔及利亚的自焚人数。藏人自焚事件不是发生在西藏，而是发生在四川省、青海省和甘肃省。[1046]2012年5月底有人在拉萨自焚，自焚者不是本地人，而是一位来自遥远省份的青年。其中一个23岁的青年来自位于拉萨东北2000公里的地方。一位自焚者来自四川省阿坝州。西藏第一位自焚者也是来自阿坝州的喇嘛。西藏流亡者说，已有超过120名藏人自焚。

阿尔及利亚的自焚者生前大概是狂热的穆斯林，我们的报道和评论冷漠地对待他们。9·11事件后媒体不再同情穆斯林的自焚者。狂热穆斯林在沙特阿拉伯占上风，在黎巴嫩和叙利亚他们反对不够虔诚的政府。没有人含泪悼念自焚者吗？藏人中的自焚者不是先知的信徒和圣战的勇士，他们是亚洲的智慧、灵性和宽容的代表吗？人们因此应该同情他们吗？人们应该因此特别关注他们的疾苦吗？

人们不禁要问，为什么只要有一个藏人自杀就会引起一阵惊慌？相反，其他地方有几百人、有成千上万人自杀，近10年来在印度共有15万至20万农民自杀，西方舆论却不闻不问。2009年，37年来最弱的一场季风席卷印度——这个大英帝国昔日"最大的、民主的殖民地"时，1.7万个负债累累的印度农民看到收成无望，或吞下强腐蚀性的化学品，或自焚，结束了自己的生命。[1047]

毫无疑问，在西方公众，特别是西方媒体看来，自杀事件不仅仅是自杀事件，就好像某些人的生命与另一些人的生命也是不一样的。人们很少对由于社会和经济的问题（例如，金融危机和原料涨价的问题）引发的自杀事件感兴趣，

【1046】一位藏族"女博客主"称阿坝、拉卜楞和同仁为引爆点（按字面意思直译，译者注）。参见茨仁唯色：《西藏的自焚：世界的耻辱》（Dekyid 把此书从中文翻译为法文，前言作者为Robert Badinter，电子书可在 Kindle 阅读器上阅读）。

【1047】参阅 2011 年 1 月 18 日《卢森堡日报》。

认为这是不可改变的自然现象。现行的欧洲法律规定，在赔付事故或者战争受害者时要考虑受害者的国籍，付给西欧或者美国的受害者的赔偿金要高于其他国家的人，似乎西欧人和美国人的生命和健康比伊拉克人、阿富汗人、刚果人或者印度人的生命和健康更有价值。

美国的暴力杀人事件或者自杀事件不会引起轰动。西方有些人那么关注藏人的自杀事件，那么似乎可以下结论说，藏人生命的价值高于美国人？回答是否定的。我们的媒体之所以特别关注自焚的西藏人，那是为了借机制造反华舆论，那是因为飞速发展的中国威胁美国及其盟国的世界霸权；那是因为世界上最大的军事强国要重新调整它的战略，要重返太平洋和东亚；那是因为这个军事强国不仅要亮它的肌肉和发出军事威胁，还要展现"软实力"，削弱它的竞争对手，通过损害对手在西方舆论界的威望，通过在国际上孤立对手，甚至破坏其国内安全和团结。

有篇文章标题为"西藏在燃烧，世界在一旁看着"，这样的说法并不一定正确。西藏没有"燃烧"，而是某些强权国家不断地在玩火。世界在一旁看着吗？是的，西方确实有人用敏锐和警惕的目光注视着在中国点燃的每一个火星，但他们对克什米尔地区、土耳其的库尔德地区和菲律宾棉兰老岛地区的熊熊大火却视而不见。有人遗憾地说，今天不能像鸦片战争时期和反对义和团运动时期那样，也不能像最近发生的前南斯拉夫、伊拉克、阿富汗或者黎巴嫩事件那样，去安排中国的法制和秩序了。

近年来，一些年轻的喇嘛，[1048] 其中大多并不住在西藏，采用触目惊心的自焚作为抗议的手段。人们不禁要问，他们为什么要结束生命，而且采取这种恐怖的方式？难道他们遭受了无法忍受的镇压吗？[1049]

"自由西藏"组织发布的报告说，这些藏人之所以自焚是因为"受到当局的迫害"、控制和侮辱，是因为达赖喇嘛返回西藏的要求没有得到满足。但这种说法缺乏具体的事实根据。法国《世界报》发表的长篇报道提到，藏人不满的原因包括"现代化的速度太快"，如建设一条高速公路或计划建造一座飞机场等，这样的理由显然不够充分。在德国斯图加特和柏林建造车站和机场，怎

【1048】茨仁唯色的著作，她强调，"僧人们冲在自焚的前头"。

【1049】西藏分裂主义者茨仁唯色反对这种说法。她根据自杀者的遗言作出结论："自杀者并不是由于感到绝望。"参阅《西藏的自焚》。

么没有教徒或者世俗人士自杀呢？法国南特建造圣母机场时怎么没有人自杀呢？他们列举藏人自杀的原因时还提到，甘肃省和青海省政府企图用中文代替藏语当作教学用语，【1050】这是"藏人自杀的原因"。【1051】这个作为理由也太牵强了。国际声援西藏组织的报纸提出的理由是，自杀者用他们的行动抗议"对其宗教和文化的压制"。按理说，宗教镇压肯定是可怕的、极端的和无情的。可实际情况却是，据法国《世界报》的特派记者对自杀风波中心甘肃省阿木去乎的独家报道，整个村子只有 10 户人家，却有 450 名喇嘛。既然允许这座寺院存在，就不足以用来说明信仰自由受到野蛮镇压。这位记者似乎没有意识到这一点，报道没有提到谁供养这么多喇嘛、维持这座寺院，这位爱挑剔的记者在他详细的报道中没有提及这个问题。

由于经济边缘化，受到管束和控制，对于飞速发展的现代化感到不适应，担忧少数民族语言的地位，都可能成为人们抗议的恰当理由。这不仅仅在藏人居住地区是如此，在中国其他地区也如此。但这些原因也不足以解释为何要采取极端的方式或者自焚的方式。个人陷入困境时，如长年失业，债台高筑，无家可归，这些倒可能导致自杀。有些人在宗教狂热和宗教极端主义的影响下，连最宝贵的生命（自己或家人的生命）都不在乎了，其他东西更不在话下。精心策划的自杀，最有可能由于宗教狂热，或者被具有超凡能力的宗教领袖操纵。【1052】

过去不乏此类案例，几十年前南美圭亚那发生了一起轰动世界的集体自杀事件。在 1978 年 11 月 18 日，在圭亚那的琼斯敦，一个基督教派的 923 名教徒集体自杀。起因是他们的教主吉姆·琼斯受到美国国会的迫害，美国国会指控琼斯剥夺他人自由和性虐待，准备调查他。于是，这些信徒最终离开"上帝之国"，这个国家号称宗教政策宽松。

9·11 事件中沙特籍自杀式袭击者不是因为绝望参与袭击，他们也没有陷入无法忍受的困境。相反，他们生前的生活条件很优越，他们有良好的家庭背景，他们是大学生，有条件到欧洲留学，学成回国后也有一个美好的前程。他

【1050】这个记者无视下列事实：在那些有藏人居住的省份，小学和中学采用藏语作为教学语言，而土耳其的库尔德人、北美的原住民或者欧洲的罗姆人只能梦想学校采用它们本民族的语言。

【1051】记者对他所发表的稿件有自查的责任，为什么这位记者没有征求当地政府的意见，令人费解。

【1052】茨仁唯色说，达赖喇嘛的信徒称自焚者为"祭祀灯"，这并非偶然。参见茨仁唯色的著作《西藏的自焚》。

们是被人煽动和蛊惑后去发动袭击的，宗教狂热主义在其中起了很大作用。

上述事件发生在基督教和伊斯兰教的文化圈里。我们列举亚洲国家里发生的自杀事件，我们看看日本作家山岛由纪夫切腹自杀的例子。山岛由纪夫是一个保守的作家，是一个狂热的民族主义分子。[1053]他是出于政治幻灭的动机自杀的。自杀式袭击最早是和泰米尔猛虎组织相联系，是由斯里兰卡的印度教分裂分子组织发起的。

不难想象，藏族僧俗忠于达赖喇嘛，愿意为他牺牲自我，要求他能返回西藏，为此在达兰萨拉西藏流亡政府的鼓动下作出疯狂的自杀举动，祈求死后升天。大卫·妮尔报道说，喇嘛们被教导，那些在朝圣途中死亡的人"可以转世"，可以"进入西方的极乐世界"；朝圣者在途中由于事故，精疲力竭或疾病而死亡的，"可以得到几千年的安宁和欢乐"。[1054]这适用于那些为最高领袖牺牲的烈士们。一些年轻的藏族母亲出于极端的政治和宗教狂热自焚，全然不顾他们孩子的感受和前途。

连续发生的吸引媒体眼球的自焚事件，是由一个中心精心策划的，幕后有愤世嫉俗的玩偶操纵大师。弗伦奇间接地证实了这一看法。他在他那本名为《西藏，西藏》的书里介绍了1998年4月27日"流亡藏人"土登桑珠在新德里自焚的事件，当时有6个"流亡藏人"在新德里举行绝食抗议。这一事件引起记者极大兴趣，[1055]弗伦奇在脚注中引用英国广播公司记者丹尼尔2003年6月在印度《文献》杂志发表的报道。他说，桑珠自焚那一天早晨,他接到一个电话"一位德国女士打来的电话，说一口带有外国口音的英语，说话时很激动。她对我说：'快下来！快到疆塔尔曼塔尔花园来！有人威胁要自杀！'她停顿一会儿说：'他马上要自焚了！他马上要自焚了！'她歇斯底里地叫喊着，还带着哭腔。虽然我没有睡醒，但是我完全听懂对方说的话，我对她喊叫：'如果您知道他要自杀，您就该劝阻他！不要让我在电视里看到他自杀的场面！我不想看到这样的场面！不要让我讨厌您！'说完后，我挂上电话。不久，土登桑珠在身上浇上汽油，划着火柴……对那些袖手旁观的外国人我非常生气。"弗伦奇评论道：

【1053】2013年5月21日，法国极右翼政党国民阵线成员、政论家多米尼克·韦内（Dominique Venner）以三岛为榜样，为了唤醒法国民众，在巴黎圣母院的神龛前开枪自杀，国民阵线主席玛丽娜·勒庞（Marine Le Pen）在推特上向他表示"敬意"。

【1054】Alexandra David-Néel:《穿越天空和地狱之路：我一生的冒险》，第84页。

【1055】French:《西藏，西藏》，第5页。

一盏为达赖喇嘛点燃的活"祭祀灯"。旁边记者在拍照，正在游行的"流亡藏人"在看热闹。

"有人用这种方式预告桑珠自焚事件，对我来说真是个新闻啊！我觉得这种做法令人不安。"【1056】

达赖喇嘛避免公开号召他的信徒自焚，但他也没有阻止他们自杀。保持适当的距离是他一贯采取的策略。从抵制北京奥运会到袭击火炬手，他一直持这种态度，就像他与处私刑和纵火袭击保持距离一样。他也没有公开支持五六十年代的武装叛乱。在谴责暴力上他总是很谨慎，即使西藏暴乱他也没有谴责"可恶的中国人"。他装作是一位"和平王子"和"主张非暴力的传教士"。不像他的弟弟丹增曲杰。丹增在80年代后期公开支持恐怖活动，对付中国平民。他说："我们要让他们流血！"【1057】西藏"青年大会总书记"塔西朗杰和达赖喇嘛驻英国和斯堪的纳维亚的代表平措旺杰也持这一立场。【1058】

再来谈谈自焚事件。我必须承认，自焚的喇嘛最初引起我的同情，我仍然

【1056】引文出处同上，第7页注释。

【1057】参见 Pierre-Antoine Donnet:《生死西藏》，第310页。

【1058】引文出处同上，第309页和第313页。

记得 20 世纪 60 年代，越南的和尚也用自焚抗议美国人给他们的国家带来的战争，这种极端的抗议方式并不正当、合理。人们可能并不了解，印度（热烈欢迎达赖喇嘛流亡政府的国家）很早就发生过自焚事件，1990 年和 1992 年印度爆发大规模的学生游行，发生武力冲突和暴力犯罪。在冲突中，许多商店遭到破坏，公交车被烧毁。冲突达到高潮时，许多大学生在身上浇上汽油自焚，死得很惨。

印度人民党（萨曼·拉什迪和其他人称其为法西斯主义）发起和组织抗议活动。印度人民党让法国人鲍莱特想到自己国家的"民族阵线"：信仰基督教的凯尔特人的法国和信仰印度教的雅利安人的印度。人民党要求击退孟加拉人的"入侵"，取消小校里的英语课，促进印地语的发展。该党的长期目标是建立一个印度教的神权政治国家。参与抗议活动的是一些出身于高种姓家庭的大学生，他们响应印度人民党的游行示威和暴力抗议的号召，那么，他们抗议什么？为什么来自这个圈子的大学生甘愿充当活的火把？游行人群抗议歧视低种姓民众和贱民。他们是狂热的印度教徒，就像印度独立之父甘地的谋杀者一样。年轻的法国人鲍莱特化装成印度贱民观察印度的抗议活动。他评论道："他们用自焚反抗我们，而不是直接用暴力反对我们，这样反而更好。我必须承认，我不会为了救他们，浪费哪怕一桶水。我接触他们的每一样东西都是不干净的。让他们去死吧，早走早好。"【1059】

我们的媒体与"流亡藏人"一起谴责中国政府，他们甚至插手一些事件。他们责备中国政府增加警力严控一些寺院，以阻止更多的人自焚。读者们可以设想一下，如果中国政府袖手旁观，西方媒体会写出什么样的文章。

【1059】参见 Marc Boulet:《实景中国》，第 194-195 页。印度示威者自焚，抗议评选世界小姐认为其亵渎印度文化。

参考文献

有关中国内地和西藏自治区

ALT, Franz/LUDWIG, Klemens/WEYER, Helfried: *Tibet. Schönheit – Zerstörung – Zukunft*. Frankfurt am Main: Umschau Buchverlag, 1998

ARPI, Claude: *The Fate of Tibet. When Big Insects Eat Small Insects*. New Delhi: Har-Anand Publications, 1999

BLONDEAU, Anne-Marie/ BUFFETRILLE, *Katia: Le Tibet est-il Chinois?* Paris: Albin Michel, 2002

BLUME, Georg: *China ist kein Reich des Bösen. Trotz Tibet muss Berlin auf Peking setzen*. Herausgegeben von Roger de Weck. Edition Körber-Stiftung o. J.

BOGLE, George: *Im Land der lebenden Buddhas. Entdeckungsreise in das verschlossene Tibet 1774-1775*. Mit einem Beitrag von Sven Hedin. Herausgegeben von Wolf-Dieter Grün. Stuttgart: Thienemann, Edition Erdmann, 1984

BONET, André: *Les chrétiens oubliés du Tibet*. Préface de Mgr. Benoît Vouilloz. Paris: Presses de la Renaissance, 2006

CAMPBELL, June: *Göttinnen, Dakinis und ganz normale Frauen. Weibliche Identität im tibetischen Tantra*. Berlin: Th eseus Verlag, 1997

DALAI LAMA, Seine Heiligkeit der XIV.: *Das Buch der Freiheit. Die Autobiographie des Friedensnobelpreisträgers*. Aus dem Englischen von Günther Cologna. Bergisch Gladbach: Bastei Lübbe Taschenbuch, 17. Aufl age 2008

DAVID-NÉEL, Alexandra: *Grand Tibet et vaste Chine. Récits et aventures. Au pays des brigands gentilshommes. Voyage d'une Parisienne à Lhasa. Sous des nuées d'orage. À l'ouest barbare de la vaste Chine. Le vieux Tibet face à la Chine nouvelle*. Librairie Plon, 1994

DAVID-NÉEL, Alexandra: *Magier und Heilige in Tibet*. Aus dem Französischen von Ada Ditzen. München: Wilhelm Goldmann Verlag, 2005

DAVID-NÉEL, Alexandra: *Mein Weg durch Himmel und Höllen. Das Abenteuer meines Lebens*. Aus dem Französischen von Ada Ditzen. Mit einer Einführung von Thomas Wartmann. Frankfurt am Main: Fischer Verlag, 8. Aufl . 2012

DAVID-NÉEL, Alexandra: *Wanderer mit dem Wind. Reisetagebücher in Briefen 1911-1917*. Herausgegeben von Detlef Brennecke.Wiesbaden: Heinrich Albert Verlag in der Edition Erdmann, o. J.

DENYS, Jeanne: *A. David Neel au Tibet (Une supercherie dévoilée)*. Paris: La Pensée Universelle, 1972

DESHAYES, Laurent: *Histoire du Tibet*. Librairie Arthème Fayard, 1997

DESIMPELAERE, Jean-Paul/MARTENS, Elisabeth: *Tibet: au-delà de l'illusion*. Bruxelles: Les Éditions Aden, 2009

DONNET, Pierre-Antoine: *Tibet mort ou vif*. Préface d'Élisabeth Badinter. Nouvelle édition augmentée. Paris: Gallimard 1990, 1992

EPSTEIN, Israel: *Tibet Transformed*. Beijing: New World Press, 1983

FRANZ, Uli: *Gebrauchsanweisung für Tibet*. München: Piper Verlag, 2007 (überarbeitete Neuausgabe)

FRENCH, Patrick: *Tibet, Tibet*. A Personal History of a Lost Land. New York: Vintage Books, 2003

GELDER, Stuart and Roma: *The Timely Rain. Travels in New Tibet*. Foreword by Edgar Snow. London: Hutchinson, 1964

GERNET, Jacques: *Die chinesische Welt. Die Geschichte Chinas von den Anfängen bis zur Jetztzeit*. Mit 40 Schwarz-Weiß-Tafeln, 16 Abbildungen im Text und 31 Karten und Plänen. Frankfurt am Main: Suhrkamp Taschenbuch Verlag, 1. Aufl. 1988

GOLDNER, Colin: *Dalai Lama. Fall eines Gottkönigs*. Aschaffenburg: Alibri Verlag, 2008

GOLDSTEIN, Melvyn C.: *A History of Modern Tibet, volume 1: 1913-1951. The Demise of the Lamaist State*. Berkeley, Los Angeles, London: University of California Press, 1989

GOLDSTEIN, Melvyn C.: *A History of Modern Tibet, volume 2: 1951-1955. The Calm before the Storm*. Berkeley, Los Angeles, London: University of California Press, 2007

GOLDSTEIN, Melvyn C.: *The Snow Lion and the Dragon. China, Tibet and the Dalai Lama*. Berkeley, Los Angeles, London: University of California Press, 1997

GOLDSTEIN, Melvyn C./ DAWEI SHERAP/ SIEBENSCHUH, William: *A Tibetan Revolutionary. The Political Life and Times of Bapa Phüntso Wangye*. Berkeley, Los Angeles, London: University of California Press, 2004

GOLDSTEIN, Melvyn C./ SIEBENSCHUH, William / TASHI TSERING: *Mon combat pour un Tibet moderne. Récit de vie de Tashi Tsering*. Traduit de l'anglais par André Lacroix. Villeurbanne: Editions Golias, 2010.

GRUNFELD, A. Tom: *The Making of Modern Tibet*. Revised edition. Armonk/New York und London: M. E. Sharpe, 1996

GRUSCHKE, Andreas: *Tibetischer Buddhismus*. Kreuzlingen/München: Heinrich Hugendubel Verlag, 2003

HAN, Suyin: *China 1890-1938*. Eine historische Foto-Reportage herausgegeben von E. Baschet. Kehl am Rhein: Swan Verlag o. J.

HAN, Suyin: *Lhasa, The Open City. A Journey to Tibet*. Frogmore, St Albans, Herts: Triad Paperbacks 1979 – Deutsch: *Chinas Sonne über Lhasa. Das neue Tibet unter Pekings. Herrschaft*. München/Zürich: Droemersche Verlagsanstalt Th. Knaur Nachf., 1980

HARRER, Heinrich: *Sieben Jahre in Tibet. Mein Leben am Hofe des Dalai Lama*. Berlin: Ullstein Taschenbuch, 2009

HOPPE, Thomas: *Tibet heute: Aspekte einer komplexen Situation*. Hamburg: Institut für Asienkunde, 1997

JONES-TUNG, Rosemary: *A Portrait Of Lost Tibet*. Photographs by Ilya Tolstoy and Brooke Dolan. Ornamental Art by Zlatko Paunov. London: Th ames and Hudson Ltd, 1980

KOENIG, Serge: *Alpiniste et diplomate. J'entends battre le coeur de la Chine*. Grenoble: Éditions Glénat, 2013

KOLLMAR-PAULENZ, Karénina: *Kleine Geschichte Tibets*. München: Verlag C.H. Beck, 2006

LEHNER; Gerald: *Zwischen Hitler und Himalaya. Die Gedächtnislücken des Heinrich Harrer*. Wien: Czernin Verlag, 2007

LENOIR, Frédéric: *Tibet. 20 clés pour comprendre*. Plon, 2008

LOPEZ, Donald S. Jr.: *Prisoners of Shangri-La. Tibetan Buddhism and the West*. Chicago and London: Th e University of Chicago Press, 1999

MARTENS, Elisabeth: *Histoire du Bouddhisme tibétain. La Compassion des Puissants*. Paris: L'Harmattan, 2007 (Recherches Asiatiques).

McGOVERN, William Montgomery: *Als Kuli nach Lhasa. Eine heimliche Reise nach Tibet*. Aus dem Englischen übersetzt von Martin Proskauer. Berlin: August Scherl G.m.b.H., o.J.

MIDAL, Fabrice: *Tibetische Mythen und Gottheiten*. Aus dem Französischen von Rolf Remers. Berlin: Theseus Verlag, 2002

Mythos Tibet. Wahrnehmungen, Projektionen, Phantasien. Hrsg. von der Kunst- und Ausstellungshalle der Bundesrepublik Deutschland GmbH, Bonn in Zusammenarbeit mit Th ierry Dodin und Heinz Räther. Köln: Du Mont, 1997

PETECH, Luciano: *China and Tibet in the XVIIIth Century. History of the Establishment of Chinese Protectorate in Tibet*. Second, Revised Edition. Leiden: E. J. Brill, 1972

POWERS, John: *Religion und Kultur Tibets. Das geistige Erbe eines buddhistischen Landes*. Aus dem Englischen von Jochen Eggert. Bern, München, Wien: O.W. Barth Verlag, 1998

ROBIN, Françoise: *Clichés tibétains. Idées reçues sur le toit du monde*. Le Cavalier Bleu, o.O. u. J.

SAUTMAN, Barry/TEUFEL DREYER, June (Hrsg.): *Contemporary Tibet. Politics, Development, and Society in a Disputed Region*. Armonk/New York and London: M. E.Sharpe, 2006

SAVAGE LANDOR, Arnold Henry: *La route de Lhassa. À travers le Tibet interdit*. 1897. Paris: Libella (Phébus libretto), 2010

SCHÄFER, Ernst: *Das Fest der weißen Schleier. Begegnungen mit Menschen, Mönchen und Magiern in Tibet*. Durach: Windpferd Verlagsgesellschaft, 1988

SHU, Zhisheng (Hrsg.): *Tibet: Past and Present*. SDX Joint Publishing Company, 2008

STEIN, Rolf A.: *La Civilisation tibétaine*. Paris: Dunod, 1962 – Deutsch: *Die Kultur Tibets*. Aus dem Französischen von Dr. Helga Uebach. Illustriert von Lobsang Tendsin. Berlin: Edition Weber, 1993

TENZIN CHOEDRAK, *Der Palast des Regenbogens. Der Leibarzt des Dalai Lama erinnert sich*. Hrsg. von Gilles van Grasdorff. Mit einem Vorwort des XIV. Dalai Lama. Aus dem Französischen von Carola Feist und Mechtild Russel. Frankfurt am Main und Leipzig: Insel Verlag, 1999

THUBTEN JIGME NORBU/ TURNBULL, Colin: *Geheimnisvolles Tibet. Der Bruder des Dalai Lama erzählt von einer versunkenen Welt*. Freiburg, Basel, Wien: Herder, 2000

TSERING WOESER: *Immolations au Tibet. La honte du monde*. Traduit du chinois par Dekyid. Préface de Robert Badinter. (Auf Kindle als e-book gelesen)

VAIRON, Lionel: *China Threat? The Challenges, Myths, and Realities of China's Rise*. New York, CN Times Books, 2013

VIVAS, Maxime: *Pas si zen. La face cachée du Dalaï-lama*. Paris: Max Milo Éditions, 2011

WADDELL, L. Austine: *Lhasa and Its Mysteries With a Record of the Expedition of 1903 to 1904*. Third and cheaper edition, London: Methuen & co., 1906

WIENAND, Sabine: *Dalai Lama XIV*. Reinbek bei Hamburg: Rowohlt Taschenbuch Verlag, 2009

WINNINGTON, Alan: *Tibet. Die wahre Geschichte*. Berlin: Verlag Das Neue Berlin, 2008

WU, Shu-hui: *Die Eroberung von Qinghai unter Berücksichtigung von Tibet und Khams 1717-1727*. Anhand der Throneingaben des Großfeldherrn Nian Gengyao. Wiesbaden: Harrassowitz Verlag, 1995 (Tunguso-Sibirica, Bd. 2)

其他文献（精选）

BOULET, Marc: *Dans la peau d'un intouchable*. Paris: Éditions du Seuil, 1994

Chronik des 20. Jahrhunderts. Gütersloh/München: Wissen Media Verlag (vormals Bertelsmann Lexikon Verlag), 2002

DESCHNER, Karlheinz: *Kriminalgeschichte des Christentums. Erster Band: Die Frühzeit*. Reinbek bei Hamburg: Rowohlt Verlag, 1986

HOLL, Adolf: *Im Keller des Heiligtums. Geschlecht und Gewalt in der Religion*. Stuttgart: Kreuz-Verlag, 1991

LOSURDO, Domenico: *Freiheit als Privileg. Eine Gegengeschichte des Liberalismus*. Mit einem Nachwort von Oskar Lafontaine. Aus dem Italienischen von Hermann Kopp.Köln: Papyrossa Verlag, 2., durchgesehene und erweiterte Auflage 2011

VAN LAAK, Dirk: *Über alles in der Welt. Deutscher Imperialismus im 19. und 20. Jahrhundert*. München: C. H. Beck, 2005

VICTORIA, Brian Daizen: *Zen at War*. Second Edition. Lanham, Boulder, New York, Toronto, Oxford: Rowman & Littlefield Publishers, 2006

VIVAS, Maxime: *La face cachée de Reporters sans frontières. De la CIA aux faucons du Pentagone*. Bruxelles: Les éditions Aden, o. J.

网络（书籍、文章和网页，精选）

CLEMENS, Helmut: *Ist der Dalai Lama ein Nazifreund? Die Protokolle der Weisen von München*. (TIBET-Forum Nr. 2/2000) http://info-buddhismus.de/Dalai-Lama-Nazifreund-Clemens.html (aufgerufen noch am 16.02.2014)

CLEMENS, Helmut: *Mythos Tibet und (k)ein Ende?* http://info-buddhismus.de/ Mythos_Tibet_ und_kein_Ende_Clemens.html (aufgerufen noch am 16.02.2014)

HILLMAN, Ben: *Rethinking China's Tibet Policy*. Artikel vom 10. Februar 2009 auf der Website des Asia-Pacific Journal. (Ende 2013 nicht mehr einsehbar)

VANDERHOEF, F. Bailey jr.: *A Glimpse of Another World: A Journey Through Western Tibet*. Edited with a foreword by José Ignacio Cabezòn. University of California Santa Barbara and The Santa Barbara Museum of Art. http://www.religion.ucsb.edu/ tibetjourney1938/Vanderhoef% 20Memoirs.pdf

http://www.american-buddha.com/cia.secret.war.saipan.htm

http://www.boell.de/downloads/bildungkultur/Zusammenfassung_Thesen_China_ Studie.pdf

http://www.chushigangdrug.ch/geschichte/ geschichte_kalachakra.php

http://www.counterpunch.org/2005/05/17/reporters-without-borders-unmasked/

http://www.datum.at/artikel/der-schmale-grat-der-erinnerung/

http://www.eurasischesmagazin.de/artikel/?artikelID=20080506)

http://www.globalresearch.ca/china-and-america-the-tibet-human-rights-psyop

http://www.globalresearch.ca/democratic-imperialism-tibet-china-and-the-nationalendowment-for-democracy

http://www.heise.de/tp/r4/artikel/27/27524/1.html

http://www.hintergrund.de/20080627214/politik/welt/operation-tibet.html

http://www.historynet.com/cias-secret-war-in-tibet.ht

http://intelnews.org/2009/03/14/01-100/#more-1517

http://www.michaelparenti.org/Tibet.html

The Myths of the Dalai Lama laid Bare. http://misebogland.wordpress.com/category/china/page/2/

http://www.nationalgeographic.de/reportagen/topthemen/2002/tibet-ein-volk-suchtseine-zukunft

http://www.profil.at/articles/1141/560/309412/nationalsozialismus-berg-heil

http://www.rundfunkfreiheit.de/meldung_volltext.php3?si=45b8c616552aa&id=445cacbfad690 &akt =brancheninfos_medienpolitik&view=&lang=1

http://www.tibetdoc.eu/spip/spip.php?article255

http://www.tibetinfopage.de/ dalai.htm

http://www.trend.infopartisan. net/trd0508/t330508.html

http://www.trimondi.de/SDLE/Contents.htm

http://www.trimondi.de/SDLE/Part-2-13.htm

图书在版编目（CIP）数据

"西藏问题"国际纷争的背景、流变及视域 /（卢森堡）阿尔伯特·艾廷格著；
周健,曾文卉,何妙生译.-- 北京:五洲传播出版社,2018.4（2020.9重印）

ISBN 978-7-5085-3397-1

Ⅰ.①西… Ⅱ.①阿… ②周… ③曾… ④何… Ⅲ.①西藏问题—研究

Ⅳ.① D677.5

中国版本图书馆 CIP 数据核字 (2018) 第 060070 号

撰　　稿：阿尔伯特·艾廷格（Albert Ettinger）
中文翻译：周　健　曾文卉　何妙生
出 版 人：荆孝敏
责任编辑：张美景
封面设计：北京丰饶视觉科技有限公司
装帧设计：杨　平

"西藏问题"国际纷争的背景、流变及视域

出版发行：　五洲传播出版社
地　　址：　北京市海淀区北三环中路 31 号生产力大楼 B 座 7 层
邮政编码：　100088
电　　话：　010-82005927（发行部）
网　　址：　http://www.cicc.org.cn
　　　　　　http://www.thatsbooks.com
印　　刷：　中煤（北京）印务有限公司
开　　本：　787×1092mm 1/16
字　　数：　339 千字
印　　张：　18.75
版　　次：　2018 年 5 月第 1 版　2020 年 9 月第 2 次印刷
定　　价：　88.00 元